Gunnar Myrdal
Politisches Manifest
über die Armut
in der Welt

W0089464

Suhrkamp

Aus dem Amerikanischen von Suzanne Reichstein
Titel der Originalausgabe ›The Challenge of World Poverty‹, erschienen
by Pantheon Books, a division of Random House, Inc., New York.
Gekürzte Ausgabe. Die Bearbeitung besorgte Dr. Ernst-Josef Pauw.

suhrkamp taschenbuch 40
Erste Auflage 1972
© 1970 by Gunnar Myrdal
© der deutschen Übersetzung Suhrkamp Verlag, Frankfurt am Main 1970
Alle Rechte vorbehalten, insbesondere das des öffentlichen
Vortrags, der Übertragung durch Rundfunk oder Fernsehen
und der Übersetzung, auch einzelner Teile.
Satz: Aktino KG, Berlin
Druck: Ebner, Ulm · Printed in Germany
Umschlag nach Entwürfen von Willy Fleckhaus und Rolf Staudt

Inhalt

Zur deutschen Ausgabe

Dieses Buch wurde für ein amerikanisches Publikum geschrieben. Wie einige meiner früheren Schriften ist es ein Beitrag zur politischen Diskussion in den Vereinigten Staaten. Daß es ins Deutsche und in andere Sprachen übertragen wird, hat drei Gründe.

Zunächst einmal sind die Vereinigten Staaten ein Land von enormer Bedeutung. Die Politik, die dort verfolgt wird, ist von so überragendem Interesse für die gesamte Welt, daß wir alle irgendwie von ihr betroffen sind.

Zweitens sind die politischen Probleme in den Vereinigten Staaten von allgemeiner Natur. In mehr oder weniger ähnlicher Form existieren sie überall.

Drittens, und das ist äußerst wichtig, enthält das Buch eine kritische Beurteilung des in der ökonomischen Literatur der Nachkriegsära vorherrschenden Trends, soweit diese Literatur den Entwicklungsproblemen unterentwickelter Länder und den Beziehungen der entwickelten zu den unterentwickelten Ländern gewidmet ist.

Diese Literatur ist zum größten Teil in den Vereinigten Staaten entstanden. Der Rest kommt hauptsächlich aus den westeuropäischen Ländern, die Kolonien besaßen. Mehr als in den Vereinigten Staaten gab es hier auch eine akademische Tradition aus der Kolonialzeit. Die Kolonialbeamten mußten ausgebildet werden. Wirtschaftliche Beziehungen unterschiedlicher Art entwickelten sich im Rahmen einer Gesetzgebung und Verwaltung, die vom Mutterland bestimmt wurden. Auch ganz allgemein wurden die Verhältnisse in den Kolonien zum Problem in den Ländern, von denen sie beherrscht wurden. Insgesamt nahmen alle Disziplinen, die Forschung und Lehre über die Kolonien betrieben, innerhalb der einzelnen Wissenschaften einen namhaften Platz ein, wenn auch nur in geringem Maße innerhalb der Nationalökonomie. So war z. B. die holländische Literatur über Hollands südostasiatische Kolonialwelt, das heutige Indonesien, sehr umfassend.

In der Nachkriegszeit haben die wissenschaftlichen Institutionen in diesen Ländern, und das gilt besonders für die ökonomische Forschung, starke Impulse von der amerikanischen Forschung erhalten. Die Einflüsse waren indessen von Anfang an in größerem Ausmaß auf bestimmte Länder gerichtet. In Ländern ohne akademische Tradition aus der Kolonialzeit waren die Forschungsansätze schwach und hatten im besten Fall den Charakter eines Nachklangs.

Das erste Kapitel ist vor allem Teil der Analyse und genaueren Definition der sehr einheitlichen Tendenz gewidmet, die diese wissenschaftliche Literatur – und natürlich auch die populärwissenschaftliche – durchzieht. Da diese Theoriekritik dann in allen folgenden Kapiteln weitergeführt wird, handelt das Buch von einem wissenschaftlichen Problemkomplex. Auf diesem Wege bin ich jedoch dazu geführt worden, durch eine wissenschaftliche Analyse und insbesondere durch ein kritisches Durchleuchten der von meinen Fachkollegen gewöhnlich angewendeten Methoden den Grundstein für ein politisches Traktat zu legen. Es basiert auf meiner Theorie der Wechselbeziehungen zwischen Wissenschaft und Politik.

Einerseits, so meine ich, muß schon die Untersuchung der faktischen Bedingungen von einem Standpunkt aus erfolgen und eine Methode implizieren, die von Wertprämissen bestimmt sind. Diese sollten relevant, bedeutsam, schlüssig und realisierbar sein, und sie sollten ausdrücklich dargestellt und begründet werden. Jede andere Art der »Objektivität« ist aus logischen Gründen auszuschließen.

Andererseits kann die Forschung dann zu politischen Schlußfolgerungen führen, die rational sind: abgeleitet aus den Wertprämissen und der Kenntnis der Tatsachen, die durch Anwendung derselben Wertprämissen gewonnen wurde. Ein politisches Buch wie dieses ist daher ein Teil meiner Arbeit als Wissenschaftler.

Auch die konventionellen Nationalökonomen kommen gewöhnlich zu Ergebnissen, die sie für rational fundierte politische Schlußfolgerungen halten. Der Unterschied liegt darin, daß sie über die ihre Methode bestimmenden Wertprämissen keine Rechenschaft ablegen – und daß sie im allgemeinen die Rolle der Wertungen in ihrer Forschung nicht sehen.

Der Mangel an methodologischer Klarheit bezüglich dieser entscheidenden Frage in der umfangreichen Literatur, die ich anprangere, hat den Vorverständnissen und Vorurteilen in der Forschung Tür und Tor geöffnet. Eine Untersuchung der ihre Methoden steuernden Interessen zeigt, bei allen Schattierungen, die große Ähnlichkeit der Vorurteile in allen Ländern, entwickelten wie unterentwickelten, und praktisch bei allen Forschern, ob von progressiver oder konservativer Einstellung.

Der Einfluß dieser umfassenden Konformität des Denkens, die seit Kriegsende in der Behandlung der Entwicklungsprobleme unterentwickelter Länder herrscht, ist so stark, daß der kritische Wissenschaftler einem wahren Establishment gegenübersteht. Im letzten Kapitel, über die Verantwortung der Nationalökonomie, werde ich erklären, warum ich nichtsdestoweniger damit rechne, daß die verzerrenden Methoden korrigiert werden – selbst wenn es zehn oder fünfzehn Jahre dauern sollte.

Universität Stockholm
Institut für internationale ökonomische Forschung
Im August 1970

Gunnar Myrdal

Vorwort

Bei der Planung eines früheren Werkes, *Asian Drama: An Inquiry into the Poverty of Nations* (New York: Twentieth Century Fund and Pantheon Books, 1968), hatte ich den Eindruck, daß es mit einem Abschnitt über die politische Seite des Problems schließen sollte. Da ich immer mit ausdrücklichen Wertprämissen arbeite, in diesem Falle mit den Modernisierungsidealen, konnte ich natürlich in den einzelnen Kapiteln und Abschnitten politische Schlußfolgerungen aus den Fakten und Faktenverbindungen ziehen, die ich festgestellt zu haben glaubte. Das Buch enthält jedoch keinen umfassenden Abriß darüber, welche Politik die unterentwickelten und entwickelten Länder verfolgen sollten, um der Entwicklung in den unterentwickelten Ländern den Weg zu bereiten und sie zu beschleunigen.

Die Fragen, die dann auf Pressekonferenzen und in Interviews an mich gerichtet wurden, und auch die in vielen Fachzeitschriften diskutierten Fragen betreffen tatsächlich jenen achten Teil des Buches, der die wesentlichen politischen Schlußfolgerungen aus meinen Untersuchungen hätte enthalten sollen. Da ich eine solche praktische Wende des öffentlichen Interesses schätze, da ich außerdem zu ziemlich deutlichen Vorstellungen über die politischen Probleme gekommen bin und da ich ein Skandinavier bin, antworte ich bereitwillig auf jene Fragen. Manchmal wurde ich mißverstanden.

Ich bin mir völlig darüber im klaren, daß *Asian Drama* oft falsch verstanden wurde, so als ob es Argumente dafür lieferte, sich keine Gedanken darüber zu machen, wie unterentwickelten Ländern in ihren Entwicklungsanstrengungen zu helfen sei, und das gefiel den Konservativen und noch mehr den Reaktionären in den Ländern des Westens. Ich stellte auch fest, daß einige meiner liberalen Freunde, offenbar unter demselben falschen Eindruck, zu dem meine Argumente führten, trotz ihrer guten Absichten unfähig wurden, mein Buch mit der gewöhnlichen Sorgfalt und dem gewöhnlichen Verständnis zu lesen. Ich habe das Gefühl, daß ich von den unterentwickelten Ländern selbst besser verstanden wurde.

Als ich von der *Johns Hopkins University School of Advanced International Studies* eingeladen wurde, drei Vorlesungen zu halten, unter der Bedingung, sie im Rahmen eines Buches zu erweitern, nutzte ich dankbar diese Gelegenheit, den fehlenden achten Teil des früheren Werkes zu entwerfen.

In *Asian Drama* war ich sehr darauf bedacht gewesen, die Tatsache zu unterstreichen, daß ich mich nur mit den in Südasien lebenden Menschen befasse, die allerdings fast ein Drittel der Menschheit ausmachen – mit allen Ländern südlich der Sowjetunion und China, von Pakistan im Westen bis zu dem ehemaligen Französisch-Indochina im Osten, unter Einschluß Indonesiens und der Philippinen.[1] Im einzelnen war die Analyse vor allem auf die beiden Länder konzentriert, die aus der Teilung Britisch-Indiens hervorgegangen sind – Indien und Pakistan. Der Grund hierfür lag nicht nur in der unermeßlichen Größe der Bevölkerung, die in diesem Teil Südasiens lebt, sondern auch in der Tatsache, daß Statistiken und anderes Material dort weit reichlicher und besser organisiert vorhanden sind und, was viel wichtiger ist, daß die Diskussion über die Entwicklungsprobleme dort schon viel länger und auf einem anspruchsvolleren Niveau geführt wird. Dieser letzte Punkt war um so entscheidender, als die Untersuchung auf Probleme gerichtet war und nicht den Anspruch erhob, in irgendeinem Sinne ein umfassender Überblick der in Südasien vorherrschenden Bedingungen zu sein. Wenn ich mich jetzt der Formulierung der wichtigsten politischen Schlußfolgerungen aus jener Untersuchung zuwende, werde ich weiterhin zunächst an Südasien denken und insbesondere an Indien und Pakistan. So allgemein meine Behandlung der politischen Probleme in diesem Band auch sein muß, sie wird oft für die gesamte unterentwickelte Welt relevant sein. Gleichwohl werde ich meine Analyse auf die nichtkommunistische Welt beschränken. Das mag für eine nicht ganz wohlmotivierte Entscheidung gehalten werden. Die kommunistischen unterentwickelten Länder begegnen natürlich oft den gleichen Problemen wie andere unterentwickelte Länder. In mancherlei Hinsicht jedoch behandeln sie diese Probleme auf eine radikal andere Weise. Auch steckt die Kooperation zwischen entwickelten kommunistischen und nichtkommunistischen Ländern bei der Hilfe für unterentwickelte Länder, die doch rational wäre, noch in einem rudimentären Stadium. Der Hauptgrund, warum die kommunistische Welt in diesem Buch aus der Betrachtung ausgespart wird, liegt allerdings in dem praktischen Gesichtspunkt, die Untersuchung auf einen handlichen Umfang zu begrenzen.

Da dieses Buch eine Art Fortsetzung von *Asian Drama* ist, in gewissem Sinn auch eine Einleitung dazu und eine Zusammenfassung seines Inhalts unter einem politischen Gesichtspunkt, gestatte ich mir, für eine erschöpfendere Behandlung der verschiedenen Probleme und für Quellenangabe wiederholt auf jenes Buch zu verweisen. Mit derselben Begründung erlaube ich mir, auf meine früheren Werke hinzuweisen, in denen eine ausführlichere Darstellung des einen oder anderen Punktes enthalten ist. Wenn in diesem Buch andere Autoren zitiert werden ohne genaue bibliographische Angaben, dann sind diese in den Abschnitten von *Asian Drama* zu finden, auf die in den Anmerkungen verwiesen wird. Da die Anmerkungen sich fast ausschließlich auf *Asian Drama* beziehen, sei der gewöhnliche Leser eingeladen, sie einfach zu ignorieren.

Dieses Buch ist ein *politisches* Buch und sollte sich daher nicht nur an Experten, Beamte und Berufspolitiker wenden, sondern auch an interessierte Personenkreise der allgemeinen Öffentlichkeit. Ich habe mich deshalb bemüht, meine Thesen so direkt und so einfach wie möglich zu formulieren, freilich ohne dabei meine Absicht aufzugeben, meine politischen Empfehlungen als rationale Schlußfolgerungen aus Fakten und ausdrücklich dargestellten Wertprämissen hervortreten zu lassen. Ich habe keinerlei politische oder diplomatische Rücksichten genommen, sondern versucht, so offen und frei zu sprechen, wie ich kann. Als Motto eignete sich eine Feststellung von John Kenneth Galbraith, die er im Sommer 1969 machte, als er sich von dem Amte des nationalen Vorsitzenden der »Americans for Democratic Action« zurückzog:

»Wir streben einen neuen Standard der Aufrichtigkeit in der liberalen Politik an – es wird von jetzt an nicht allein eine Angelegenheit des Stolzes, sondern auch der Notwendigkeit sein, genau das zu sagen, was wir meinen und denken. Wenn es erforderlich ist, werden wir uns Männern entgegenstellen, die sonst qualifiziert sein mögen, die sich aber der politischen Rhetorik verschrieben haben und bei denen wir eine gewisse Lücke zwischen Versprechen und Ausführen vermuten.«

Der Titel dieses Buches mag prätentiös klingen. Ich bin mir völlig bewußt, daß es keinerlei Einstimmigkeit der Meinungen über die auf den kommenden Seiten zu diskutierenden Probleme gibt. Um dem Leser diese Tatsache immer vor Augen zu halten, habe ich meine Meinungen oft in der ersten Person formuliert. Dieser Titel ist geeignet, das Anti-Armutsprogramm der Vereinigten Staaten in Erinnerung zu bringen. Zweifellos besteht eine enge Parallele zwischen den internationalen Problemen der Armut in unterentwickelten Ländern und den Armutsproblemen in den Vereinigten Staaten, und auch zwischen der Art und Weise, wie diese zwei Problemkomplexe an die Oberfläche des öffentlichen Bewußtseins aufgetaucht sind und politisch Bedeutung gewonnen haben: In beiden Fällen geschah dies durch eine, wie ich es nannte, intellektuelle und moralische Katharsis.

Im internationalen Bereich vollzog sich diese Katharsis bald nach dem Zweiten Weltkrieg und den großen politischen Veränderungen, die sich kurz darauf einstellten. Daß es Enklaven von Menschen gibt, die in ökonomischem, sozialem und kulturellem Elend leben, und daß man etwas dagegen unternehmen muß, drang in den Vereinigten Staaten erst Ende der fünfziger und Anfang der sechziger Jahre in das öffentliche Bewußtsein. Eingehende statistische Untersuchungen, die von den Sekretariaten der zwischenstaatlichen Organisationen durchgeführt worden waren, dienten als Ursache und Wirkung der Katharsis im internationalen Bereich. Auch in den Vereinigten Staaten wurde die Katharsis durch statistische Untersuchungen, Bücher, Reden und Konferenzen ausgelöst.

Was das internationale Problem anlangt, so wurden die sechziger Jahre auf Vorschlag von Präsident Kennedy durch einstimmigen Beschluß der Generalversammlung der Vereinten Nationen zur »Entwicklungsdekade« erklärt. Und in den Vereinigten Staaten sagte Präsident Johnson Anfang 1964 »der Armut den bedingungslosen Kampf« an und zeichnete später die Vision der »Großen Gesellschaft«. Ähnliche pathetische Erklärungen über die Befreiung der unterentwickelten Länder aus der Armut sind seit dem Ende des Zweiten Weltkrieges zum Gemeinplatz geworden. Wie in diesem Buche gezeigt werden wird, bestehen zwischen jenen beiden Problemkomplexen auch große Unterschiede. In einem sehr realen Sinne gibt es in den Vereinigten Staaten Gruppen von Menschen, die räumlich, sozial und ökonomisch von der unter angenehmen Bedingungen lebenden Mehrheit der Amerikaner getrennt sind; Amerika hat also Entwicklungsprobleme, die auf mannigfache Weise jenen in der unterentwickelten Welt ähnlich sind. Während jedoch die wirklich Armen in den Vereinigten

Staaten eine kleine Minderheit sind, bilden sie in den unterentwickelten Ländern und tatsächlich in der ganzen Welt die Mehrheit.

Die intellektuelle und moralische Katharsis im Hinblick auf die Armut hat in den Vereinigten Staaten in den letzten Jahren an Antriebskraft verloren, und zwar unter dem Einfluß vieler Kräfte, zu denen die rapide eskalierende Beteiligung der Vereinigten Staaten am Vietnam-Krieg zählt. Dieses militärische Engagement hat das Interesse der Bevölkerung und besonders ihrer Regierung völlig gefangengenommen. Es hat auch, wegen der von ihm ausgelösten inflationären Entwicklung, die verfügbaren finanziellen Mittel beschnitten. Außerdem zeigen sich die tiefergehenden psychologischen Wirkungen eines Krieges, von dem viele Amerikaner erkannt haben, daß er auf falschen Vorstellungen über die Beziehungen der Vereinigten Staaten zur übrigen Welt beruht, und der überdies für ungesetzlich, grausam und unmoralisch gehalten wird. Diese wachsende Opposition gegen den Krieg hat andere dazu getrieben, innerlich zu verhärten, sogar angesichts der Bedürftigen im eigenen Lande.

Bezüglich der internationalen Anti-Armutsprogramme haben wir in den sechziger Jahren eine parallele Bewegung erlebt; in vielen reichen Ländern und besonders in den Vereinigten Staaten hat die Bereitschaft der Menschen, den unterentwickelten Ländern zu helfen, abgenommen. Gleichzeitig begann die tatsächliche Entwicklung in jenen Ländern allgemein sich zu verlangsamen. Die Entfaltung dieser beiden Tendenzen wird natürlich ein Hauptthema dieses Buches sein.

Ein anderer entscheidender Unterschied ist, daß es in den Vereinigten Staaten eine politische und administrative Maschinerie gibt, die, wenngleich schwerfällig und behindert durch Interessengruppen im Zentrum wie auf lokaler Ebene, eine realistische Planung hätte möglich machen und eine wirksame Durchführung wenigstens versuchen können – wenn ein Wille vorhanden gewesen wäre, so zu handeln. Was aber die Welt insgesamt betrifft, so gibt es hier keine Regierung und daher keine einheitliche Verwaltung, um ihre Beschlüsse auszuführen. Und es wird auch keine solche Regierung geben, soweit wir das heute überblicken können. In unserem Zeitalter sind zwischenstaatliche Organisationen lediglich vereinbarte Verhaltensmuster der nationalen Diplomatie in einem multilateralen Rahmen. Nichtsdestoweniger können sie von Bedeutung sein bei der Wegbereitung zwischenstaatlicher Vereinbarungen. Es kommt hinzu, daß viele von ihnen in einer Position sind, in der ihre Sekretariate nicht nur Untersuchungen durchführen, sondern auch Initiativen ergreifen und sogar ein Instrument für die Durchsetzung von Vereinbarungen zwischen nationalen Regierungen werden können.

Die zwischenstaatlichen Organisationen selbst tragen nur zum Teil die Schuld an den Mängeln in der Planung und Organisation der Entwicklungshilfe für unterentwickelte Länder, und noch weniger sind sie schuld an der jüngsten Tendenz der unilateralen Entwicklungshilfe, zu stagnieren und im Verhältnis zu den Volkseinkommen der entwickelten Länder rückläufig zu sein. Tatsächlich haben ihre Sekretariate – innerhalb der Grenzen dessen, was sie zu unternehmen wagen können, ohne von ihren Regierungen getadelt zu werden – nicht nur die wachsende Kluft zwischen entwickelten und unterentwickelten Ländern publik gemacht, sondern sie haben auch eine Erhöhung der Entwicklungshilfe propagiert und einige Richtlinien für ihre Planung aufgestellt. Im Rahmen ihrer eigenen Entwicklungshilfe-Aktivitäten ist es ihnen sogar gelungen, ein respektables Maß an Koordinierung zu erreichen. So hat z. B. die praktische Kooperation zwischen der *International Bank for Reconstruction and Development* und der *Food and Agriculture Organization* (FAO) dazu geführt, daß die FAO über viel höhere Mittel verfügt, als sie jemals aus ihrem eigenen Budget hätte finanzieren können.

Jedoch stellt die über die Kanäle der zwischenstaatlichen Organisationen geschleuste Entwicklungshilfe einen sehr geringen Anteil der Gesamthilfe dar, die weiterhin zum größten Teil – fast zu 90 Prozent – von den nationalen Regierungen unilateral gewährt wird. Darüber hinaus ist, wie in diesem Buche unterstrichen wird, die gesamte Entwicklungshilfe der entwickelten Länder zwar strategisch wichtig, aber nur ein geringerer Teil dessen, was getan werden sollte, um der Entwicklung in unterentwickelten Ländern den Weg zu bereiten und sie zu beschleunigen. Viel wichtiger als diese Entwicklungshilfe sind die notwendigen sozialen und ökonomischen Reformen innerhalb jener Länder selbst.

1. Oktober 1969   *Gunnar Myrdal*

Teil 1
Die Methode

Kapitel 1
Befreiung der wissenschaftlichen Arbeitsweise von immanenten Vorurteilen

Um zu vernünftigen Entscheidungen für ein politisches Programm zur Entwicklungsplanung unterentwickelter Länder[1] zu kommen, brauchen wir – abgesehen von relevanten und sinnvollen Wertprämissen – eine wahrheitsgetreue Vorstellung von den Bedingungen in unterentwickelten Ländern.[2] Ich bin der Ansicht, daß unsere Vorstellungen von Unterentwicklung, Entwicklung und Entwicklungsplanung, wie sie in den meisten wissenschaftlichen und weniger wissenschaftlichen Büchern der Wirtschaftsliteratur und, was noch unheilvoller ist, in den Plänen der unterentwickelten Länder selbst dargestellt werden, sich in eine von Grund auf opportunistische Richtung bewegen. Unsere politischen Entscheidungen beruhen daher auf Vorstellungen von der Wirklichkeit, die systematisch, wenn auch unbeabsichtigt, verfälscht sind. Das sollte uns nicht erstaunen. *Alles Wissen, wie alle Unwissenheit, enthält die Tendenz, vom Wege der Wahrheit in eine opportunistische Richtung abzuleiten.*[3]

Die Tatsache, daß die Vorstellungen von der Wirklichkeit, die Ideologien und Theorien dem Einfluß der Interessen ausgesetzt sind, die von den herrschenden Gruppen in der Gesellschaft ausgehen, und daß sie auf diese Weise sich von der Wahrheit zu entfernen beginnen in eine diesen Interessen opportune Richtung, kann nicht übersehen werden, wenn wir auf die Geschichte früherer Epochen blicken. Wenn wir versuchen wollen, unsere Vorstellungen von Vorbelastungen frei zu machen, um zu einer klaren Erfassung der Wirklichkeit zu kommen, müssen wir zunächst die opportunistischen, unsere Suche nach der Wahrheit beeinflussenden Interessen freilegen und ihren Wirkungsmechanismus verstehen. Bei diesem Versuch zur Überwindung der *naïveté* ist ein geschichtlicher Rückblick von großem Nutzen.

Zur Zeit der Kolonialherrschaft und bis zum Zweiten Weltkrieg waren sowohl die einfachen als auch die anspruchsvolleren Versuche, die Armut jener Völker zu erklären, die in den von uns als »rückständige Gebiete« bezeichneten Gegenden lebten – die meisten von ihnen waren noch keine »Staaten« –, auf der ganzen Linie apologetisch; diese Erklärungsversuche waren darauf gerichtet, die Kolonialmächte und die reichen Nationen allgemein von der moralischen und politischen Verantwortung für die Armut dieser Völker und das Fehlen einer Entwicklung zu entheben.[4]

Man sah es auf Grund von Erfahrungen als erwiesen an, daß die Völker in den rückständigen Gebieten so geartet seien, daß sie anders reagierten als Europäer: sie nahmen einfach keine Gelegenheiten wahr, ihr Einkommen und ihren Lebensstandard zu verbessern. Ihre Neigung zur Untätigkeit, ihre Erfolglosigkeit und ihre Abneigung gegen Lohnarbeit galten als Ausdruck ihrer Bedürfnislosigkeit, ihres sehr engen wirtschaftlichen Horizontes, einer auf bloßes Überleben gerichteten Mentalität, ihrer Selbstgenügsamkeit, Sorglosigkeit und Vorliebe für ein müßiges Leben.

In der anspruchsvolleren Literatur wurden die Gründe für diese Verhaltensweisen in verschiedenen Elementen des gesamten Systems der sozialen Beziehungen und Institutionen gesehen, noch verstärkt durch religiöse Vorschriften und Tabus, in die sich die Kolonialmächte aus guten Gründen nicht einmischen wollten. Gelegentlich wurde angemerkt, daß Unterernährung und niedriger Lebensstandard allgemein die Widerstandskraft senkten und so in gewissem Maße die Bereitschaft und Fähigkeit zu arbeiten, und zwar intensiv zu arbeiten, beeinflußten. Aber da es noch viele andere Ursachen für diese Charakterzüge, für die niedrige Produktivität und den niedrigen Lebensstandard gab, nahm man ohnehin nicht an, daß solche Erklärungsversuche als Ansatzpunkte für eine wirkliche Entwicklungsmöglichkeit dienen könnten.

Als entscheidender Faktor für die Haltung jener Völker gegenüber regelmäßiger Arbeit galt das Klima. Diese Ansicht war von der Doktrin der rassischen Minderwertigkeit beherrscht, die natürlich noch endgültiger die Tür zu irgendeiner anderen politischen Lösung als der bestehenden des *laissez-faire* und der Nichteinmischung in soziale Angelegenheiten verschloß.

Es gibt aus jener Zeit nur wenige ernsthafte Untersuchungen der Lebensbedingungen in den rückständigen Gebieten; eine Ausnahme bilden in gewisser Hinsicht die Arbeiten westlicher Kulturanthropologen, die gewöhnlich von den Kolonialbehörden akzeptiert werden mußten.

Obgleich diese sich gegen den europäischen Ethnozentrismus wendeten und dem sozialen Gefüge selbst der primitivsten Völker

Sinn und Zweck geben wollten – das war das Ethos der anthropologischen Forschungen –, untermauerte der statische Charakter ihrer Untersuchungsweise gerade jene Kolonialtheorie, die ich skizziert habe.

Es ist auffallend, daß die Wirtschaftswissenschaftler in der Kolonialzeit sich nicht stärker um die Probleme der Armut in den rückständigen Gebieten kümmerten, obgleich sie ganz offensichtlich zum Bereich ihrer Wissenschaft gehörten. In dem offenkundigen Mangel an Interesse bei den Wirtschaftswissenschaftlern spiegelt sich natürlich die politische Situation in der Welt. *Die Kolonialmächte waren nicht daran interessiert, eine breitangelegte Untersuchung der wirtschaftlichen Unterentwicklung in die Wege zu leiten und einer solchen Untersuchung politische Bedeutung und öffentliches Interesse zukommen zu lassen.*

Jetzt ist die Situation in radikaler Weise verändert. Seit dem Ende des Zweiten Weltkrieges steigt die Flut der Untersuchungen über jene Probleme, für die der Oberbegriff »unterentwickelte Länder« aufkam und sich durchsetzte. Diese Bezeichnung enthält bereits die Vorstellung, daß sie sich entwickeln sollten. Die Flut der Untersuchungen steigt weiter an, und die Nationalökonomen, die die Probleme der Unterentwicklung, Entwicklung und Entwicklungsplanung im Lichte dynamischer Sozialstrukturen sehen, stehen dabei an erster Stelle.

Dieser plötzliche und massive Umschwung sowohl hinsichtlich der Richtung als auch des Umfangs der Forschungsanstrengungen ist jedoch keine autonome und spontane Entwicklung der Sozialwissenschaften selbst. Vielmehr war er *das Ergebnis tiefgreifender politischer Umwälzungen,* die kausal zusammenhängen: erstens die rapide Auflösung der kolonialen Herrschaftsstruktur; zweitens das Streben nach Entwicklung in den unterentwickelten Ländern selbst bzw. innerhalb der gebildeten und selbstbewußten Eliten, die für ihre Länder denken, sprechen und handeln; und drittens die internationalen Spannungen, insbesondere der kalte Krieg, die das Schicksal der unterentwickelten Länder zu einer Angelegenheit der Außenpolitik der entwickelten Länder gemacht haben.[5]

Daß kaum je die Sozialwissenschaften selbst den Weg zu neuen Erkenntnissen freilegen – der ständige Anstoß zum Überdenken unserer Arbeit pflegt aus dem politischen Bereich zu kommen –, ist eine allgemeine Regel, auch wenn wir sie noch selten oder nie in einem so plötzlichen, radikalen und umfassenden Wechsel bestätigt gesehen haben. Diesmal war es nicht nur eine Bewegung, die von einigen von uns angeführt und erst dann, als die sozialen und politischen Verhältnisse in einem Lande nach dem anderen dafür reif waren, allgemein aufgenommen wurde – wie z. B. die Wicksell-Keynessche Theorie der Konjunkturzyklen.[6] Vielmehr hat die gesamte Fachwelt des Westens angefangen, für ihre Arbeit neue Wertprämissen zu akzeptieren, und neue Ziele in einem Bereich, den sie bis dahin ausgespart hatte. Das hat offensichtlich dazu geführt, daß den meisten Forschern die politische Bedingtheit dieses enormen Umschwungs verborgen geblieben ist.

Obgleich jener Wechsel des *Untersuchungsfeldes* eine rationale Anpassung unserer Arbeit an die von unserer Gesellschaft empfundenen Bedürfnisse darstellt, sollten uns diese Erkenntnis und die Radikalität des Wechsels doch mißtrauisch machen: Die Wirkungen eben dieser politischen Veränderungen könnten möglicherweise auch die in unseren Forschungsanstrengungen angewendete *Methode* beeinflussen. Ein solcher Einfluß ist, anders als die reine Neuorientierung in der Forschung, geeignet, irrationale Vorurteile einzuführen.

Die gegenwärtige internationale politische Situation ist voll heftiger Spannungen und Emotionen; Regierungen und Nationen fühlen ihre vitalen Interessen auf dem Spiele stehen. Eine Hauptquelle der Vorurteile in der wirtschaftswissenschaftlichen Forschung, wie sie in den reichen Ländern über die Probleme der unterentwickelten Länder betrieben wird, sind demnach die politischen Interessen der reichen Länder an den Ereignissen in den unterentwickelten Ländern bzw. daran, was sich dort ereignen *sollte,* so wie diese Interessen offiziell und inoffiziell verstanden werden.

Ich habe dieses Thema an anderer Stelle ausführlich erörtert.[7] Hier will ich mich auf den Hinweis beschränken, daß diese opportunistische Tendenz in der Regel nicht zu einer »unfreundlichen« Behandlung der Probleme der unterentwickelten Länder führt, solange diese nicht hoffnungslos an das andere Lager des kalten Krieges verlorengegangen sind.

Im Gegenteil, die Forschung bekommt eine »*diplomatische*« *Komponente, sie wird geduldig und betont optimistisch:* sie übergeht Fakten, die ungelegene Probleme hervorrufen könnten, indem sie diese Fakten in einer unangemessen technischen Terminologie versteckt oder sie in einer entschuldigenden und »verstehenden« Weise behandelt.

Wenn die Intellektuellen der unterentwickelten Länder wüßten, wie sehr diese Behandlung ihrer Probleme gleichbedeutend mit Herablassung ist, würden sie sich beleidigt fühlen. Aus Gründen jedoch, die ich später aufzeigen werde, neigen sie in der Regel – und sogar in viel stärkerem Maße – zu derselben voreingenommenen Betrachtungsweise.

Die allgemeine Übereinstimmung, in der man für den Terminus »unterentwickelte Länder« verschiedene euphemistische Ausdrücke fand, ist ein Indiz für diese geistige »Konspiration«. Einer dieser Ausdrücke heißt »Entwicklungsländer«.[8]

Er ist natürlich unlogisch, denn er unterstellt auf Grund einer vorbelasteten Terminologie bereits die Antwort auf die erst zu stellende Frage, ob ein Land sich entwickelt oder nicht und ob vorauszusehen ist, daß es sich entwickeln wird. Außerdem bringt er nicht zum Ausdruck, was nach einer deutlichen Formulierung verlangt: daß ein Land unterentwickelt ist, daß es sich entwickeln will und daß es vielleicht dabei ist, seine Entwicklung zu planen.

Die Tendenz zu systematischen Verzerrungen in diese Richtung ist durch eine mehr mechanische Ursache noch verstärkt worden, nämlich durch die große Eile, in der wir Nationalökonomen Untersuchungen größten Ausmaßes in einem vorher völlig vernachlässigten Gebiet durchgeführt haben.[9]

Da es ein Gebot der Logik ist, daß die Forschung von einer Reihe analytischer Annahmen ausgeht, lag es natürlich nahe, das für das Studium der entwickelten Länder geformte theoretische Handwerkszeug zu verwenden, ohne es eigens auf seine Adäquatheit hinsichtlich der tatsächlichen Verhältnisse in den unterentwickelten Ländern zu überprüfen. Das konnte um so leichter geschehen, als unsere empirischen Kenntnisse der Tatsachen und Tatsachenverbindungen in den unterentwickelten Ländern so enorm lückenhaft waren. Wenn man also Daten zusammenstellte und analysierte, wurde dadurch die konventionelle Methode – die ich, um nicht gleich Mißbilligung wegen der Terminologie zu ernten, als die Nachkriegsmethode bezeichnen will – nicht in Frage gestellt, da diese Daten ja unter Verwendung der in ihr enthaltenen Begriffskategorien zusammengestellt und analysiert wurden. So haben die Zahlenergebnisse z. B. über »Arbeitslosigkeit« und »Unterbeschäftigung«[10] entweder keine Bedeutung für das Verständnis der wirtschaftlichen Realität in einem unterentwickelten Land, oder sie haben eine völlig andere Bedeutung, als man ihnen beimißt.

Was ich herausstellen will, ist dies: Wenn in den entwickelten Ländern eine Analyse mit Hilfe rein »ökonomischer« Begriffe – Beschäftigung und Arbeitslosigkeit, Sparen, Investieren und Produktion, jeweils in einem komplexen Rahmen gesehen; Nachfrage, Angebot und Preise, jeweils unter der Bedingung von Märkten, und zwar ziemlich leistungsfähigen Märkten – einen Sinn haben und zu gültigen Schlüssen führen kann, so deshalb, weil diese Begriffe so wie die Modelle und Theorien, in denen sie wurzeln, den Gegebenheiten in den entwickelten Ländern völlig adäquat sind. In unterentwickelten Ländern dagegen ist diese Methode einfach nicht anwendbar, oder man erhält eine irrelevante und mit groben Fehlern belastete Analyse. Die verwendeten »ökonomischen« Termini, wie sie oben erwähnt wurden (und viele andere dazu), sind nicht zu gebrauchen, wenn es keine oder nur höchst unvollständige Märkte gibt.

In noch einer anderen Hinsicht verleiht die Nachkriegsmethode der ökonomischen Analyse unterentwickelter Länder eine unangemessen optimistische Note. Die in den entwickelten Ländern erzielten hohen Einkommen und ihre sozialen Sicherheitsmaßnahmen erlauben es hier, die Ernährung und ganz allgemein den Lebensstandard allein unter dem Gesichtspunkt des Wohlergehens der Menschen zu betrachten, nicht unter dem ihrer Bereitschaft und Fähigkeit zu arbeiten und ihrer Arbeitsleistung. In unseren westlichen Wachstumsmodellen können diese Momente daher im allgemeinen unberücksichtigt bleiben. Diese Vereinfachung ist indessen nicht gestattet, wenn es um die Analyse der Probleme der Unterentwicklung und der Entwicklung in unterentwickelten Ländern geht. Ihr äußerst niedriger Lebensstandard enthält Konsequenzen für die Produktivität, die man in einer realistischen ökonomischen Analyse von Unterentwicklung und Entwicklung nicht übergehen kann.[11]

Was ich die Nachkriegsmethode nannte, charakterisierte ich als eine eher mechanische Art der Behandlung von Problemen der Unterentwicklung und der Entwicklung unter Verwendung »ökonomischer« Termini, und das nannte ich eine Folge der Eile, in der die Forschung sich einem fast unberührten Objekt zuwandte, sowie unserer natürlichen Neigung, Untersuchungsmethoden anzuwenden, mit denen wir vertraut sind. Damit ist es freilich noch nicht getan.[12] Allgemein gesprochen: *Diese Methode übersieht die*

meisten Bedingungen, die nicht nur charakteristisch sind für die un-
terentwickelten Länder, sondern auch weitgehend verantwortlich für
ihre Unterentwicklung und für die speziellen Schwierigkeiten, denen
sie in ihrer Entwicklung gegenüberstehen.

Wenn die Nationalökonomen ihre Begriffe, Modelle und Theorien
vortragen, sind sie meistens darauf bedacht, sehr edle Vorbehalte
und Einschränkungen vorauszuschicken; sie unterstreichen nachdrücklich, die Entwicklung sei letzten Endes ein »menschliches
Problem« und Planung bedeute, »den Menschen zu ändern«.
Wenn sie dann ihre Verbeugung gemacht haben vor dem, was sie
als »außerökonomische« Faktoren zu bezeichnen sich angewöhnt
haben, setzen sie ihre Arbeit fort, als wenn diese Faktoren nicht
existierten.[13]
Die freundlichste Erklärung für diese Einstellung zur wirtschaftswissenschaftlichen Forschung – einerseits die Bedeutung der sogenannten außerökonomischen Faktoren zu unterstreichen und sie
dann in den der Forschung und Planung angewendeten Modellen
und Theorien fast völlig zu vernachlässigen – wäre, daß die Nationalökonomen alternativ von zwei möglichen Annahmen ausgehen:
Im ersten Falle unterstellen sie, daß induzierte »ökonomische«
Veränderungen (in den meisten Planmodellen immer noch hauptsächlich Sachinvestitionen) von überragender Bedeutung für die
Entwicklung sind; im zweiten Falle gehen sie davon aus, daß es ein
methodologisch gültiges Verfahren in der Forschung ist, zuerst
einmal eine »ökonomische Theorie« aufzustellen und sich die
Möglichkeit des *Hinzufügens* außerökonomischer Faktoren vor-
zubehalten.
Die meisten theoretischen Arbeiten der heutigen Nationalökonomen zeigen, daß sie tatsächlich auf der Grundlage der ersten
Annahme operieren, manchmal in grobem Widerspruch zu ihren
eigenen Worten, mit denen sie die Wichtigkeit der außerökonomischen Faktoren unterstreichen. Ein Leitmotiv in sämtlichen Kapiteln von *Asian Drama* ist die detaillierte Widerlegung dieser
Annahme für die verschiedenen Teilprobleme. Im vorliegenden
Band soll dieses Thema in den folgenden Kapiteln aufgegriffen
werden.
Wenn unsere Schlußfolgerungen über diesen Punkt gültig sind –
daß nämlich die außerökonomischen Faktoren, grob gesehen die
Verhaltensweisen, Institutionen und die Rückwirkungen des

äußerst niedrigen Lebensstandards auf die Produktivität, in unterentwickelten Ländern von so weitreichender Bedeutung sind, daß sie in der ökonomischen Theorie und Planung nicht übergangen werden können –, gewinnt die zweite Annahme, daß eine Berücksichtigung der außerökonomischen Faktoren möglich ist, indem man einer vereinfachten und grundlegenden ökonomischen Theorie Betrachtungen über sie hinzufügt, entscheidende Bedeutung und muß deshalb einer strengen Prüfung unterzogen werden. Ich meine, daß sie im allgemeinen nicht gültig ist.

In diesem Zusammenhang will ich mich auf ein einziges anschauliches Beispiel für meine Behauptungen beschränken: den Gebrauch des westlichen Begriffs »Arbeitslosigkeit« und den Versuch, die Bedingungen in unterentwickelten Ländern durch Einbeziehung auch der »verschleierten Arbeitslosigkeit« oder der »Unterbeschäftigung« zu untersuchen. Für eine umfassende Kritik verweise ich auf *Asian Drama*[14]; ich greife daher nur einige der dem Begriff »Arbeitslosigkeit« in entwickelten Ländern zugrunde liegenden Annahmen heraus.

Vorausgesetzt wird die Existenz eines beweglichen Arbeitsmarktes, wo die Arbeitsstunden und die Arbeitsbedingungen für spezielle Beschäftigungen standardisiert sind auf Grund etablierter Bräuche, manchmal auch auf Grund von Gesetzgebung, Tarifabkommen und Absprachen, und wo ferner individuelle Abweichungen hinsichtlich des Arbeitseinsatzes, also der Kenntnisse, Intensität und Leistungsfähigkeit, ebenfalls durch Standardisierung auf ein Minimum reduziert sind oder doch auf ein erträgliches Maß eingeschänkt werden können. Innerhalb dieses beweglichen und organisierten Arbeitsmarktes wissen die Arbeitskräfte in der Regel, welche Arbeitsgelegenheiten es gibt oder ob solche Gelegenheiten fehlen. Ebenso selbstverständlich ist es, daß sie arbeiten wollen; in jedem Falle wird klar unterschieden zwischen den fehlenden Arbeitsmöglichkeiten und der mangelnden Bereitschaft zu arbeiten. Arbeitslose kann man nunmehr als Arbeiter definieren, die über die erforderlichen Kenntnisse verfügen, eine Arbeitsgelegenheit wahrnehmen, sobald sie sich bietet, und Arbeit zu den marktüblichen Löhnen suchen, ohne daß es ihnen gelingt, ein Arbeitsverhältnis zu finden. Ein genügender Anstieg der allgemeinen Nachfrage nach Arbeitskräften schafft »Vollbeschäftigung«. Diese Bedingungen überwiegen in den entwickelten Ländern, allerdings mit vielen Vorbehalten, u. a. dem der »strukturellen

Arbeitslosigkeit«, deren Vorhandensein viele Nationalökonomen der Vereinigten Staaten abzustreiten versuchten, bis sich dann Anfang der sechziger Jahre eine Art moralische und geistige Katharsis vollzog, als das Problem der Armut in das öffentliche Bewußtsein eindrang. Und nur unter diesen Bedingungen kann man den Begriff »arbeitslos« verwenden und die Anzahl der arbeitslosen Arbeiter statistisch messen. Es gibt eine definierbare »Arbeitskraftreserve«.

In den unterentwickelten Ländern ist die Situation völlig anders. Wenn man die Nachfrage nach Arbeitskräften erhöht oder Möglichkeiten für eine produktive Arbeit der Selbständigen schafft, so führt das allein nicht schon zu einer besseren Ausnutzung der Arbeitskraft, oder nur in ganz geringem Umfang.[15] Solche politischen Maßnahmen müssen ergänzt werden durch andere politische Maßnahmen, die nicht nur auf Investitionen und die Ausdehnung der Nachfrage nach Arbeitskräften gerichtet sind, sondern auch auf die Änderung der Verhaltensweisen und Institutionen und oft sogar auf den Lebensstandard. Das Ausschließen der außerökonomischen Faktoren aus den herkömmlichen Theorien und Modellen, die in der ökonomischen Analyse und Planung verwendet werden, hat in diesem Falle zu einer ernsthaften Verdrehung unserer Vorstellung von der Wirklichkeit geführt.

Die außerökonomischen Faktoren können nicht einfach einer vermeintlich reinen ökonomischen Theorie hinzugefügt werden. *Die wahre institutionelle Methode muß mit Begriffen arbeiten, die der Wirklichkeit von Anfang an adäquat sind, d. h. schon beim Herangehen an das Problem.*[16]

Wir sollten uns auch der Marxschen Annahme erinnern – die heute bei westlichen Nationalökonomen weit verbreitet ist, auch wenn sie sich in der Regel nicht auf ihre Quelle beziehen, sie oft nicht einmal kennen –, daß nämlich die Wirkungen der Industrialisierung und der Investitionen im allgemeinen (im letzteren Fall spricht Marx von »Produktionsweise«) schnell auf andere Wirtschaftssektoren übergreifen und auch den gesamten »Überbau« der Kultur determinieren, einschließlich der Verhaltensweisen und Institutionen.[17] Diese These macht natürlich die Nachkriegsmethode verständlicher. Aber sie ist unrealistisch. In Wirklichkeit sind die »Übergreifeffekte« der Industrialisierung eine Funktion des Lebensstandards, insbesondere des Zugangs zu Ausbildungseinrichtungen und ihrer Nutzung, ferner der jeweiligen Verhaltensweisen und Institutionen; aus diesen Gründen wirken sie in unterentwickelten Ländern im allgemeinen nur langsam und unvollständig.[18]

Im Zuge der allgemeinen diplomatischen Anpassung an die politische Unabhängigkeit der Kolonien ergab es sich von allein, daß die Nationalökonomen in den entwickelten Ländern mit den Protestgefühlen der einheimischen Intellektuellen gegen die Kolonialtheorie sympathisierten. Diese Reaktion entsprach auch ganz der allgemeinen Tendenz, aus Gründen der Forschungsdiplomatie ungelegenen Problemen aus dem Weg zu gehen und die Dinge in einem möglichst hoffnungsvollen Licht zu sehen. Da sie die Verhaltensweisen, die Institutionen und die Folgen eines äußerst niedrigen Lebensstandards für die Produktivität ignorierten, konnten sie auch kritiklos ein theoretisches Verfahren anwenden, mit dem sie vertraut waren und leicht umzugehen wußten.
Auf diese Weise wirkten alle Kräfte des Vorurteils zusammen und stärkten sich gegenseitig, als es darum ging, die Nachkriegsmethode schnell und sicher für die Erforschung der Unterentwicklung, der Entwicklung und Planung zu etablieren.
So trifft eine wissenschaftliche Rebellion gegen die vorherrschende Methode zur Lösung der wirtschaftlichen Probleme der unterentwickelten Länder auf ein *echtes »Establishment«, verschanzt hinter schwerwiegenden überkommenen Interessen,* die von der großen Mehrheit all derer verfochten werden, die mit diesen Problemen zu tun haben, sei es akademisch, politisch oder praktisch. Dessenungeachtet bin ich fest davon überzeugt, daß die heute den Bedingungen in den unterentwickelten Ländern gewidmeten massiven Forschungsanstrengungen in zehn oder fünfzehn Jahren eine völlig neue Methode hervorbringen werden, die im Einklang steht mit dem, was ich als institutionelles Erfassen der Probleme bezeichne.[19] Das wird dann ein ebenso radikaler Umschwung sein wie der von der Kolonialtheorie zur Nachkriegsmethode. Wir werden manches von dem über Bord werfen müssen, was von Nationalökonomen oft fälschlich als »verfeinerte« Methode bezeichnet wird, auch manche Rigorosität und übertriebene Genauigkeit – allerdings nicht, wie ich hoffe, im Hinblick auf die Definition grundlegender Annahmen und Begriffe, die in der konventionellen Nachkriegsmethode so nachlässig behandelt worden sind.[20]

Die Soziologen und andere Verhaltensforscher haben uns Natio- nalökonomen lange Zeit ermahnt, dieses und jenes nicht zu ver- gessen. Dann sind sie jedoch dazu übergegangen, einzelne Diszi- plinen für sich selbst herauszusuchen; sie zitieren einander, entwickeln ihre eigene, unnötig exzentrische Terminologie und stören uns Nationalökonomen im Grunde nur wenig. Sie haben praktisch niemals den Mut gehabt, unsere Hauptmethode für die Behandlung von Entwicklungsproblemen in unterentwickelten Ländern anzugreifen, und noch weniger, eine alternative Theorie für die Behandlung dieser Probleme auszuarbeiten.

In Übereinstimmung mit Traditionen, die jetzt älter sind als zwei Jahrhunderte, haben wir Nationalökonomen einen leicht paranoi- den, aber sozial nützlichen Hang entwickelt: wir fühlen uns dazu verpflichtet, ein ganzes Land, ja sogar die ganze Welt ins Auge zu fassen und in dynamischen Begriffen über nationale wie interna- tionale Politik zu denken. Man setze irgendeinen Nationalökono- men in die Hauptstadt eines unterentwickelten Landes und gebe ihm die notwendige Hilfe, so wird er binnen kürzester Frist einen Plan ausarbeiten. In dieser Beziehung sind wir einzigartig unter den Sozialwissenschaftlern. Kein Soziologe, Psychologe oder Anthropologe würde sich jemals einfallen lassen, sich an eine sol- che Sache heranzuwagen. Aus diesem Grunde – und indem ich alle Forschungsbeiträge unserer Kollegen aus den anderen Bereichen der Sozialwissenschaften begrüße – setze ich mein Vertrauen in den Beruf der Nationalökonomen, wenn sie nur erst einmal infor- miert sind und die Notwendigkeit erkannt haben, die Verhaltens- weisen, die Institutionen und die Folgen eines sehr niedrigen Lebensstandards für die Produktivität in Betracht zu ziehen.[21]

Denn was ein Staat braucht und was Politik eigentlich sein sollte, ist nichts anderes als ein umfassender Plan, der Veränderungen unter vielen Bedingungen gleichzeitig induziert, nicht nur unter ökonomischen, und zwar in der Weise, daß alle diese Veränderun- gen koordiniert sind im Hinblick auf einen maximalen Entwick- lungseffekt der Anstrengungen und Opfer. Das mag in einfachen Worten eine Definition dessen sein, was wir unter Planung verste- hen sollten.

Leider stimmt es nicht, daß die Methode für die Behandlung der Entwicklungsprobleme unterentwickelter Länder bereits refor- miert ist, daß diese Kritik somit jeder Grundlage entbehrt. Die

Probleme der Wirtschaftsentwicklung werden fortgesetzt und regelmäßig immer noch so verstanden, als liege das Kernproblem in der Sachinvestition, gelegentlich erweitert um Kenntnisse, Management etc. Und immer noch stützen sich die Untersuchungen auf voneinander abhängige Begriffe wie durchschnittliches Nationaleinkommen, Sparen, Beschäftigung und Produktion, gesehen in einem System von Märkten, Preisen und technischen Koeffizienten, aber ohne Rücksicht darauf, was diese Begriffe in jenen Ländern bedeuten können und durch welche statistische Hexerei sie abgesichert sind.

Dieser Konservatismus in der Grundmethode ist vor einigen Jahren bloßgestellt worden, als eine Gruppe von Nationalökonomen die Bedeutung der Ausbildung für die Wirtschaftsentwicklung wiederentdeckte.[22] Das ist natürlich nichts Neues für die Vertreter der pädagogischen Forschung oder die Wirtschaftshistoriker; schon die Klassiker und Neoklassiker der Nationalökonomie von Adam Smith bis Alfred Marshall haben das gewußt. Wenn es heute für die Nationalökonomen eine Entdeckung ist, dann läßt sich das einfach damit erklären, daß viele Vertreter unseres Faches es vergessen hatten.

Was indessen überrascht, ist die Tatsache, daß diese jüngste Schule der Nationalökonomie – deren Vertreter sich nicht scheuen, ihren Beitrag als eine bedeutende Erweiterung der ökonomischen Theorie anzusehen – nicht radikal genug ist. Sie begnügt sich in der Tat mit der Erweiterung des Investitionsbegriffs – bis dahin gewöhnlich als Sachinvestition verstanden – auf das Kapital/Produktion-Modell, so daß auch die »Investition in den Menschen« einbezogen werden kann. Im übrigen blieb das für die Nachkriegsmethode so grundlegende Modell unverändert und so beherrschend wie zuvor. Besonders im Hinblick auf die unterentwickelten Länder ist dieses Gerüst aus Begriffen des finanziellen Einsatzes und des Ausbildungsergebnisses indessen bedeutungslos.

Adam Smith und Alfred Marshall wären, so institutionalistisch sie eingestellt waren, niemals so weit gegangen. Marshall warnte sogar vor einer Übertragung des Ausbildungsfaktors in die finanziellen Kategorien der Investition und Produktion. Diese Übertragung ist nur geeignet, den Weg zu einer realistischen und relevanten Erforschung des entscheidenden Problems der Rolle der Ausbildung in der Entwicklung zu blockieren (siehe Kapitel 6).

Dieses Problem muß in erster Linie in bezug auf den Inhalt der

Ausbildung und ihre Wirkungen angepackt werden; wie beeinflußt sie Verhaltensweisen und Institutionen, besonders jene der wirtschaftlichen und sozialen Schichtung, und welche Rückwirkungen haben diese Faktoren auf die Ausbildung? *Hier liegen die wahren Probleme der Rolle der Ausbildung in der Entwicklung, die die Formel von der Bildungsinvestition eher unter den Tisch fallen läßt.*

Inzwischen werden ständig Pläne für unterentwickelte Länder präsentiert und diskutiert, werden dann spezifiziert als Finanzpläne oder Haushaltspläne für öffentliche Investitionen.[23] Die meisten für die Wirtschaftsentwicklung notwendigen politischen Maßnahmen, ob sie nun auf kurzfristige Wirkungen abzielen oder Änderungen im Bereich der Verhaltensmuster und Institutionen implizieren, also langfristig wirken sollen, haben jedoch keine oder nur eine höchst zufällige Beziehung zu Kosten und Erträgen in finanzieller Hinsicht und somit auch nicht zu einem öffentlichen Investitionshaushalt. *Das bedeutet, daß man einen Plan haben kann, ohne rechte Planung.*

Ein Haushaltsplan ist natürlich erforderlich für die ordnungsmäßige Führung und Kontrolle der öffentlichen Verwaltung und ihrer Ausgaben, und es ist tatsächlich vernünftig zu versuchen, ihn für mehrere Jahre im voraus aufzustellen. Aber diese Art der »Planung« kann nicht einmal als Basis für wirkliches Planen dienen, das induzierte und aufeinander abgestimmte Veränderungen in allen möglichen wirtschaftlichen und sozialen Bedingungen ins Auge fassen muß.

Daß die Koeffizienten der Wechselwirkungen zwischen verschiedenen Veränderungen in der Kreislaufverursachung eines kumulativen Prozesses nicht genau bekannt sind, ist keine Rechtfertigung dafür, ein Modell in rein ökonomischen Kategorien zu substituieren – meistens reduziert auf finanzielle und letztlich fiskalische Größen –, und zwar deshalb nicht, weil die Verhaltensweisen, Institutionen und der Lebensstandard in unterentwickelten Ländern von so viel größerer Bedeutung für die Entwicklung sind als in den entwickelten Ländern.[24]

Eine allgemeine Bemerkung sei noch hinzugefügt, um die institutionelle Methode zu charakterisieren, die in *Asian Drama* und in dieser Arbeit angewendet wird.[25] Der herkömmliche Nationalökonom der Nachkriegszeit ist geneigt zu glauben, daß seine Methode »quantitativ«, die des Institutionalisten dagegen »qualitativ« sei. Das entspricht natürlich nicht der Wahrheit. Der Institutionalist ist durch seine Methode gezwungen, sich intensiver solcher Forschung zu widmen, die seine Theorien quantitativ belegen und sie empirisch testen kann. Da er von Grund auf kritischer ist, findet er den Anspruch des konventionellen Nationalökonomen auf quantitative Genauigkeit ungerechtfertigt, schon aus logischen Gründen. Auch ist der Institutionalist nicht »modellfeindlich«.[26] Die Modellkonstruktion ist eine Universalmethode der wissenschaftlichen Forschung, genauso wie das Quantifizieren von Kenntnissen ein selbstverständliches Ziel der Forschung ist. Aber Modelle ins Blaue hinein zu konstruieren, aus unkritisch gebildeten, der Wirklichkeit inadäquaten und logisch inkonsistenten Begriffen, und so auf Wissen pochen, wo nichts erwiesen ist, bedeutet keinen wissenschaftlichen Fortschritt, sondern kommt der intellektuellen Unredlichkeit nahe.

Dieses Urteil bezieht sich auf unterentwickelte Länder, so wie *Asian Drama* und die vorliegende Arbeit es tun. Für entwickelte Länder sind ökonometrische Modelle, selbst solche des makroökonomischen, eine ganze Volkswirtschaft erfassenden Typs, heute eher angebracht und nützlich als zu der Zeit, da Alfred Marshall sie als wirklichkeitsfremd verwarf. Das statistische Material ist vollständiger und verläßlicher, und die »außerökonomischen« Faktoren sind in der ökonomischen Analyse weniger wichtig, da sie entweder schon angepaßt sind oder sich schnell anpassen werden, um die ökonomischen Impulse durchzulassen. In unterentwickelten Ländern ist das Gegenteil der Fall.[27]

Was die Notwendigkeit betrifft, mit expliziten Wertprämissen zu arbeiten, die hinsichtlich ihrer Relevanz, Bedeutung und Anwendbarkeit erprobt sind, so verweise ich auf frühere Beiträge.[28]

Hinzugefügt sei noch, daß *Wertprämissen schon im theoretischen Stadium der Prüfung unserer Kenntnisse über Tatsachen und Tatsachenverbindungen erforderlich sind.* Antworten können nur gegeben werden, wenn Fragen gestellt worden sind. Es ist nicht möglich, eine Ansicht zu haben, wenn man keinen Standpunkt hat. »Die Dinge sehen immer anders aus, je nachdem, wo man steht.«

In *Asian Drama* sind die Ideale der Modernisierung als instrumentale Wertprämissen verstanden worden: Rationalität, Entwicklung und Entwicklungsplanung, Anstieg der Produktivität, Anstieg des Lebensstandards, soziale und wirtschaftliche Gleichstellung, verfeinerte Institutionen und Verhaltensweisen, nationale Konsolidierung, nationale Unabhängigkeit, Demokratie von Grund auf und soziale Disziplin.[29]

Alle diese (und eine Anzahl davon abgeleiteter) Wertprämissen sind miteinander verbunden in der Suche nach Rationalität, und sie gewinnen erst im Verlauf der Untersuchung Ausdruck und Schärfe.[30]

Die gegebenen Bedingungen sind natürlich von dnn Idealen immer weit entfernt. Die Bedeutung des Postulats dieser Ideale als Wertprämissen der Forschung ist darin zu sehen, *daß eine Veränderung in Richtung auf ihre Verwirklichung das erstrebte Ziel der Planung ist.*

Der Grund, warum wir die Modernisierungsideale als Wertprämissen unserer Untersuchung der unterentwickelten Länder angenommen haben, ist nicht allein der, daß diese Ideale von den Regierungen praktisch aller jener Länder und natürlich auch von den Wortführern ihrer Völker als politische Zielvorstellungen deklariert zu werden pflegen und in vielen unterentwickelten Ländern schon fast die Rolle einer Staatsreligion angenommen haben.[31] Zu diesem Grund tritt noch die wichtige Tatsache hinzu, daß, besonders im Hinblick auf die gegenwärtigen und vorhersehbaren Wachstumsraten der Bevölkerung, die Verwirklichung der Modernisierungsideale rapide vorangetrieben werden muß, wenn nicht nur Stagnation, sondern auch ein früheres oder späteres Absinken in tatsächliche Verarmung mit zunehmendem Elend der Massen vermieden werden soll.

Es könnte nun der Eindruck entstehen, daß die Aufstellung der Modernisierungsideale als Wertprämissen eine Untersuchung der Probleme der unterentwickelten Länder mit westlichen Maßstäben impliziert oder vielmehr mit Maßstäben, die den Verhältnissen in entwickelten Ländern entsprechen. Es stimmt, daß diese Ideale in entwickelten Ländern schon in einem weit größeren Ausmaß realisiert sind, als es in den unterentwickelten Ländern in weiter Zukunft vorauszusehen ist. Die Wahl dieser Wertprämissen steht indessen nicht im Widerspruch zur Hauptthese dieses Kapitels: daß die unterentwickelten Länder untersucht werden sollten mit Hilfe von Begriffen, die den Gegebenheiten dort entsprechen. Sie steht auch nicht meinem Einwand gegen die Nachkriegsmethode entgegen, die von den Verhaltensweisen, den Institutionen und den Konsequenzen eines sehr niedrigen Lebensstandards der Massen für die Produktivität absieht.[32]

Die Wertprämissen bestimmen lediglich den Standpunkt, von dem aus die Realität untersucht wird. Dieser Standpunkt bestimmt jedoch nicht, welche Tatsachen und Tatsachenverbindungen in das Feld der Beobachtung und Analyse gerückt werden.

Eine letzte Bemerkung sei diesem einführenden Kapitel angefügt. Von vielen Seiten ist die Ansicht vertreten worden, es sei ein Fehler, die Modernisierungsideale in die Untersuchung der unterentwickelten Länder und in die Planung für diese Länder einzuführen. Emphatisch wird behauptet, diese Wertungen[33] seien den unterentwickelten Ländern fremd; sie entstammten den entwickelten westlichen und kommunistischen Gesellschaften. *Den unterentwickelten Ländern sollte es erlaubt sein, sich ihren eigenen traditionellen Wertungen entsprechend zu entwickeln,* so wird behauptet. Diese Ansicht wird oft so formuliert, daß man an die alte statische anthropologische Methode erinnert wird, die Veränderungen als »Störungen« anzusehen geneigt war. Ich glaube, daß sie aus vielen Gründen falsch ist. Zunächst sind die traditionellen Wertungen nicht auf Veränderungen gerichtet. Sie sind statischer Natur und folglich nicht geeignet, bei der Festsetzung von Zielen für die Planung verwendet zu werden.[34] Daher die starke Konkurrenz der Modernisierungsideale, die nach dem Prinzip der Rationalität organisiert sind. Sobald Entwicklung als erstrebenswertes Ziel gilt, müssen die Modernisierungsideale akzeptiert werden. Sie gewinnen an Bedeutung, wenn erkannt worden ist, daß die gegenwärtige und voraussehbare Bevölkerungsentwicklung dazu zwingen, den Weg zu den Modernisierungsidealen sehr schnell zu gehen, wenn eine wirtschaftliche Stagnation oder sogar ein Rückfall vermieden werden soll.

Außerdem werden die traditionellen Wertungen, wenn sie erst einmal auf ein »höheres«, ein differenzierteres Niveau angehoben worden sind, oft als nicht mehr den Modernisierungsidealen entgegenstehend empfunden.[35] Tatsächlich unterstützen sie weitgehend diese Ideale oder verhalten sich zumindest neutral. Viele traditionelle Gebräuche verkörpern auch eine pragmatische Anpassung an gegebene Verhältnisse, etwa in der Konstruktion der Häuser, und stehen somit durchaus im Einklang mit den rationalen Erwägungen im Rahmen der Planung.

In manchen Fällen entstehen gleichwohl Konflikte zwischen den Modernisierungsidealen und den traditionellen Wertungen. Die traditionell feindliche Haltung der Inder gegenüber der Schlachtung von Kühen unterläuft so jede vernünftige Viehwirtschaft. Die dort und in vielen anderen Teilen der unterentwickelten Länder gehegte Neigung, die Sprachen und sogar die Schriftzeichen getrennt zu halten, steht einer möglichst rationalen Nutzanwendung des Schulunterrichts und oft auch der nationalen Konsolidierung entgegen.[36] Für die Planung bedeuten diese traditionellen Wertungen also Sperren und Hindernisse. Wenn sie so stark sind, daß sie hingenommen werden müssen, schaffen sie zusätzliche Kosten, denen man in den für einen Plan aufgestellten Kalkulationen Rechnung tragen sollte.

Jedenfalls müssen die traditionellen Wertungen als wichtige Fakten unter all den anderen Bedingungen in unterentwickelten Ländern, die es bei der Planung zu berücksichtigen gilt, untersucht werden. Es ist in der Tat ein Teil meiner Anklage gegen die Nachkriegsmethode, daß dies gemeinhin unterblieben ist. *Die Idee, die Entwicklungsziele in diesen traditionellen Wertungen zu suchen, läuft jedoch darauf hinaus, daß man sich einer rationalen Planung enthält.* Das können sich die unterentwickelten Länder nicht leisten, und sie haben sich auch nicht so entschieden.

Kapitel 2
Unterschiede in den Startbedingungen

Die Kritik an der Nachkriegsmethode im vorhergehenden Kapitel basierte auf der Feststellung, daß die gegebenen Verhältnisse in den unterentwickelten Ländern viel stärkere Hindernisse (innerhalb der herrschenden Gruppen) und Widerstände (innerhalb der Masse der Bevölkerung)[1] für die Entwicklung enthalten als in den entwickelten Ländern, denen diese Methode eher angemessen ist. Diese Einstellungen werden noch bestärkt durch Institutionen, die zugleich Ursachen und Wirkungen der Verhaltensweisen sind. Auch die Produktivität der Arbeitskraft wird durch den sehr niedrigen Lebensstandard der Masse der Bevölkerung auf einem niedrigen Niveau gehalten. Das würde für die Verhaltensweisen und Institutionen – freilich weniger allgemein für den Lebensstandard – selbst dann noch gelten, wenn man einen Vergleich zöge zu den entwickelten Ländern in der Zeit, als sie ihre industrielle Revolution durchmachten, oder selbst in früheren Jahrhunderten.[2]

Im Hinblick auf die politischen Institutionen ist ein deutlicher Unterschied darin zu sehen, daß die heute entwickelten Länder unabhängig und größtenteils ziemlich konsolidierte Nationalstaaten waren, die eine eigene nationale Politik betreiben konnten, lange vor ihrer industriellen Revolution. Sie bildeten eine kleine Welt im großen und ganzen ähnlicher Kulturen, in der sich die Menschen und die Ideen relativ frei bewegen konnten.

In dieser kleinen Welt, lange vor der industriellen Revolution, war der Rationalismus gefördert und der Traditionalismus geschwächt worden, als die Renaissance, die Reformation und die Aufklärung sukzessive die Begriffe und Wertungen revolutionierten. In diesen Ländern entwickelte sich ein modernes wissenschaftliches Denken, und eine modernisierte Technologie begann schon früh in ihre Landwirtschaft und ihre Industrien einzudringen, wo es damals nur kleine Betriebsgrößen gab.

Im Gegensatz hierzu sind die meisten unterentwickelten Länder von heute erst vor kurzer Zeit unabhängig geworden; sie müssen sich als Nationalstaaten erst noch konsolidieren, um eine eigene nationale Politik mit Nachdruck verfolgen zu können.

Die Modernisierungsideale, die von der herrschenden Klasse der Gebildeten weitgehend als eine Art Staatsreligion übernommen worden sind, sind nicht auf heimischem Boden gewachsen, und die auf eine Realisierung dieser Ideale gerichteten Versuche begegnen daher starken Widerständen sowohl innerhalb dieser Klasse als auch innerhalb der Massen.

Es gibt noch verschiedene andere Bedingungen in den unterentwickelten Ländern, die im Hinblick auf eine Entwicklung ungünstiger sind, als sie es in heute entwickelten Ländern sind oder einmal waren. Die offensichtlich tiefersitzenden Vorurteile der Nachkriegsmethode haben dazu geführt, daß sie in der zeitgenössischen Literatur über Entwicklungsprobleme unterentwickelter Länder und in den Planungsarbeiten heruntergespielt worden sind. Zunächst einmal *sind die unterentwickelten Länder mit natürlichen Reichtümern oft in viel geringerem Maße ausgestattet, als es die heute entwickelten Länder zu Anfang ihrer modernen Entwicklung waren.* Ich übersehe jetzt und überhaupt in diesem Buch diejenigen Gebiete auf der Karte der unterentwickelten Welt mit großen Ölvorkommen und anderen Mineralien, deren Nachfrage in den entwickelten Ländern plötzlich und rapide steigt. Diese Gebiete werden oft als Enklaven in die Volkswirtschaft eines oder mehrerer entwickelter Länder integriert.

Südasien, wo fast ein Drittel der Menschheit lebt und zwei Drittel der Bevölkerung der nichtkommunistischen unterentwickelten Länder, ist im ganzen ein mit natürlichen Reichtümern recht spärlich ausgestattetes Gebiet.[3] In Afrika und Lateinamerika ist der Vorrat an natürlichen Reichtümern insgesamt weit größer. Man darf jedoch nicht vergessen, daß ihre wirtschaftliche Ausbeute meistens Investitionen voraussetzen, für die das erforderliche Kapital nicht zur Verfügung steht. Besonders die afrikanischen Staaten haben deshalb mit großen Schwierigkeiten zu kämpfen. Die Rohstoffvorkommen sollten gleichwohl als Basis für die Entwicklung nicht überbewertet werden. Einige der am stärksten industrialisierten Volkswirtschaften – wie z. B. Dänemark, die Schweiz und Japan – haben ihre Industrien hauptsächlich auf der Basis importierter Rohstoffe aufgebaut. Diese Möglichkeit steht den meisten unterentwickelten Ländern natürlich weniger offen, zumindest nicht auf breiter Ebene. In jedem Falle ist ein solcher Entwicklungsweg gerade am Anfang eines Entwicklungsprozesses sehr viel schwieriger. Im vorgerückten Entwicklungsstadium, wenn die Kapitalkosten gestiegen sind und besonders die Löhne ein höheres Niveau erreicht haben, schrumpft der Anteil der Rohstoff-kosten an den gesamten Produktionskosten. Entwickelte Länder sollten daher von einer Basis natürlicher Ressourcen weniger abhängig sein.

In den klimatischen Verhältnissen liegt ein weiterer wesentlicher Unterschied zwischen entwickelten und unterentwickelten Ländern.[4] Fast alle unterentwickelten Länder liegen in den tropischen oder subtropischen Zonen. Es ist eine Tatsache, daß alle erfolgreichen Industrialisierungen der Neuzeit in den gemäßigten Zonen stattgefunden haben. Das kann nicht allein ein geschichtlicher Zufall sein, sondern muß etwas zu tun haben mit einigen speziellen, direkt oder indirekt vom Klima abhängenden Handikaps.

Auch wenn die Bedeutung der klimatischen Bedingungen für die Entwicklungsplanung nur wenig erforscht ist, leuchtet es doch ein, daß, ganz allgemein gesprochen, extreme Hitze und Feuchtigkeit in den meisten unterentwickelten Ländern zu einer Verschlechterung des Bodens und vieler Rohstoffarten beitragen, daß sie teilweise auch verantwortlich sind für die geringe Ergiebigkeit bestimmter Getreidesorten, der Wälder und der Viehzucht und daß sie bei den Arbeitern nicht nur Unlustgefühle erzeugen, sondern auch ihrer Gesundheit schaden, den Arbeitseinsatz, die Arbeitsdauer und die Leistungsfähigkeit mindern.

Fast alle diese ungünstigen Auswirkungen können zum großen Teil durch gezielte politische Maßnahmen vermieden oder aufgefangen werden. Aber ihre Überwindung – und gelegentlich ihre Umwandlung in Vorteile, was im Hinblick auf die Landwirtschaft in einigen Ländern durchaus möglich ist – erfordert Ausgaben, oft sogar Investitionen. Und da das Kapital und alle anderen Kostenfaktoren, wie z. B. ein Verwaltungsapparat, knapp sind, *bedeuten die klimatischen Bedingungen für die Entwicklung oft ein ernsthaftes Hindernis*.

Die gegenwärtige Bevölkerungsdichte und das voraussehbare rapide Bevölkerungswachstum stellen einen weiteren sehr wichtigen Unterschied zwischen unterentwickelten und entwickelten Ländern dar.[5] In den vorindustriellen Zeiten war das Bevölkerungswachstum in Europa vergleichsweise mäßig und verstärkte sich erst ein wenig, als die Industrialisierungsphase näher kam. Im Gegensatz hierzu sind die Bevölkerungen der meisten unterentwickelten

Länder lange Zeit hindurch ständig gewachsen, wenn auch nicht in dem Ausmaß wie heute. Eine Folge davon ist, daß einige von ihnen – z. B. Indien und Pakistan mit bald 700 Mio. Einwohnern – jetzt von einer viel höheren Bevölkerungsdichte pro Quadratkilometer ausgehen als die europäischen Länder in früheren Zeiten. Das bringt sie in einen Nachteil im Hinblick auf ihre Entwicklungsaussichten.

Andere Gebiete Südasiens, der größte Teil Lateinamerikas, einige Teile Westasiens und natürlich Afrika (ausgenommen die nördlichen Gebiete) und viele einzelne Gebiete selbst in Ländern mit einem hohen Bevölkerungsdurchschnitt pro Quadratkilometer sind dünn besiedelt und verfügen oft über unermeßliche Reserven unkultivierten, aber kultivierbaren Bodens. Es ist nun einmal eine Tatsache, daß die Menschen meistens zusammengedrängt leben, selbst in solchen Ländern und Gebieten, in denen die Landreserven beträchtlich sind.

Die Nutzbarmachung dieser Reserven hängt von institutionellen Reformen ab, vor allem von einer Reform der Grundbesitz- und Pachtverhältnisse, ferner von besseren Ausbildungsmöglichkeiten und ganz besonders von einem politischen Klima, das substantiellen sozialen und ökonomischen Reformen gewogen ist; in der Regel sind auch beträchtliche Investitionen und in einigen Fällen günstige Absatzmärkte in den entwickelten Ländern erforderlich.[6] Wenn die politischen Kräfte des In- und Auslandes diese Bedingungen nicht herstellen, *kann ein Land »übervölkert« bleiben, selbst wenn natürliche Reichtümer ganz in der Nähe im Überfluß vorhanden sind.*

Sehr viel nachteiliger für die Entwicklung ist jedoch die Bevölkerungsexplosion, die in den vergangenen Jahren die Quote des Bevölkerungswachstums in allen unterentwickelten Ländern auf ungefähr 3 % jährlich und sogar noch höher angehoben hat. Das ist die wichtigste soziale und ökonomische Veränderung, die in der Nachkriegsära in der unterentwickelten Welt stattgefunden hat. Sie war weitaus entscheidender als irgendwelche Reformen oder Entwicklungsanstrengungen und hat wesentlich dazu beigetragen, diese Anstrengungen zu vereiteln. In Kapitel 5 werden wir zeigen, aus welchen Gründen nicht zu erwarten steht, daß die Wachstumsquote der Bevölkerung in naher Zukunft reduziert werden kann. *Eine solch hohe Wachstumsquote – die eine Verdoppelung der*

Bevölkerung innerhalb von zwanzig bis fünfundzwanzig Jahren bewirkt – bedeutet für die Entwicklung ein enormes Hindernis[7], selbst dort, wo die Bevölkerungsdichte je Quadratkilometer gering ist.

Der Außenhandel war eine »Wachstumslokomotive« in der Entwicklung der heute entwickelten Länder. Es ist typisch, daß der Anstieg der Nachfrage nach ihren Exporten eine entscheidende Rolle spielte. Diese Nachfragesteigerung zusammen mit der relativen politischen Stabilität war die Voraussetzung dafür, daß ein Neuling auf dem internationalen Kapitalmarkt Gelder aufnehmen konnte, oft zu einem Zinssatz von 3% oder noch weniger. Obwohl die Initialzündung von den steigenden Exporten ausgegangen war, konnten die Importe auf diese Weise in stärkerem Maße steigen. Das erklärt weitgehend, warum im 19. Jahrhundert das Handelsvolumen sich meistens sogar schneller ausweiten konnte als die Produktion.

In den Kolonialzeiten erhielten unterentwickelte Länder einen ähnlichen Anstoß, so daß ihre Exporte zunahmen.[8] In diesem Falle waren der treibende Faktor oft ausländische Investitionen, zum größten Teil in Plantagen oder Minen. Aus vielen Gründen traten diese Entwicklungsimpulse fast regelmäßig in Enklaven auf, und die Sekundärwirkungen auf die übrige Wirtschaft blieben recht schwach.[9] In den Kolonialzeiten führten sie praktisch nirgendwo zu einer industriellen Revolution. Im übrigen *haben die meisten unterentwickelten Länder von der Zeit des Ersten Weltkrieges an zusehen müssen, wie ihre Außenhandelsposition immer schwächer wurde.*[10] Sie haben eine im Verhältnis zur Entwicklung des Welthandels schrumpfende Nachfrage nach ihren Exporten erlebt. Ihre Realaustauschverhältnis sind nicht in gleichem Maße schlechter geworden, aber nur deshalb nicht, weil der Produktionszuwachs ihrer Exportprodukte allgemein langsam verlief. Ihre Exportaussichten sind nicht rosig.

Viele Überraschungen stehen hinter dieser glücklosen Entwicklung. Eine rapide und allumfassende technologische Entwicklung in den industriellen Ländern hat dazu geführt, daß die Mengen der verwendeten Rohstoffe wesentlich eingeschränkt werden konnten, so daß der Anstieg der Nachfrage nach Primärprodukten gebremst wurde. Technologische Verbesserungen versetzten die entwickelten Länder gleichzeitig in die Lage, solche Rohstoffe in wachsenden Mengen billig herzustellen. Die protektionistische Zollpolitik der entwickelten Länder hat diese Effekte potenziert. Es wurden industrielle Kunststoffe entwickelt, die besonders den Kautschuk und textile Rohstoffe ersetzen.

Abgesehen z. T. von Kautschuk und einigen anderen Rohstoffen, haben die meisten traditionellen Exportgüter der unterentwickelten Länder eine niedrige Einkommenselastizität, und fast keines gehört zu den Produkten, deren Nachfrage im Zuge der wirtschaftlichen Entwicklung der Industrieländer rapide steigt.

Im Bereich der industriellen Produktion hemmen diskriminierende Zolltarife der entwickelten Länder, die ständig dem Entwicklungsstand entsprechend ansteigen, die Entwicklung der Exportindustrie in den unterentwickelten Ländern. Selbst abgesehen von diesem Hindernis sind die Möglichkeiten der unterentwickelten Länder, eine verarbeitende Industrie aufzubauen, die auf den Weltmärkten konkurrieren könnte, äußerst begrenzt, weil die wie hinter einer Mauer verschanzten Industrien der entwickelten Länder unter Marktbedingungen operieren, die wesentlich günstiger sind; dazu gehören die Kenntnis der Produktions- und Absatztechniken, die »external economies«, die hohen Forschungsinvestitionen und die immer schneller aufeinanderfolgenden Fortschritte in der Technologie.[11]

Gleichzeitig steigt der Importbedarf der unterentwickelten Länder. Die Bevölkerungsexplosion hat in vielen von ihnen den Importbedarf an Nahrungsmitteln erhöht – zur selben Zeit, wie sie in den Getreideüberschußländern die Exportmöglichkeiten dieser Güter rückläufig werden ließ. Wichtiger noch ist der steigende Importbedarf an Entwicklungsgütern.

Unter diesen Umständen mußte in der Regel eine Lücke entstehen zwischen den Importzahlen und den Exporterträgen. Diese Lücke konnte in nur ganz geringem Umfang durch Kredite des privaten Kapitalmarktes aufgefüllt werden, weil die Investoren sehr zurückhaltend sind, einmal wegen der düsteren und unbestimmten ökonomischen Aussichten der unterentwickelten Länder, zum anderen wegen des häufigen Mangels an politischer Stabilität seit der Liquidierung der kolonialen Herrschaftsstruktur. Es hat einige Direktinvestitionen gegeben, aber das Volumen ist unbedeutend im größeren Teil der unterentwickelten Welt.

Da der private Kapitalzufluß im Verhältnis zum Bedarf nur ein Tropfen auf den heißen Stein war, mußte die Bedarfslücke weitgehend durch Zuschüsse und Kredite seitens der Regierungen der entwickelten Länder und in gewissem Umfang auch durch zwischenstaatliche Organisationen, vor allem die Internationale Bank für Wiederaufbau und Entwicklung (Weltbank), geschlossen werden.[12]

Bei den öffentlichen Mitteln, die den unterentwickelten Ländern zur Verfügung gestellt werden, sinkt der Anteil der Zuschüsse. Es trifft zu, daß einige öffentliche Anleihen zu günstigen Zinsen und Tilgungsbedingungen gewährt worden sind. Dennoch belastet der Schuldendienst die Devisenbestände der unterentwickelten Länder in einem immer kritischer werdenden Maße.

Unter diesen Umständen versuchen die unterentwickelten Länder immer mehr, ihre Entwicklung durch Importsubstitutionen zu betreiben.[13] Ein dieser Politik inhärentes Dilemma besteht darin, daß der Start neuer Industrien gewöhnlich größere Kapitalimporte und oft auch fortgesetzte Importe von Ersatzteilen, Halbfertigprodukten und Rohstoffen erfordert. Der Aufbau von Zulieferindustrien zur Substituierung dieser Importe führt wiederum zum Problem der Kapitalimporte.

Ein noch ernsteres Problem in der Politik der Importsubstitution ist darin zu sehen, daß die *Auswahl der Güter, die sich für eine Substitution eignen, in der Regel nicht rational geplant werden kann.* Gewöhnlich gerät ein unterentwickeltes Land zunächst in Zahlungsbilanznöte; es ist dann oft gezwungen, Importkontrollen der einen oder anderen Art einzuführen. Aus verständlichen und in der Tat rationalen Gründen versucht es die Importe der am wenigsten notwendigen Güter zu beschneiden, die auf diese Weise automatisch mit den höchsten Schutzzöllen belegt werden. Vom Standpunkt der Entwicklung aus handelt es sich hier um einen *planlosen Schutzzoll.* Daß das Ergebnis trotz aller willkürlichen Kontrollen sich allgemein auf eine nicht-konkurrenzfähige und mit hohen Kosten arbeitende Industrie bewegt, ist ebenfalls natürlich.

In den entwickelten Ländern, die über unermeßliche Hilfsmittel verfügen, schreiten heute Wissenschaft und Technologie immer schneller von einem Fortschritt zum anderen fort.[14] Was dabei auf fast unerklärliche Weise in der ökonomischen Literatur verheimlicht wird, ist die offensichtliche Tatsache, daß der *wissenschaftliche und technologische Vormarsch in den entwickelten Ländern sowohl früher als auch heute noch Wirkungen auf die unterentwickelten Länder hat, die, nach allem Für und Wider, für die*

Entwicklungsaussichten dieser Länder nachteilig sind. Wenn man dies noch nicht bemerkt hat, so ist das eine weitere Wirkung der allgemeinen Vorurteile, von denen im ersten Kapitel die Rede war. Es sei z. B. auf die rückläufige Tendenz des Außenhandels der unterentwickelten Länder hingewiesen, die zum großen Teil durch den technologischen Fortschritt in den entwickelten Ländern ausgelöst wurde, oder auf die Tatsache, daß der fortgesetzte technologische Fortschritt der entwickelten Länder, und nicht nur ihr gegenwärtiges hohes Niveau, zum Teil dafür verantwortlich ist, daß es den unterentwickelten Ländern so schwerfällt, ihre Engpässe durch eine Steigerung der Produktion und des Exports ihrer gewerblichen Erzeugnisse zu überwinden.

In den reichen Ländern werden wir fortfahren, die Produktivität der Landwirtschaft zu steigern, die Verwendung von Rohstoffen einzuschränken und Substitutionsprodukte zu entwickeln.

Solche Fortschritte aufzuhalten stünde im krassen Widerspruch zu den geistigen Traditionen unserer Kultur. Was wir in den entwickelten Ländern dazu beitragen können, um zu verhindern, daß die unterentwickelten Länder Schaden erleiden, wäre, einen größeren Teil unserer wissenschaftlichen und technologischen Entwicklung auf diejenigen Probleme zu lenken, deren Lösung im Interesse der unterentwickelten Länder liegt. Es muß tatsächlich Hilfe in einem größeren Ausmaß sein, als sie je zuvor geleistet wurde oder heute als technische Hilfe konzipiert wird. Auf diesen Punkt werde ich in den folgenden Kapiteln wiederholt zurückkommen.

Natürlich gibt es Fälle, wo die Resultate des technologischen Fortschritts der entwickelten Länder unmittelbar auch auf die unterentwickelten Länder übertragen werden können. So hat z. B. die wachsende Sorge um die Wasserversorgung zu enormen Investitionen in die Erforschung der Meerwasserentsalzung geführt. Auch die Fortschritte in den Methoden der Geburtenkontrolle sind hier zu nennen. Aber ich spreche über den allgemeinen Trend, besonders in der verarbeitenden Industrie.

Der Ansturm der Modernisierung von außerhalb, ohne den allmählichen Übergang, den seinerzeit die heute entwickelten Länder erlebten, und dazu noch die Bevölkerungsexplosion führen zu einer Situation, in der Elemente des modernen Lebens überall in einer Gesellschaft auftauchen, deren Bedingungen z. T. seit Jahrhunderten fast unverändert geblieben sind.

Wer die optimistische Ansicht vertritt, die Impulse des modernen

Lebens seien »Wachstumsimpulse«, der unterstellt eine Reihe von Dingen: daß die Bremseffekte der Bevölkerungsexplosion im Inland und des beschleunigten technologischen Fortschritts in den entwickelten Ländern aufgehoben werden können und daß es in den unterentwickelten Ländern zu einer stärkeren Tiefenwirkung der Sekundäreffekte kommt, als es bis heute der Fall war.

Es ist klar, daß eine solche Entwicklung nicht durch eine »natürliche« Evolution zustande kommt, und damit ist der Fall gegeben, daß es der Planung bedarf, einschließlich so radikaler Reformen, wie sie in den folgenden Kapiteln diskutiert werden. Das Ziel der Planung ist es, durch koordinierte politische Maßnahmen des Staates eine Entwicklung in die Wege zu leiten, all den Schwierigkeiten zum Trotz, die wir in diesem Kapitel beschrieben haben. Um überhaupt wirksam zu sein, muß die Planung weit mehr Faktoren Rechnung tragen, als die einseitige Nachkriegsmethode berücksichtigt hat. Vor allem müssen politische Maßnahmen zur unmittelbaren Beeinflussung der Verhaltensweisen und Institutionen eingeleitet werden.[15]

Die landläufige Ansicht, daß Unterschiede im Niveau der Entwicklung nur »dimensionaler« und nicht »qualitativer« Natur sind, speziell, daß es nur eine »zeitliche Verzögerung« zwischen entwickelten und unterentwickelten Staaten gibt, die wie so manches in der Nachkriegsmethode, auf Marx zurückgeht, ist falsch.[16] Da diese Gedanken in der sogenannten »Stufenleiter-Theorie« beheimatet sind, basieren sie auf metaphysischen Vorverständnissen der teleologischen Spielart.[17]

Übertriebener Optimismus ist Teil der nationalen Geistesverfassung der Vereinigten Staaten; George Kennan nannte ihn einmal »die große amerikanische Fähigkeit zum Enthusiasmus und zur Selbsthypnose«. Auch den Intellektuellen der unterentwickelten Länder ist dieser Hang eigen. Ein Beweis dafür ist, daß die Planung dort regelmäßig in eine optimistische Richtung abzuirren droht. In den kommunistischen Ländern ist Optimismus programmatisch, und Skepsis wird als »bürgerliche« Entgleisung abgestempelt.[18]

Der Optimismus wird oft als nützlich verteidigt, weil er Mut gebe, den Kampf mit Schwierigkeiten aufzunehmen. Aber selbst auf diesem pragmatischen Standpunkt sollte man sich darüber im klaren sein, daß der auf einen unverantwortlichen Optimismus gegründete Mut zur Desillusionierung führen kann. Jedermann spricht heute über Desillusionierung – nicht zuletzt im Hinblick auf die Entwicklung unterentwickelter Länder –, ohne sich dessen bewußt zu sein, daß Desillusionierung gewöhnlich frühere Illusionen voraussetzt.

Meine schärfste Kritik an der optimistischen Voreingenommenheit des landläufigen Denkens, wie sie sich in der Nachkriegsmethode manifestiert, gilt dem Umstand, daß diese Voreingenommenheit die unterentwickelten Länder zu einer selbstzufriedenen Einstellung ermuntert und die entwickelten Länder verleitet hat, ohne Sorgfalt an die Probleme heranzugehen.

Die Entwicklung in den unterentwickelten Ländern zu beschleunigen, ist heute eines jener Weltprobleme – die Beendigung des rücksichtslosen und sich immer noch steigernden Wettrüstens ist ein anderes –, bei denen billiger Optimismus verheerende Folgen haben kann. Eine realistische Einstellung sollte heute vernünftigerweise geradezu den Mut und die Entschlossenheit der Verzweiflung fordern.

Teil 2
Die Notwendigkeit radikaler Reformen in unterentwickelten Ländern

Kapitel 3
Das Problem der Gleichheit

I. Einige allgemeine Punkte

Die soziale und ökonomische Struktur des überwiegenden Teiles der unterentwickelten Welt ist unegalitär und starr – wenn auch in unterschiedlichen Abstufungen in den einzelnen Ländern. Abgesehen von sehr wenigen Ausnahmen – in Südasien zählt Ceylon wohl dazu[1] –, scheint die wirtschaftliche Ungleichheit sich in der jüngsten Zeit noch zu verstärken.[2]

Die Gleichheitsfrage ist ein Kernproblem in den Entwicklungsanstrengungen unterentwickelter Länder. Da Ungleichheit in allen sozialen und ökonomischen Beziehungen enthalten ist, taucht die Gleichheitsfrage als Element und oft als wesentliches Element in allen politischen Spezialfragen auf, z. B. bei der Gemeindeentwicklung, der Landwirtschaftspolitik, der Ausbildungsreform und natürlich der Besteuerung. Wir werden daher der Gleichheitsfrage in allen Kapiteln des zweiten Teils begegnen.

In der wirtschaftswissenschaftlichen Literatur über die Entwicklungsprobleme dieser Länder oder in den Planungsarbeiten hat man der Gleichheitsfrage diese Vorrangstellung indessen nicht eingeräumt. Wie wir im Zusammenhang mit einem besonders wichtigen Problem, dem der Landwirtschaft, im nächsten Kapitel zeigen werden, ist diese Frage in den letzten Jahren immer mehr und schließlich vollständig ausgespart worden.

Ich bin zu dem Ergebnis gekommen, daß die *Ungleichheit und der Trend zur Verstärkung der Ungleichheit als ein Komplex von Hemmnissen und Hindernissen der Entwicklung entgegenstehen* und daß es infolgedessen dringend erforderlich ist, diesen Trend umzukehren und Verhältnisse zu schaffen, in denen das Prinzip der Gleichheit stärker beachtet wird. Das ist eine Bedingung für die Beschleunigung der Entwicklung.

In ihrer Traditionsgebundenheit gehen die meisten westlichen Nationalökonomen im Gegensatz hierzu davon aus, daß Wirtschaftswachstum und auf Gleichheit zielende Reformen miteinander in Konflikt geraten. Sie halten es für erwiesen, *daß Reformen ihren Preis verlangen* und daß dieser Preis in armen Ländern prohibitiv wirkt.

Inzwischen haben die entwickelten Länder eine Politik der Reformen in Gang gesetzt, die das Prinzip der Gleichheit überall einführen soll, und seit dem Ersten Weltkrieg steht diese Reformaktivität unter dem Vorzeichen einer ungebrochenen Eskalation.[3] Diese Länder sind jetzt »Wohlfahrtsstaaten«. Gleichwohl haben nicht nur die Nationalökonomen, sondern auch die Wegbereiter dieser Reformen die traditionelle und allgemein verbreitete These übernommen, daß egalitäre Reformen ihren Preis verlangen.

Als Ziel dieser Reformen wurde größere soziale Gerechtigkeit angegeben, deren Bedeutung in den entwickelten Ländern allmählich so weitgehende Anerkennung fand, daß man auch die politischen Voraussetzungen für ihre Respektierung in den Parlamenten schuf. Allgemein setzte sich die Überzeugung durch, daß die Reformen ihren Preis wert seien.

Erst in den hochentwickelten Wohlfahrtsstaaten und auch erst seit wenigen Jahren ist die Ansicht aufgekommen, daß die Wohlfahrtsreformen, anstatt der Gesellschaft Opfer aufzuerlegen, tatsächlich die Basis für ein rapides Wirtschaftswachstum legten.

Die Vorstellung eines Konfliktes zwischen größerer Gleichheit und wirtschaftlichem Wachstum – wobei in diesen armen Ländern dem Wachstum Vorrang einzuräumen sei – wird gewöhnlich noch durch eine Analogie aus der Geschichte der heute entwickelten Länder untermauert. Die westlichen Länder und selbst Japan erlebten in den frühen Stadien ihrer Industrialisierung wachsende Ungleichheiten. Von daher wird die rohe Ausbeutung der Armen als Voraussetzung für ein Ansteigen des Sparens und für ein aggressives Unternehmertum angesehen, das die industrielle Revolution in Gang setzte.

Diese historischen Vergleiche sollten durchaus nicht als schlüssig betrachtet werden.[4] Zunächst einmal haben die meisten unterentwickelten Länder die Egalisierung als das praktische Ziel ihrer Politik erklärt, was in den heute entwickelten Ländern in der Frühzeit der Industrialisierung selten vorkam.[5] Viele unterentwickelte Länder sind heute entschlossen, die Entwicklung mit Hilfe einer nationalen Planung anzukurbeln und zu steuern, und das ist ein weiterer Unterschied.[6] Die Egalisierung wird regelrecht als wichtiges Ziel ihrer Planung, ja für alle Bereiche politischer Einflußnahme erklärt.[7]

An nächster Stelle ist festzuhalten, daß die ökonomischen Modelle, auf die entsprechend der Nachkriegsmethode bei der Planung gewöhnlich zurückgegriffen wird, auf Vorurteilen basierende Bestandteile enthalten. Entwicklung wird einfach als Anstieg des Sozialproduktes definiert und gewöhnlich als Funktion von Sachinvestitionen dargestellt. Der Plan ist daher eine Konstruktion aus finanziellen Größen. Das heißt, daß die Kosten der egalitären Reformen in den Haushaltsplan eingehen, der das Kernstück der finanziellen Planung ist, während die Erträge in Gestalt höherer Produktivität nicht einkalkuliert werden. Hinzu kommt, daß alle jene Reformen, die keine oder nur ganz zufällige Beziehungen zu den Ausgaben des Haushaltsplanes haben – da sie lediglich Veränderungen der Verhaltensweisen und Institutionen implizieren –, tendenziell aus jenem Plantyp herausfallen, der sich an der Nachkriegsmethode orientiert.[8]

Entgegen der landläufigen Auffassung, daß die beiden Ziele des wirtschaftlichen Wachstums und größerer wirtschaftlicher Gleichheit einander widerstreben, bin ich der Meinung, daß es eine Reihe Gründe gibt, warum sie oft miteinander harmonieren und warum *mehr Gleichheit in unterentwickelten Ländern geradezu die Vorbedingung für ein schnelleres Wachstum ist.*[9]

Erstens: das übliche Argument, ungleiche Einkommen seien Voraussetzung für das Sparen, gilt weniger in unterentwickelten Ländern, wo Grundbesitzer und andere reiche Leute dafür bekannt sind, daß sie ihr Einkommen für aufwendigen Konsum und aufwendige Investitionen verschwenden oder, besonders (aber nicht nur) in Lateinamerika, ihr Geld im Ausland anlegen (Kapitalflucht).

Zweitens: da die große Masse der Bevölkerung in unterentwickelten Ländern an Unterernährung, schlechter Ernährung und nicht zuletzt an einem Mangel elementarer Gesundheits- und Erziehungseinrichtungen, äußerst schlechten Wohn- und sanitären Verhältnissen leidet und da dies alles ihre Bereitschaft und Fähigkeit zu arbeiten, und intensiv zu arbeiten, herabsetzt, bleibt die Produktion auf einem niedrigen Niveau.[10] Daraus folgt, daß Maßnahmen zur Hebung der Masseneinkommen eine Steigerung der Produktivität nach sich ziehen würden.

Drittens: soziale Ungleichheit und wirtschaftliche Ungleichheit stehen in einem Verhältnis gegenseitiger Wechselwirkung, wo jede sowohl Ursache als auch Wirkung der anderen ist. Größere wirtschaftliche Gleichheit würde unzweifelhaft zu größerer sozialer Gleichheit führen. Da soziale Ungleichheit ganz allgemein für das

Entwicklungsgeschehen nachteilig ist, muß die Schlußfolgerung lauten, daß durch diesen Mechanismus mehr Gleichheit auch zu höherer Produktivität führen würde.

Viertens: wir können aus unserer Betrachtung nicht ausklammern, daß in dem Streben nach mehr Gleichheit die Anerkennung der Tatsache liegt, daß Gleichheit einen unabhängigen Wert im Sinne sozialer Gerechtigkeit darstellt und daß sie für die nationale Integration sehr nützlich sein würde.

Wir könnten diesen Abschnitt abschließen mit dem Urteil des Sekretariats für die *Economic Commission for Asia and the Far East,* die dem Leben der unterentwickelten Länder näherstehen als die spekulierenden Nationalökonomen, besonders die des Westens:

»Aktuelle Erfahrungen zeigen uns, daß große und wachsende Einkommensdisparitäten sich nicht als förderlich erwiesen haben, eine ökonomische Entfaltung und einen starken Entwicklungsschub anzuregen. Es sieht vielmehr so aus, als habe eine starke Einkommenskonzentration oft eine gesunde ökonomische Expansion verhindert, weil sie jede mögliche Teilnahme der Öffentlichkeit an der Entwicklung (sowohl materiell als auch psychologisch) lahmgelegt hat. Es kann nicht übersehen werden, daß die vorherrschende laissez-faire-*Haltung gegenüber den Distributionsaspekten der Entwicklungspolitik günstige Argumente für die Aufrechterhaltung des politischen und sozialen* status quo *in den Ländern Asiens liefert.«*[11]

Bis hierher habe ich die Gleichheitsfrage in unterentwickelten Ländern in höchst abstrakten und allgemeinen Wendungen erörtert. *Die Gleichheitsfrage muß nunmehr auf den Boden der Wirklichkeit gebracht und im Zusammenhang mit konkreten politischen Fragen erörtert werden.* Im nächsten Kapitel werde ich dies im Hinblick auf das ungemein wichtige Problem der Landwirtschaftspolitik versuchen. Zunächst möchte ich jedoch die groben Fakten der Ungleichheit in unterentwickelten Ländern etwas näher betrachten und vor allem die Frage stellen, warum die soziale und ökonomische Kluft bestehenblieb und sich sogar noch zu vertiefen scheint.

Man kann bekanntlich zwischen sozialer und wirtschaftlicher Ungleichheit unterscheiden. Soziale Gleichheit ist eindeutig klassenbezogen und läßt sich vielleicht am besten definieren als extremer Mangel an sozialer Mobilität und als äußerst eingeschränkte Möglichkeit, frei zu konkurrieren, und zwar in einem viel weiteren Sinne verstanden, als der Begriff »freie Konkurrenz« in den Wirtschaftswissenschaften gebraucht wird. Wirtschaftliche Ungleichheit ist der einfachere Begriff und bezieht sich auf Unterschiede im Vermögen und im Einkommen.

Es gibt jedoch eine enge Verbindung zwischen diesen beiden Begriffen, da *die soziale Ungleichheit als Hauptursache der wirtschaftlichen Ungleichheit wirkt, während gleichzeitig die wirtschaftliche Ungleichheit die soziale Ungleichheit untermauert.* In den meisten Fällen bilden soziale und wirtschaftliche Ungleichheit eine Einheit, die nur mit Hilfe einer von Grund auf institutionellen Analyse in ihre beiden Bestandteile aufgespalten werden kann. Es gibt verschiedene Beziehungen zwischen Armut und Ungleichheit. Eine davon ist das allgemeine Thema dieses Kapitels: daß nämlich, wie wir behaupten, soziale und wirtschaftliche Ungleichheit eine Hauptursache für die Armut einer Nation darstellt. Vom Standpunkt der Planung aus heißt das: *Mehr Gleichheit ist eine Voraussetzung dafür, daß sich eine Gesellschaft aus ihrer Armut heraushebt.*

Eine weitere Beziehung ist diese: *Je ärmer eine Nation in absoluten oder Durchschnittsgrößen ist, desto mehr werden die Ärmsten der Armen von den Folgen der Ungleichheit getroffen.*[12]

Eine dritte Beziehung liegt darin, daß *wirtschaftliche und soziale Ungleichheit nicht nur eine Ursache der herrschenden Armut und der Unfähigkeit eines Landes, aus der Armut herauszukommen, sondern gleichzeitig auch eine Folge davon sein kann.* Wenn man die deutliche Korrelation zwischen dem Maß an Ungleichheit und dem der Armut in Südasien betrachtet, ist man berechtigt zu fragen, ob die Armut eine Brutstätte der Ungleichheit ist oder umgekehrt.[13]

Die Frage nach den Ursachen der Ungleichheit in unterentwickelten Ländern ist natürlich viel komplizierter, und die Armut kann nicht die einzige Ursache sein, manchmal nicht einmal die Hauptursache.

Das größere Maß an Gleichheit in Ländern wie Thailand und Burma ist oft auf den Buddhismus in diesen beiden Ländern zurückgeführt worden. Diese Erklärung kann uns nicht ganz befriedigen. Der Islam ist in seinen Manifestationen auf höherer und gelehrterer Ebene nicht weniger egalitär als der Buddhismus. Überdies gibt es gute Gründe zur Skepsis, wenn westliche ebenso wie südasiatische Schriftsteller so oft meinen, sie würden wichtige Dinge über die Völker in jenen Gebieten sagen, wenn sie sich oberflächlich auf die Wirkungen des Hinduismus, des Buddhismus, des Islams oder des Christentums beziehen, wobei sie diese Religionen als allgemeine Anschauungen und Doktrinen nehmen, meistens noch in jener intellektualisierten und abstrusen Form, wie sie in der geistlichen Literatur und in gelehrten religiösen Unterweisungen zu finden ist.[14]

Eine Untersuchung des Religionseinflusses sollte sich auf diejenigen religiösen Formen beziehen, die tatsächlich auf der Ebene des Volkes existieren: ein ritualisierter und vielschichtiger Komplex stark emotional bedingter Überzeugungen und Wertungen, die den vererbten institutionellen Einrichtungen, den Lebenssitten und den Verhaltensweisen die Autorität der Heiligkeit, des Tabus und der Unveränderlichkeit verleihen. Ganz allgemein und ohne großen Unterschied untereinander sind die verschiedenen Religionen, so wie sie bei der Masse der Bevölkerung in unterentwickelten Ländern verbreitet sind, sehr stark von Aberglauben und allen möglichen Arten irrationaler Tabus und Vorschriften überlagert, die wenig gemein haben mit den verfeinerten Doktrinen auf »höherer« Ebene.

Ein allgemeines Charakteristikum dieser volksnahen Religion liegt darin, daß *sie als eine ungeheure Kraft der sozialen Trägheit wirkt* und jedes Maß ererbter sozialer und wirtschaftlicher Ungleichheit festigt. Wenn der Ausspruch von Marx, Religion sei Opium für das Volk, gerechtfertigt ist, dann für die große Masse der armen Bevölkerung in unterentwickelten Ländern.

Die historisch gewachsene soziale und wirtschaftliche Struktur wird durch das Brauchtum untermauert. Das Brauchtum wird seinerseits von der Religion gefestigt, und das bedeutet oftmals, daß die Unterprivilegierten selbst ihre mißliche Lage nicht in Frage stellen oder dagegen protestieren, sondern ihr Schicksal als von den Göttern und dem ganzen Apparat übernatürlicher Kräfte determiniert ansehen.

Die progressiven Führer in den unterentwickelten Ländern vermeiden es heute gewöhnlich, diese volksnahen Religionsformen zu verwerfen. Wahrscheinlich vertrauen sie mehr auf eine allgemeine Bewegung zu größerer Rationalität hin, die sich aus der Erziehung und wirksameren Kommunikationen ergeben wird. In Südasien sind selbst die Kommunisten darauf bedacht, sich nicht der Religion zu widersetzen.

Nach diesen allgemeinen Punkten sollten wir ein seltsames Paradoxon aufgreifen.

Die politischen Erklärungen aller unterentwickelten Länder favorisieren das Ziel der Gleichheit. Für ihre Planung haben sie sich an erster Stelle als konkretes Ziel vorgenommen, den Lebensstandard der Masse der Bevölkerung anzuheben. Keine der Regierungen in diesen Ländern hat, soweit ich unterrichtet bin, jemals verkündet, ihr Ziel sei die Schaffung größerer Ungleichheiten, indem sie die wenigen Privilegierten noch reicher machen werde.[15]

Das Paradoxon liegt nun darin, daß in fast allen unterentwickelten Ländern *die wirtschaftliche Ungleichheit sich zu verschärfen scheint.*[16] Die soziale Ungleichheit, das muß man fairerweise als allgemeinen Eindruck wiedergeben, ist in der Regel nicht gewachsen.[17]

Die Schwierigkeit, diese Tendenzen exakter darzustellen, liegt nicht nur in der mangelnden Adäquatheit der Daten über die unterentwickelten Länder, sondern auch in der natürlichen Abneigung der Verantwortlichen, mit diesem Paradoxon konfrontiert zu werden, die daher nicht zuviel danach fragen, wie es um die Ungleichheit steht.[18] Diese Entwicklung wie auch die allgemeine Tendenz, mit radikalen Motivationen zu bedenken, was in Wirklichkeit eine konservative Politik zur Verstärkung der Ungleichheiten ist[19], liefert uns wieder ein Beispiel für die alles durchdringende Tendenz zu opportunistischen Vorurteilen, über die wir in Kapitel 1 gesprochen haben.

Eine Erklärung dieses Paradoxons – des Widerspruchs zwischen emphatischen Beteuerungen zugunsten größerer Gleichheit und dem offenkundigen Trend zu größerer Ungleichheit – *muß sich auf die Verteilung der Macht in unterentwickelten Ländern beziehen.*[20] Die politische Macht in unterentwickelten Ländern liegt, ganz unabhängig von der jeweiligen Regierungsform, fast überall in den

Händen privilegierter Gruppen, in erster Linie Großgrundbesitzer, Industrielle, Bankiers, Kaufleute, höhere Militärs und Zivilbeamte. Unter diesen »upper-upper-class«-Gruppen, weit über der Masse der sehr armen Bevölkerung, steht jene andere Gruppe, die in diesen Ländern gewöhnlich als »Mittelstand« bezeichnet wird und gewöhnlich alle »Gebildeten« einschließt. Zu diesem »Mittelstand« zählt meistens noch, was man in Indien oft die »ländliche Elite« nennt. Hierzu gehören die Großbauern und die privilegierten Pachteintreiber, die in den Dörfern leben, ebenso wie die Verwalter, Händler, Geldverleiher, Beamten und andere, die auf lokaler Ebene mit diesen zusammen eine in der Regel ganz unangefochtene soziale, wirtschaftliche und politische Kontrolle ausüben.

Diese Nomenklatur ist, vom wissenschaftlichen Standpunkt aus gesehen, natürlich sehr fehlerhaft. Der dem »Mittelstand« zugeordnete Personenkreis gehört zum Mittelstand nur im Sinne westlicher Gesellschaftsstrukturen – in den früheren Kolonien, genauer gesagt: im Sinne der westlichen Länder, von denen sie regiert wurden. Der Terminus »Gebildete« erhält erst seine wirkliche politische, soziale und wirtschaftliche Bedeutung, wenn man weiß, wie klein die Gruppe der Gebildeten tatsächlich ist.

In unterentwickelten Ländern müssen alle diese Gruppen als Repräsentanten der Oberklasse verstanden werden. Selbst wenn man alle »Gebildeten« und den sogenannten »Mittelstand« der Oberklasse zuzählt, bleibt diese doch eine ziemlich dünne Schicht an der Spitze der Gesellschaft.

Wir sollten an dieser Stelle jedoch beachten, daß in den unterentwickelten Ländern von vielen Steuerreformen und anderen Reformen, die im Namen größerer wirtschaftlicher Gleichheit propagiert werden, gesagt wird, sie dienten dem Interesse des Mittelstandes, auf Kosten dessen, was in Wirklichkeit die obere Oberklasse ist. Realistisch betrachtet, können diese Reformen – die dort, wo sie eingeführt sind, nicht einmal innerhalb dieses begrenzten Zweckrahmens sonderlich wirksam sind – meistens nur als eine Umverteilung der Einkommen innerhalb der Oberklasse im weiteren Sinne verstanden werden.[21] *Wirklicher Fortschritt in Richtung auf größere Gleichheit sollte die Masse der armen Bevölkerung einbeziehen.*

Die Massen sind meistens passiv, apathisch und sprachlos. Nur selten organisieren sie sich, um ihre Interessen zu fördern und zu verteidigen. Nehru sagte einmal: »Die wirklich Armen streiken nie. Sie haben weder die Mittel noch die Macht zu demonstrieren.« Lange vorher hatte Marx sich darüber beklagt, daß die Armen sich bescheiden und keine Forderungen erheben.

Man kann sie zu Aufruhr und gemeinschaftlicher Gewalttätigkeit anstacheln, wenn man ihren religiösen Fanatismus weckt, ihre ethnischen Vorurteile, Mißgünste und Abneigungen, oder durch eine Lockerung der Verbote, die über die Aneignung von Land, dem Stehlen von Hab und Gut, dem Plündern von Geschäften liegen. Diese Art des Zusammenbruchs der sozialen Ordnung erlebte der indische Subkontinent im großen Maßstab im Gefolge der Teilung zwischen Indien und Pakistan und später in kleinerem Maßstab anläßlich vieler ähnlicher Ereignisse in beiden Ländern.[22] In Nigeria führten religiöse und ethnische Haßgefühle zum Bürgerkrieg, und in vielen anderen Teilen des heute unabhängigen Afrikas sind Auseinandersetzungen dieser Art ausgebrochen oder werden ausgebrütet. Gelegentlich können solche Aufstände die Form von Klassenkämpfen annehmen, wie es z. B. der Fall war, als viele Hindu-Grundbesitzer aus Ostpakistan vertrieben wurden im Zuge der allgemeinen Unruhen nach der Teilung, oder bei den jüngsten Tumulten in Malaya, die mit der Abschaffung der konstitutionellen parlamentarischen Demokratie und der Einrichtung einer Notstandsregierung, die einem autoritären Regime gleichkommt, endeten.

Von Zeit zu Zeit hat es in vielen Teilen der unterentwickelten Welt sporadische Bauernaufstände gegen die Grundbesitzer gegeben.[23] Aber fast regelmäßig waren sie genauso inkonsequent wie viele Sklavenrevolten in den Vereinigten Staaten in dem Jahrhundert vor dem Bürgerkrieg. Es fehlte die Organisation und ein genauer Plan, und so konnten sie leicht unterdrückt werden.

Wenn Politik gemacht wird, *dann ist die Masse der Bevölkerung in der unterentwickelten Welt das Objekt der politischen Maßnahmen, aber kaum irgendwo ihr Subjekt.* Sie werden regiert durch Kompromisse, Anpassungen und manchmal durch Auseinandersetzungen innerhalb der verschiedenen Gruppen, die zusammen die Oberklasse ausmachen, wie oben definiert.

Wenn auf die »öffentliche Meinung« in verschiedenen unterentwickelten Ländern Bezug genommen wird, dann ist in Wirklichkeit meist die Meinung der gebildeten Schicht gemeint, und das bedeutet in der Regel die Meinung derjenigen, die der Oberklasse angehören. Das wird von denen, die sprechen oder schreiben, nur selten hervorgehoben, ob sie nun diesen Ländern selbst angehören oder aus dem Westen kommen. Diese falsche Bezeichnung ist selbst in wissenschaftlichen Abhandlungen über die politische Entwicklung in unterentwickelten Ländern häufig anzutreffen. Es liefert uns ein weiteres Beispiel für jene opportunistische Neigung, Bedingungen ähnlich denen in den westlichen entwickelten Ländern vorauszusetzen.

Im Gegensatz zu den meisten anderen Ländern in Südasien war Indien sehr bald in der Lage, ein parlamentarisches System auf allgemeinen Wahlen aufzubauen. Bisher funktionierte es mit einer höheren Wahlbeteiligungsquote als in den Vereinigten Staaten und wahrscheinlich auch mit keinem höheren Grad an illegalen oder legalisierten Verletzungen. Die bürgerlichen Freiheiten und besonders das Recht der freien Meinungsäußerung sind fast eifersüchtig bewacht worden. Dennoch *ist die Indische Regierung eine Regierung der sozialen und ökonomischen Stagnation geblieben.*[24] Die Demokratie hat die Mehrheit der armen Bevölkerung nicht befähigt, die politische Macht zu ergreifen und sich zu organisieren, um sie im Sinne ihrer Interessen zu nutzen. Der Machtkampf hat sich hauptsächlich zwischen einzelnen Persönlichkeiten und Gruppen innerhalb der Oberklasse im weiteren Sinne abgespielt.

Daß die politische Macht in den Händen von Personen und Gruppen der Oberklasse liegt, während die Massen passiv bleiben, ist ein in Südasien verbreitetes Modell, das auch nicht dadurch außer Kraft gesetzt werden konnte, daß die öffentliche Diskussion der Gebildeten innerhalb der Oberklasse in manchen Ländern freier und offener geworden ist, in jenen Ländern nämlich, denen es gelungen ist, die Formen der parlamentarischen Demokratie und umfangreiche bürgerliche Rechte einzuführen und zu bewahren. Die Staatsstreiche in einigen anderen Ländern Südasiens, die zu mehr autoritären Regierungsformen führten, haben daran, grundsätzlich gesehen, nicht viel geändert.
Veränderungen in den politischen Regimen sind nie durch den Druck der verarmten Massen ausgelöst worden, die sich politisch ihrer Interessen bewußt geworden wären und sich zu kollektivem Handeln organisiert hätten.[25] Vielmehr bedeuteten diese Umstürze regelmäßig eine Umschichtung der Machtverhältnisse innerhalb

der verschiedenen Gruppen der Oberklasse; sie wurden meistens von höheren Militäroffizieren gesteuert, die nach einem gewissen Machtmonopol griffen und es später festhielten. Die Macht wird jedoch immer in diesem oder jenem Ausmaß mit anderen Oberklasse-Gruppen geteilt.

Gründe für den Sturz einer Regierung waren gewöhnlich Mißwirtschaft und Korruption (siehe unten, Kapitel 7). *Die Masse der Bevölkerung war nach einem solchen Umsturz ebenso wie vorher ohne politischen Einfluß, und der Umsturz selbst ging über ihre Köpfe hinweg.*

Die einzige deutliche Ausnahme in Südasien von der allgemeinen Regel der politischen Passivität der breiten Masse ist das Erwachen des vietnamesischen Volkes zu einem sozialen und politischen Bewußtsein.[26] Eine Erklärung für die unterschiedliche Entwicklung dort liegt ganz eindeutig in der französischen Kolonialherrschaft vor dem Zweiten Weltkrieg, ferner während dieses Krieges, als die Kolonie unter der Kontrolle der Vichy-Regierung mit den Japanern kollaborierte, und schließlich danach. Für die Vietnamesen hat der Kolonialkrieg jetzt länger als ein Vierteljahrhundert gedauert. Immer größer wird der Teil des vietnamesischen Volkes, für den dieser Krieg ein Kampf gegen das militärische Eindringen einer fremden, weißen und reichen Nation ist – zuerst der französischen, unterstützt von den Vereinigten Staaten, und seit 1954 der Vereinigten Staaten allein. Die Repression durch diese weißen Fremden, ihre Undurchsichtigkeit und ihre Kooperation mit privilegierten Gruppen im Lande hat schließlich zur umfassenden Verbreitung eines vietnamesischen Nationalismus geführt, der heute von radikalen sozialen und politischen Zielen geprägt ist.

Als die Engländer sich schnell, vorbehaltlos und sogar generös aus ihrem Indischen Empire zurückzogen[27], blieb anders als in Vietnam das unabhängige Indien als ein Land zurück, in dem nicht einmal eine fast formvollendete Demokratie die Masse der Bevölkerung zu aktiver politischer Mitarbeit mitreißen konnte. Die in der Befreiungsbewegung versprochene ökonomische und soziale Revolution verlor sehr bald ihren Antrieb.[28]

Wie die Franzosen in Indochina unternahmen die Holländer nach dem Zweiten Weltkrieg langwierige militärische Versuche, ihre ostindischen Gebiete unter ständiger Kolonialherrschaft zu halten. Diese Versuche und die Tatsache, daß Holland in West-Neuguinea blieb – und der nicht völlig unbegründete Verdacht, daß die USA mittels ihres CIA und auf andere Weise aufständische Bewegungen unterstützt hatten –, bereiteten Sukarno den Boden für eine wilde nationalistische Propaganda mit einem starken antiwestlichen Einschlag.[29] Er konnte auf revolutionäre und gegen die Weißen gerichtete Gefühle bauen, die von den Japanern absichtlich angeheizt worden wáren, bevor sie das Land hatten verlassen müssen, aber auch auf die Spannungen zwischen der Mehrheit der eingeborenen Indonesier und der chinesischen Minderheit, die auf die Vorrangstellung der Chinesen im Wirtschaftsleben Indonesiens zurückzuführen und von den Japanern ebenfalls hochgespielt worden waren. Diese Verhältnisse haben in Indonesien dazu beigetragen, wenn auch nicht so stark wie in Vietnam, die Masse der Bevölkerung zu organisierter politischer Aktivität zu wecken. Wie in Vietnam nahm die neue sozialrevolutionäre Bewegung, die auch die Masse der Bevölkerung ergriffen hatte, die Gestalt eines nationalistischen Kommunismus an. Die gegenwärtige Militärregierung, die aus den blutigen Ereignissen Ende des Jahres 1965 hervorging – sie wird von den grundbesitzenden Oberklassen in den Moslem-Parteien unterstützt und erhält von den Vereinigten Staaten und anderen westlichen Ländern Zuschüsse – kann nicht allzu stabil sein.[30]

Westliche Einmischungen, besonders in Form militärischer Verwicklungen, können also eine sonst nicht vorhandene Kraft werden, die Masse der Bevölkerung in unterentwickelten Ländern auf eine höhere Stufe politischen Bewußtseins und politischer Aktivität zu bringen. *Es ist nicht ohne Ironie, daß diese aufgrund westlicher Einmischung erzeugte Aktivität der Masse der Bevölkerung sich nun gegen den Westen zu richten beginnt und – was besonders in der Konstellation des kalten Krieges hervorzuheben ist – sich sehr leicht mit dem Kommunismus verbindet.*
Wie ein amerikanischer Nationalökonom, Martin Bronfenbrenner, schon vor langer Zeit in einem brillanten Artikel[31] hervorhob, können die politischen Wirkungen großangelegter Auslandsinvestitionen in einer revolutionären Situation ihren Charakter ändern. Anstatt eine kraftvolle Stütze des sozialen und politischen *status quo* zu bleiben, werden sie ein Objekt der Versuchung zu konfiskatorischen Maßnahmen. Wenn die Investitionsobjekte groß genug sind, können solche Maßnahmen als ökonomischer Vorteil einer revolutionären Regierung eingeplant werden.

Es stimmt zweifellos, daß, verglichen mit allen Modernisierungsidealen, der *Nationalismus bei der Masse der Bevölkerung in den
unterentwickelten Ländern sich am leichtesten verbreiten läßt*[32], und
es stimmt ganz besonders im Hinblick auf den ressentimentgeladenen Nationalismus, der gegen die Fremden aus der reichen, weißen
Welt des Westens gerichtet ist.

Es sollte uns daher nicht überraschen, wenn in Südafrika, Südwestafrika und Rhodesien Ressentiments im Volke gären und auf die
Afrikaner übergreifen, die dort in der Mehrheit sind, und wenn
diese dann entschlossen sind, die Regierungen der weißen Minoritäten zu stürzen, von denen sie nur unterdrückt werden. Es sollte
uns auch nicht überraschen, daß dieses nationalistische Ressenti-
ment sich gegen die Gesamtheit der Weißen richtet, und besonders
gegen die allmächtigen Westmächte.

Es ist ebenso evident, daß die Rebellion der Afrikaner in den portugiesischen Kolonien in Afrika die Masse der Bevölkerung zu politischem Bewußtsein und zu politischer Aktivität wachzurütteln
beginnt. Daß fast die gesamte westliche Welt den portugiesischen
Kolonisten den Rücken stärkt, indem sie mit ihnen Handel treibt,
dort investiert und ihnen Waffen liefert – auf dem Weg über Portu-
gals Mitgliedschaft in der Europäischen Freihandelszone (EFTA)
und seine aktive Teilnahme an der gesamten kommerziellen und
militärischen Organisation der westlichen Welt –, diese Tatsache
ist geeignet, jenem neuen Nationalismus einen stärkeren antiwestlichen Charakter aufzuprägen. In einem hochinteressanten, in
Newsweek[33] veröffentlichten Interview sagte einer der einsichtig-
sten afrikanischen Führer, Präsident Kenneth D. Kaunda von
Zambia:

*»Die einzigen Länder, die bereit zu sein scheinen, den Freiheits-
kämpfern (in Rhodesien, Südwestafrika, Portugiesisch Guinea,
Angola und Mozambique) zu helfen, sind die Ostblockstaaten. Die
westlichen Nationen wollen sie mit Waffen nicht unterstützen.
Dahinter steht die Tatsache, daß in den von Rassisten gesteuerten
Ländern Südafrikas erhebliche Investitionen des Westens stecken.
Moralische Werte, geistige Werte sind gegenüber den materiellen
Vorteilen auf einen zweitrangigen Platz gerückt, aber die materiellen
Vorteile sind für den Westen von kurzfristigem Wert. Auf lange Sicht
muß der Westen die Tatsache akzeptieren, daß diese Guerillakämp-
fer eines Tages die Führer ihrer Länder sein werden ...
Ich sage so etwas höchst ungern, aber ich sehe nicht nur eine rassizi-*

*stische Feuersbrunst, sondern auch eine ideologische. Und ich be-
fürchte, daß es am Ende vielleicht, wie in Vietnam, ein Kampf sein
wird, in dem die Westmächte zusammen mit den Rassisten in Südafrika gegen die schwarze Bevölkerung antreten unter dem Vorwand, daß der Kommunismus eindringe.«*

Wenn also die Politik der westlichen Länder unter bestimmten
Voraussetzungen die Aktivierung der Massen in unterentwickelten
Ländern antreiben und ihr einen anti-westlichen und radikalen
Stempel aufdrücken kann, so fällt doch weit stärker ins Gewicht,
daß die Politik der westlichen Länder, zumindest im gegenwärtigen
Stadium der Weltgeschichte, auf eine Unterstützung der privilegierten Gruppen und ihrer Machtpositionen in ihren Ländern gerichtet ist. Das weltweite System der Kolonialherrschaft, wie es bis
zum Zweiten Weltkrieg funktionierte, *enthielt eine Art Mechanismus, der fast automatisch dazu führte, daß sich die Kolonialmacht
mit den privilegierten Gruppen verbündete.* Man konnte sich darauf
verlassen, daß diese Gruppen an »Gesetz und Ordnung« interessiert waren, was meistens den wirtschaftlichen und sozialen *status
quo* implizierte.

Um ihre Herrschaft zu untermauern, war die Kolonialmacht daher
meistens daran interessiert, die inegalitäre soziale und ökonomische Struktur einer Kolonie aufrechtzuerhalten oder sogar noch zu
verstärken. Das war der Kern der *laissez-faire*-Tendenz der Kolonialherrschaft, auf die in Kapitel 1 hingewiesen worden ist. Nicht
selten geschah es, daß die Kolonialmacht zur Stabilisierung ihrer
Herrschaft über eine Kolonie neue Privilegien und neue privilegierte Gruppen schuf.

Es steht außer Zweifel, daß ein ähnlicher Mechanismus auch nach
der Liquidation des Kolonialismus noch wirkt und daß er, heute so
gut wie damals, sein Pendant in jenen unterentwickelten Ländern
hat, die politisch unabhängig sind, in erster Linie in Lateinamerika.
*Darin vor allem besteht die Rechtfertigung für die Verwendung des
Terminus* »Neo-Kolonialismus«.

Als es die durch den Kolonialismus gewährleistete Stabilität nicht
mehr gab, war es nur natürlich, daß die reichen westlichen Länder
eine besondere Sympathie für ein gerade unabhängig gewordenes
Land verspürten, wo ein konservatives Regime die Zügel fest in der
Hand hielt und die aus den Kolonialzeiten überkommene soziale,
wirtschaftliche und politische Machtsituation bewahrte. Es war
ebenso natürlich, daß die Finanzwelt des Westens geneigter war,

in einem solchen Lande zu investieren. Es war auch natürlich, daß die westlichen Handelspartner es vorzogen, mit den Reichen und Mächtigen des Landes zu verhandeln. Daß jene Gruppen auf diese Weise in ihrem Lande noch stärker wurden, ist nur selbstverständlich.[34]

Die Wirkung dieses Mechanismus wurde indessen noch durch den kalten Krieg verstärkt, der zugleich mit dem Prozeß der Entkolonisierung begann und sich weiterentwickelte. Die Vereinigten Staaten, die ihre Verantwortung als Führer der »freien Welt« empfanden, setzten ihre Staatsdiplomatie als mächtiges Instrument zur Unterstützung dieses Mechanismus ein, besonders in der Ära Dulles/McCarthy, als der Antikommunismus eine determinierende Motivation ihrer Außenpolitik war.

In dieser Ära wurden finanzielle und militärische Hilfen gezielt nur äußerst reaktionären Regimen gewährt, und diese konnten ihren Vorteil oft ausbeuten, indem sie damit drohten, zusammenzubrechen, wenn sie von den Vereinigten Staaten nicht unterstützt würden. Ein Blick auf die gegenwärtige Verteilung der finanziellen, kommerziellen und militärischen Hilfe zeigt keine große Veränderung, außer daß die Summen der für diese Hilfen bereitgestellten Mittel ebenso wie ihre Qualität in verschiedener Hinsicht geringer geworden sind (siehe Kapitel 11).

Aufgeklärte intellektuelle und politische Führer in den Vereinigten Staaten haben in den letzten Jahren mit wachsender Entschlossenheit auf die Gefahren hingewiesen, die drohen, wenn man diesen aus kolonialen Zeiten überkommenen Mechanismus ungestört sich selbst überläßt. Sie haben die Gefahr gesehen, die in einem zweiten Stadium auftaucht und die beabsichtigte Wirkung ins Gegenteil kehrt, wie ich es oben beschrieben habe.

Vor 15 Jahren hat Justice William O. Douglas erklärt, daß es mit Amerikas einzigartiger Geschichte und ihren tiefsten Ambitionen im Einklang stünde, wenn Amerika die Weltrevolution anführte, anstatt, wie bis heute, mit der politischen Reaktion der ganzen Welt zu paktieren. Und er dachte dabei nicht an Blut und Terror, sondern an radikale Reformen, die an die Stelle der Gewaltsamkeit politischer Revolutionen treten könnten. Wir werden später (Teil 3 und 4) auf diese Frage zurückkommen.

Es waren Angehörige der Oberklasse, besonders der intellektuellen Elite, die die westlichen Ideale der Egalität aufgenommen und sie bei allen »Gebildeten«, praktisch bei der ganzen Oberklasse verbreitet hatten. Die Tatsache, daß der Einfluß aus den kommunistischen Ländern in dieser Hinsicht der gleiche ist, hat ihre Wirkkraft noch erhöht.[35] Diese Ideale hatten gewöhnlich ihren festen Platz in den Befreiungsbewegungen, die der Unabhängigkeit vorangingen.

Einige Wortführer dieser Länder kommen immer wieder auf jenes Paradoxon zurück[36] und verlangen größere Anstrengungen zur Realisierung der allgemein akzeptierten Ideale der Egalität. So heißt es in einem offiziellen Bericht Indiens: »Die Reichen, die Angehörigen der oberen Kaste und die Mächtigen müssen mehr Empfindsamkeit zeigen gegenüber den Bedingungen ihrer unglücklichen Brüder, und sie müssen bereit sein, die notwendigen Opfer zu bringen.«

Ich selbst vertrete heute die Ansicht, daß *Ideale wichtige Tatsachen sind, wenn sie in Institutionen und in den Herzen der Menschen ihre Wurzeln haben. Die egalitären Ideale brauchen jedoch, um an Bedeutung zu gewinnen, Druck von unten.* Und genau das fehlt in den meisten unterentwickelten Ländern.

Es ist, soweit die Überlieferung reicht, noch nie vorgekommen, daß eine privilegierte Gruppe aus eigener Initiative und nur, um ihre Ideale zu realisieren, ihre Privilegien aufgegeben und ihre Monopole den Nichtprivilegierten geöffnet hat. Die Nichtprivilegierten müssen sich ihres Verlangens nach mehr Gleichheit bewußt werden und für deren Verwirklichung kämpfen. Nur so kann die allgemeine Verbreitung von Idealen wirksam und bedeutsam werden. Und aus diesem Grunde ist es meiner Ansicht nach nicht unerheblich, daß die egalitären Ideale bei den Herrschenden der oberen Klassen zum Prinzip erhoben werden.

Schließlich sollte noch unterstrichen werden, daß das Problem der Kluft zwischen den Idealen und der Realität weit komplexer ist, als daß es sich mit reiner Hypokrisie erklären ließe. Die Menschen sind meistens nicht einfach hypokritisch, noch weniger zynisch, wenn sie ihre Ideale in ihren täglichen Bemühungen kompromittieren. Meistens glaubt die intellektuelle Elite in einem unterentwickelten Land wirklich, daß sie sich mit der Nation identifizieren sollte. Nur wenige tun es wirklich.

Dennoch ist die Oberklasse, obgleich privilegiert, sowohl historisch gesehen als auch aktuell der Überbringer der egalitären Botschaft. Ihre moralische Situation aber ist schwach, sobald sie durch Fakten herausgefordert wird. [37]

In Teil 4 wird diese Diskussion über die Machtverhältnisse in unterentwickelten Ländern fortgesetzt. Wir werden dann Entwicklungen in diesen Ländern erörtern, die zu einer größeren Wachheit der Massen führen könnten, aber auch Entwicklungen, die den Widerstand der herrschenden Klasse gegen egalitäre Reformen stärken oder schwächen könnten.

Kapitel 4
Die Landwirtschaft

I. Die entscheidenden Fakten

In keinem anderen Bereich der ökonomischen Aktivität gibt es wohl größere Unterschiede zwischen den hauptsächlichen unterentwickelten Gebieten in Südasien, Nordostasien, Westasien, Afrika und Lateinamerika und auch zwischen den einzelnen Ländern in diesen Gebieten, ja sogar zwischen verschiedenen Gegenden in den einzelnen Ländern[1] als im Bereich der Landwirtschaft. Diese Tatsache sollte als allgemeine Einschränkung in diesem Kapitel über die Landwirtschaftspolitik festgehalten werden. Bei jeder einzelnen Behauptung im folgenden Text kann man nämlich leicht auf Ausnahmen hinweisen, die das, was gerade gesagt worden ist, völlig in Frage stellen. Dennoch finden sich einige allgemeine Bedingungen in der Landwirtschaft aller oder doch der meisten unterentwickelten Länder, die herausgehoben zu werden verdienen.

Grob gesehen gibt es heute in den entwickelten Ländern zwei verschiedene Typen der Bodenbebauung.[2] Der erste Typ, die extensive Bodenkultur über weite Gebiete, wird in dünnbesiedelten Gebieten in Nordamerika, Australien und Rußland betrieben. In diesen Gebieten ist der Ertrag je Bodeneinheit vielfach niedrig. Der zweite Typ, die intensive Bodenkultur mit hohen Erträgen je Bodeneinheit, wird in Ländern mit einer größeren Bevölkerungsdichte praktiziert, wie man es in verschiedenen Abstufungen in Europa und Japan findet.

Die Landwirtschaft der meisten unterentwickelten Länder paßt in keine dieser Hauptgruppen. Sie bildet eine dritte und ziemlich mißratene Gruppe, die zu charakterisieren wäre als extensive Bodenkultur kombiniert mit einer hohen Bevölkerungsziffer je Bodeneinheit. Diese Korrelation führt natürlich zu verheerend niedrigen Realeinkommen. Nicht nur, daß der landwirtschaftliche Ertrag je Hektar niedrig ist – ein großer Teil der Arbeitskraft ist damit beschäftigt, diesen niedrigen landwirtschaftlichen Ertrag zu produzieren.

In Asien sieht es so aus, daß von vier Arbeitern nur einer verfügbar ist für eine andere Tätigkeit, als diese mageren Ernten zu produzieren, während in Amerika von zehn Arbeitern mehr als neun und in Europa von drei Arbeitern mehr als zwei außerhalb der Landwirtschaft beschäftigt sind. Globalvergleiche dieser Art zeigen bereits, in welchen Dimensionen sich die grundlegenden ökonomischen Probleme in Südasien bewegen. Sie sind ziemlich bezeichnend auch für die Situation in anderen unterentwickelten Gebieten.

Wir wollen zunächst die Tatsache untersuchen, daß *die Erträge je Hektar in den meisten unterentwickelten Ländern niedrig sind*[3], und einer späteren Betrachtung die andere Tatsache überlassen, daß die Nutzung der Arbeitskraft ebenfalls gering ist. Es gibt drei allgemeine Ausnahmen für die Regel der sehr niedrigen Erträge je Hektar.

Die Länder, in denen Plantagenernten eine größere Rolle spielen, z. B. verschiedene Länder in Lateinamerika und in Südasien Ceylon und Malaya, und besonders dort, wo die Plantagen Westeuropäern gehören und auch von ihnen betrieben werden, sind eine dieser Ausnahmen. Dieser Typ der hochentwickelten kommerzialisierten Nutzung der Bodenreserven – immer für den Export – sollte genauer als Industrie angesehen werden.[4] Denn wie Unternehmen in der verarbeitenden Industrie sind Plantagen hochspezialisierte Produktionseinheiten, die regelmäßig Lohnarbeiter beschäftigen, in denen das investierte Kapital einen relativ hohen und bedeutenden Anteil hat und die Technologie forschrittlich ist. Außer in einigen Ländern Westafrikas ist die Plantagenindustrie heute in der Regel keine rapide Wachstumsindustrie; sie wird in diesem Kapitel nicht weiter behandelt.

Die zweite Ausnahme bildet manchmal, aber nicht immer, jener Teil der Landwirtschaft, der dem Anbau von anderen Früchten als Getreide gewidmet ist, die für den Export bestimmt sind. Dieser Sektor der Landwirtschaft ist wahrscheinlich in den meisten unterentwickelten Ländern rentabler als der Getreideanbau. Es steckt daher wenig Vernunft in dem Versuch, die Getreideproduktion auf Kosten des rentableren Anbaus anderer Früchte zu steigern; eine solche Politik hat wenig Aussicht auf Erfolg. Die in Indien und Pakistan gelegentlich gestarteten Versuche, den Getreideanbau durch Werbekampagnen zu intensivieren, sind in der Regel nicht allzu konsequent gewesen.

Ebenso wie in der Plantagenindustrie ist der Expansionsspielraum dieses landwirtschaftlichen Sektors, der dem Anbau anderer Früchte als Getreide gewidmet ist, in der Regel nicht sehr groß, wenigstens nicht, wenn wir die Konkurrenzsituation zwischen den einzelnen Ländern übersehen und die unterentwickelte Welt als Ganzes betrachten. Die betroffenen Produkte zählen nämlich nicht zu denen, deren Nachfrage in den entwickelten Ländern rapide ansteigt.

Die dritte Ausnahme von der Regel niedriger Erträge je Hektar bilden einige wenige Gebiete in der unterentwickelten Welt – wie Ägypten – mit ununterbrochener Bewässerung und einer sehr hohen Bevölkerungsziffer je Bodeneinheit.

Der weitaus überwiegende Teil der Landwirtschaft in den unterentwickelten Ländern ist jedoch dem Getreideanbau gewidmet, und auf diesen Sektor vor allem beziehen sich die Untersuchungsergebnisse dieses Kapitels. Das kann mit um so weniger Vorbehalten geschehen, als die Produktivitätsentwicklung in dem Sektor, der dem geldbringenden Anbau von anderen Früchten als Getreide gewidmet ist, der Entwicklung des Getreideanbaus meistens parallel läuft und denselben Kausalfaktoren der Veränderung und der Unbeweglichkeit unterworfen ist.[6]

Nimmt man alle unterentwickelten Gebiete zusammen, so hat es in der Nachkriegsperiode einen Produktionszuwachs gegeben, der aber mit dem Bevölkerungszuwachs kaum hat Schritt halten können.[7] Hauptsächlich aufgrund ungünstiger Witterungsverhältnisse war die Produktion 1965 rückläufig, und der Anstieg von 1966 betrug nur 1 Prozent, so daß die Getreideproduktion pro Kopf der Bevölkerung in diesen zwei Jahren um 4 Prozent gesunken ist. In den beiden folgenden Jahren hat die Entwicklung den etablierten Trend sozusagen wieder erreicht.

Dieser langsame Produktionsanstieg in unterentwickelten Ländern war bis vor kurzem hauptsächlich, wenn auch in abnehmendem Umfang, auf den Zuwachs kultivierter Gebiete zurückzuführen.[8] Man ist sich jedoch allgemein einig darin, daß steigende Produktionsraten in diesen Ländern künftig in erster Linie in steigenden Ertragsraten gesucht werden müssen, da geeignete kultivierbare Bodenreserven knapper werden und ihre Bebauung höhere Investitionen erfordert.

Es sollte noch hinzugefügt werden, daß die Ertragsquoten tendenziell am niedrigsten sind in einigen sehr stark bevölkerten armen Ländern, wie in Pakistan und Indien und in bestimmten Gegenden anderer Länder, deren Armut unter dem Durchschnitt liegt. Die landwirtschaftlichen Ertragsraten stellen einen der wesentlichsten Unterschiede zwischen unterentwickelten Ländern und jenen entwickelten Ländern dar, die auf unrentable Weise eine extensive Landwirtschaft in sehr dünn besiedelten Gebieten betreiben. In diesen letzteren Ländern sind die Ertragsraten nicht nur wesentlich höher, sondern sie stiegen lange Zeit hindurch rapide an, besonders seit dem Zweiten Weltkrieg. *Dieses wachsende Gefälle in den landwirtschaftlichen Ertragsraten verursacht maßgeblich das wachsende Einkommensgefälle.*[9]

Den niedrigen Ertragsraten in unterentwickelten Ländern entsprechen ernsthafte Ernährungsschäden.[10]
Man schätzt, daß die Menschen in den meisten dieser Länder durchschnittlich weniger Kalorien zu sich nehmen, als es für die Erhaltung der Gesundheit und der Arbeitsfähigkeit erforderlich wäre. Infolge der oft erheblichen und – wie schon erwähnt – offenbar noch wachsenden Einkommensungleichheiten hat ein wesentlicher Teil der Bevölkerung sogar weit weniger zu essen. Die unzureichende Versorgung mit Proteinen, Vitaminen und bestimmten wichtigen Mineralien, wie Eisen, Kalzium und Phosphor, pflegt dabei noch stärker verbreitet zu sein als eine mangelhafte Kalorienzufuhr. Diese Situation wird oft noch verschärft durch irrationale Nahrungsgewohnheiten, durch welche die erwähnten aufbauenden Nahrungsstoffe ganz allgemein diskriminiert werden.
Ein weiterer Punkt ist, daß die Verbreitung von infektiösen und parasitären Krankheiten – verursacht durch ein tropisches oder subtropisches Klima, durch niedrigen Lebensstandard und besonders durch mangelhafte Unterkünfte, mangelhafte Nahrungszufuhr, den niedrigen Stand öffentlicher und privater sanitärer Anlagen und der Hygiene[11] – auch die körpereigene Fähigkeit herabsetzt, die aufgenommenen Nahrungsmittel zu verwerten.
Eine wachsende Anzahl von Untersuchungen vermittelt immer deutlicher die Erkenntnis, daß der »verdrängte Hunger«, der auf eine niedrige Kalorienzufuhr und besonders auf den Mangel an aufbauenden Nahrungsstoffen zurückzuführen ist, ernsthafte Gesundheitsschäden hervorruft und ganz allgemein zu Lethargie, zu einem Mangel an Initiative und Antriebskraft führt.
Einige der gewöhnlich den Südasiaten zugeschriebenen Charaktereigenschaften – ihre Neigung zur Kontemplation, ihr Verharren

in einer Welt der Gedanken, ihre Passivität, ihre Vorliebe für Muße etc., auf einer mehr intellektualisierten Ebene manchmal reflektiert in einer religiösen Doktrin, einer Philosophie oder in dem Glauben an besondere »Werte« ihres Landes oder ganz Asiens – sind möglicherweise durch Mängel der Ernährung und der Gesundheit bedingt.[12] Ein kürzlich erschienener Bericht der *Economic Commission for Asia and the Far East* (ECAFE) erklärt, daß »ethnisch bedingte Eigenschaften (wie) Faulheit ... oder eine beneidenswerte philosophische Haltung gegenüber dem Leben ... auf bedeutende Umwelteinflüsse wie ... Unterernährung oder Fehlernährung zurückzuführen ist«. Ähnliche ethnische und kulturelle Charaktereigenschaften, die den Menschen in anderen armen Ländern zugeschrieben werden, ließen sich wohl entsprechend erklären.

Proteinmangel ist besonders schädlich für Heranwachsende und für Frauen, die ein Kind erwarten oder es nähren. In den vergangenen Jahren wurde man auf die Folgen des Proteinmangels bei Kleinkindern aufmerksam, der zu einer Verringerung der Anzahl der Gehirnzellen führt und die geistige Entwicklung beeinträchtigt. Wie die *Food and Agriculture Organization* (FAO) hervorhob, *muß davon ausgegangen werden, daß die Mehrheit der Menschen in unterentwickelten Ländern mehr oder weniger an Unterernährung und/oder Fehlernährung leidet.* Wenn man hinzufügt, daß ein sehr hoher Prozentsatz ihres Einkommens für Nahrungsmittel ausgegeben wird, in Südasien ungefähr zwei Drittel oder mehr, dann erhält ihr Zustand der Armut einen besonderen Akzent.

Die Ernährungssituation in den unterentwickelten Ländern hat sich bis vor dem Zweiten Weltkrieg allgemein nicht gebessert. In vielen Ländern mag sie sich sogar verschlechtert haben, besonders für das große Heer des landwirtschaftlichen Proletariats.

Der Mangel an Nahrungsmitteln bei der Masse der Bevölkerung, die Bevölkerungsexplosion und der langsame Anstieg der Getreideproduktion in den unterentwickelten Ländern, das alles läßt uns das Gespenst einer weltweiten Hungerkrise sehen.

In einigen sehr großen Ländern wie Indien und Pakistan und in vielen kleineren Ländern in allen Teilen der unterentwickelten Welt *wäre die Hungerkrise schon vor einem Jahrzehnt ausgebrochen* – und viele Länder, auch die gerade erwähnten, wären 1965 und 1966 in eine sehr ernste Krise geraten –, wenn nicht die Vereinigten Staaten durch einen historischen Zufall, ganz entgegen den

Intentionen ihrer Landwirtschaftspolitik, ungeheure Getreideüberschüsse erzielt hätten, die aufgrund des Gesetzes Nr. 480 den
schwer betroffenen Ländern zur Verfügung gestellt werden konnten. Aber auf diese Art der Nahrungsverteilung in der Welt kann
man sich höchstens vorübergehend verlassen, zumindest in sol-
chem Ausmaß. Außerdem wird auf diese Weise letztlich nur einem
Mangel an Kalorien abgeholfen.

Die tatsächliche Spannweite der Ungleichheit zwischen den reichen entwickelten Ländern und den armen unterentwickelten
Ländern – die sich in der ständig wachsenden abstrakten Einkom-
menslücke offenbart oder auch verbirgt – wird am ehesten sichtbar,
wenn wir bedenken, wem die Proteine und andere aufbauende
Nährstoffe zufließen. Professor Georg Borgström hat der Sache
der öffentlichen Aufklärung einen Dienst erwiesen, indem er un-
aufhörlich die Tatsache wiederholte, daß eine Anzahl unterentwickelter Länder fortgesetzt große Mengen hochwertiger, protein-
reicher Nahrungsmittel exportiert, um die »Freßwelle« in den
wohlhabenden entwickelten Ländern zu erhalten und noch zu steigern: Fischmehl z. B. wird aus den afrikanischen und lateinamerikanischen Gebieten, wo der Mangel an Proteinen sogar noch kritischer ist als in Südasien, zur Viehfütterung in die Vereinigten
Staaten und nach Europa exportiert; Sojabohnen, Ölkuchen,
Thunfisch und andere Nahrungsfischsorten, ja sogar Fleisch aus
verschiedenen Ländern der unterentwickelten Welt gehen denselben Weg.

Das Ergebnis ist, daß die Bevölkerung der reichen Länder einen
unangemessen hohen Anteil der in der Welt verfügbaren Aufbau-
nahrung an sich zieht und diese in einer weniger wirtschaftlichen
Weise verbraucht, als es in den unterentwickelten Ländern nötig
wäre, und gleichzeitig einen ebenso unangemessen hohen Anteil
an Getreide für Fütterungszwecke verbraucht.

Die niedrigen Erträge je Hektar in den unterentwickelten Ländern
sind besonders beeindruckend, wenn man bedenkt, daß der für
diese mageren Ernteergebnisse erforderliche Arbeitseinsatz sehr
hoch ist, in der Regel mehr als 50 Prozent des gesamten Arbeitspo-
tentials. In Indien beträgt die landwirtschaftliche Bevölkerung 70
Prozent der Gesamtbevölkerung, aber sie hat lange Zeit hindurch
selbst auf diesem sehr niedrigen Ernährungsniveau den Nahrungs-
bedarf des Landes nicht produzieren können.

Das bedeutet, daß nicht nur die Bodenproduktivität, sondern auch *die Arbeitsproduktivität in den meisten unterentwickelten Ländern extrem niedrig ist.*[13] *Auch hier gibt es eine Lücke zwischen der Arbeitsproduktivität der entwickelten und jener der unterentwickelten Länder, und diese Lücke ist größer und ist sogar schneller und längere Zeit gewachsen als die Ertragslücke.*

Die außergewöhnlich niedrige Arbeitsproduktivität in der Landwirtschaft unterentwickelter Länder hat eine Implikation, die selten erkannt wird. Besonders in jenen unterentwickelten Ländern mit einem hohen Koeffizienten aus Arbeitseinsatz in der Landwirtschaft und bebautem Boden wird, der herrschenden Meinung nach, eine arbeitsintensive Bodenbebauung betrieben. In einem gewissen Umfang mag das sogar zutreffen, z. B. für ein Land wie Ägypten, wo hohe Erträge je Hektar erzielt werden (siehe oben), wenn auch nicht hoch genug, um die wachsende Bevölkerung zu ernähren, aber für den größeren Teil der unterentwickelten Welt, wo die Erträge niedrig sind, stimmt es nicht. Entgegen der verbreiteten Anschauung *sind die Arbeitspraktiken in der Landwirtschaft nicht arbeitsintensiv, sondern arbeitsextensiv.*

Der Arbeitseinsatz je Arbeiter ist allgemein niedrig, wenn man die geleisteten Stunden je Arbeiter betrachtet, und er ist von geringer Effizienz. *Die niedrigen Erträge je Hektar sind daher weitgehend darauf zurückzuführen, daß die Arbeitskraft nicht voll ausgenutzt wird.* Auf der anderen Seite würde ein Anstieg des Arbeitseinsatzes – durch Verbesserung der Arbeitsmoral, der Dauer und der Effizienz der Arbeit[14] – zu einer Ertragssteigerung führen auch ohne technologische Neuerungen oder zusätzliche Investitionen, allein durch Arbeit.

Diese Schlußfolgerung wird selten gezogen, aber sie stimmt ganz offensichtlich, wie die Unterschiede in den landwirtschaftlichen Erträgen zwischen Ländern, Gegenden und einzelnen Bauern es beweisen und wie alle Untersuchungen des Farm-Managements es im Detail bestätigen. Sie zeigen, daß die Erträge stark schwanken, selbst wenn es keine Unterschiede in der Bodenqualität und in anderen physikalischen Bedingungen für die Bebauung gibt und die allgemein bekannten und von den Farmunternehmen in der Umgebung angewendeten landwirtschaftlichen Techniken die gleichen sind. Technische Neuerungen können zu einem noch stärkeren Ertragsanstieg führen. Aber das sollte nicht über die fundamentale Tatsache hinwegtäuschen, daß die Arbeitskraft überwiegend nicht voll ausgenutzt wird, selbst bei dem heute erreichten Stand der Technologie.

In vielen unterentwickelten Ländern verrichtet ein Teil der Arbeitskräfte überhaupt keine Arbeit in irgendeiner Form, wenn auch mit unterschiedlicher Häufigkeit in den einzelnen Ländern. Viel allgemeiner und wichtiger ist aber die Tatsache, daß die meisten der Arbeiter, die tatsächlich arbeiten, nur kurze Perioden arbeiten – pro Tag, Woche, Monat und Jahr –, und dies weder intensiv noch effizient. Das wird in falscher Analogie zu Bedingungen des Westens und der europäischen kommunistischen Länder, jedoch entsprechend der einseitigen Nachkriegsmethode, mit den Begriffen »Arbeitslosigkeit« und »Unterbeschäftigung« beschrieben.[15]

Diese Verhaltensmuster in unterentwickelten Ländern sind tief verankert in Einstellungen, die aufgrund eines langen historischen Prozesses zu Bräuchen erstarrt sind. Sie gründen in Institutionen, besonders jenen der ökonomischen und sozialen Schichtung, die sich an erster Stelle auf das Grundbesitztum und die Landpacht beziehen, die wiederum richtungweisend waren für die Nutzung des Bodens.[16]

Diese Verhaltensmuster werden außerdem durch das niedrige Ernährungsniveau gestützt, das wieder durch die Armut und spezieller durch die niedrigen Erträge in der Landwirtschaft verursacht ist. Oder anders ausgedrückt: da sie in einer ursächlichen Beziehung zu diesen niedrigen Erträgen stehen, beeinträchtigen sie die Bereitschaft und die Fähigkeit zu arbeiten. Auf diesen Prozeß der Kreislaufverursachung[17] ist es hauptsächlich zurückzuführen, daß man aus der in der Form von Nahrungsmitteln gewährten Entwicklungshilfe, wenn sie gut geplant ist und auch sonst unter günstigen Bedingungen läuft, ein Instrument zur Steigerung der Erträge in der Landwirtschaft machen kann.

Wenn Arbeitseinsatz und Arbeitsintensität in den jahreszeitlich bedingten Arbeiten der Bodenbestellung und des Erntens erhöht werden, lassen sich bessere Ertragsergebnisse erzielen. Hinzu kommt, daß *überall in den unterentwickelten Ländern ein Bedarf an jenem Typ zusätzlichen Arbeitseinsatzes besteht, der als Investition angesehen werden kann,* weil er eine künftige Ertragssteigerung möglich macht.[18]

Arbeiten wie der Straßenbau, der Brückenbau, das Anlegen von

Bewässerungskanälen und Bodenterrassen, der Bau von Lagerhäusern für die Speicherung des Getreides und der Vorräte, der Bau von Entwässerungsgräben, Brunnen und Zisternen, die Aufforstung und die Meliorisierung des Weidelandes sind alle in hohem Maße arbeitsintensiv und erfordern nur wenige zusätzliche Hilfsmittel außer den am jeweiligen Ort verfügbaren.

Andere Arbeiten der Dorfbewohner könnten unmittelbar auf den Konsum gerichtet sein: der Bau von Schulen, Armen-Apotheken, Rathäusern und Rinnsteinen; von sauberen Brunnen für den Trinkwasserbedarf und andere Haushaltszwecke; die Pflasterung der Dorfstraßen zur Beseitigung von Staub und Schlamm; das Reparieren der Häuser; die Herstellung einfacher Möbel; die Rattenvernichtung; oder auch nur das Baden der Kinder und das Fernhalten der Fliegen von den Augen. Diese Betätigungen im Dienste des Konsums gelten allgemein als in hohem Maße produktiv.

Für diese verschiedenen Möglichkeiten der Nutzung brachliegender Arbeitskraftreserven prägte Professor Ragnar Nurkse den Ausdruck »verborgenes Spar-Potential«. In keinem anderen Punkte waren sich alle Experten in den westlichen und kommunistischen entwickelten Ländern wie auch in den nichtkommunistischen unterentwickelten Ländern selbst so einig wie in diesem. Die Pläne der letzteren enthielten oft kühne Vorschläge für die Verwertung dieses Spar-Potentials, aber in der Regel ist nicht viel dabei herausgekommen.

Es gibt verschiedene Schwierigkeiten. Diese Beschäftigungen setzen eine gemeinschaftliche Aktion und somit eine Organisation voraus, da die Skala der erforderlichen Anstrengungen meistens die unmittelbaren Interessen und Hilfsmittel eines einzelnen Haushalts übersteigt. Das Verständnis für die allgemeinen Vorteile einer solchen gemeinschaftlichen Aktion und Organisation setzt eine Stufe der Rationalität und des sozialen Zusammenhalts voraus, die in einem in Fraktionen zerfallenen Dorf oft fehlt. Überdies taucht dabei sofort die Frage nach der Verteilung der Erträge und Kosten auf, und damit stellt sich wieder das Gleichheitsproblem. In gewissem Sinne kann die mangelnde Ausnutzung der Arbeitskraft in unterentwickelten Ländern als das Ergebnis der Anwendung einer primitiven Technologie gewertet werden. Es ist nämlich eine empirisch überprüfbare allgemeine Regel, daß, *von sehr wenigen Ausnahmen abgesehen, der technologische Fortschritt keine*

Arbeitseinsparung bedeutet, sondern im Gegenteil einen höheren und effizienteren Arbeitseinsatz erfordert.[19]

Diese wesentliche Beziehung zwischen Arbeitskraftverwendung und Technologie wird in der Diskussion der Landwirtschaftspolitik oft übersehen. Aus der hohen Bevölkerungsziffer je Quadratkilometer wird zu oft stillschweigend der Schluß gezogen, daß die Landwirtschaft in unterentwickelten Ländern arbeitsintensiv ist – sogar in dem Maße, daß die Grenzproduktivität der Arbeit meistens mit Null angenommen wird. Von hier aus wird natürlich weiter gefolgert, daß das Problem der Anwendung einer fortschrittlicheren Technologie nur unter dem Blickwinkel der auf den Bodenhektar bezogenen Produktivität anvisiert zu werden brauche, da ja die Arbeitskraft im Überfluß vorhanden sei und auch weiterhin eine Grenzproduktivität von Null haben werde. Dieser Gedankengang basiert auf brüchigen Annahmen und kann, wie wir schon angemerkt haben, zu ernsten Fehlschlüssen führen.

In der Regel senken technologische Reformen nicht die Nachfrage nach Arbeitskräften, sondern erhöhen sie fast ausnahmslos. Das stimmt sowohl dann, wenn es sich nur darum handelt, bestimmte allgemein bekannte Techniken, die in der näheren Umgebung von einigen Landwirten bereits praktiziert werden, in stärkerem Umfang anzuwenden, als auch dann, wenn es sich um eine technologische Neuerung handelt, also um die Einführung völlig neuer Techniken oder die Verbesserung der alten Techniken.

Die Überwindung der vorherrschenden primitiven Technologie in der Landwirtschaft – gewissermaßen die Voraussetzung für eine bessere Ausnutzung der Arbeitskraft und für eine Ertragssteigerung – stößt auf viele und verschiedene Schwierigkeiten. *Eine allgemeine Schwierigkeit liegt in der vorauszusehenden raschen Zunahme der in der Landwirtschaft beschäftigten Arbeitskraft, die ohnehin bereits unterbeschäftigt ist.*

Die unterentwickelten Länder haben natürlich in der Industrialisierung *die* Straße gesehen, die sie aus der Armut herausführen werde.[20] Der Hauptunterschied zwischen entwickelten und unterentwickelten Ländern liegt für sie darin, daß ein wesentlich höherer Anteil ihrer Arbeitskraft in der Landwirtschaft beschäftigt ist. Zu ihren euphemistischen Synonymen des Begriffes »unterentwickelt« gehörte auch »unterindustrialisiert«.[21] Auf lange Sicht ist ihr Interesse an der Industrialisierung durchaus rational. Fast alle unterentwickelten Länder können gute Gründe dafür anführen, die Industrialisierung so rasch wie möglich voranzutreiben, was jedoch nicht eine Reduzierung ihrer Anstrengungen zur Steigerung der Boden- und der Arbeitsproduktivität in der Landwirtschaft bedeuten sollte. Ein Hauptmotiv der Industrialisierung sehen diese Länder *in der Notwendigkeit, die in der Landwirtschaft nicht voll ausgenutzten Arbeitskraftreserven abzuschöpfen.*

Die ganze Theorie der Unterbeschäftigung basiert auf der Vorstellung, daß das »Umsetzen« eines großen Teiles der landwirtschaftlichen Arbeitskraft möglich ist.[22] Und sehr oft wird die Ansicht vertreten, daß eine solche Entwicklung auf breiter Basis tatsächlich im Gange sei.[23] Es steht jedoch fest, daß auf kurze Sicht, etwa für die nächsten zwei Jahrzehnte, *selbst von einer weit schnelleren Industrialisierung als der tatsächlich erreichten – oder geplanten und nicht erreichten – eine bedeutende Steigerung der Nachfrage nach Arbeit nicht zu erwarten ist.*[24] Die Hauptursache hierfür liegt in der äußerst niedrigen Industrialisierungsstufe, von der die unterentwickelten Länder ausgehen müssen, und in der Natur der modernen industriellen Technologie (siehe unten).

Die Industrialisierung kann sich eine Zeitlang so auswirken, daß eine Rückläufigkeit in der Gesamtnachfrage nach Arbeitskräften eintritt. Dieser »Bumerang-Effekt« ist auf das Konkurrieren moderner Industrietechniken mit den bestehenden arbeitsintensiven traditionellen Industrie- und Handwerksbetrieben zurückzuführen. Wo dies im Stadium der Planung nicht deutlich erkannt worden war, stellte sich später ein unerwarteter Anstieg der »Arbeitslosigkeit« ein.[25]

Nach den Volkszählungen in Indien ist der Anteil der in der Landwirtschaft tätigen Bevölkerung in den beiden Erhebungsjahren 1951 und 1961 nahezu unverändert geblieben, obgleich Indien in diesem Jahrzehnt den Industrialisierungsprozeß viel rascher vorantreiben konnte, als es in den meisten unterentwickelten Ländern möglich war. Ein kürzlich erschienener Bericht der ECAFE, der sich auf alle unterentwickelten Länder Asiens bezieht, folgert: »In den meisten Entwicklungsländern ist der Anteil der von der Landwirtschaft abhängigen Bevölkerung ... entweder nur marginal gesunken oder fast unverändert geblieben.«

Daraus folgt für die nächsten Jahrzehnte – ein Zeitabschnitt, der jeder realistischen Planung zugrunde zu legen ist –, daß die Landwirtschaft in den meisten unterentwickelten Ländern bei weitem

60

den größeren Teil des erwarteten natürlichen Bevölkerungszuwachses aufnehmen muß, in erster Linie den Zuwachs der landwirtschaftlichen, aber auch den der übrigen Arbeitskräfte.

Das Entwicklungsziel der Planung muß daher auf eine stärkere Ausnutzung des in der Landwirtschaft heute größtenteils unterbeschäftigten Arbeitskräftepotentials gerichtet sein – im Sinne der Arbeitsbeteiligung und speziell der Arbeitsdauer und -effizienz. Die Tatsache, daß dieses Arbeitskräftepotential ununterbrochen und rapide ansteigen wird, erschwert natürlich die Anstrengungen auf dem Wege zu diesem Ziel.

Daß es in der Industrialisierungswelle nicht gelungen ist, »Beschäftigung zu schaffen«, spielt zweifellos eine wichtige Rolle bei den jüngsten Anstrengungen einiger Länder, in ihren Entwicklungsplänen die Landwirtschaft über die Industrialisierung zu stellen. Aber es gibt noch andere Gründe für diese Richtungsänderung in der Planung: vor allem die Beschleunigung des Bevölkerungszuwachses, dessen Ausmaß den Planern vor den Bevölkerungszählungen von 1960 nicht bekannt war; ferner der hinter den Erwartungen zurückbleibende Anstieg der landwirtschaftlichen Produktion in den meisten Ländern, und in einigen dieser Länder katastrophale Mißernten in der Mitte der sechziger Jahre; und schließlich der wachsende Druck seitens der getreidespendenden Länder, besonders der Vereinigten Staaten.

Erinnern wir uns hier daran, daß der ungeheure Anstieg der Arbeitsproduktivität in der Landwirtschaft der entwickelten Länder, der sich über Generationen hingezogen hat, sich fast von Anfang an bei abnehmender Arbeitskraft in der Landwirtschaft entwickeln konnte, zunächst als Anteil der gesamten Arbeitskraft, aber sehr bald auch in absoluten Werten. Das bedeutet *einen fundamentalen Unterschied der Ausgangsbedingungen zwischen den heute hochentwickelten Ländern vor einigen Generationen und den unterentwickelten Ländern heute.* Um diesen Unterschied zu erklären, müssen wir uns vor Augen führen, daß die heute entwickelten Länder sehr oft von einem höheren Industrialisierungsniveau ausgingen und daß die frühe Technologie in der Industrie viel arbeitsintensiver war als heute. Ein dritter Unterschied ist darin zu sehen, daß ihre gesamte Arbeitskraft viel langsamer zunahm.

Wenn die unterentwickelten Länder heute zu industrialisieren versuchen, haben sie nur begrenzte Möglichkeiten, eine etwas arbeitsintensivere Technologie anzuwenden.[26] In der Industrie müssen sie hauptsächlich die modernste und fortschrittlichste Technologie übernehmen, die mit Recht als ihre große Chance erachtet wird. Und die Möglichkeit, traditionelle Handwerkszweige zu schützen, die arbeitsintensiver sind, kann nur temporär und begrenzt sein. Selbst eine solche Protektion erfordert, wenn sie erfolgreich sein soll, Anstrengungen zur Modernisierung der in den Handwerksbetrieben angewendeten Technologie, auch wenn diese arbeitssparend wirkt.[27]

Während also in den entwickelten Ländern die Verbesserung der landwirtschaftlichen Techniken fast von Anfang an betrieben werden konnte, bei gleichzeitig abnehmender Arbeitskraft in der Landwirtschaft, die von der Industrie sehr rasch aufgenommen wurde, sind solche Bedingungen in den unterentwickelten Ländern von heute nicht gegeben. *Ihre neue landwirtschaftliche Technologie muß daher äußerst arbeitsintensiv werden,* wie es der Umstand diktiert, daß die für die Landwirtschaft bestimmte Arbeitskraft derzeit nicht voll ausgenutzt wird und in den meisten dieser Länder auf Jahrzehnte hinaus weiter rasch anwachsen wird.

Dieser Ausblick sollte nicht zu düster wirken, da ihre Landwirtschaft heute nicht arbeitsintensiv ist und fast alle technologischen Verbesserungen geeignet sind, die Nachfrage nach Arbeit zu steigern. Es kommt hinzu, daß die Landwirtschaft angesichts des ungeheuren qualitativen und quantitativen Nahrungsdefizits lange Zeit keine Absatzschwierigkeiten haben wird, wenn es ihr gelingt, die Nahrungsbedürfnisse in effektive Nachfrage umzuwandeln. Das müssen sie versuchen, denn das ist ein wichtiges Element der Entwicklung. Der durch Unterernährung und Fehlernährung entstandene »Nachholbedarf« ist gewaltig. Und im Gegensatz zu den traditionellen Handwerksbetrieben ist der landwirtschaftliche Sektor gegenüber Bumerangeffekten der Industrialisierung immun, zumindest in naher Zukunft.[28]

II. Politische Maßnahmen

Die Tatsache, daß die landwirtschaftliche Technologie in unterentwickelten Ländern in hohem Maße arbeitsintensiv werden muß, während sie heute in den entwickelten Ländern äußerst arbeitssparend ist, impliziert, daß *die moderne Technologie in der Landwirtschaft nicht so unmittelbar übernommen werden kann wie in der*

Industrie. Die Angleichung der landwirtschaftlichen Technologie an die unterschiedlichen Produktionsfaktoren in den unterentwickelten Ländern ist wesentlich wichtiger.[29]

Darüber hinaus war die moderne landwirtschaftliche Technologie in den entwickelten Ländern das Ergebnis intensiver und gezielter Untersuchungen des Klimas, der Bodenverhältnisse, des Saatguts usw., und diese Untersuchungen waren meistens auf Länder in den gemäßigten Zonen beschränkt. Es gehört daher zu den dringendsten Aufgaben, entsprechende Untersuchungen auf breiter Ebene in den tropischen und subtropischen Gebieten durchzuführen, wo die meisten unterentwickelten Länder gelegen sind.[30]

Diese verschiedenen Forschungsaufgaben im Interesse einer besseren Anwendung unserer wissenschaftlichen Kentnisse in Ländern mit so unterschiedlichen Produktionsfaktoren, Klimaverhältnissen usf. erfordern finanzielle und personelle Hilfsmittel, die von den unterentwickelten Ländern selbst in einem auch nur annähernd den Erfordernissen entsprechenden Umfang nicht aufgebracht werden können. Hier liegt *eine der strategisch wichtigsten Anforderungen an die Unterstützung seitens der entwickelten Länder.* Aber auch wenn diese Schwierigkeiten allmählich überwunden werden, so daß eine höchst rationelle und relevante Technologie verfügbar wird, ist damit erst der Anfang einer landwirtschaftlichen Reform gesetzt. *Millionen von Bauern müssen dazu gebracht werden, die neue Technologie anzuwenden.* Modellprojekte auf kleiner Ebene können selbst im besten Falle nur ein erster Schritt sein.

Die mit Hilfe der künstlichen Bewässerungsanlagen zugeführten größeren Wassermengen werden wirklich rentabel nur in einem System der doppelten oder dreifachen Ernte. Düngemittel sind weitgehend wirkungslos ohne Wasser, während umgekehrt die künstliche Bewässerung sich nur in Verbindung mit Düngemitteln auszahlt. In ähnlicher Weise erfordern verbesserte Saatgüter sowohl Wasser als auch Düngemittel, wenn substantielle Ertragssteigerungen erzielt werden sollen.

Dieselbe Regel einander ergänzender Änderungen gilt auch im Hinblick auf alle anderen Verbesserungen der landwirtschaftlichen Technologie: tieferes Pflügen, Bodenkonservierung und Verbesserung der Bodenstruktur, Grün-Düngen und die Verwendung natürlicher Düngemittel, bessere Unkrautbekämpfung, Pflanzenschutz, verbesserte Ernterhythmen usw.

Es mag schwer genug sein, Millionen äußerst armer, meistens analphabetischer und oft kranker Bauern in einer rückständigen und stagnierenden Landwirtschaft in eine neue technologische Methode einzuweisen und sie zu veranlassen, diese genau und wirksam anzuwenden. Sie so weit zu bringen, daß sie ein ganzes Bündel neuer Methoden zur gleichzeitigen Anwendung akzeptieren, wird oft ans Unmögliche grenzen.

Die landwirtschaftliche Situation in den meisten unterentwickelten Ländern ist jedoch so hoffnungslos, daß ein Versuch gemacht werden muß.

Da fast jedes Element in diesem Bündel technologischer Veränderungen, die gleichzeitig angewendet werden müssen, nicht nur einen höheren Arbeitseinsatz, sondern eine höhere Intensität und Effektivität der Arbeit erfordert, impliziert die neue Technologie die Überwindung der mangelnden Ausnutzung der Arbeitskraft. Und das muß geschehen, während die Arbeitskraft stetig und rasch zunimmt.

In diesem Zusammenhang sollte festgehalten werden, daß die Zunahme der Arbeitskraft immer dazu tendiert, einen größeren Teil ihrer selbst in die ärmeren Schichten hinunterzudrücken und die soziale und ökonomische Struktur noch inegalitärer und starrer werden zu lassen.[31] Damit berühren wir das Hauptproblem, das alle anderen Schwierigkeiten überschattet, nämlich die inegalitäre soziale und ökonomische Struktur in den meisten unterentwickelten Ländern. *Was gewöhnlich als das Problem der Bodenreform oder der Agrarreform bezeichnet wird, einschließlich der Reform des Pachtsystems, muß mit dem Ziel in Angriff genommen werden, Verhältnisse zu schaffen, in denen die Arbeitskräfte die Gelegenheit haben und sich auch angespornt fühlen, sich selbst viel mehr anzustrengen.*

Das weitverbreitete System des Ernteanteils ist nicht geeignet, technologische Veränderungen hervorzubringen oder Investitionen von Arbeit und Geld anzuregen oder ganz allgemein zu einer Erhöhung von Quantität und Qualität des Arbeitseinsatzes zu führen.[32] Der Ernteteilhaber, der an den Grundbesitzer oft mehr als die Hälfte des Bruttoertrages des von ihm bebauten Landes abführt, wird in Armut und Apathie gehalten. Aufgrund des Pachtzahlungssystems verbleibt ihm nur ein Teil, und meistens nur der geringere Teil jeglicher Ertragssteigerung. Hinzu kommt die Unsicherheit des Pachtbesitzes: er hat keine gesetzlich geschützten Rechte zur Bodenverbesserung, auch wenn er sie mit seiner eigenen Arbeitskraft durchführt.

Es ist zugleich eine allgemeine Erfahrung, daß innerhalb eines Ernteanteilsystems, von wenigen Ausnahmen abgesehen, ein Grundbesitzer oder privilegierter Pächter, ob er nun viel oder wenig Land besitzt, im Dorfe ansässig ist oder nicht, kein stärkeres Interesse daran hat, zu arbeiten, zu investieren und zu verbessern, als sein Pächter oder Unterpächter. Das Land hat einen hohen, gewöhnlich stabilen oder sogar steigenden Wert, und der Grundbesitzer erhält eine hohe und sichere Pacht in Naturalform, auch ohne daß er irgendwelche neuen Risiken oder zusätzlichen Ärger auf sich nimmt.

Ich ziehe daraus folgende Schlußfolgerung, die ich durch eine große Anzahl intensiver Untersuchungen bestätigt gefunden habe: Das Ernteanteilsystem in Südasien wirkt als ein Komplex von Hindernissen, der jeden Versuch zur Verbesserung der Technologie und zur Steigerung der Erträge und der Ausnutzung der Arbeitskraft vereitelt; ein solches System »bedeutet eine unüberwindbare Antriebshemmung gegenüber jeder tatkräftigen Teilnahme der Masse der ländlichen Bevölkerung an der Entwicklung und nicht nur einen Affront gegen die soziale Gerechtigkeit«.[33]

Es gibt natürlich viele Grundbesitz- und Pachtsysteme in den einzelnen Ländern der großen unterentwickelten Welt, und sogar in verschiedenen Gegenden eines bestimmten Landes. Aber ganz allgemein sollte eine Agrarreform gleich welcher Art (siehe unten) fast überall eine absolut notwendige Ergänzung der politischen Anstrengungen sein, die auf die Einführung einer verbesserten Technologie gerichtet sind. *Bei allem Reden über Boden- und Pachtreform in unterentwickelten Ländern seit dem Zweiten Weltkrieg ist nicht viel geschehen.* Die wenigen Ausnahmen von dieser wohlbegründeten Verallgemeinerung betreffen jene Länder, wo eine revolutionäre Situation bestand oder der Einfluß und Druck von außen eine wesentliche Rolle gespielt haben, wie z. B. im Falle Formosas. Selbst wenn die Boden- und Pachtreformen gesetzlich eingeführt würden, handelte es sich meistens um Minireformen oder um eine glatte Täuschung. Und für die grundbesitzlosen Arbeiter sahen die Reformen in der Regel keinerlei Veränderung vor.

Da Investitionen in Grundbesitz als ein sicherer und bequemer Weg zur Erlangung persönlichen Reichtums erachtet werden, strebten Besitzer von kleinen und großen Geldvermögen in den Städten eifrig danach, Grund und Boden zu erwerben. In einem Land wie Indien besitzt wahrscheinlich fast die ganze Oberklasse, wie sie im vorhergehenden Kapitel definiert wurde, einiges Land, was allerdings von keiner Statistik bestätigt wird.

Diese weite Verbreitung des Grundbesitzes selbst bei der städtischen Oberklasse und bei den Nichtlandwirten in den ländlichen Gegenden, zu welchen beiden Gruppen viele Staatsdiener aus den unteren wie den oberen Rängen gehören, schafft ein mächtiges Lager der Bodenreformgegner. Dieser Block ist nicht nur wegen seiner Wählerstärke in Ländern, wo Wahlen abgehalten werden, so mächtig, sondern weil er fast die gesamte gebildete Bevölkerung sowohl in den städtischen als auch in den ländlichen Gegenden umfaßt. Auch abgesehen davon, daß die Beamten selbst oft Grund und Boden besaßen, war es nur natürlich, daß sie, die die Verwaltungsanordnungen für die praktische Durchführung der Reformen zu erlassen hatten, sehr bald mit der Oberschicht in den Dörfern heimliche Absprachen trafen, um die Reformen unwirksam zu machen.

In Lateinamerika, wo das Grundbesitz- und Pachtsystem in vieler Hinsicht anders ist, verlief die Entwicklung im Hinblick auf die Agrarreform ähnlich wie in Südasien. Auch dort wurde die Agrarreform allgemein proklamiert und zum politischen Ziel erhoben, und sie wurde 1961 in der Charta von Punta del Este feierlich verankert. Die Untersuchung über die Landwirtschaft Lateinamerikas (1968), die kürzlich vom Sekretariat der *Economic Commission for Latin America* (ECLA) durchgeführt wurde, enthält ein ganzes Kapitel über »Das System der Landpacht und andere institutionelle Hindernisse in der landwirtschaftlichen Entwicklung«.[34] Die Autoren kamen zu dem Schluß, daß die Ergebnisse dieser politischen Anstrengungen sehr mager sind und daß dies »weitgehend den Einfluß reflektiert, den die Großgrundbesitzer auf die Formulierung der Landwirtschaftspolitik in den verschiedenen Ländern ausgeübt haben und auch weiterhin ausüben«.[35]

In Westasien und in einem afrikanischen Land wie Äthiopien unterscheiden sich die Grundbesitz- und Pachtverhältnisse nicht allzusehr von denen in Südasien. Dagegen ist im größten Teil des unabhängigen Afrika südlich der Sahara die Situation – von einem historischen Entwicklungsstandpunkt aus gesehen – weniger »reif«. Hier liegt in vielen Gebieten das Problem vor allem darin, ob man das auf den Volksstamm bezogene System des Kollektiveigentums reorganisieren oder ein System individuellen Eigentums schaffen soll. Die Tatsache, daß die Europäer in vielen der neuerdings unabhängigen Länder Grundeigentum erworben hatten, und meistens den besten Grund und Boden, wirft Probleme besonderer Art auf, sowohl wenn die Europäer dort bleiben, als auch wenn sie es vorziehen, das Land zu verlassen.

Es wird allgemein behauptet, wenn man unter Produktivitätsgesichtspunkten die günstigsten Effekte erzielen wolle, *müsse die Agrarreform von vielen anderen und komplementären institutionellen Reformen ergänzt werden,* eingeschlossen die landwirtschaftliche Extension, die Versorgung mit günstigen Krediten, Düngemittelvorräten, Saatgetreide und guten landwirtschaftlichen Geräten, bessere Absatzmärkte für die Produktion etc. In der gesamten unterentwickelten Welt ging man davon aus, daß diese Reformen durch Kooperation zustande gebracht werden sollten. In vielen Ländern – und in allen Ländern Südasiens – sind diese Reformen so motiviert und offenbar auch so gesteuert worden, daß sie besonders den ärmeren Schichten in den Dörfern zugute kommen und somit auf das Ziel einer größeren ökonomischen und sozialen Gleichheit hinarbeiten sollten.

In *Asian Drama* findet man eine recht ausführliche Erörterung dieser politischen Maßnahmen, wie sie in Südasien[36] angewendet wurden, darunter Kreditbeschaffung und andere genossenschaftliche Aktionen, Gemeindeentwicklung und landwirtschaftliche Extension, lokale Selbstverwaltung und kooperative Landbestellung. Diese Bemühungen, hinter denen eine stark egalitär orientierte Ideologie steht, *werden oft als revolutionär charakterisiert, weil sie in den Dörfern ein höheres Maß an Gleichheit begünstigen.* Sie hatten jedoch aufgrund der Logik der gegebenen inegalitären sozialen, ökonomischen und politischen Struktur in diesen Ländern und nicht zuletzt in ihren Dörfern fast regelmäßig den gegenteiligen Effekt. Gewöhnlich konnten sich nur die oberen Schichten der Vorteile bedienen, die von den genossenschaftlichen Einrichtungen geboten wurden, und von den für ihre Entwicklung gewährten Subventionen profitieren. *Das Ergebnis war nicht weniger, sondern mehr Ungleichheit.*

Während Bodenreform und Pachtgesetze, wenn wirklich durchgeführt, Instrumente sind, um fundamentale Veränderungen in den Eigentumsrechten und ökonomischen Verpflichtungen in die Wege zu leiten, gelingt es mit den übrigen institutionellen Maßnahmen nicht, einen Frontalangriff auf die bestehende inegalitäre Machtstruktur zu führen. Ihr Ziel ist es vielmehr, die Bedingungen zu verbessern, ohne die Strukturen zu beeinträchtigen, und das bedeutet in der Tat ein Ausweichen vor der Gleichheitsfrage.

Das gilt gleicherweise für das umfassende Programm für den ländlichen Aufschwung, allgemein bekannt unter der Bezeichnung Gemeindeentwicklung, in das soviel Hoffnungen investiert worden sind – sowohl in der unterentwickelten Welt als auch in den westlichen entwickelten Ländern. Die wichtigste Erklärung für das Mißlingen dieses Programms ist die, daß es so, wie es praktiziert wurde, letztlich *ein Versuch war, die Gleichheitsfrage zu umgehen, obgleich es ständig als ein Programm zur Unterstützung der Armen ausgegeben wurde.*[37]

Indien, das von allen unterentwickelten Ländern diese ergänzenden institutionellen Reformen am stärksten vorangetrieben hat, ist gleichzeitig auch das Land, wo fortgesetzt realistische Erhebungen durchgeführt worden sind und die sachkundigste Diskussion stattgefunden hat. Die hier vertretene These wird in diesen Erhebungen freimütig anerkannt. Ein offizieller Bericht unterstreicht, daß, »solange die gegenwärtigen Gesellschaftsstrukturen und Denkgewohnheiten bestehenbleiben, die Früchte der Entwicklung zwangsläufig ungleichmäßig verteilt werden und die Schwächeren dabei den geringsten Anteil erhalten«. Der Bericht dokumentiert den Fehlschlag all der angeblich strukturverbessernden Maßnahmen, darunter auch die Gemeindeentwicklung, die den ärmeren Schichten in den Dörfern zugute kommen sollten[38], und zieht dann die Schlußfolgerung: »Die unsinnigen Ackerbauverhältnisse machen es beinahe unmöglich, die Landwirtschaft in einem respektablen Umfang zu verbessern und zu rationalisieren. Bei jeder möglichen Verbesserung liegt es in der Natur der Dinge, daß sie den größten Grundbesitzern weit mehr zugute kommt als den kleinen Bauern.«

Diese Schlußfolgerung bedeutet für Indien, daß die komplementären institutionellen Reformen, im Gegensatz zu den egalitären Motivationen, die man ihnen gewöhnlich unterlegt, tatsächlich eine größere Ungleichheit herbeiführen, solange das fundamental inegalitäre System des Grundbesitzes und der Pacht nicht radikal geändert wird. Wo immer solche Reformversuche in der übrigen unterentwickelten Welt unternommen worden sind, waren sie auf dieselbe Art und Weise geeignet, den wohlhabenderen Schichten in den ländlichen Gebieten Wohltaten zu erweisen und der armen Masse der Bevölkerung entweder nur sehr wenig oder überhaupt nicht zu helfen.

In *Asian Drama* ist ein Versuch unternommen worden, den ganzen Komplex der Agrarreform und des ländlichen Aufschwungs neu zu durchdenken. Unter den beiden genannten Voraussetzungen erschien es der Mühe wert, *einen völlig neuen Anlauf im Hinblick auf die Agrarstruktur zu wagen.*

Zunächst sollte die Regierung eine klar umrissene Zielvorstellung festlegen, die unter den gegebenen sozialen und politischen Bedingungen realisiert werden kann. Die Boden- und Pachtreform nach den Grundsätzen, die so lange ohne Erfolg angewendet worden sind, müßte freilich aufgegeben werden, da der politische Wille fehlt und keine wirksame Administration für ihre praktische Durchführung verfügbar ist.

Wenn es dem Klima radikaler Erklärungen und Gesetze auch nicht gelungen ist, radikale Aktionen hervorzurufen, so hat es doch die bedauernswerte Wirkung gehabt, ein Gefühl der Unsicherheit in denjenigen Kreisen der Landwirtschaft zu erzeugen, die an sich die Qualifikation und auch die Gelegenheit haben, auf ökonomische Stimuli zu reagieren. Das Resultat war, daß die Landwirtschaftspolitik gerade das Schlechte aus zwei Welten favorisiert hat: Das Ziel der Egalität ist nicht gefördert worden, und das potentielle Leistungsvermögen der ländlichen Oberklasse hat sich aufgrund jener Unsicherheit nicht aktualisiert.

Unter diesen Umständen scheint es wohl besser zu sein, *eine wohlüberlegte politische Wahl zugunsten einer kapitalistischen Landwirtschaft zu treffen, indem man den progressiven Unternehmern unter den bäuerlichen Grundbesitzern und privilegierten Pächtern gestattet und sie dazu ermuntert, die Früchte ihrer Bemühungen in voller Höhe selbst zu ernten.* Dieser Weg könnte noch viele andere Landwirte dieser Art ermutigen, genauso zu handeln und ganz speziell das System der Erntebeteiligung aufzugeben.

Das fundamentale Problem der Egalität müßte von einer anderen Plattform aus und mit anderen politischen Mitteln anvisiert werden. Nachteilig sowohl vom Egalitäts- als auch vom Produktivitätsstandpunkt aus ist die heute vorherrschende Form eines Quasi-Kapitalismus, die eine Kombination darstellt aus den ungünstigsten Eigenschaften eines ungezügelten Kapitalismus und mächtigen Überresten einer auf dem Feudalsystem beruhenden ökonomischen Organisation.[39]

Auf einem echten kapitalistischen Entwicklungsweg können passive und parasitäre Grundbesitzer, die den Überschuß der Landwirtschaft abschöpfen und nichts dazu beitragen, daß diese Landwirtschaft produktiv gestaltet wird, einfach nicht toleriert werden. *Die Ernteteilung in der Form des Pachtsystems, die ständige Abwesenheit der Grundbesitzer und das Überwiegen von »Ackerbauern«, die in Wirklichkeit nicht den geringsten Ackerbau treiben, sollten abgeschafft werden.*

Vieles könnte erreicht werden durch ein Steuersystem, das die Einkommen der untätigen Grundeigentümer stark schröpft. Mehr noch könnte erreicht werden durch Gesetze, die eine Übertragung von Grundbesitz an Nicht-Landwirte und besonders an Nichtansässige in Zukunft verhindern. Gesetze dieser Art sind in vielen demokratischen Ländern in Kraft, u. a. auch in Schweden, obgleich das Übel der Nichtansässigkeit dort unendlich geringer ist.

Es ist ein Zeichen für die Machtverhältnisse in Indien, daß solch ein gezielter, praktischer Reformgrundsatz hier nicht vorgeschlagen worden ist, während es, auch in offiziellen Verlautbarungen, eine Menge radikaler Erklärungen im Sinne der konventionellen Slogans »soziale und ökonomische Revolution« und »das Land dem, der es bebaut« gegeben hat und weiterhin gibt.

Vorrangig sollte ein Programm ausgearbeitet werden, *das den Angehörigen der heute grundbesitzlosen Unterklasse in den Dörfern ein kleines Stück Land verschafft – und damit eine gewisse Würde und einen anderen Ausblick auf das Leben, ebenso wie eine kleine unabhängige Einkommensquelle.* Selbst in den dicht besiedelten Gebieten wäre es möglich, zumindest kleine Parzellen von Gebieten, die zur Zeit brachliegen, zu verteilen. Die bestehende Aufteilung der kultivierten Grundstücke brauchte dadurch nicht ernsthaft gestört zu werden – in einigen Gegenden brauchte sie überhaupt nicht gestört zu werden.

Für ein solches System sehr begrenzter Landaufteilung wäre es allerdings unabdingbar, daß *das unbeschränkte Recht auf Bodenbesitz und Bodennutzung in die Hände der Grundbesitzlosen als Indi-*

viduen übergeht. Das indische System, das in sehr kleinem Rahmen versuchte, den Grundbesitzlosen braches Land zu geben bzw. sie in Genossenschaften zu zwingen, die unter der Kontrolle von Dorf-Panchayats standen (meistens von der oberen grundbesitzenden Kaste abhängig), muß verdächtigt werden, speziell erfunden worden zu sein, um zu verhindern, daß Angehörige der unteren Kasten die Würde eines Grundbesitzers erwerben, so klein auch das Stückchen Land sei.[40] Auf jeden Fall hatte es dieses Ergebnis.

Diese politischen Maßnahmen würden – zusammengenommen und tatsächlich ausgeführt – *eine höchst radikale Bodenreform bedeuten, wenn auch von einer anderen Art, als auf höherer Ebene diskutiert und durch Gesetzgebung versucht wird.* Sie wäre weit effektiver für den Zweck der Produktivitätssteigerung in der Landwirtschaft. Gleichzeitig würde sie viel wirkungsvoller die ländliche Gemeinschaft verändern im Sinne des Egalitätsprinzips und einer größeren Mobilität innerhalb der ökonomischen und sozialen Struktur.

Inzwischen läßt die Bevölkerungsexplosion die mangelnde Ausnutzung der Arbeitskraft anwachsen und einen immer größeren Teil der Bevölkerung in die ärmsten Schichten der Unterklasse absinken. *Das ist genau die Situation, die nach einer geistigen und politischen Führung ruft.* Um dies zu unterstreichen, habe ich die vorhergehenden Seiten geschrieben. Ein weiterer Grund war, daß die Erörterung dieses alternativen Weges einer Bodenreform besonders deutlich demonstriert, wie das Verlangen nach größerer Gleichheit vereinbar gemacht werden kann mit dem Bedürfnis nach höherer Produktivität. Diese beiden Forderungen sind komplementär in der genauen Bedeutung, daß sie in einem sich gegenseitig bedingenden Verhältnis stehen.

Es sollte schließlich noch hervorgehoben werden, daß die Bedingungen im Hinblick auf die Grundeigentümerschaft und die Pacht innerhalb der unterentwickelten Länder stark variieren. Das Problem darf daher nicht so diskutiert werden, als gäbe es nur eine für die ganze Welt passende Lösung, von der man gewöhnlich glaubt, sie bestehe in einer mehr oder weniger gleichmäßigen Verteilung des Bodens an die Ackerbauern, die mitunter aber auch im Sinne einer radikalen Bodenkonsolidierung für irgendeine Form der kollektiven Landwirtschaft aufgefaßt wird.[41] *Das Problem der Boden-*

reform sollte vielmehr für jedes Land und manchmal für jede Gegend in einem Lande gesondert behandelt werden. Die Diskussion sollte auf der Basis der Traditionen und der tatsächlichen Bedingungen geführt werden, da diese von Land zu Land und sogar von Gegend zu Gegend verschieden sind.

Die einzige Forderung, die jede Bodenreform gleich welcher Art erfüllen sollte, ist die Herstellung einer Beziehung zwischen dem Menschen und dem Grund und Boden, die seinen Antrieb zu arbeiten und zu investieren, und sei es nichts anderes als seine eigene Arbeit, nicht lahmlegt. Eine Voraussetzung hierfür ist ein höheres Maß an Gleichheit; sonst können sich die Antriebskräfte nur bei der sehr kleinen Oberklasse auswirken.

Die Versuche zur Verbesserung der Technologie in der Landwirtschaft und zur Ertragssteigerung werden nie von großen Erfolgen gekrönt sein, wenn diese positive Beziehung zwischen Mensch und Boden nicht hergestellt wird. Und wenn man die Grundbesitz- und Pachtverhältnisse, wie sie in den meisten unterentwickelten Ländern auch heute noch vorherrschen, unverändert läßt, engt man damit in hohem Maße nicht nur die Anwendung einer verbesserten Technologie ein, sondern verstärkt auch die Tendenz zur Ungleichheit.

III. Besonderheiten

In der Diskussion über die Gestaltung der Landwirtschaftspolitik in unterentwickelten Ländern hat es, besonders in den letzten Jahren, einige recht außergewöhnliche Eigentümlichkeiten gegeben. Sie müssen hervorgehoben werden, da sie geeignet sind, die Menschen zu verleiten, eine Politik nach irrationalen Gesichtspunkten auszuwählen.[42]

Zunächst *werden die riesigen Nutzungsreserven der landwirtschaftlichen Arbeitskraft heruntergespielt.* Noch weniger Aufmerksamkeit hat man ihrer gegenwärtigen Wachstumstendenz gewidmet, obgleich sie in vielen Ländern jährlich um rund 2 Prozent oder mehr ansteigen wird, und das fast bis zum Ende dieses Jahrhunderts. Wenn die mangelnde Ausnutzung der Arbeitskraft erwähnt wurde, geschah es eher oberflächlich und gewöhnlich ohne Betonung des dynamischen Charakters dieses Faktors und ohne den

Versuch, diese Einsicht mit der zu wählenden Politik zu koordinieren. Lediglich in der Diskussion der »Arbeitslosigkeit« und der »Unterbeschäftigung« im Rahmen der einseitigen Nachkriegsmethode wurde diesem Faktor Bedeutung zugemessen.[43] Man isolierte die »Unterbeschäftigung«, indem man sie als statischen und politisch beziehungslosen Faktor behandelte – sonst hätte dieser Begriff nicht so definiert werden können, wie er definiert worden ist[44] – und indem man sowohl »Arbeitslosigkeit« als auch »Unterbeschäftigung« völlig unrealistisch und unpraktisch als einen Überschuß definierte, den man »umsetzen« könne.[45]

In Indien war es Mohandas K. Gandhi, der das Problem erkannte, es dann aber in moralistischen Kategorien behandelte. Er sprach von der »traditionellen Faulheit« des indischen Volkes und hob hervor, diese Untätigkeit sei nicht gerechtfertigt.[46]

Auch Nehru pflegte gelegentlich, besonders in früheren Jahren, gegen die Untätigkeit zu protestieren, wenn es so viele Dinge gab, die geradezu danach schrien, getan zu werden. Aber allmählich verstummten diese Klagelieder in Indien ebenso wie anderswo. Seit der Entkolonisierung haben sich die Ausländer gehütet, Klagen dieser Art zu äußern; sie ließen sich vielmehr den Protest der Eingeborenen gegen die Kolonialtheorie gefallen, von der ich in Kapitel 1 gesprochen habe.

Das wichtigste Hilfsmittel gegen die ungeheure Unterbeschäftigung der landwirtschaftlichen Arbeitskraft wäre, wie ich in Abschnitt II dieses Kapitels zu zeigen versuchte, eine allgemeine Ausbreitung der modernen Technologie, die fast ausnahmslos arbeitsintensiver ist. Eine Vorbedingung hierfür ist eine Boden- und Pachtreform, die eine solche Beziehung zwischen den Ackerbauern und dem Boden herstellt, daß die Anwendung der modernen Technologie möglich wird und die Ackerbauern sich angespornt fühlen, solche Beträge zu investieren, über die sie bereits verfügen oder die sie auftreiben können, vor allem aber ihre eigene Arbeitskraft, um die Bodenproduktivität zu steigern.

Eine zweite Eigenheit, nicht ohne Beziehung zur ersten, besteht darin, daß, abgesehen von den fast rituell wiederholten Beteuerungen der Notwendigkeit dieser Reform – die oft in kompromißlosen und radikalen Wendungen formuliert sind –, *die Boden- und Pachtreform mehr und mehr der Aufmerksamkeit zu entgleiten pflegt, sobald praktische Fragen der Steigerung des Produktivitäts-niveaus in unterentwickelten Ländern diskutiert werden.*

In gewissem Umfang könnte das eine natürliche Reaktion auf die Fehlschläge sein, die den Beschlüssen und der Durchführung dieser Reformen gefolgt sind. Und da diese Reformen nur auf lange Sicht Ergebnisse bringen können in Form eines gestiegenen Arbeitseinsatzes und höherer Erträge, da sie ferner auf breiter Basis ergänzende öffentliche Investitionen in der landwirtschaftlichen Extension und in landwirtschaftlichen Kredit- und Vertriebseinrichtungen etc. erfordern[47], mag gerade die Verschärfung der landwirtschaftlichen Krisen in den vergangenen Jahren ein Grund dafür gewesen sein, die Forderung nach ihnen herunterzuschrauben.

Inzwischen haben die Vereinigten Staaten als der Hauptversorger mit Nahrungshilfen die Hilfe empfangenden Länder bedrängt, ihre Anstrengungen zur Ertragssteigerung zu verstärken. Aber dieser Rat pflegt heute nicht mehr die Empfehlung der Bodenreform einzuschließen. Viele amerikanische Experten sind zwar in technischen Fragen äußerst versiert, jedoch ziemlich ignorant, was die institutionellen Verhältnisse in unterentwickelten Ländern betrifft. Auch sie lassen sich beeinflussen von Erwägungen der Regierungskreise in den unterentwickelten Ländern, die sich, wie schon gesagt, von allen praktischen Gedanken an die Durchführung einer Bodenreform entfernt haben.

Ein schlagendes Beispiel für die Tendenz, landwirtschaftliche Probleme in unterentwickelten Ländern so zu behandeln, als wären sie denen in entwickelten Ländern nicht unähnlich, liefert uns die Behandlung der Preise für Nahrungsprodukte und der preispolitischen Maßnahmen.

Die ganze Diskussion, die heute in den entwickelten und in wachsendem Umfang auch in den unterentwickelten Ländern geführt wird, läuft praktisch darauf hinaus, *die Bedeutung hochgehaltener Preise für das Ansteigen des Nahrungsmittelangebots* zu unterstreichen. Tatsächlich sind die Preise gestiegen, nicht zuletzt in den Ländern und in der Zeit, wo es einen akuten Nahrungsmittelmangel gab. *Das war jedoch weniger die Folge einer gezielten Preispolitik als der Mangelsituation selbst.* Das bedeutet natürlich nicht, daß die Preise nicht aufgrund politischer Maßnahmen steigen könnten. Wir wissen aus vielen Untersuchungen, daß eine Veränderung in der Relation der Preise für verschiedene Nahrungsprodukte sehr oft rapide und substantielle Veränderungen in Produktion und Angebot dieser Produkte verursacht hat.

Die Folge eines *allgemeinen* Preisanstiegs für alle oder für die meisten Nahrungsprodukte ist eine weit kompliziertere Angelegenheit.

Die Masse der landwirtschaftlichen Bevölkerung ist so ärmlich ernährt, daß, wenn die Nahrungsmittelpreise aufgrund einer schlechten Ernte steigen, jene Ackerbauern, die überhaupt dazu in der Lage sind, ihre Verkäufe reduzieren und selbst mehr konsumieren, eine Entwicklung, die den Preisauftrieb noch verstärkt. Wenn die Preise fallen, können sie statt dessen gezwungen sein, mehr zu verkaufen, um ihren Verpflichtungen nachzukommen, und die Folge ist ein weiteres Absinken der Preise. Es muß noch hinzugefügt werden, daß die Fluktuationen im Ernteaufkommen in den meisten unterentwickelten Ländern wegen der klimatischen Bedingungen und der primitiven landwirtschaftlichen Praktiken umfangreicher und häufiger sind. Und infolge der im vorherigen Absatz erwähnten Umstände neigen die auf dem Markt angebotenen Mengen dazu, noch weniger stabil zu sein als die Gesamtproduktion.

Aus diesen und anderen Gründen *wird der Markt viel stärker von Spekulanten beherrscht* als in entwickelten Ländern des Westens, wo er auch weitgehend »nationalisiert« ist und von staatlichen und genossenschaftlichen Organisationen gelenkt wird. Die Tatsache, daß arme Ackerbauern gezwungen sind, einen Teil ihrer Ernte zu verkaufen, sobald sie eingebracht ist – manchmal so viel, daß sie später selbst wieder Nahrungsmittel kaufen müssen –, führt zu *sehr starken saisonalen Fluktuationen*.

Die unzulänglichen Transportmöglichkeiten und Lagereinrichtungen und manchmal auch – wie in Indien – die Streitigkeiten zwischen den verschiedenen politischen Instanzen der Provinzen sind geeignet, die Bemühungen der Regierung um die Einführung nationaler Märkte und deren Stabilisierung über die Erntezeit hinaus zu untergraben.

Der relativ geringe Anteil des nichtlandwirtschaftlichen Sektors und der sehr hohe Einkommensanteil, der für die Ernährung ausgegeben wird, machen es *unmöglich, die Landwirtschaft so zu subventionieren*, wie es in entwickelten Ländern gewöhnlich geschieht. Aus diesem und einigen anderen, oben erwähnten Gründen bedeutet ein Anheben der Nahrungsmittelpreise die Gefahr einer Inflation, wie es 1965 und 1966 in Indien geschehen ist.

Erst wenige Jahre alt ist ein höchst bedeutsamer technologischer Fortschritt, der jedoch die Voreingenommenheit zugunsten des Optimismus und besonders zugunsten der Vergeßlichkeit im Hinblick auf die Notwendigkeit landwirtschaftlicher Reformen noch gefördert hat: *die Verfügbarkeit ertragreicher Getreidearten,* vor allem Weizen, eine in Mexiko entwickelte gekreuzte Maisart und eine vom Internationalen Institut für Reisforschung auf den Philippinen erzeugte Reissorte. Die Arbeiten an der Mais- und Weizenentwicklung wurden schon Anfang der vierziger Jahre begonnen, und zwar von der *Rockefeller Foundation.*

Erst in den beiden letzten Jahren hat man damit begonnen, die neuen Sorten auf breiter Basis einzuführen, besonders in Pakistan, Indien und auf den Philippinen. daß es sich hierbei um einen äußerst vielversprechenden technologischen Fortschritt handelt, kann nicht bestritten werden. Das möchte ich unterstreichen, obwohl ich den fast euphorischen politischen Folgerungen mit Bedenken und Kritik entgegentreten muß. Es wird allgemein verkündet, in diesem Fortschritt biete sich »eine Gelegenheit für einen Durchbruch der landwirtschaftlichen Produktion in den Entwicklungsländern wie noch nie zuvor«, um die jüngste Veröffentlichung der FAO zu zitieren.[48] Es müssen jedoch einige andere in dieser Veröffentlichung erwähnte Bedingungen erfüllt sein, bevor ein solcher Durchbruch gelingen kann. Die wichtigsten sind, daß die neuen Saatgüter in Verbindung mit einer angemessenen Menge von Düngemitteln und Wasser verwendet werden, von Unkraut freigehalten werden, eine sorgfältige Pflege zum Schutz gegen Getreidepest und andere Pflanzenkrankheiten genießen – da die neue, auf weite Flächen eingesäte Saat gegenüber Pflanzenkrankheiten jeder Art empfindlicher sein kann[49] – und ganz allgemein ein entwickelter Stand der Landwirtschaft.[50] Zunächst kann das neue Saatgetreide nur dort eingesetzt werden, wo moderne Landwirte diesen Erfordernissen entsprechen. Jede weitere Verbreitung muß als sehr problematisch gelten und wird größeren Schwierigkeiten begegnen.

Meine Kritik richtet sich nun nicht in erster Linie dagegen, daß bis heute nicht sorgfältig untersucht worden ist, in welchem Umfange diese verschiedenen ergänzenden Faktoren erforderlich sind, um die Ausbreitung der neuen Saatsorten zu ermöglichen. Es war einfach zuwenig Zeit vorhanden, um solche Untersuchungen anzustellen. Der wirklich ernst zu nehmende Fehler in diesem Ausbruch von technokratischem Optimismus liegt vielmehr darin, daß die Verfügbarkeit der neuen Saatsorten die Flucht vor den notwendigen umfassenden Reformen des Grundbesitz- und Pachtsystems noch beschleunigt hat.

Bessere Saatkörner können gewiß kein Ersatz sein für Agrarreformen. Die stärkere Ausbreitung dieser Saatsorten und ihre Bedeutung für substantielle Ertragssteigerungen setzten gerade die Durchführung solcher Reformen voraus. In einer kürzlich erschienen Ausgabe des *Economic Bulletin for Asia and the Far East* unterstreicht ein Autor zunächst, daß »die Anwendung der modernen Technologie und neuer Saatsorten und die damit erforderliche neue landwirtschaftliche Betriebsführung in einer Anzahl asiatischer Länder die Voraussetzungen dafür schaffen, dem Zeitpunkt der Autarkie im Hinblick auf die Nahrungsversorgung wesentlich näher zu kommen«, und fügt dann hinzu: »Ob diese Hoffnungen sich erfüllen, hängt von der Effizienz der gesellschaftlichen Organisation ab, die den Farmern Motivationen für das positive Reagieren auf ökonomische Impulse liefert.«[51]

Die Verbreitung der neuen Saatsorten wird, gleich anderen verbesserten Techniken, ohne Agrarreform nicht sehr weit wirken. Ohne eine solche Reform wird das Vorhandensein der neuen Saatsorten den Charakter der anderen Reaktionskräfte annehmen, die die Ungleichheit innerhalb der ländlichen Bevölkerung in unterentwickelten Ländern verstärken (siehe Kapitel 13).

1965 gelang es einer Anzahl von liberalen Abgeordneten des amerikanischen Kongresses, die Aufnahme des sogenannten Titels IX in das Gesetz zur Unterstützung des Auslandes (Foreign Assistance Act) durchzusetzen, der die *Agency for International Development* anweist, ihren Einfluß geltend zu machen, um eine »maximale Beteiligung der Bevölkerung der Entwicklungsländer an der ökonomischen Entwicklung sicherzustellen, und zwar durch eine Förderung der demokratischen privaten und staatlichen Institutionen« im Interesse eines »beständigen ökonomischen und sozialen Fortschritts«.[52] Liest man die Protokolle der ständig wiederkehrenden Debatten des Kongresses über den Titel IX und ähnliche Erklärungen sowie die beträchtliche auf den Titel IX bezugnehmende Literatur, so ist man überrascht, daß man fast vergeblich sucht, um auch nur ein paar versteckte Anspielungen auf die Boden- und Pachtreform zu finden. Was die Landwirtschaft betrifft, konzentriert sich das Interesse statt dessen auf Kreditgenossenschaften, Gemeindeentwicklung und ähnliche institutionelle Reformen, die in Ermangelung einer Agrarreform zumeist den Bessergestellten genützt haben, auch wenn als Motivation der Aufschwung der Massen zugrunde gelegen hat.

Im Sommer 1968 wurde eine Konferenz abgehalten, die allein dem Problem der Ausführung des Titels IX gewidmet war, fünf Wochen ununterbrochen tagte und von vierzig Experten und einem Riesenstab von Sachverständigen besucht war.[53] Und wieder wurde kein Wort über Boden- und Pachtreform verloren, trotz der Tatsache, daß die Zielvorstellung des Titels IX so definiert ist: »Die Beteiligung der Bevölkerung... sollte neben die ökonomische Entwicklung treten, so daß beide als ein Säulenpaar das ausländische Hilfsprogramm abstützen.«[54]

Ich hege nicht den geringsten Zweifel, daß die liberalen Befürworter des Titels IX im amerikanischen Kongreß die in der Landwirtschaft der meisten unterentwickelten Länder vorherrschende stark ausgeprägte und noch wachsende Inegalität scharf verurteilen und eine Agrarreform begünstigen würden, wenn nicht das gegenwärtige politische Klima einen jeden dazu veranlaßt hätte, sich von diesem Ziel so völlig abzuwenden.

Einige Faktoren, die das erklären, habe ich schon erwähnt: das Gefühl, mit den Machthabern in den unterentwickelten Ländern kooperieren zu müssen, die verantwortlich sind für das Mißlingen fast aller Versuche einer Agrarreform; und natürlich der allgemeine Einfluß der einseitigen Nachkriegsmethode auf die Entwicklungsprobleme, die das Interesse von institutionellen Problemen ablenkte.

Sicherlich hat auch die gegenwärtige Euphorie der Technokraten in Washington und in vielen Forschungszentren etwas mit dem zu tun, das man vielleicht eine kompensatorische psychologische Reaktion nennen könnte. Die amerikanischen Experten sind natürlich ebenso wie der Autor dieses Buches niedergeschlagen angesichts der Tatsache, daß die Hilfe ihres Volkes an die unterentwickelten Länder einen absinkenden Trend hat (siehe Kapitel 11). Um die gewohnte Bereitwilligkeit der Amerikaner, sich an schwierige Probleme heranzumachen, nicht zu erschüttern, tritt dann die Versuchung ein, zu diesem Kummer ein Gegengewicht zu schaffen durch eine Überdosis an Optimismus in eine andere Richtung. In Kapitel 1 wurde bereits darauf hingewiesen, daß diese Art des systematischen Vorurteils für Amerika keine fremde oder ungewöhnliche Reaktion ist.

Die eklatanten Mißerfolge, die die unterentwickelten Länder mit der Agrarreform erlebten, könnten den Regierungen, Beamten und Experten in den entwickelten Ländern einen handfesten Grund dafür liefern, sich um eine solche Reform nicht mehr zu kümmern. In ihren Augen könnte die Agrarreform unter den gegebenen politischen Machtverhältnissen ein in den Brunnen gefallenes Kind sein.

Für eine solche Beurteilung spricht, wie ich gezeigt habe, mancherlei in der politischen Machtverteilung in den meisten unterentwickelten Ländern. Es ist jedoch nicht aufrichtig, eine solche defätistische Schlußfolgerung durch eine Rationalisierung in einen technokratischen Optimismus umzumünzen und die schwerwiegenden Gründe zu verschweigen, die einer stärkeren Ausbreitung des technologischen Fortschritts entgegenstehen, und auch die gleichermaßen ernsten Folgen zu verschweigen, die eine nur begrenzt mögliche Ausbreitung des technologischen Fortschritts auf die Vertiefung der inegalitären Abgründe innerhalb der ungeheuren landwirtschaftlichen Bevölkerungen in den unterentwickelten Ländern haben muß.

Etwas längerfristig betrachtet sollte man die weitere Frage stellen: *Welche Folgen hat dieser Typ einer »landwirtschaftlichen Revolution« auf die politische Stabilität in diesen Ländern?* (Auf dieses Problem werden wir in Kapitel 13 zurückkommen.)

Darüber hinaus sollte man die Frage stellen, ob die Gründe eines solchen Defätismus tatsächlich schlüssig sind. Es ist eine Tatsache, daß die Regierungen der entwickelten Länder, und besonders die Regierung der Vereinigten Staaten, auf die Regierung der unterentwickelten Länder einen Druck ausüben bezüglich ihrer Agrarpolitik. Ist es wirklich nötig, daß dieser Druck an der Frage der Egalität völlig vorbeigeht, die auch für die Produktivität von so großer Bedeutung ist? Eine der Folgen davon ist, daß alle liberalen Kräfte – ganz zu schweigen von den radikalen – in den unterentwickelten Ländern immer mehr Nahrung für ihre Überzeugung finden, daß die *entwickelten Länder, und besonders die Vereinigten Staaten, auf der Seite der politisch Reaktionären in ihren Heimatländern stehen.*

Jedenfalls haben die unabhängigen Wissenschaftler nicht das Recht, mit der Diplomatie ihrer Regierungen konform zu gehen. Es ist voll und ganz ihre Pflicht, ohne Scheuklappen zu arbeiten, nach einem vorurteilslosen Realismus zu streben und Kritik zu üben an der eigenen Regierung und an anderen Regierungen, wenn diese einem kurzsichtigen Opportunismus verfallen und die reaktionären Kräfte in den unterentwickelten Ländern stärken. Politischer Defätismus, ob nun in »Optimismus« oder in »Pessimismus« verkleidet, kann in einer objektiven Forschung nicht hingenommen werden (siehe Kapitel 1 und 2).

IV. Schlußbemerkungen

Ich hoffe, in diesem Kapitel einige Dinge klargelegt zu haben: (1) die für die Entwicklung maßgebliche Rolle einer Agrarreform gleich welcher Art, die den Verhältnissen und Gegebenheiten in den einzelnen unterentwickelten Ländern angepaßt und auf die Herstellung einer solchen Beziehung des Menschen zum Boden gerichtet ist, daß der Ackerbauer die Gelegenheit hat und sich angespornt fühlt, sich selbst mehr anzustrengen; (2) die Notwendigkeit einer solchen Neuorientierung aller anderen institutionellen Reformen – Förderung und Subventionierung der landwirtschaftlichen Extension und der Absatzmärkte sowie die Bereitstellung von Düngemitteln, Bewässerungsanlagen, Saatgütern, Maschinen und anderen landwirtschaftlichen Instrumenten –, daß sie der Masse der Bevölkerung nützen und nicht, wie es heute der Fall ist, die Kluft zwischen den Armen und Reichen nur noch vertiefen; und (3) die Bedeutung der Agrarreform für die Effektivität der anderen Reformen.

Alle diese Reformen im Interesse einer größeren Gleichheit sind auch eine Voraussetzung für die Ausbreitung der technologischen Fortschritte und für eine Steigerung der Arbeitsausnutzung und der Erträge.

Es bleibt noch ein wichtiger Punkt, daß nämlich *alle diese ungeheuren Reformen im Interesse einer größeren Gleichheit und eines rascheren Produktionsanstiegs von den unterentwickelten Ländern selbst durchgeführt werden müssen.* Sie müssen die Reformgesetze erlassen, die Verwaltung verbessern und die Ausführung sicherstellen.

Die Hauptverpflichtung der entwickelten Länder im Hinblick auf diese institutionellen Reformen liegt darin, *die mächtigen, althergebrachten Interessen der Privilegierten, die jene Reformen nur verzögert, vereitelt und hingehalten haben,* nicht noch zu stärken. Genau das haben wir in den letzten Jahren getan, indem wir sogar die Diskussion über die institutionellen Reformen mit einem Tabu versehen haben.

Dieses Tabu wird von den Wissenschaftlern der entwickelten ebenso wie der unterentwickelten Länder selbst immer sehr akzeptiert und beachtet. Mit vereinten Kräften wenden sie die einseitige Nachkriegsmethode an und erreichen dabei ein Stadium, das für den Fortschritt der unterentwickelten Länder eine zunehmende Gefahr bedeutet, weil sie damit die reaktionären Kräfte in diesen Ländern unterstützen. Das ist, worauf schon hingewiesen wurde, in gewissem Sinne ein Ausdruck des Neokolonialismus.

Was die entwickelten Länder ausrichten können und was sie in einem Ausmaß, das nunmehr gewaltig erweitert werden sollte, schon getan haben, ist zunächst eine *Konzentration ihrer Anstrengungen auf die Forschung.* Intensive und an Ort und Stelle durchgeführte Untersuchungen der physikalischen und biologischen Bedingungen der landwirtschaftlichen Produktion in tropischen und subtropischen Gebieten sollten in einem Ausmaß beschleunigt werden, das die unterentwickelten Länder weder finanziell noch personell zu bewältigen imstande sind. Die jüngsten Fortschritte in der Zucht ertragreicher und hochempfindlicher Saatsorten sind Beispiele dafür, was die Forschungshilfe der entwickelten Länder zustande bringen kann.

Solche Ergebnisse sollten jedoch nicht als Vorwand dafür dienen, vor der Notwendigkeit institutioneller Reformen davonzulaufen. Die Dringlichkeit dieser Reformen wird hierdurch sogar noch stärker.

Die entwickelten Länder müssen weiterhin die Verantwortung tragen für *Notstandshilfen, um eine Hungersnot in der unterentwickelten Welt zu vermeiden.* Die Getreidehilfen sollten eine Verpflichtung sein, die von allen entwickelten Ländern geteilt und innerhalb eines multilateralen *World Food Program* von den Vereinten Nationen gesteuert wird. Sie dürfen nicht davon abhängig sein, ob die Vereinigten Staaten zufällig einen Getreideüberschuß haben, den sie abstoßen wollen und der ihnen dann geeignet erscheint, in ihre Außenpolitik integriert zu werden unter dem

Motto »Brot für den Frieden«, das später umbenannt wurde in »Brot für die Freiheit«.

In einer Reihe von FAO-Untersuchungen ist gezeigt, und in der Praxis bis zu einem gewissen Grade erprobt worden, daß Getreidehilfen zu einem positiven Instrument zur Steigerung der Arbeitskraftausnutzung und der Produktion werden können. Kapitalhilfen können die Verfügbarkeit von Wasser, Düngemitteln und landwirtschaftlichen Geräten aller Art erhöhen. Es ist jedoch nicht übertrieben, wenn man betont, daß *die bei weitem wichtigsten Veränderungen von den unterentwickelten Ländern selbst induziert werden müssen* und daß die entscheidende Veränderung sich auf die institutionelle Struktur dieser Länder bezieht: die Verwirklichung eines höheren Maßes an Gleichheit und gleichzeitig eine höhere Boden- und Arbeitsproduktivität.

Kapitel 5
Die Bevölkerung[1]

I. Die Fakten

Während die meisten ökonomischen Termini wie »Volkseinkommen«[2] oder »Sozialprodukt« den Gegebenheiten in unterentwikkelten Ländern so inadäquat sind, daß sie in der wissenschaftlichen Analyse der ökonomischen Probleme nur mit größter Vorsicht zu verwenden oder, wie »Sparrate«[3], »Arbeitslosigkeit« und »Unterbeschäftigung«[4], überhaupt nicht zu gebrauchen sind, leiden die für eine Analyse der quantitativen Bevölkerungsprobleme verfügbaren Begriffe nicht unter solchen logischen Mängeln. Geburt, Tod, Bevölkerungsgröße, Alter und Aufteilung in Geschlechter, ja sogar Völkerwanderungen sind eindeutige Fakten der menschlichen biologischen Existenz.

Außerdem sind die Meßwerte dieser Bevölkerungsfaktoren in einem so einfachen und klaren logischen Mechanismus miteinander verbunden, daß man die Daten mit Hilfe von Gegenkontrollen korrigieren und auf diese Weise Fehler und falsche Zusammenhänge eliminieren kann. Der Altersaufbau z. B. kann an Hand früherer Geburts- und Todesdaten kontrolliert werden, und diese drei Daten können so gegeneinander abgestimmt werden, daß sie aussagefähiger sind.

Unsere Kenntnis der Bevölkerungsentwicklung wird jedoch von der Dürftigkeit und der mangelnden Verläßlichkeit der an Ort und Stelle aufgenommenen Daten und der hierauf basierenden Berechnungen eingeschränkt. Wenige unterentwickelte Länder verfügen über eine verläßliche Statistik auch nur der Bevölkerungsgröße. Und allgemein nimmt die Zuverlässigkeit der erhobenen Daten in dem Maße ab, wie sich die Erhebung differenziert von einer einfachen Volkszählung in einem Lande zu einer Zählung von einzelnen Bevölkerungsteilen in verschiedenen Gebieten und der Zählung der weiblichen und männlichen Bevölkerung in besonderen Altersgruppen und Landesteilen.

Die Überlegenheit des begrifflichen Instrumentariums für die Analyse der Bevölkerungsprobleme bezieht sich jedoch ausschließlich auf die formale Seite der Demographie. Sobald wir einen Schritt weitergehen und die Ursachen und Wirkungen der Entwicklung des einen oder des anderen Bevölkerungsfaktors untersuchen, stehen wir sofort einem Komplex sozialer und ökonomischer Bedingungen gegenüber, die nicht biologischer Natur sind. Und dann müssen wir wieder der Versuchung der Nachkriegsmethode widerstehen, um nicht die Analyse zu vereinfachen durch die Anwendung von Begriffen und Modellen, die unserer Analyse der Bedingungen und Entwicklungen in den entwickelten Ländern entstammen.

Die Kenntnis des heute als Bevölkerungsexplosion gekennzeichneten Phänomens ist noch recht jungen Datums. Noch vor 15 oder 20 Jahren war die Frage, ob und in welchem Sinne die unterentwickelten Länder mit dem Problem eines außergewöhnlichen Bevölkerungswachstums konfrontiert sind, ein Gegenstand der Kontroverse. Erst durch die Zählungen von 1960 wurde die Tatsache eindeutig bestätigt, daß die Bevölkerungen praktisch aller unterentwickelten Länder mit höheren jährlichen Zuwachsraten wuchsen, als vorher angenommen worden war. Diese Zuwachsrate bewegt sich in den meisten Ländern um 3 Prozent, in einigen ist sie noch höher.

Indiens erster Fünfjahresplan (1951–56) ging von einer angenommenen Bevölkerungsziffer von 12,5 Prozent in einem Jahrzehnt aus, das ist weniger als 1,25 Prozent im Jahr. Diese Annahme wurde auch im zweiten Fünfjahresplan (1956–61) beibehalten. Die Zählung von 1961 ergab eine Zuwachsrate von 21,5 Prozent für das Jahrzehnt von 1951 bis 1961, d. h. etwas mehr als 70 Prozent über den nur fünf Jahre vorher angenommenen Werten. Der dritte Fünfjahresplan (1961–66) ging dann von einem Bevölkerungszuwachs von 2,2 Prozent jährlich aus; 1961 jedoch sagte die Planungskommission eine Zuwachsrate von nicht weniger als 2,4 Prozent jährlich voraus. Spätere Voraussagen – soweit sie nicht mit raschen Erfolgen der politischen Bemühungen um die Verbreitung der Geburtenkontrolle rechnen – nennen noch weitaus höhere Zuwachsraten für die Zukunft.

Die Erfahrungen der meisten übrigen unterentwickelten Länder sehen ähnlich aus, wenn auch mit einigen Abweichungen auf der Zeitachse.

Der demographische Mechanismus dieser dramatischen Trendverlagerung in der Bevölkerungsentwicklung ist recht einfach. Die

Sterbeziffern sind in einem Ausmaß zurückgegangen, wie man es zuvor noch nie erlebt hatte, während die Geburtenziffern insgesamt gesehen auf dem sehr hohen Niveau stehenblieben, das vorgeherrscht zu haben scheint, solange es überhaupt verläßliche Schätzungen gibt. Der natürliche Zuwachs der Bevölkerung war daher gekennzeichnet durch einen plötzlichen und steil aufwärts gerichteten Trend, der den Rückgang der Mortalität hundertprozentig reflektierte.

Eine Erklärung hierfür ist nicht in irgendeiner Verbesserung des Lebensstandards der Masse der Bevölkerung zu finden, da dieser sich kaum geändert hat. Es gab auch keine Fortschritte in der Erziehung oder der Einstellung zur Hygiene, die sich auf die Morbidität und Mortalität hätten auswirken können.

Es wird allgemein angenommen, daß *die Ursache der rückläufigen Mortalität statt dessen in den großen Fortschritten der medizinischen Technologie zu finden ist,* die auf die jüngsten wissenschaftlichen Entdeckungen zurückzuführen sind. Diese neue »nichtkonventionelle« medizinische Technologie lieferte wirksame und sehr billige Präparate, mit denen man viele bisher tödliche Krankheiten heilen und vorbeugend behandeln konnte, und diese Mittel kamen in allen unterentwickelten Ländern sehr schnell zur Anwendung. Sie waren besonders wirksam zur Vorbeugung und manchmal auch zur Heilung vieler Infektionskrankheiten, die in den entwickelten Ländern dank der »konventionellen« Medizin schon fast ausgestorben waren, während sie in den unterentwickelten Ländern dem Leben noch einen sehr hohen Tribut abforderten.

Weitere Fortschritte sind zu erwarten. Die echten Mortalitätsziffern, wie sie sich z. B. in der Lebenserwartung zur Zeit der Geburt widerspiegeln, sind immer noch wesentlich höher als in entwickelten Ländern, obgleich die rohen Geburtenziffern sehr oft auf ein vergleichbares Niveau gesunken sind infolge der stärkeren Konzentration der Bevölkerungen in jüngeren Altersgruppen.

Nach der erfolgreichen Bekämpfung der Malaria und mit Hilfe ähnlicher öffentlicher Kampagnen zur Förderung der Gesundheit wird der Fortschritt sich langsamer entwickeln. Um andere Krankheiten unter Kontrolle zu bringen, ist eine stärkere aktive Beteiligung der Bevölkerung erforderlich. Der große Mangel an medizinisch vorgebildetem Personal, medizinischen Geräten, Kliniken und Krankenhäusern muß erst überwunden werden, und das kostet Zeit und Geld. Die Versorgung mit sauberem Wasser, die Einrichtung eines Kanalsystems und die Drainage erfordern hohe Investitionen.

Diese Anstrengungen und ein höheres Maß persönlicher Hygiene sind besonders wichtig für die Bekämpfung der Kindersterblichkeit. Es sollte vielleicht darauf hingewiesen werden, daß – entgegen der sehr oft aufgrund einer falschen Analogie zur jüngsten Entwicklung in den entwickelten Ländern gemachten Annahme – die Rückläufigkeit der Mortalität in der Regel nicht speziell für Kinder festgestellt worden ist.

Eine Untersuchung der verschiedenen die Fertilität determinierenden Faktoren – darunter bessere Gesundheitsbedingungen der Frauen in gebärfähigem Alter – scheint mehr auf einen Anstieg der Fertilität hinzuweisen, wenn nicht eine stärkere Ausbreitung der Kontrazeptionsmittel gewährleistet wird. Und eine Untersuchung der Fertilitätsunterschiede innerhalb der einzelnen Länder Südasiens wie auch andere Indikatoren lassen den Schluß zu, daß die Aussicht eines beträchtlichen Rückganges der Fertilität, der auf eine natürliche Ausbreitung der Geburtenkontrolle zurückzuführen wäre, nur sehr gering ist. Diese aus der Untersuchung eines Gebietes gewonnenen Schlußfolgerungen können wahrscheinlich verallgemeinert und für die meisten Länder der unterentwickelten Welt als gültig bezeichnet werden.

Es muß betont werden, daß *der Rückgang der Mortalität weitgehend »autonom« ist,* in dem speziellen Sinne, daß diese Entwicklung nicht einhergeht mit irgendeinem vorher stattgefundenen oder gleichzeitigen Anstieg des Einkommens und des Lebensstandards, oder mit irgendeiner anderen Veränderung der Lebensbedingungen, außer mit der neuen medizinischen Technologie und deren Anwendung. Die hohe Fertilitätsrate ist ebenso »autonom«, im gleichen Sinne. Da es an entsprechenden politischen Maßnahmen zur Ausbreitung der Geburtenkontrolle innerhalb der Bevölkerung fehlt, wird die Fertilität auf diesem hohen Stand verbleiben.

An dieser Stelle halten uns die Demographen entgegen, daß auf lange Sicht die Todes- und Geburtsfälle sich wieder einem Gleichgewicht nähern werden. Wenn die Fertilität nicht der neuen, niedrigeren Mortalitätsrate angepaßt werden kann, muß die Mortalität irgendwann in der Zukunft wieder ansteigen. Diese These wird manchmal als einfache Schlußfolgerung der demographischen

Logik vorgetragen. Sie geht jedoch von einer Annahme aus, die wir jetzt diskutieren wollen; daß nämlich der gegenwärtige Bevölkerungstrend, wenn er nicht in die umgekehrte Richtung umschlägt, die Entwicklungsanstrengungen zwangsläufig vereiteln und schließlich zu einer progressiven Verringerung der Einkommen und einem Absinken des Lebensstandards führen wird. Von einem bestimmten Zeitpunkt an wird die Mortalität im Verhältnis zum Lebensstandard nicht länger »autonom« sein. Die Malthusianischen »Gespenster« – im besonderen Hungersnöte und Krankheiten – werden sich progressiv auswirken. Die Anwendung der modernen Medizin wird also nichts anderes vollbracht haben, als auf radikale Weise den Lebensstandard auf ein Niveau zu senken, wo die Malthusianischen »Gespenster« ihre Häupter zu schütteln beginnen; anders gesagt, sie wird diese »Gespenster« gebannt haben außer im Hinblick auf Einkommenshöhe und Lebensstandard, die sogar viel niedriger sein werden, als sie es zu sein pflegen.

Eine Folgeerscheinung des gegenwärtigen autonomen Charakters der Mortalität ist darin zu sehen, daß die Mortalitätsstatistik ein unzulänglicher Maßstab der Morbidität und der allgemeinen gesundheitlichen Situation in einem Lande wird, also untauglich für den Zweck, dem sie gewöhnlich dient. Selbst abgesehen von allen nicht tödlichen Krankheiten und debilen Zuständen kann man sich vorstellen, daß ein großer Teil der Bevölkerung die ganze Zeit oder die meiste Zeit krank oder zumindest sehr schwach sein kann, obgleich die Mortalitätsziffern rückläufig sind und die Lebenserwartung eine steigende Tendenz aufweist. Man kann sich sogar vorstellen, daß die Menschen länger leben, nur um in einem stärkeren Maße als vorher unter debilen Bedingungen und mangelhafter Gesundheit zu leiden.

Bevor wir weitergehen, müssen wir eine strikte Wertprämisse für unsere Untersuchung formulieren: *Jeder Versuch zur Eindämmung des Bevölkerungswachstums muß sich auf den Fertilitätsfaktor beschränken.* Eine hohe Mortalitätsziffer wohlgefällig zu betrachten oder auch nur zu tolerieren, weil sie das Bevölkerungswachstum eindämmt, ist schlechthin untragbar. Diese Wertprämisse wird hier als das dargestellt, was sie ist: ein moralischer Imperativ der Bevölkerungspolitik. Sie hat auch ein utilitaristisches Fundament: Schlechte Gesundheit und früher Tod verursachen nicht nur menschliches Unglück, sondern auch Kosten.

Schlechte Gesundheit gehört zu den Ursachen der niedrigen Arbeitskraftausnutzung, da sie die Menschen in den unterentwickelten Ländern davon abhält, so viel, so hart und so gut zu arbeiten, wie sie fähig und bereit wären, wenn sie gesund wären.

Der Rückgang der Mortalität wirkt sich allerdings zum Teil auch auf eine Erhöhung des Bevölkerungswachstums aus. Es wird allgemein angenommen, daß die hohe Säuglingssterblichkeit einer der Faktoren ist, die eine unverändert hohe Fertilität bedingen. Wenn mehr Kinder überleben, wären die Eltern weniger bereit, noch mehr Kinder in die Welt zu setzen.

Wie alle kategorischen Normen der öffentlichen Ethik wird dieser moralische Imperativ dazu neigen, sich mehr in Richtung eines relativistischen Gebotes zu bewegen, wenn seine Erfüllung ein Konkurrieren um knappe Mittel bedeutet. Aber das ändert nichts daran, daß das Vorbeugen gegen und Heilen von Krankheiten auf etwas längere Sicht in den unterentwickelten Ländern ein politisches Ziel von zunehmender Bedeutung darstellt. Und die internationale Gemeinschaft, in diesem Falle repräsentiert durch die Weltgesundheitsorganisation, wird fortfahren, in diesem Sinne zu wirken.

Die ethische Norm der Erhaltung des Lebens ist in jedem Falle stark genug, daß die Formulierung einer Bevölkerungspolitik auf der Basis steigender Sterbeziffern nicht zur Frage stehen kann. Wenn wir uns jetzt der Diskussion der ökonomischen Effekte der Bevölkerungsentwicklung zuwenden, geht es allein um diese Effekte, wie sie differieren, wenn die Fertilität differiert, während wir die Mortalität als konstant unterstellen oder vielmehr außerhalb der Analyse lassen.

Zunächst müssen wir reinen Tisch machen und einige der Methoden zurückweisen, die gewöhnlich angewendet werden, wenn es um die Behandlung der ökonomischen Effekte der Bevölkerungsentwicklung geht.

Eines der Modelle, das sowohl in der wissenschaftlichen als auch in der nichtwissenschaftlichen Literatur sehr häufig wiederkehrt und das eine glatte Anwendung der Nachkriegsmethode darstellt, operiert mit den Begriffen Investition, Produktion und Kapitalkoeffizienz, wobei Investition in der Regel als Sachinvestition verstanden wird. Es beansprucht für sich, auf einfache Art und Weise den ungünstigen Effekt einer Bevölkerungszunahme zu zeigen und ihn sogar zu messen im Sinne der – wie sie manchmal bezeichnet wird – reinen »demographischen Investition«, die erforderlich ist, um ein Absinken der Durchschnittseinkommen zu verhindern. Mit geringfügigen Variationen in den Zahlenwerten wird das in dieser Standardform ausgedrückt:

Wenn die Bevölkerung um 2 Prozent jährlich zunimmt und wenn der marginale Kapitalkoeffizient 3 zu 1 ist, müssen 6 Prozent des Volkseinkommens jährlich gespart und investiert werden, um das gegenwärtige Pro-Kopf-Einkommensniveau zu erhalten. Wenn man dann das Pro-Kopf-Einkommen um 2 Prozent jährlich steigern will, müssen weitere 6 Prozent des Volkseinkommens gespart und investiert werden.

Diese Art der mechanistischen und schematischen Analyse erweckt den Anschein gesicherten Wissens, wo keines vorhanden ist, und verleiht diesem angeblichen Wissen den falschen Schein der Präzision. Da eine solche Beweisführung typisch ist für so viele andere Anwendungen der Nachkriegsmethode, möchte ich speziell auf *Asian Drama* (Appendix 7, S. 2066) verweisen, wo die implizierten logischen und faktischen Fehler herausgestellt sind.

Von grundlegender Bedeutung für unsere Analyse der ökonomischen Konsequenzen des Bevölkerungstrends ist die in einer klassischen Arbeit von Ansley J. Coale und Edgar M. Hoover[5] dargestellte Tatsache, daß ein Absinken der Fertilitätsziffer fast eine Generation lang keinen substantiellen Einfluß auf die Arbeitskraft in unterentwickelten Ländern haben würde. Ihr Einfluß auf die Zahl der Konsumenten wäre allerdings unmittelbar.[6] Es müßten weniger Kinder unterhalten werden. Wenn die niedrige Fertilität unverändert bliebe, würde sich diese Verringerung der Belastung fortsetzen, bis die Kinder allmählich das arbeitsfähige Alter erreichen. Der Rückgang des Anteils der Kinder in der Bevölkerung wäre progressiv, wenn das Absinken der Fertilitätsrate schrittweise intensiviert würde. Nach zwei Jahrzehnten, wenn die dezimierten Altersgruppen das Jünglingsalter erreicht hätten, würde auch ein relatives Absinken der Bevölkerung in den reproduzierfähigen Altersklassen einsetzen. Noch später, wenn die Fertilität sich auf einem niedrigeren Niveau als dem gegenwärtigen stabilisiert hätte, würde auch der Altersaufbau tendenziell stabiler werden – bei einem niedrigeren Anteil der abhängigen Altersklassen als dem gegenwärtigen sehr hohen.

Diese *Veränderung im Altersaufbau der Bevölkerung ist der Hauptgrund, warum ein Rückgang der Fertilität ein Volk weniger arm macht.* Das Pro-Kopf-Einkommen würde steigen. Ein Sekundäreffekt des höheren Konsumniveaus wäre eine Steigerung der Arbeitsproduktivität aufgrund eines höheren Arbeitseinsatzes und einer höheren Arbeitseffizienz. Dieser Effekt wäre am stärksten akzentuiert in den ärmsten Ländern und in den ärmsten Teilen aller unterentwickelten Länder, wo das niedrige Niveau der Ernährung, der Gesundheit und der Erziehungseinrichtungen die Arbeitsteilnahme, die Arbeitsdauer und -effizienz mehr als anderswo herabsetzt.

Darüber hinaus könnte bei progressiv steigendem Pro-Kopf-Einkommen mehr gespart und mehr direkt investiert werden, und der Staat könnte mit Hilfe der Besteuerung und anderer Mittel mehr herauspumpen (»Zwangssparen«). Beide Sparformen würden, nach einer geringen Verzögerung zu Anfang, das Pro-Kopf-Einkommen weiter erhöhen, und diese Effekte hätten eine kumulative Wirkung ähnlich jenen, die auf den Anstieg des Pro-Kopf-Einkommens infolge niedriger Fertilität zurückzuführen waren.

Die andere Kausallinie läuft über die veränderte Größe der Arbeitskraft. Wir müssen eine brutale Tatsache, auf die wir schon angespielt haben, ins Auge fassen: Diejenigen, die in 15 oder 20 Jahren im arbeitsfähigen Alter sein werden, sind schon geboren oder werden bald geboren. Wie realistische Berechnungen zeigen, wird sich ein jetzt einsetzender Rückgang der Fertilität noch lange Zeit nicht auf den Umfang der Arbeitskraft auswirken. *Bis zum Ende dieses Jahrhunderts wird die Arbeitskraft in den unterentwickelten Ländern weiterhin um rund 2 oder 3 Prozent jährlich steigen* und damit ein Spiegelbild der gegenwärtigen und der früheren Fertilitätsrate sein. Die Konsequenzen, die sich aus diesem fortgesetzten Anstieg der Arbeitskraft für Politik und Planung ergeben und sich nicht abwenden lassen, sind in Kapitel 4 diskutiert worden. In den meisten unterentwickelten Ländern kann man nicht ernstlich damit rechnen, daß die Industrie in den nächsten Jahrzehnten, einer Periode, die in einer realistischen Planung überschaubar ist, einen größeren Anteil der Arbeitskraft aufnimmt als gegenwärtig.

Da ein weiteres Ansteigen der nicht voll ausgenutzten Arbeitskräfte im tertiären Sektor in den Städten nicht wünschenswert ist und auch irgendwo auf eine Grenze stößt, steht eine tatsächliche Abnahme des Umfangs der landwirtschaftlichen Arbeitskraft außer Frage, ebenso auch eine Stabilisierung auf höherem Niveau. Unter diesen Umständen muß das Ziel der Landwirtschaftspolitik auf eine Erhöhung der Arbeitskraftausnutzung gerichtet sein, während gleichzeitig die Arbeitskraft rapide zunimmt. Die Hauptschwierigkeit in dieser Entwicklung sind die institutionellen Bedingungen, besonders im Hinblick auf den Grundbesitz und das Pachtsystem, die durch die politische Machtsituation in den unterentwickelten Ländern noch gestärkt werden. Wir sollten uns hier daran erinnern, daß ein Rückgang der Fertilität sich unmittelbar in einer Erhöhung der Durchschnittseinkommen und des Lebensstandards auswirken würde; dieser Fertilitätsrückgang würde auch auf mannigfache Weise dazu beitragen, die Ausnutzung der Arbeitskraft und der Produktivität zu steigern. Damit würde verhindert, daß der fortgesetzte Anstieg der Arbeitskräfte ungünstige Auswirkungen auf die Ausnutzung der Arbeitskraft und die Produktivität hat. Aus diesem Grunde ist es dringend notwendig, so schnell und so effektiv wie möglich Maßnahmen zur Ausbreitung der Geburtenkontrolle zu ergreifen. Weitere Gründe sind die Vorteile, die mit einer Herabsetzung sowohl der Reproduktionspotenzen als auch der gegebenen Zuwachsrate der Arbeitskraft während der nächsten Generation verbunden sind. Das kann nur erreicht werden, wenn die Fertilität jetzt eingedämmt wird.

II. Der politische Aspekt

Die Erfahrungen der entwickelten Länder können nicht sehr relevant sein für die Beurteilung dessen, was sich im Hinblick auf die Fertilität ereignen mag oder welche politischen Maßnahmen in der unterentwickelten Welt heute ergriffen werden sollten.

In den entwickelten Ländern breiten sich die Mittel zur Geburtenregelung sogar innerhalb der breiten Bevölkerung selbst aus. Das wäre nicht möglich, wenn nicht der Lebensstandard, die formale Bildung und die Rationalität der Verhaltensweisen eine höhere Stufe erreicht hätten als die, auf der die unterentwickelten Länder heute stehen, und eine höhere Stufe auch, als man es für die unterentwickelten Länder innerhalb einer überschaubaren Frist erwarten kann. Tatsächlich wird ohne eine Ausbreitung der Geburtenregelung der Anstieg des Lebensstandards und der gesamten Modernisierung ernsthaft verzögert.

Soweit die Überlieferung reicht, haben wir noch nie erlebt, daß eine Geburtenregelung sich innerhalb einer überwiegend ländlichen, traditionsgebundenen, analphabetischen und sehr armen Bevölkerung stark ausgebreitet hätte. *Die ungeheure Aufgabe, vor der die unterentwickelten Länder heute stehen, ist ebenso ohne Beispiel in der Welt, wie es der rasche Rückgang der Mortalität und die daraus folgenden Bevölkerungsexplosionen gewesen sind.*

Eine solche Aufgabe sollte nicht kurzerhand als unmöglich abgetan werden, denn die mit der Frage der Geburtenregelung konfrontierten unterentwickelten Länder können in ihrer Anfangssituation gegenüber den heute entwickelten Ländern, als diese in eine ähnliche Bewegung eintraten, zwei wichtige Vorteile nutzen.

Zunächst einmal *können die unterentwickelten Länder die Ausbreitung der Geburtenkontrollen zu einer öffentlichen Angelegenheit machen.*

In den entwickelten Ländern mußten die Praktiken der Geburtenkontrollen von der »privaten Initiative« in den einzelnen Familien, um nicht zu sagen durch »subversive Tätigkeit« verbreitet werden, da diese Veränderungen in den Gewohnheiten der Bevölkerung auf den einmütigen Widerstand der politischen Instanzen und der gesamten Kräfte einer organisierten Gesellschaft stießen, wie sie in der Kirche, der Verwaltung, der Schule, der Presse, dem Ärztestand und der Gesetzgebung wirksam sind.

Der zweite Vorteil der unterentwickelten Länder von heute liegt darin, daß *sie von Anfang an Kontrazeptionsmittel verteilen können.* Als sich die Geburtenkontrolle im Westen auf freiwilliger Basis verbreitete, wurde eine Konzeption hauptsächlich durch *coitus interruptus* verhindert – und das war wahrscheinlich auch in den europäischen kommunistischen Ländern der Fall. Die Gesetzgebung in allen westlichen Ländern war darauf gerichtet, die Verfügbarkeit und den Verkauf von technischen Kontrazeptionsmitteln zu verhindern. In einigen dieser Länder sind solche Gesetze immer noch Bestandteile des geltenden Rechts. Intensiven Forschungsanstrengungen ist es zuzuschreiben, daß *der Technologie der Geburtenregelung ein wirklicher Durchbruch gelungen ist.*

Die intrauterinen Mittel (IUM), die Pille und die Spritze, die eine Konzeption für eine bestimmte Zeit verhindern, sind längst verfügbar. Die Erfindung von Pillen und Spritzen, die über einen längeren Zeitraum wirksam sind, ist bereits erfolgt. Die Entwicklung eines Mittels, das eine Sterilisierung rückgängig macht, wodurch deren Anwendbarkeit und Verbreitung erhöht würde, ist ebenso im Gange.

Die neue kontrazeptive Technologie ist zweifellos von größter Bedeutung für eine Politik, die auf die Ausbreitung der Geburtenregelung innerhalb der Masse der Bevölkerung zielt. Es sollte jedoch klar sein, daß besonders heute, wo die entwickelten Länder des Westens als glühende Verfechter einer solchen Politik für unterentwickelte Länder auftreten, *es niemals möglich sein wird, dort eine kontrazeptive Technik zu empfehlen und anzuwenden, die in den entwickelten Ländern nicht anerkannt und angewendet wird.* Es wird in einem unterentwickelten Land immer nationalistische Intellektuelle geben, die dann dagegen protestieren würden, daß ihr Volk als Versuchskaninchen verwendet wird. Alle Träume von einer radikalen Senkung der Fertilität z. B. durch Chemikalien im Trinkwasser müssen endgültig aufgegeben werden, weil sie nicht nur inhuman, sondern auch illusorisch sind.

Die Bevölkerungsexplosion war bei weitem die bedeutendste soziale und ökonomische Veränderung der letzten Jahrzehnte in den unterentwickelten Ländern, weit bedeutender als jede bisher praktizierte Politik oder Planung. In den kommenden Jahrzehnten wird die politisch gesteuerte Ausbreitung der Geburtenkontrolle mit Hilfe der neuen Technologie eine Veränderung von gleichrangiger Bedeutung sein.

Die Schwierigkeiten sollten jedoch nicht unterschätzt werden. Innerhalb der Regierungen und in einem weiteren Rahmen innerhalb der Gebildeten der Oberklasse, die einen Einfluß auf die Innenpolitik ausüben, sind in den unterentwickelten Ländern *Kräfte vorhanden, die eine staatlich gelenkte Ausbreitung der Geburtenregelung verhindern wollen und ganz besonders dagegen sind, daß diese staatliche Lenkung mit Nachdruck betrieben wird.* Einige dieser Widerstände sind religiöser Provenienz. Wenn auch, wie allgemein festzustellen ist, die Schriften der großen asiatischen Religionen Hinduismus, Buddhismus und Islam keine expliziten und eindeutig formulierten Vorschriften gegen Geburtenregelung enthalten, sind doch die Priester und religiösen Führer anfällig dafür, in Praktiken, die mit künstlichen Mitteln auf eine Befreiung des Menschen von seinem vorgeschriebenen Schicksal zielen, Unheil zu wittern, sie sogar als sündhaft zu empfinden.

Offiziell besteht die katholische Kirche natürlich weiterhin auf ihrem Verbot einer Geburtenregelung mit technischen Mitteln, und dieses Verbot ist bis vor einigen Jahrzehnten von den protestantischen Kirchen sogar noch strenger verfochten worden. Die Ansicht der Kirchen ist für die Regierungen in Lateinamerika und auf den Philippinen von großer Bedeutung. Die Kommunisten verfolgten dieselbe Linie, wenn sie auch stärker als die Katholiken betonten, daß eine Geburtenregelung nicht erforderlich ist, wenn eine bestimmte Entwicklungspolitik ausgeführt wird.

Daß nun in den vergangenen Jahren der Widerstand der Kommunisten und Katholiken gegen Geburtenregelung so rasch zusammengeschmolzen ist, hängt zweifellos ursächlich mit der Tatsache zusammen, daß sie sich trotz der amtlichen Zensur durch die Behörden in den eigenen Reihen in den entwickelten Ländern rasch ausbreitete. Zugleich haben die in den letzten Jahren enthüllte Bevölkerungsexplosion in den unterentwickelten Ländern und die klar erkannte Notwendigkeit, die Geburtsraten in diesen Ländern zu senken, um eine beständige ökonomische Entwicklung zu ermöglichen, ein Verharren in ablehnender Haltung gegenüber der Geburtenregelung für Kommunisten wie für Katholiken und alle anderen religiösen Gruppen unmöglich gemacht.

Es gibt noch viele andere Hindernisse, die eine Regierung zögern lassen, eine Politik der Ausbreitung der Geburtenregelung nachdrücklich zu verfolgen. *Einige dieser Hindernisse liegen in der Natur falscher oder übertriebener Vorstellungen von den Fakten.* In Ländern mit einer niedrigen Bevölkerungsdichte, wie in Indonesien und in den meisten afrikanischen und lateinamerikanischen Staaten, wird fortgesetzt behauptet, daß sie kein Bevölkerungsproblem haben, daß sie sogar eine hohe Geburtenziffer brauchen, um sich entwickeln zu können. Sie vergessen dann oft, was es kostet, die Menschen anzusiedeln und ihnen eine Beschäftigung zu verschaffen, und wie lange das in der Regel dauert. Und sie vergessen den Effekt einer niedrigeren Fertilität im Hinblick auf eine unmittelbar einsetzende Steigerung des gesamten ökonomischen Niveaus, die wir als den Haupteffekt der Ausbreitung der Geburtenregelung charakterisiert haben.

Eine Überzeugung – die freilich nicht jeder Grundlage entbehrt –

läuft darauf hinaus, es sei sehr schwer, wenn nicht gar unmöglich, das Verhalten der Menschen in einer so privaten Sphäre, wie ihr Sexualverhalten es ist, zu beeinflussen, besonders wenn es sich um arme, analphabetische und traditionsgebundene Menschen handelt. Der Fehlschlag der Politik der Familienplanung in Indien in den ersten drei Fünfjahresplänen, die keine fühlbare Auswirkung auf die Fertilität hatten, führt zu dieser Folgerung. Um nicht einem schieren Defätismus anheimzufallen, verbindet sie sich oft mit der illusionären Vorstellung, die Geburtenregelung werde sich von selbst ausbreiten von dem Augenblick an, wo der Lebensstandard zu steigen beginnt.

Man sollte jedoch daran denken, daß die Flucht in opportunistische und falsche Überzeugungen sehr verlockend sein muß, besonders in unterentwickelten Ländern. Ihre Regierungen sind belastet mit allen Arten von drückenden politischen Sorgen. Sie operieren in einer nicht abreißenden Krise, wie in der Tat alle Regierungen, wenn auch jene der unterentwickelten Länder in einem stärkeren Ausmaß.

Selbst angenommen, daß die Regierung eines unterentwickelten Landes alle Widerstände überwindet und sich zu einer durchgreifenden Politik zur Ausbreitung der Geburtenregelung bekennt, *stößt diese Politik auf sehr große Hindernisse bei der Masse.* Die Regierung wird versuchen müssen, Millionen von Ehepaaren zu veranlassen, ihr höchst intimes Sexualverhalten zu ändern. Ihre Motivation im Hinblick auf das Gebären von Kindern muß im Sinne einer rationalen Zweckmäßigkeit, also radikal geändert werden. Und die neuen Motivationen müssen ihr Verhalten wirksam unter Kontrolle halten, nicht nur bei einer einzelnen Gelegenheit, sondern nach einem beständigen Verhaltensmuster.

Und das muß sich in Bevölkerungen zutragen, die sehr arm sind, ganz oder halb analphabetisch, sehr oft mit geschädigter Gesundheit und verminderter Kraft, meistens in statischen, traditionsgebundenen und stagnierenden Gemeinschaften lebend, deren soziale und ökonomische Struktur inegalitär und starr ist, alles in allem eine Brutstätte des Fatalismus und der Apathie. Die Politik der Geburtenregelung muß, um den gewünschten Effekt zu erzielen, die Masse der Bevölkerung erreichen.

Während der Zeit des Zögerns und Experimentierens im Hinblick auf die Bevölkerungspolitik sind viele Untersuchungen über die

Empfänglichkeit der Menschen für die Botschaft der Geburtenregelung in verschiedenen Teilen der unterentwickelten Welt durchgeführt worden, besonders in Südasien, oft von Kommissionen aus
dem Westen oder mit ihrer Beteiligung. Diese Untersuchungen
sind nicht ganz schlüssig. Aber der allgemeine Eindruck, den sie
vermitteln, ist der, daß weitgehend eine anfängliche Sympathie-
haltung gegenüber der Geburtenregelung besteht, die den vagen
Wunsch nach einer Begrenzung der Anzahl der Geburten reflektiert. Eine positive und entschlossene Willenshaltung, die stark genug wäre, die erforderliche Anstrengung zur Vermeidung einer
neuen Schwangerschaft zu motivieren und diese Verhaltensweise
auf Dauer zu stellen, folgt in der Regel nicht.
In dieser Ambivalenz liegt der wesentliche Unterschied zwischen
der Situation in unterentwickelten Ländern heute und derjenigen
in den entwickelten Ländern zu der Zeit, als die Geburtenregelung
sich dort auszubreiten begann. Und diese Ambivalenz muß von der
Politik überwunden werden. Das wird natürlich erleichtert durch
die IUM, und es wird noch einfacher werden mit Hilfe der Pille und
der Spritze, wenn diese erst für einen größeren Zeitabschnitt wirksam werden, so daß *eine* Entscheidung genügt, um für diese Zeit
eine Konzeption zu verhindern.

Die Regierung eines unterentwickelten Landes muß Ungeheures
vollbringen, wenn sie die Geburtenregelung durchsetzen will.
Zunächst muß sie erkennen, welch überragende Bedeutung die
Herabsetzung der Fertilität für ihre Entwicklungsplanung hat, muß
die oben beschriebenen Hindernisse überwinden und *einen festen
Beschluß fassen, in Aktion zu treten mit einer durchgreifenden Politik zur Ausbreitung der Geburtenregelung.*
Von den Ländern in Südasien kann man sagen, daß sie heute entweder diesen Beschluß gefaßt haben oder daß sie auf dem Wege
sind, es zu tun. In Westasien, Lateinamerika und Afrika haben nur
sehr wenige Länder den Stand erreicht, daß ihre Regierungen sich
endgültig entschieden und einen festen Beschluß gefaßt hätten,
obgleich in den meisten dieser Länder private Organisationen aktiv
sind, manchmal mit einem gewissen Maß staatlicher Anerkennung
und Unterstützung.[7]
Zweitens muß die Regierung, um den einmal gefaßten Beschluß in
die Tat umzusetzen, *einen administrativen Apparat für diesen
Zweck einrichten.* Der richtige Weg ist weit von der Bürokratie in

der Hauptstadt zu den einzelnen Familien in den Dörfern oder in den städtischen Slums. Das gilt zumal für große Länder wie Indien und Pakistan, was gerade wegen ihrer Bevölkerungsdichte so schwer wiegt.

Besonders auf der unteren Ebene ist die Administration nicht die starke Seite der unterentwickelten Länder, die alle »schwache Staaten« sind (siehe Kapitel 7). Wenn, wie in Indien und Pakistan, das Ziel der Herabsetzung der Fertilität nicht erreicht werden konnte, dann ist das oft der Tatsache zuzuschreiben, daß der administrative Apparat unterwegs steckengeblieben ist.

Drittens (und impliziert von dem zweiten Erfordernis eines ausreichenden und wirksamen administrativen Apparates) muß *ein großer Stab von Medizinern und von medizinisch vorgebildetem Personal in Dienst genommen werden.* Aus manchen Gründen müssen viele seiner Mitglieder weiblichen Geschlechts sein. Und sie müssen regelmäßig die Sprache des Volkes sprechen, was in einem Lande wie Indien mit vielen Sprachen heißt, daß sie fast alle gebräuchlichen Sprachen sprechen müssen.

Diesem dritten Erfordernis zu entsprechen, wird besonders schwierig sein, da solches Personal in unterentwickelten Ländern äußerst knapp ist und dringend benötigt wird für die regulären Dienste der ärztlichen Behandlungen und der öffentlichen Gesundheit. Viele von ihnen, besonders die Ärzte, konzentrieren sich in den Städten, behandeln nur die Krankheiten der städtischen Oberklasse und sind – gleich allen anderen – sehr schwer dazu zu bewegen, in die Dörfer zu gehen. Der Mangel an medizinischem Personal ist ein besonderes Hindernis, wenn man sich auf die Sterilisierung oder gar auf die Einführung von IUM stützen will.

Jüngsten Berichten aus vielen unterentwickelten Ländern zufolge ist die Retentionsrate der IUM niedriger als erwartet. Die Ursache hierfür liegt darin, daß man ihrer Anwendung nicht genügend Aufmerksamkeit gewidmet und noch weniger auf die möglichen nachteiligen Folgen in vielleicht einem Viertel der Fälle (Blutungen, Krämpfe oder Rückenschmerzen) hingewiesen hat. Jeder Fall dieser Art trägt dazu bei, den Gerüchten über die Gefährlichkeit von IUM Nahrung zu liefern.

Alle, die es angeht, sollten sich darüber im klaren sein, daß der Beitrag, den die entwickelten Länder für die Durchführung der Programme zur Geburtenregelung in unterentwickelten Ländern leisten können, sei es unilateral oder über zwischenstaatliche Organisationen, relativ begrenzt ist.

Der wichtigste Posten war und bleibt die Forschung, insbesondere die Forschung, die auf die Perfektionierung der verfügbaren Techniken zur Geburtenregelung gerichtet ist. Demographische und ökonomische Untersuchungen sind gleichfalls wichtig, vor allem zur Aufklärung der Öffentlichkeit und zur Überwindung der Widerstände, die in den Regierungen der unterentwickelten Länder der Erkenntnis der Dringlichkeit einer entschlossenen Bevölkerungspolitik entgegenstehen.

Die schwierige Aufgabe, einen administrativen Apparat aufzubauen, der erforderlich ist, um die Entscheidung für die Ausbreitung der Geburtenregelung bei der Masse der Bevölkerung in die Tat umzusetzen, muß notwendigerweise der Verantwortung dieser Länder selbst obliegen. Es gibt natürlich einige Länder, denen fachmännische Ratschläge in dieser Frage nützlich sein könnten. Nachdem ich aber so viele sinnlose und sogar bedauernswerte Ergebnisse dieser Art der Beratung gesehen habe, die oft ohne gründliche Kenntnis der spezifischen und sehr unterschiedlichen Bedingungen in diesen Ländern erteilt wurde, möchte ich den Regierungen dringend raten, mit der Erteilung von Ratschlägen vorsichtig zu sein.

Die entwickelten Länder können Kontrazeptionsmittel unentgeltlich zur Verfügung stellen – und das wird heute auch auf ziemlich breiter Basis so gehandhabt. Aber diese Mittel sind sehr billig, und viele Länder können sie selbst herstellen. Wenn wir dann noch Jeeps, medizinische Instrumente etc. als Hilfsposten hinzufügen, haben wir die Liste zu Ende gebracht.

Der wirklich große Beitrag der entwickelten Länder liegt in der Erforschung der neuen Technologie zur Geburtenregelung, die in vollem Gange ist und fortgesetzt wird.

Wenn ich herausgestellt habe, wie relativ wenig die entwickelten Länder leisten können – ausgenommen im Bereich der Forschung, durch Aufklärung der Öffentlichkeit und durch Druck auf die Regierungen der unterentwickelten Länder –, wollte ich sie natürlich nicht davor warnen, soviel zu tun, wie sie können. Ich wollte vielmehr unterstreichen, *wieviel die unterentwickelten Länder selbst unternehmen müssen und wie dringend es ist, daß sie schnell und durchgreifend handeln.*

Kapitel 6
Das Erziehungswesen[1]

1. Einführende Bemerkungen

Der begriffliche Rahmen für eine Untersuchung des Erziehungswesens in den unterentwickelten Ländern – gleiches gilt für die Analyse demographischer Fakten – sollte von *logischen* Schwierigkeiten frei sein.

Wie viele Menschen das Alphabet beherrschen und wie viele Kinder die Schule besuchen und wie viele Jahre, das sind klare, eindeutige Fragen. Auch das Erfassen der Quantität oder selbst der Qualität der vorhandenen Erziehungseinrichtungen – Schulgebäude, Lehrmaterial und Lehrinstrumente, Lehrer etc. – ruft nicht jene Art logischen Widerspruchs hervor, der wir in der Kritik an der Nachkriegsdiskussion über die »ökonomischen« Probleme begegneten.

Wenn dennoch *die Statistik im Bereich des Erziehungswesens wahrscheinlich sogar weniger zufriedenstellend ist als fast alle übrigen Wirtschafts- und Sozialstatistiken der Entwicklungsländer,* so liegt die Erklärung dafür teilweise in einer erstaunlichen Nachlässigkeit bei der Formulierung und Anwendung klarer Definitionen, teilweise auch einfach darin, daß umfassende Beobachtungen und Berechnungen entweder nur in sehr geringem Maße oder überhaupt nicht vorhanden sind.

In beiden Fällen wird den opportunistischen Interessen am besten damit gedient, wenn die tatsächliche Situation verborgen bleibt oder zumindest so dargestellt wird, daß jegliche Überlegung über die Notwendigkeit einer radikalen Änderung der Bildungspolitik unterbleibt.

In der Literatur über die Situation und die Entwicklung des Erziehungswesens in unterentwickelten Ländern tauchen zwei Begriffe auf, die eine elementare Rolle spielen: Bildung und Schulbesuch. Es dürfte an sich nicht als zu schwierig erscheinen, Bildung (hier im Sinne von Lese- und Schreibfähigkeit) zu definieren und diese Definition für internationale Vergleichszwecke zu standardisieren. Daß diese Definition jedoch von einem Volkszähler richtig angewendet und von den befragten Personen verstanden wird, ist zugegeben eine schwierige praktische Aufgabe. Dennoch könnten aussagefähigere und genauere Statistiken über den Bildungszustand erstellt werden.

Es muß aus vielen Gründen angenommen werden, daß *die Zahlen der Lese- und Schreibkundigen in unterentwickelten Ländern im allgemeinen überbewertet werden.* Ein UNESCO-Autor ist jedoch vom Gegenteil überzeugt. Nirgends sind jemals von internationalen oder nationalen Behörden oder von einzelnen Wissenschaftlern irgendwelche ernsten Versuche unternommen worden, die veröffentlichten Zahlen – selbst für ein begrenztes Gebiet – zu kontrollieren, obgleich eine Überprüfung leicht durchgeführt werden könnte.

Der zweite in der Diskussion des Erziehungswesens in unterentwickelten Ländern hauptsächlich benutzte Begriff ist der Schulbesuch (der Kinder). In der Literatur wird im allgemeinen in naiver, unkritischer Weise angenommen, daß die hinsichtlich des Schulbesuchs veröffentlichten Zahlen ziemlich genau sind, daß ferner diese Zahlen nicht selten als Prozentwerte der gesamten Bevölkerung angegeben werden – ohne Rücksicht auf den gegenüber Industrieländern unterschiedlichen Altersaufbau in unterentwickelten Ländern. Häufig basieren überaus optimistische Beurteilungen des Erziehungswesens in einem unterentwickelten Land sowie unlängst stattgefundener Verbesserungen im Bereich des Erziehungswesens auf diesen Schulbesuchsstatistiken.

In *Asian Drama* habe ich meine eigenen Schätzungen über die kritischen Größen »tatsächlicher Schulbesuch« und »Zahl der Nichtversetzten« angestellt. Abgesehen von der Verwendung der Schülerzahlen basierten meine Schätzungen auf allen möglichen verstreuten Informationen, die ich in offiziellen und inoffiziellen Untersuchungen in diesen Ländern finden konnte. Diese Schätzungen sind natürlich äußerst unsicher. Aber wahrscheinlich sind sie besser als die auf den Schulbesuchsstatistiken basierenden Zahlen. Sie lenken im übrigen die Aufmerksamkeit auf die wirklich relevanten Probleme und stellen somit eine Herausforderung dar, die offiziellen Statistiken zu verbessern.

Meiner Meinung nach ist *eine auf die wirklich entscheidenden Probleme ausgerichtete, erheblich verbesserte Statistik eine wesentliche Voraussetzung für das rationelle Planen einer radikalen Reform des Erziehungssystems in unterentwickelten Ländern.* Man sollte ihr eine höhere Priorität einräumen als z. B. selbst den demographischen Untersuchungen. Das ist der Grund, warum ich dieses Kapitel mit einigen kritischen Anmerkungen über die Erziehungsstatistiken begonnen habe.

Die herausragende Bedeutung des Erziehungsfaktors für den Entwicklungsprozeß ist eigentlich seit jeher von Pädagogen und Historikern ebenso wie von den Nationalökonomen (seit der Klassik) richtig erkannt worden. In Übereinstimmung mit der einseitigen Nachkriegsmethode wurde dieser Faktor von den Nationalökonomen bei ihren Untersuchungen über die Entwicklungsprobleme der unterentwickelten Länder jedoch weitgehend unberücksichtigt gelassen. Das war eine allgemeine Folge ihrer Nichtbeachtung der Konsequenzen aus Verhaltensweisen, Institutionen und Auswirkungen eines sehr niedrigen Lebensstandards (und des sich daraus ableitenden quantitativen und qualitativen Stands der Erziehungseinrichtungen) auf die gesamtwirtschaftliche Produktivität.

Eine Gruppe von Wirtschaftswissenschaftlern hat in den letzten Jahren die Bedeutung der Erziehung für den Entwicklungsprozeß wiederentdeckt. Aber wie ich in Kapitel 1 herausgestellt habe, erweiterten sie dann lediglich den Begriff der Kapitalinvestition in ihren oberflächlichen Entwicklungsmodellen so, daß neben der Sachinvestition auch die Bildungsinvestition aufgenommen wurde – ein Terminus, der mit Erziehung gleichgesetzt wurde. Das hatte jedoch die Konsequenz, daß diese Investitionsausgaben dann als solche finanzielle Ausgaben behandelt wurden, die einen finanziellen Ertrag abwerfen.

Die Situation ist ein wenig paradox. Während der größte Teil der tatsächlichen Planung in unterentwickelten Ländern und der größte Teil der Wirtschaftsliteratur weiterhin auf der Vorstellung basiert, daß die Sachinvestition der Motor der Entwicklung ist, gibt es heute in zunehmendem Maße Nationalökonomen, die diese Ansicht verwerfen und die Entwicklung in unterentwickelten Ländern in erster Linie als einen Erziehungsprozeß ansehen. Aber dann fallen sie sofort wieder zurück in eine Übereinstimmung mit der einseitigen Nachkriegsmethode, indem sie diesen Prozeß in die Zwangsjacke einer finanziellen und fiskalischen Planung pressen, deren Inadäquatheit in Kapitel 1 hervorgehoben worden ist.

Diese Methode, den finanziellen Ertrag der Erziehungsausgaben zu messen, ist – so fragwürdig solche Ergebnisse auch sind – in einigen hochentwickelten Ländern angewendet worden. In keinem unterentwickelten Land würde das vorhandene statistische Material einen Versuch dieser Art zulassen. Dennoch wurde er, in Analogie zu den Untersuchungen in hochentwickelten Ländern, einfach auf die unterentwickelten Länder mit ihren in jeder Hinsicht völlig unterschiedlichen Bedingungen übertragen. Meist wird der Analogie die allgemeine Behauptung angefügt, daß der in dieser Methode enthaltene Gedanke für jene Länder sogar viel wichtiger ist. Da es aber keinerlei Möglichkeit der Quantifizierung gibt, ist diese jüngste Variante der Nachkriegsmethode nur eine allgemeine und unbestimmte These über die Bedeutung der Erziehung für die Entwicklung geblieben. Aus triftigen Gründen ist sie kaum jemals in irgendeiner tatsächlichen Untersuchung angewendet worden.

Selbst wenn diese jüngste Methode so in der Sphäre vager Allgemeinheiten steckengeblieben ist, impliziert sie doch bestimmte Annahmen, die nicht nur ungerechtfertigt, sondern darüber hinaus angetan sind, in der Forschung als opportunistische Scheuklappen zu wirken. Die Erziehung wird nämlich als homogene Größe verstanden, deren Kosten in der Form staatlicher Ausgaben meßbar sind. Wie in *Asian Drama* jedoch in detaillierter Weise gezeigt wurde und weiter unten noch hervorgehoben wird, sind die *im Erziehungswesen aller unterentwickelten Länder erforderlichen wesentlichen Reformen qualitativer Natur.*

Das Schwergewicht sollte auf den Verbreitungseffekt des Erziehungseinsatzes innerhalb der Gebiete, der sozialen Klassen und der beiden Geschlechter gelegt werden. Die Reformen sollten sich auch darauf erstrecken, was gelehrt wird, mit welcher Absicht, in welchem Geiste und mit welchem Effekt, z. B. im Hinblick auf die Bereitschaft, manuelle Arbeit zu verrichten. Leider ist ein großer Teil der praktizierten Erziehung in diesen Ländern heute eine reine Fehlerziehung mit den daraus resultierenden entwicklungserschwerenden Folgen.

Allgemeiner ausgedrückt: Das Modell der Bildungsinvestition impliziert, ebenso wie die einfachere Kapital/Produktion-Formel, daß die vorherrschenden Verhaltensweisen und Institutionen und verschiedene andere Dinge des Lebensstandards, außer den Erziehungseinrichtungen, keine Konsequenzen für dieses Problem enthalten und daß die Auswirkung aller anderen politischen Maßnahmen, die gleichzeitig durchgeführt werden, in der Untersuchung des Erziehungsproblems übergangen werden können. Da diese Annahmen logisch nicht konsistent und der Wirklichkeit inadäquat sind, kann man sagen, daß *dieses erweiterte Kapital/Produktion-Modell den Weg zu einer realistischen und relevanten Forderung verbaut.* Obwohl man diese Formel niemals mit empirischen Daten angefüllt hat, insbesondere was die Output-Seite betrifft, operiert sie in völliger Übereinstimmung mit der Nachkriegsmethode als ein Komplex von opportunistischen Verzerrungen der Art, wie sie im Kapitel 1 charakterisiert worden ist. Das ist natürlich auch der Grund, warum sie sowohl in den unterentwickelten als auch in den entwickelten Ländern so populär wurde.

II. Das Erbe

Meine eingehende Untersuchung der Erziehungsprobleme hat sich auf jenen riesigen Raum der unterentwickelten Welt erstreckt, den ich Südasien genannt habe: Die Ergebnisse sind sehr detailliert in den Kapiteln 29 und 31–33 von *Asian Drama* veröffentlicht worden.[2] Die komprimierte Darstellung dieser Probleme auf den folgenden Seiten wird ebenfalls auf die Länder dieses Raumes bezogen sein, wobei am Ende dieses Kapitels kurze Hinweise auf unterentwickelte Länder anderer Gebiete gegeben werden.

Die Kolonialära endete damit, daß die Masse der Bevölkerung größtenteils unberührt von jeder formalen Erziehung zurückblieb. Das trifft besonders zu für die größten Länder in diesem Gebiet, Indien, Pakistan und Indonesien. Sie betraten den Weg der Unabhängigkeit mit einer sehr niedrigen Bildungsrate; wahrscheinlich betrug der Anteil der erwachsenen Bevölkerung mit Schulbildung weit weniger als ein Fünftel.

Auf den Philippinen waren es spanische Priester und Mönche verschiedener katholischer Orden (die sehr eng mit den Zivilbehörden zusammenarbeiteten), die jahrhundertelang ein wichtiges Element in der Ausbreitung einer elementaren Erziehung darstellten und zugleich auch die gehobene Erziehung förderten. Die Kolonialbehörden der Vereinigten Staaten, die nur kurze Zeit eine Kolonialmacht auf diesen Inseln waren, legten – abweichend von den Engländern, Holländern und Franzosen in anderen Teilen Südasiens – vergleichsweise mehr Gewicht auf Erziehung.

Daß Ceylon und andere Teile Südindiens ebenfalls mit einem ver gleichsweise höheren Bildungsstand in ihre Unabhängigkeit eintraten, war teilweise wieder der Arbeit christlicher Missionare zuzuschreiben, die dort in der Landessprache wirkten, auch wenn in Ceylon die buddhistische Tradition der Klosterschulen eine wesentliche Rolle spielte. In Burma und Thailand war es fast ausschließlich der letztere Erziehungsfaktor, auf den der höhere Bildungsstand in diesen Ländern zurückzuführen war.

Bei aller Verschiedenartigkeit *lag das schwerste Handikap der neuen Nationen, als sie aus der Kolonialherrschaft auftauchten, in der Ignoranz ihrer Bevölkerungsmasse.* In unterschiedlichem Ausmaß hatten alle Kolonialmächte einige bedeutsame Beiträge zum Erziehungswesen ihrer Kolonien geleistet. Ihr Hauptinteresse hatte jedoch nicht – ausgenommen der Fall der Vereinigten Staaten auf den Philippinen – der Erziehung der Menschen und ihrer Vorbereitung auf die Entwicklung gegolten. Ihr Ziel war vielmehr die Heranziehung von Buchhaltern, von kleineren Beamten aller Art und, besonders in den britischen Kolonien, von höheren Verwaltungsfunktionären, in gewissem Ausmaß auch von Fachleuten. Für diesen Zweck wurden höhere Schulen (in der Regel in Einheit mit den vorbereitenden Elementarschulen) und Hochschulen gefördert. Es ist wichtig zu betonen, daß diese Richtung der Interessen uneingeschränkt von der oberen Eingeborenenschicht geteilt wurde, die sehr eifrig war, diese Gelegenheiten zu nutzen, ihren Gebietern zu dienen und daraus Vorteile zu schlagen.

Die Studierenden erwarteten in der Regel – und man erwartete es von ihnen –, daß sie »Schreibtischarbeiter« wurden und ihre Hände nicht schmutzig zu machen brauchten. Diese Tatsache und die allgemeine Politik, allen Schulen einen betont humanistischen und akademischen Stempel aufzudrücken, entsprachen auch dem fehlenden Interesse der Kolonialmächte, eine einheimische verarbeitende Industrie in ihren Territorien zu fördern.[3]

Allgemein war es so, daß die *Kolonialregierungen,* durch Heranziehung einer ausgebildeten Elite und gleichzeitige Vernachlässigung der Erziehung des breiten Volkes, *dazu beitrugen, die Barriere zwischen einer isolierten oberen Klasse und der Masse der Bevölkerung nicht nur zu erhalten, sondern unüberwindbar zu machen.* Und es waren in den Kolonien die Erbaristokratie und die oberen Schichten, die ihre Kinder in die höheren Schulen und Hochschulen schickten.

Die Tatsache, daß die von der Eliteklasse bei ihrer Arbeit und häufig auch privat gesprochene Sprache eine ausländische war, hob die Klassenschranke noch höher, inbesondere, da die Kolonialbehörden tatsächlich nur auf den Philippinen – zuerst die Spanier und später die Amerikaner – ins Auge faßten, die fremde Sprache zur *lingua franca* des ganzen Volkes zu machen.

In Kapitel 3 sprach ich über den Mechanismus, der fast automatisch dazu führte, daß die Kolonialmacht bei den privilegierten Schichten Unterstützung suchte und sogar neue Privilegien schuf, um diese Unterstützung sicherzustellen. Das Erziehungssystem war also vom Standpunkt der Kolonialmächte aus gesehen »funktional«. »Funktional« war es jedoch auch für die oberen Klassen in den Kolonien, die mit Hilfe dieses Systems die sich ergebenden Vorteile ausschöpfen konnten.

Eine weitere Feststellung sollte hinzugefügt werden. *Das gesamte Schulsystem zur Zeit der Kolonialherrschaft wurde von den »colleges« beherrscht,* die eine allgemeine, nicht fachgebundene Hochschulausbildung vermittelten, wie sie für den Eintritt in den öffentlichen Dienst erforderlich war. Das war einer der Gründe für das nicht vorhandene Interesse an einer Volkserziehung.

Dieser Erziehungscharakter auf allen Ebenen hat sich in der Unabhängigkeitsära nicht viel geändert, am wenigsten in Indien, Pakistan oder sogar in Ceylon.

Wo auch immer eine große Befreiungsbewegung in Südasien im Gange war – die Erziehungsreform stand oben auf der Tagesordnung. In Indien setzten solche Reformbemühungen sogar schon in den letzten Jahrzehnten der Kolonialära ein, als England den Provinzen einen beträchtlichen Anteil der Regierungsgeschäfte übertrug, speziell im Bereich des Erziehungswesens.

Als die Unabhängigkeit errungen war, bestanden Nehru sowie andere Führer in verschiedenen Ländern auf der »Revolutionierung« *des gesamten Erziehungssystems.* Aber genau das fand weder in Indien noch in den anderen südasiatischen Ländern statt, ausgenommen vielleicht in einem gewissen Umfang in Ceylon. Die grundlegenden Reformen dieses aus den Kolonialzeiten übernommen Systems sind bis heute zum größten Teil nicht durchgeführt worden.

Einer der vorzüglichsten Erziehungsexperten in Indien, J. P. Naik, später bei der Erziehungskommission tätig, sagte 1965:

»Was in den letzten 16 Jahren in Indien stattgefunden hat, ist nichts

anderes als eine Erweiterung des früheren Systems mit einigen marginalen Änderungen hinsichtlich des Inhalts und der Technik.«

Die Erklärung liegt natürlich darin, daß *die Erringung der Unabhängigkeit keine großen Veränderungen in der Bevölkerung oder in ihrer Gesellschaftsstruktur hervorgerufen hat.* Das etablierte Erziehungssystem ist Bestandteil eines größeren institutionellen Systems mit den ihm eigenen sozio-ökonomischen und (macht)-politischen Strukturen. Eine Revolution des Erziehungssystems würde eine soziale und ökonomische Revolution voraussetzen, von der allerdings fälschlicherweise häufig behauptet wird, sie sei schon im Gange. Tatsache ist jedoch, *daß selbst die äußere Verfassung des Schulsystems erhalten geblieben ist.*

Als Bestandteil des kolonialen Erbes werden viele Schulen auf allen Ebenen, eingeschlossen die Kollegs, auf privater Basis betrieben, wenn sie auch meistens aus öffentlichen Mitteln unterstützt werden. Das wirft schwerwiegende Probleme der Lenkung, der Inspektion und der Kontrolle auf und erschwert Reformen des Schulsystems.

Diese Probleme sind in keinem der südasiatischen Länder gelöst worden, ausgenommen in Ceylon, wo man vor etwa 10 Jahren eine Koordination aller Schulen beschlossen hat, von der nur sehr wenige private Schulen, die es vorgezogen hatten, auf jede staatliche Hilfe zu verzichten, ausgeschlossen sind. Zweck dieser Reform war es, »eine gerechtere Aufteilung der vorhandenen Schulplätze zu garantieren und somit dazu beizutragen, daß den Kindern aus allen Teilen der Insel gleiche Erziehungschancen zuteil würden«.

Als in Kerala in Indien die erste kommunistische Provinzregierung ein Rahmengesetz verkündete, um einen Schritt in dieselbe Richtung zu tun, antwortete man ihr mit gewalttätigen Demonstrationen. Später wurde die Provinzregierung von der Zentralregierung in Neu-Delhi ab- und eine Präsidentialregierung eingesetzt. Dabei war die Regierung in Kerala mit ihrer Gesetzesinitiative lediglich einer allgemeinen Empfehlung der Planungskommission in ihrem zweiten Fünfjahresplan gefolgt.

Ein weiteres Legat aus den Kolonialzeiten ist das Schulgeld, das gewöhnlich sowohl von öffentlichen als auch von privaten Schulen erhoben wird. Anders jedoch wiederum in Ceylon, wo das Prinzip der freien Ausbildung an allen Schulen, die Hochschulen eingeschlossen, herrscht (ausgenommen die sehr wenigen privaten Schulen). Allgemein gilt aber, daß man auch in allen übrigen südasiatischen Staaten auf dem Wege ist, die Erziehung in den staatlichen Grundschulen von der Erhebung eines Schulgeldes allmählich zu befreien.

Diese Feststellungen und ganz allgemein die getreue Konservierung eins Schulsystems, so wie es aus der Kolonialära übernommen worden ist, sind ein Beweis dafür, daß diesem Schulsystem als einer institutionellen Struktur ein starkes Beharrungsvermögen innewohnt. Das System enthält althergebrachte Privilegien für die Verwaltungselite, die Lehrerschaft, die Studenten und vor allem für die Familien in den mächtigen Oberklassen, die nicht die Status- und Klassenfundamente unterminieren wollen – Fundamente, die das überlieferte Schulsystem gewährleistet.

Gleichwohl gab es einen Reformgedanken, der immer wieder mit großer Bestimmtheit und praktisch ohne jeden Widerspruch zum Ausdruck gebracht wurde: *die Ausbreitung der Erziehung in der Bevölkerung und die Abschaffung des Analphabetentums.*

Nach den Statistiken der ersten sechziger Jahre – die jüngsten verfügbaren – variiert die Bildungsquote in Südasien in einer ziemlich engen Korrelation mit dem Wirtschaftsstand der einzelnen Länder. Pakistan als das ärmste Land in diesem Raum wies als lese- und schreibkundig weniger als ein Drittel der männlichen Bevölkerung über fünfzehn Jahre und nur 6 Prozent der weiblichen Bevölkerung aus. Die entsprechenden Werte für Indien beliefen sich auf rund 40 und 13, und für Indonesien auf rund 60 und 30. Die für Burma angegebenen Werte, die wahrscheinlich die ungenauesten sind, bewegen sich um 80 und 40.

Auf der oberen Stufe des ökonomischen Niveaus hatte Ceylon jeweils die Werte 80 und 60 erreicht, und Malaya[5] sollte nicht weit dahinterliegen (die verfügbaren Statistiken datieren aus den späten fünfziger Jahren). Auf der mittleren Stufe gab Thailand ebenfalls Werte von rund 80 und 60 an, und die Philippinen von ungefähr 70 für beide Geschlechter. Die ärmeren Länder, jedoch nicht immer die ärmsten (und Burma) wiesen wesentlich niedrigere Werte für die ländlichen Bevölkerungen auf, verglichen mit den städtischen.

Ich habe diese zum größten Teil aus Volkszählungen zusammengetragenen Zahlen zitiert, weil sie eine sehr allgemeine Vorstellung von den Rangordnungen in den Ländern Südasiens vermitteln können, obgleich Burma und wahrscheinlich auch Thailand zu hoch plaziert sind. Verallgemeinernd läßt sich sagen – das soll noch einmal betont werden –, daß Grund genug zur Skepsis hinsichtlich Genauigkeit und Bedeutung dieser Statistiken besteht. In den meisten Fällen wird der Stand der Bildung übertrieben dargestellt, um so mehr, wenn man mit diesem Wort die Vorstellung einer »funktionalen Bildung« verbindet in dem Sinne, daß die Gebildeten fähig sind, ihre Bildung in irgendeinem Umfange in ihrem Leben, ihrer Arbeit nutzbringend anzuwenden. Alle Bildungsdefinitionen basieren auf der Fähigkeit, zu lesen und zu schreiben. Es ist dennoch klar, daß die Fähigkeit zu rechnen in gleichem oder in stärkerem Maße in den meisten Situationen des Lebens erforderlich ist. Bildung ist erforderlich zum Erwerb vertiefter Kenntnisse in allen Berufen einschließlich der Landwirtschaft sowie zur Erreichung einer größeren Effizienz in allen Formen lokaler und funktionaler Kooperation, die von den Regierungen gefördert werden. Sie ist essentiell für das Erlernen rationaler Verhaltensweisen in allen menschlichen Beziehungen.

Es stimmt, daß eine rein »mechanische Bildung« von geringer Bedeutung für ein Land ist. Das betonte die UNESCO in der langen Periode, als sie die Bedeutung der Bildung herunterspielte und eine »fundamentale Erziehung« oder eine »soziale Erziehung« propagierte. Die Bildung kann jedoch nicht allen anderen Zwecken einer Erziehung der Bevölkerung gleichgestellt werden, da sie in erster Linie ein Instrument ist, mit dessen Hilfe die anderen Kenntnisse erworben werden können.

Gleichwohl wird manchmal behauptet, daß die Wirtschaftsentwicklung eines unterentwickelten Landes in erster Linie einen Anstieg der höheren Schulbildung erfordert, selbst wenn damit die Ausdehnung der Grundschulausbildung und der Erwachsenenbildung verzögert wird.

Dieser Art der Argumentation kann die Erfahrung entgegengehalten werden, daß ein solches Erziehungsmodell tendenziell nicht zu einer Entwicklung der gesamten Volkswirtschaft führt, sondern lediglich zu Enklaven innerhalb eines wirtschaftlichen Gefüges, dessen übriger Teil in der Stagnation zurückbleibt. *Jeder Versuch, eine integrierte Nation auf der Basis einer breiten Beteiligung der Bevölkerung zu schaffen, setzte eine stärker verbreitete Bildung voraus.* Daß eine Annäherung an eine wirksame politische Demokratie auf derselben Voraussetzung beruht, ist offensichtlich.

Wenn also die Erreichung einer allgemeinen Bildung als ein so schnell wie möglich zu realisierendes Ziel akzeptiert wäre, müßten wir fragen, wie die tatsächlich ergriffenen Maßnahmen mit diesem Ziel zusammenpassen.

Die UNESCO und die meisten unterentwickelten Länder, unter ihnen jene in Südasien, definierten jenes Ziel lange Zeit als »Universalbildung durch kostenlose und auf Zwang beruhende Erziehung«. Sie haben, mit anderen Worten, die Mittel zur Erreichung des Zieles in einer wachsenden Anzahl von Kindern gesehen, die die Grundschule besuchen, und zwar genügend lange, um eine Bildungsvermittlung sicherzustellen.

Diese Formel implizierte jedoch, daß *die südasiatischen Länder die Erwachsenenbildung einschränkten,* insbesondere den Lese- und Schreibunterricht. Das ist meiner Meinung nach ein schwerer Fehler. Die UNESCO selbst hat darauf hingewiesen, daß nur dann, wenn jedes Jahr einer beträchtlichen Anzahl von analphabetischen Erwachsenen die Gelegenheit geboten wird, Lese- und Schreibunterricht zu erhalten, gute Aussichten auf eine Beseitigung des Analphabetentums innerhalb einer verhältnismäßig kurzen Zeit bestehen. *Die Erwachsenenbildung hat in unterentwickelten Ländern nicht nur mehr Bedeutung als in entwickelten Ländern, wo fast alle lesen und schreiben können, sondern sie stellt in jenen Ländern auch ganz andere Probleme.*

Außerdem *sollte die Erwachsenenbildung mit dem Schwergewicht auf Lesen und Schreiben eine Stütze sein, um der Schulausbildung der Kinder eine höhere Effektivität zu verleihen.* Unsere gesamten Informationen weisen darauf hin, daß Kinder von analphabetischen Eltern dazu neigen, in ihren schulischen Leistungen zurückzubleiben, und daß sie im übrigen viel leichter wieder in das Analphabetentum abgleiten.

Die nachteiligen Effekte der Umgebung eines analphabetischen Elternhauses und Dorfes setzen schon in den Vorschuljahren ein, und das sind die besonders prägenden Jahre, in denen die Verhaltensweisen geformt werden, die gewöhnlich bis ans Lebensende beibehalten werden. Außerdem sind analphabetische Eltern in der Regel weniger bereit, ihre Kinder in die Schule aufnehmen zu lassen und sie dort zu halten. Das mag auch erklären, daß besonders in den ärmeren Ländern oder Gegenden und in den untersten Klassen mit ausgesprochen niedrigem Bildungsstand eine große Anzahl von Schülern entweder vorzeitig die Schule verläßt oder nicht versetzt wird. Auf dieses Problem werden wir noch zurück-kommen.

In den meisten südasiatischen Ländern gibt es Organisationen, die in der Förderung der Erwachsenenbildung tätig sind. Bisher ist jedoch nicht viel dabei herausgekommen. J. P. Naik, Indien, charak-terisierte die Situation 1965 wie folgt:

»Die Abschaffung des Analphabetentums unter den Ewachsenen ist das wichtigste Programm in der nationalen Entwicklung, denn von diesem Kardinalprogramm sind verschiedene andere Programme wie die landwirtschaftliche Produktion, die Familienplanung etc. abhängig. Bislang ist jedoch der Erziehungssektor in krimineller Weise vernachlässigt worden, *und es ist äußerst erstrebenswert, ein breitangelegtes Programm in diesem Sektor durchzuführen, um das Analphabetentum in der breiten Bevölkerung in wenigen Jahren – fünf oder zehn höchstens – auszurotten.«* (Hervorhebung vom Autor)

Diese Kritik gilt praktisch für alle unterentwickelten Länder in der »freien Welt«. Auch wenn ich in diesem Buch davon absehe, Ver-gleiche zum kommunistischen Machtbereich zu ziehen, sollte doch festgestellt werden, daß die Länder dort einem von der Entwick-lung in der »freien Welt« stark abweichenden Weg folgen. *Wenn nämlich ein Land kommunistisch geworden ist, wird in der Regel ein tatkräftiger Feldzug gegen das Analphabetentum geführt, mit dem Ziel, der gesamten Bevölkerung innerhalb von wenigen Jahren Lesen und Schreiben beizubringen.*

Das historische Vorbild dieser speziellen Politik ist die Aktivität rebellischer Studenten in Rußland während der letzten Jahrzehnte des zaristischen Regimes; diese Studenten gingen hinaus in die Dörfer, um die Bauern lesen, schreiben und rechnen zu lehren. Als die Kommunisten die Macht ergriffen, übernahmen sie diese Praxis und machten sie zur offiziellen Politik und führten so die Bildungs-kampagne zu Ende; in dieser Zeit näherte sich Rußland bereits einer Universalbildung, zumindest innerhalb der jüngeren Gene-ration.

Wir wollen hier nicht auf die Problematik des »Friedenskorps« eingehen, das nicht nur in den Vereinigten Staaten, sondern auch in einigen anderen westlichen Ländern organisiert worden ist, son-dern nur darauf hinweisen, wie grotesk gerade diese Idee in den Gastländern anmuten muß. Junge, gebildete Menschen aus den entwickelten Ländern des Westens werden in Gruppen zusammengestellt und in die Tausende von Kilometern entfernten unterentwickelten Länder geschickt. Häufig gehen sie dann hinaus aufs Land, in die Dörfer, um die arme Masse der Bevölkerung zu unterrichten und ihr zu helfen, während gleichzeitig die Schulabsolventen in diesen unterentwickelten Ländern selbst nicht im entferntesten daran denken, dasselbe zu tun; vielmehr ziehen sie es vor, sich als »gebildete Arbeitslose« in den Städten zusammenzudrängen oder ihre Regierungen zu bedrängen, den Verwaltungsapparat aufzublähen, um »geeignete« Arbeitsplätze zu schaffen.

Eines ist gewiß: *Ohne eine fundamentale Änderung der Verhaltensweisen seitens der »Gebildeten« ist eine breitangelegte Kampagne zur Förderung der Erwachsenenbildung in den unterentwickelten Ländern nicht möglich.* Die Universitäten selbst sollten sich hier engagieren. Das würde im übrigen sowohl Lehrern als auch Studenten von Nutzen sein, da sie auf diese Weise mit den akuten Problemen ihrer Länder vertrauter gemacht würden. Auf diese Art erhielte sowohl ihr Studium als auch ihr Leben etwas mehr Sinn und Zweck. Vorausgesetzt, daß eine solche fundamentale Veränderung herbeigeführt werden könnte, fällt es nicht leicht, sich auszumalen, wie ein breitangelegtes Programm zur Erwachsenenbildung in einem unterentwickelten Lande mit starkem Analphabetentum aufgezogen werden sollte. *Es wäre unklug, einfach die Methoden und Praktiken aus den westlichen Ländern zu übernehmen,* wo die Erwachsenenbildung eine völlig andere Funktion und einen völlig anderen Schülertyp hat. Es sind vielmehr völlig neue Methoden erforderlich. Das ganze aus den urbanisierten Ländern des Westens übernommene Modell, nach dem die Kinder in Schulen getrennt unterrichtet werden und dann vielleicht noch »Klassen« für Erwachsene eingerichtet sind, sollte in Frage gestellt werden. Es ist gut möglich, daß ein Unterrichtsprogramm für Familien oder ganze Gemeinschaften zusammen effektiver wäre. Die Grundfrage bleibt jedoch bestehen: Wie ist es möglich, auf dem Gebiet der Erwachsenenbildung einen wesentlichen Schritt weiterzukommen, bevor die zunehmend inegalitäre Sozial- und Wirtschaftsstruktur in den meisten unterentwickelten Ländern durch radikale Reformen oder eine Revolution niedergerissen wird? Es handelt sich hier um ein Problem, das zu dem in Kapitel 4 aufgeworfenen Problem parallel verläuft und diesem auch ähnlich ist; dort ging es um die Frage, inwiefern das Fehlen einer Agrarreform für den landwirtschaftlichen Fortschritt hinderlich ist.

Da man die auf die Unterrichtung der Erwachsenen gerichteten Maßnahmen auf der ganzen Linie beiseite geschoben hatte – was natürlich ganz im Sinne der althergebrachten Privilegien der Schulbürokratie war –, wurde *das Bildungsziel auf ein Programm übertragen, das einen raschen Anstieg der Schülerzahlen in den Grundschulen vorsah.*

In dem sogenannten Karachi-Plan von 1959 einigten sich die Erziehungsminister der Mitgliedsstaaten der UNESCO auf die Bestimmung, daß die Einführung einer auf Zwang basierenden, universalen und kostenlosen Grundschulausbildung von nicht weniger als sieben Jahren als Ziel für das Jahr 1980 zu realisieren ist.

Man kann die meisten dieser Länder nicht dafür kritisieren, daß sie hinter diesen unrealistischen Zeitplänen weit zurückbleiben. Die Schwierigkeiten bei der Erweiterung der Aufnahmemöglichkeiten der Grundschulen sind überwältigend, besonders in den ärmeren Ländern. Ganz allgemein ist die Sicherstellung einer Elementarschulbildung für alle Kinder in Südasien ein Projekt, das für jene Länder eine weitaus schwerere Last bedeutet als in den entwickelten Ländern.

Hinzu kommt, daß der Anteil der schulfähigen Kinder an der gesamten Bevölkerung in unterentwickelten Ländern viel höher liegt.

Ferner ist in den südasiatischen Ländern, besonders in den ärmsten, kaum eine Grundlage vorhanden, auf der aufgebaut werden könnte. Sie beginnen mit einem wesentlich geringeren Anteil von Kindern, die zur Schule gehen. Und am Anfang stehen alle diejenigen Dinge, die für den Schulbetrieb erforderlich sind, in viel geringerem Umfang zur Verfügung: Schulgebäude, Lehrer, Bücher, Schreibpapier etc.

An einem anderen Punkt kann man eine weit stichhaltigere Kritik üben. Obgleich es das erklärte Ziel war, der Erweiterung der Elementarschulbildung den Vorrang zu geben, um die Bildungsquote in der Bevölkerung anzuheben, ist tatsächlich etwas anderes passiert: *Die höhere Schulbildung ist viel schneller gewachsen, und noch rascher ist der Universitätssektor ausgedehnt worden.*

Eine ziemlich ausgeprägte Tendenz wird hier sichtbar: Die Planziele zur Anhebung der Grundschulausbildung wurden nicht erreicht; dagegen schoß man über das Ziel hinaus, manchmal sogar beträchtlich, bei den Steigerungsziffern des gymnasialen Schulunterrichts und insbesondere bei der akademischen Ausbildung. Das alles geschah trotz der Tatsache, daß die Vermittlung einer höheren Schulbildung drei- bis fünfmal teurer ist als die Grundschulbildung und der Hochschulunterricht wiederum fünf- bis siebenmal teurer als die gymnasiale Ausbildung.

Noch auffälliger ist, daß diese Tendenzen in den ärmsten Ländern am stärksten akzentuiert sind: in Pakistan, Indien, Burma und Indonesien, die mit viel weniger Kindern in den Grundschulen beginnen und am meisten Grund dazu hätten, der Grundschulausbildung die höchste Priorität zu geben. Es sind die ärmeren Länder, die (auch relativ gesehen) für den Grundschulunterricht am wenigsten ausgeben.

Diese Fakten implizieren, daß man das Schulsystem, das über die etablierten Wege einen anschwellenden Strom von Schülern aufnahm, dem konservativen *laissez-faire*-Grundsatz überließ; d. h. man intervenierte durch bloße Erweiterung jener Wege nur dort, wo der Druck der Gesellschaft am stärksten war. Jene, die einen Druck auszuüben vermögen, sind Studenten und Eltern aus der Oberschicht. Und da die höheren Schultypen in erster Linie für diese Oberschicht in Frage kommen – das gilt besonders für die ärmsten Länder –, sehen wir erneut, wie das Schulsystem durch die inegalitäre Wirtschafts- und Sozialstruktur mit der ihr inhärenten ungleichen Machtverteilung determiniert wird.

Eine vergleichende Untersuchung des Fortschritts im Erziehungswesen verschiedener südasiatischer Staaten führt zu der Schlußfolgerung, daß *die Unterschiede im Erreichen der Ziele in ziemlich enger Korrelation zum Wirtschaftsniveau stehen.*

Die beiden kleinen, von der Armut relativ am wenigsten betroffenen Länder Ceylon und Malaya haben heute einen Stand erreicht, wo nicht nur der bei weitem größte Teil der Kinder als Schüler der ersten Grundschulstufe registriert ist, sondern wo die Kinder die Schule auch tatsächlich besuchen, und zwar bis zum Abschluß dieses Ausbildungsabschnitts. Diese Länder nähern sich denn auch sehr rasch einem Niveau der Grundschulausbildung für Kinder, das mit dem der westlichen Länder vor einigen Generationen vergleichbar ist.

In Indien und Pakistan andererseits, wie überhaupt in den ärmeren Ländern, sind die Schülerzahlen für die erste Grundschulstufe geringer. Von größerer Bedeutung ist indes die sehr hohe »Schwund«- bzw. »Stagnations«-Quote, die in diesen Ländern charakteristisch ist: Kinder, die eingeschult worden sind, scheiden entweder sehr früh aus der Schule wieder aus, oder sie besuchen die Schule nicht regelmäßig. Und wenn sie nicht abbrechen, dann werden sie Repetenten, und das ist oft eine Vorstufe des vorzeitigen Ausscheidens.[6] Gewöhnlich beendet weniger als die Hälfte der ursprünglich eingeschulten Kinder die Grundschulausbildung auf regulärem Wege. In den meisten unterentwickelten Ländern ist im übrigen auch die Grundschulausbildung von kürzerer Dauer.

Jene Kinder, die ihre Grundschulausbildung nicht beenden, ebenso wie viele, die sie beenden, haben kaum Kenntnisse im Sinne einer funktionalen Bildung erworben.

Der unregelmäßige Schulbesuch, das Wiederholen einer Klasse sowie das vorzeitige Ausscheiden stellen eine ungeheure Vergeudung des Volksvermögens dar. Wenn die Gesamtausgaben für die Grundschulen umgelegt würden auf jedes einzelne Kind, das erfolgreich die Grundschulausbildung beendet, wären die Kosten je Schüler sehr viel höher, als es gewöhnlich dargestellt wird. Es ist zu bedauern, daß die auf diese Weise ermittelten Kosten je Schüler in den ärmeren Ländern und in den ländlichen Gegenden besonders hoch ausfallen würden. *Die Vergeudung ist dort am größten, wo sie am wenigsten tragbar ist.*

Diesem Problem wird viel zuwenig Aufmerksamkeit gewidmet. Die Gesetzgebung in den südasiatischen Staaten, die sich auf die Einführung des zwangsweisen Schulbesuchs bezieht, wird so gut wie nirgendwo durchgesetzt.

Das Vorhandensein angemessen ausgebildeter und verantwortungsbewußter Lehrer ist eine für einen wirksamen Grundschulunterricht noch entscheidendere Voraussetzung. *In allen Ländern Südasiens arbeiten jedoch viele Lehrer, die als »unausgebildet« zu klassifizieren sind.* Zieht man die heute vorhandenen Lehrerausbildungsstätten in Betracht, so werden nur die Philippinen und vielleicht noch Ceylon und Malaya in der Lage sein, innerhalb des nächsten Jahrzehnts die unausgebildeten Lehrer durch qualifizierte zu ersetzen – vorausgesetzt, daß die Kapazität der pädagogischen Hochschulen nicht schneller erweitert wird, als es heute geplant ist.

Darüber hinaus muß die Einstufung der Lehrer in die Kategorie »ausgebildet« mit größter Skepsis betrachtet werden. Die meisten von ihnen, besonders in den ärmeren Ländern, sind nämlich in jeder Beziehung unzureichend geschult. Die qualifizierten Lehrer neigen dazu, sich in ihrer Arbeit auf die Städte zu konzentrieren sowie allgemein auf Gebiete mit einem hohen Bildungsstand.

In Indien und noch mehr in Pakistan *sind die Bezüge der Lehrer in Grundschulen außergewöhnlich niedrig, und ihr sozialer Status ist gedrückt.* In diesem Punkte weichen die beiden Länder in unterschiedlichen Graden von Ceylon, den Philippinen, Thailand und sogar Indonesien ab. Die schlechte Bezahlung der Lehrer wiederum hat negative Auswirkungen auf den Nachwuchs, auf ihre Bereitschaft und auf ihre Leistung, insbesondere in ländlichen Gegenden. Wir sehen wieder eine eindeutige Korrelation zwischen dem jeweiligen Wirtschaftsstand eines Landes oder Gebietes und dem Funktionieren des übernommenen Schulsystems.

Besonders in den ärmeren Ländern ist *eine Verbesserung der pädagogischen Hochschulen* und eine gleichzeitige Anhebung des wirtschaftlichen und sozialen Status der Grundschullehrer dringend erforderlich, damit begabte junge Menschen dazu ermutigt werden, diesen Beruf zu wählen, und damit ferner die Möglichkeiten der Lehrer, auf die Kinder und die Gemeinschaft Einfluß zu nehmen, verstärkt werden.

In einem armen Lande ist es schwierig, in kurzer Zeit eine Anzahl von Voraussetzungen für eine verbesserte Lehrerausbildung zu schaffen: eine gründlichere schulische Vorbereitung vor Eintritt in die pädagogischen Hochschulen, häufig eine längere Ausbildungszeit, vor allem jedoch eine radikale Reform ihres Studienplans und nicht zuletzt ihrer Arbeitseinstellung. Eine Erhöhung der Lehrerbezüge stößt in den ärmeren Ländern auf besondere Schwierigkeiten, da die Ausgaben für das Lehrpersonal, so extrem niedrig sie auch sind, an sich schon einen sehr hohen Prozentsatz der gesamten Schulkosten ausmachen. Das liegt vor allem daran, daß für die Schuleinrichtung einschließlich Lehrmittel so wenig ausgegeben wird.

Sogar auf der Grundschulebene *verursacht die komplizierte Sprachensituation in den südasiatischen Ländern ernsthafte Probleme für den Unterricht.* Die beiden größten und ärmsten Länder, Indien und Pakistan, sehen sich dabei den größten Schwierigkeiten gegenüber, weil in den Grundschulen verschiedene Sprachen – und

Schriften (!) – gelehrt werden müssen, oft von Lehrern, die in keiner dieser Sprachen besonders bewandert sind.

Der Unterricht in den höheren Schulen beginnt mit der beträchtlichen Belastung, daß die Schüler im allgemeinen nicht ausreichend vorbereitet worden sind. Diese Belastung ist natürlich stärker in den Ländern, wo die Grundschulausbildung auf fünf Jahre oder weniger begrenzt ist, also in Pakistan, im größten Teil Indiens und in Burma.

Daß die gründliche Unterrichtung durch Sprachschwierigkeiten behindert wird, macht sich an den höheren Schulen noch nachteiliger bemerkbar. Sprachfertigkeit wird ein Maßstab für die schulische Leistung schlechthin. Das ist einer der Gründe, warum es sich als so schwer erwiesen hat, den überlieferten »allgemeinen« Schultyp in einen Typ mit größerer Praxisbezogenheit umzuwandeln.

In keinem der südasiatischen Länder sind Anzeichen einer radikalen Veränderung erkennbar. Die Schülerzahlen für Berufs- und Fachschulen liegen, in Prozentzahlen ausgedrückt, zwar meist etwas höher, in absoluten Zahlen jedoch immer noch sehr niedrig. Und in praktisch keinem dieser Länder ist der Lehrplan der am stärksten expandierenden allgemeinen höheren Schulen bemerkenswert modernisiert worden.

Das Ergebnis ist ein ständiger Mangel an Fachkräften in der mittleren Ebene des industriellen Managements. Diejenigen Absolventen der allgemeinen höheren Schulen, die ihr Studium nicht an der Universität fortsetzen, sondern, der kolonialen Tradition entsprechend, eine Arbeit als »kaufmännischer Angestellter« suchen, sind in der Regel noch nicht einmal ausgebildet, um den modernen Anforderungen dieser Schreibtischarbeit zu genügen, da sie weder in der Kurzschrift noch im Schreibmaschinenschreiben etc. Kenntnisse besitzen.

Die Zunahme der Hochschulausbildung war in der Regel sogar noch ausgeprägter, besonders in den ärmeren Ländern. Auch die akademische Ausbildung leidet unter einer ungenügenden Vorbereitung der Schüler in den höheren Schulen. Dies gilt vor allem für die ärmeren Länder, wo die höheren Schulen von den Auswirkungen einer kürzeren Grundschuldauer betroffen sind. Die sprachlichen Schwierigkeiten werden an den Universitäten insofern behoben, als dort die Beherrschung einer fremden Sprache in Wort und Schrift – heute in der Regel Englisch – erforderlich, wenn auch selten in befriedigender Weise gewährleistet ist.

Trotz der ungeheuren Investitionen in Gebäude, Bibliotheken, Labors, Ausrüstungen und Lehrmittel verewigt das rapide Anwachsen der Studierenden in diesen Ländern das niedrige Niveau oder drückt es sogar noch weiter nach unten. Die Qualität der akademischen Lehrer ist niedrig und neigt oft dazu, sich noch weiter zu verschlechtern. Im Vergleich zu den Gymnasien weisen die Hochschulen einen sehr hohen Prozentsatz von Studenten aus, die niemals ein Schlußexamen machen.

Vor allem auf der Universitätsebene sollten die Lehrpläne praxisorientiert und berufsvorbereitend sein. Fast alle Erziehungsexperten, südasiatische wie ausländische, kritisieren jedoch, daß *die Universität weiterhin ein Überangebot an »Allgemeingebildeten« produziere*, die in den philologischen, rechts- und sozialwissenschaftlichen Disziplinen ausgebildet wurden und die Reihen der unzureichend qualifizierten Verwaltungsbeamten, der kaufmännischen Angestellten und der »gebildeten Arbeitslosen« füllen, während gleichzeitig immer mehr Ingenieure, landwirtschaftliche Techniker, Ärzte, Zahnärzte, Pharmakologen und nicht zuletzt Lehrer auf allen schulischen Ebenen benötigt werden. Mit wenigen Ausnahmen gilt das für alle südasiatischen Länder.

IV. Ein Reformprogramm

Der vorangegangene Bericht über die Situation des Erziehungswesens in Südasien ist von einem Thema beherrscht, nämlich der ziemlich engen Korrelation zwischen dem Wirtschaftsniveau eines Landes und seinen Errungenschaften im Bereich des Erziehungswesens.

Die Erklärung für die wenig glückliche Situation des Erziehungswesens in den von Armut stärker betroffenen Ländern liegt zum Teil einfach und unmittelbar in ihrer Armut selbst. Es sind weniger Mittel vorhanden, die man im Rahmen einer Bildungspolitik zur Verfügung stellen könnte.

Das Problem ist jedoch viel komplizierter. Diese Länder sind auch in einem stärkeren Maße inegalitär strukturiert, die Kluft zwischen der gebildeten oberen Klasse und der Masse der Bevölkerung ist tiefer.

In Kapitel 3 zeigte ich den Kausalzusammenhang zwischen Armut und Ungleichheit. *Das Bildungsmonopol ist – zusammen mit dem*

Grundbesitzmonopol – der entscheidendste Grund der Ungleichheit; dies gilt in besonderem Maße für die ärmeren Länder. Daran ändert auch nichts der Versuch, die Erziehungseinrichtungen für die breite Bevölkerung zu erweitern.

Denn bereits in der frühen Ausbildungsphase beginnt ein strenger Ausleseprozeß mit der inhärenten Tendenz, die weniger privilegierten Gruppen auszuschließen. Dies mag als Erklärung dafür dienen, warum ein so hoher Prozentsatz von Schülern nach Abschluß der Grundschulstufe auf die höheren Schulen überwechseln kann. Das Versagen auf dem Gymnasium wiederum und später das Nichtbestehen der Reifeprüfung impliziert eine weitere Auslese auf derselben Linie. Der Anteil einer Altersgruppe mit Abitur ist auf diese Weise weiter zusammengeschmolzen. Und wieder tritt die Mehrheit der Abiturienten ein Universitätsstudium an. Das besagt, daß die relativ wenigen Schüler, die den unteren sozialen und ökonomischen Schichten entstammen, weit häufiger vorzeitig die Schule bzw. Universität verlassen oder viel zahlreicher bei dem Abschlußexamen an den Universitäten versagen.

In diesem Auslesemechanismus sind verschiedene Faktoren aus dem ökonomischen und sozialen Wirkungsbereich am Werke, eingeschlossen die häusliche Umwelt. Der Unterschied zwischen den häuslichen Umweltverhältnissen der wenigen wohlhabenden und »gebildeten« Familien und der großen Anzahl der Familien in der unteren Klasse ist weitaus größer als in den fortschrittlichen Ländern. Selbst wenn die Schulen ausgezeichnet wären, gäbe es ernste Probleme, mit denen Kinder aus ärmeren Familien vom Schuleintritt bis selbst zum erfolgreichen Schulende belastet werden.

Das Ergebnis bedeutet dauernde, außerordentliche Begünstigung der Oberschicht sowie Untermauerung ihres Bildungsmonopols. Viele der laufenden Bemühungen, die Bildungspolitik in die Pläne zu integrieren, waren ziemlich sinnlos. Sie hatten sogar eher zur Folge, die Aufmerksamkeit von der Tatsache abzulenken, daß eine Hebung des Bildungsniveaus der gesamten Bevölkerung eine Kardinalvoraussetzung einer Entwicklung ist. Am dringendsten erforderlich ist daher *die Planung des Erziehungswesens als ein integriertes Ganzes.*

Die erste Forderung besteht darin, *die Qualität des Erziehungswesens aufrechtzuerhalten und zu steigern und in keinem Falle eine Ausdehnung zuzulassen, die nicht wirklich fundiert ist oder nachteilig auf das qualitative Niveau wirkt,* wie es in der Regel während der gesamten Unabhängigkeitsära der Fall war. Hierzu der Entwurf des vierten Fünfjahresplanes (1966):

»*Die quantitative Expansion war ... von einem gewissen Qualitätsabfall begleitet ... Es leuchtet ein, daß in unmittelbarer Zukunft weit mehr und wirkungsvollere Aufmerksamkeit auf Faktoren wie Konsolidierung, Qualität, Diversifikation, Ausbildungsabschluß und Arbeitsorientierung gelenkt werden muß, als es bisher der Fall war.*«

Die zweite Forderung, die weitgehend mit der ersten übereinstimmt, ist die Notwendigkeit eines Gleichgewichts innerhalb der drei Ausbildungsstufen und insbesondere die Verwirklichung der Priorität, die man der Grundschulausbildung in den programmatischen Erklärungen eingeräumt hat. Diese Forderung sollte implizieren, *daß dem rascheren Anstieg der Gymnasialschüler- und Studentenzahlen Einhalt geboten wird, oder sogar, daß diese Aufnahmen reduziert werden.*

Angesichts der Tatsache, daß die südasiatischen höheren Schulen und Universitäten ein Überangebot an »Allgemeingebildeten« produzieren, sollte die technische, die eignungsbezogene und die fachliche Ausbildung innerhalb des gegenwärtigen (oder noch besser innerhalb eines etwas reduzierteren Gymnasial- und Universitätssystems) wesentlich erweitert werden, erfolgt doch auf diese Weise die Heranbildung einer größeren Zahl von Lehrern, landwirtschaftlichen Facharbeitern und medizinischem Personal, um nur einige der Bereiche herauszugreifen, wo junge Fachkräfte dringend gesucht werden.

Eine Zulassungsbeschränkung an den höheren Schulen und Universitäten sollte außerdem eine Verbesserung des Anforderungs- und Eignungsniveaus der Schüler und Studenten ermöglichen; auf diese Weise könnte eine Senkung der riesigen Verschwendungsquote in Form von Wiederholungen, vorzeitigem Abbruch eines Ausbildungsabschnittes und Versagen in den Prüfungen erreicht werden. Ganz allgemein sollte eine solche Politik das Anheben des Qualitätsstandards in diesen Schulen garantieren.

Ferner sollten größere Mittel für die Grundschulausbildung bereitgestellt werden. Selbst dann jedoch sollte in Anbetracht des gegenwärtigen Mangels an gut ausgebildeten Lehrern ernsthaft in Erwägung gezogen werden, *eine Zeitlang das Drängen auf eine Erhöhung der auf die erste Grundschulstufe entfallenden Schülerzahlen zu vermindern.*

Zwei interdependente Ziele sollten dann leichter zu erreichen sein:

erstens eine Verbesserung der erbarmenswert niedrigen Qualität aller Grundschuleinrichtungen und zweitens eine intensive Anstrengung zur Verringerung der ungeheuren Vergeudung in Form des vorzeitigen Ausscheidens und der Wiederholungen. Der indische *Bericht der Erziehungskommission von 1966* enthält folgende Hinweise:

».. das wichtigste Programm, das in den nächsten Jahren auf der Ebene der Grundschulen durchgeführt werden muß, ist die Qualitätssteigerung der Erziehung und die Reduzierung von Stagnation und Vergeudung auf ein Minimum.«

Die Reduzierung der Schülerzahlzunahme auf der Ebene der Grundschulen sollte jedoch nur temporär sein und die Basis für eine neue Expansion darstellen, sobald die Kontraktion und die neue Richtung der Gymnasial- und Universitätsausbildung eine Erhöhung der finanziellen Mittel für die Grundschulerziehung und nicht zuletzt eine Zunahme der Zahl besser qualifizierter Lehrer zur Folge hat und sobald ein echter Fortschritt bei der Reduzierung der enormen Grundschulverluste durch Versager und Repetenten erreicht worden ist. Würde man diese auferlegten Beschränkungsmaßnahmen verlängern, so hieße das die Wartezeiten für die Schulaufnahme in vielen armen Gegenden verlängern.

In ganz Südasien, und nicht nur in jenem größeren Teil, der von Armut stark heimgesucht und in Elementarerziehung am weitesten zurückgeblieben ist, *müssen tatkräftige Anstrengungen zur Förderung der Erwachsenenausbildung unternommen werden,* um sowohl den Bildungsanstieg zu beschleunigen, als auch die Bemühungen zu unterstützen, die Kinder in den Schulen zu halten und deren Abgleiten in das Analphabetentum zu verhindern. Diese Anstrengungen sollten eng verknüpft werden mit einer Ausdehnung der Aktivität in den Schulen.

Eine entscheidende Aufgabe in der Reform des Schulsystems muß darin liegen, *die Zahl und die Qualifikation der ausgebildeten Lehrer zu steigern.* Die Erziehungskommission fordert unermüdlich, daß *es das höchste Erziehungsziel sein sollte, die Verhaltensweisen der Kinder zu ändern und somit letzten Endes der gesamten Bevölkerung* (»den Wert des Volkes als Ganzes«). Die Kommission anerkennt die Notwendigkeit einer sich an den Modernisierungsidealen orientierenden »sozialen und kulturellen Revolution«. Das wäre jedoch eine hoffnungslose Aufgabe ohne Lehrer, die nicht nur mit ihren ökonomischen und sozialen Bedingungen zufrieden sind und in ihrer Gemeinschaft als Intellektuelle und moralische Führer akzeptiert sind, sondern die sich darüber hinaus mit großem Arbeitsenthusiasmus und Eifer ihrer Aufgabe widmen, nützliches, praktisches Wissen zu vermitteln – Lehrer, die von dem Willen durchdrungen sind, Fortschritte zu erzielen.

Von diesem Standpunkt aus gesehen, *sind die Einrichtungen für die Lehrerausbildung in der Bildungsreform von strategischer Bedeutung.* Sie sollten die »Kraftwerke« darstellen, die bei den Studenten die notwendige moralische und geistige Energie erzeugen, das Volk für die Entwicklung vorzubereiten. Die Planung und Durchführung von Reformen nach diesen Grundsätzen impliziert *eine strengere staatliche Kontrolle der Ausbildungseinrichtungen und eine bessere Verwaltung.* Im südasiatischen Raum ist Ceylon das einzige Land, das auf dem Wege ist, dieses Problem zu lösen.

Ausbildungsreformen nach diesen Grundsätzen verlangen Kapitaleinsatz. Ein wesentliches Element des Reformprogramms sollte daher die Vermeidung der heute stattfindenden ungeheuren Mittelverschwendung beinhalten. Die Beschränkung der quantitativen Expansion hätte eine Kapitaleinsparung zur Folge, so daß sich folglich eine Hebung des qualitativen Niveaus und ein erfolgreiches Einwirken auf die Schüler und Studenten, in den Schulen zu bleiben und die Prüfungen zu bestehen, um diesen gesparten Betrag »selbst finanzieren« würde. Sollen jedoch viele der Reformen nachhaltig erfolgreich sein, so ist zweifellos die Abzweigung eines größeren Teils der einem Land verfügbaren Mittel für das Erziehungswesen notwendig.

Die vollen Auswirkungen eines verbesserten Erziehungswesens stellen sich erst nach Ablauf einer beträchtlichen Zeit ein. Eine Berechnung einer so verspäteten Auswirkung in Form eines finanziellen »Ertrages« ist jedoch unmöglich. Der höhere Finanzbedarf für Bildungszwecke wird daher um die Priorität mit anderen Kapitalanforderungen konkurrieren müssen, speziell für den Sachinvestitionsbedarf, dessen Erträge kalkulierbar sind und innerhalb kürzerer Zeit sichtbar werden.

Wir wissen, daß die in den sehr armen und bildungsmäßig rückständigen Ländern dominierende Oberschicht bereits »gebildet« ist und dafür Sorge trägt, daß ihre Kinder »gebildet« werden. Sie haben folglich kein Empfinden für die dringende Notwendigkeit der Reformen. Und selbst wenn es möglich wäre, für jeden Punkt des oben skizzierten Reformprogramms eine allgemeine Zustimmung zu erreichen, verbliebe immer noch der den Machtstrukturen dieser Länder inhärente Widerstand gegen diese Reformen. Die vorangegangenen Seiten dieses Kapitels mit der Analyse der Zustände und Tendenzen des Bildungswesens sollten als Ernüchterung dienen für die Annahme, daß es leicht sei, die erforderlichen Reformen zu beschließen und durchzuführen.

Die indische *Erziehungskommission* fordert »eine Revolution im Erziehungswesen« und ist davon überzeugt, ich glaube mit Recht, daß diese Revolution, wenn sie wirklich durchgeführt wird, »ihrerseits die viel ersehnte soziale, ökonomische und kulturelle Revolution in Gang setzen wird«. Aber gerade das Fehlen dieser »sozialen, ökonomischen und kulturellen Revolution« zu Beginn bedeutet ein ungeheures Hindernis, das die Bemühungen torpediert, den Anstoß für die »Revolution im Erziehungswesen« zu geben. Dieses Dilemma ist auch für jene Probleme charakteristisch, auf die wir in Teil 4 zurückkommen, wo es um die politische Seite der Entwicklung geht.

Der Bericht der Erziehungskommission endet mit der Wiederholung, daß dieser Bericht »keinen Ersatz für das Handeln darstelle«. Im Hinblick auf den Zeitplan lautete die Schlußfolgerung: ». . . *die Zukunft des Landes hängt wesentlich davon ab, was im Bereich des Erziehungswesens in den kommenden rund zehn Jahren unternommen wird.*« In den sechs Jahren, die seit der Veröffentlichung dieses Berichtes vergangen sind, ist hinsichtlich der Planung oder gar politischer Maßnahmen weder in Indien noch in den übrigen außerordentlich armen südasiatischen Ländern Berichtenswertes erfolgt.

Die in der unterentwickelten Welt erforderlichen Bildungsreformen müssen alle von den unterentwickelten Ländern selbst erkämpft, geplant und beeinflußt werden. Denn die gesamten Bedingungen und damit zwangsläufig auch die Menschen sind in diesen Ländern so unterschiedlich, daß die westlichen Erziehungsexperten hinsichtlich der Erziehungsmethoden nur sehr wenige Beiträge leisten können.

Zu diesem Punkt gibt es jedoch wichtige Ausnahmen, speziell dann, wenn Technologie mit finanzieller Unterstützung kombiniert werden kann. Die Verwendung audiovisueller Einrichtungen z. B. kann zu erhöhter Leistungsfähigkeit des Lehrers beitragen, gleichgültig was er unterrichtet und in welcher Art. Es gibt viele andere Arten der Sachausrüstung für den Unterricht, eingeschlossen Bücher und Papier; wenn man diese Dinge den unterentwickelten Ländern frei zur Verfügung stellte, oder zu ermäßigten Preisen, könnte man ihnen schon einen großen Dienst erweisen. Manchmal entspräche hingegen eine Finanzierungshilfe für den Aufbau einer eigenen Produktion in diesen Ländern selbst mehr den Grundsätzen der Entwicklung.

Überlegenswert wäre sogar eine zweckgebundene Finanzhilfe zur Erhöhung der Lehrergehälter in den ärmsten Ländern, was bekanntlich eine sehr wichtige Vorbedingung für den Erziehungsfortschritt ist. Da die Lehrergehälter in diesen Ländern größtenteils für den Konsum von Nahrungsmitteln ausgegeben werden, wäre es sogar möglich, eine Nahrungsmittelhilfe dorthin zu geben. Selbst eine finanzielle Hilfe zur Verbesserung der Ausbildungseinrichtungen auf breiterer Basis könnte von Bedeutung sein. Solche Verbesserungen – ebenso wie die höheren Lehrergehälter – verursachen gewöhnlich keine neue Devisennachfrage. Man kann daher sagen, daß sie keine spezielle ausländische Unterstützung erfordern, wenn auch – so ist es mit vielen anderen Reformmaßnahmen – vielleicht mehr frei verfügbare ausländische Gelder.

Zweifellos würde eine vorwiegend auf Erziehungsreformen ausgerichtete ausländische Unterstützung den Geberorganisationen und -ländern ein Mittel in die Hand geben, um auf die unterentwickelten Länder Druck auszuüben, damit sie im Erziehungswesen tatkräftiger und entsprechend bestimmten strategischen Richtlinien voranschreiten – vorausgesetzt natürlich, die Spender sind einsichtig genug, diesen Druck in die entsprechende Richtung ausüben zu wollen.

Die entwickelten Länder haben sich sehr großzügig gezeigt, als sie die Studenten der unterentwickelten Länder an ihren Universitäten studieren ließen. In dieser Form der ausländischen Hilfe sind zweifellos viele ausgezeichnete Motive des guten Willens gegenüber weniger glücklichen jungen Menschen enthalten. Häufig geschieht dies auch in der Hoffnung, jene Studenten zu den politischen Überzeugungen zu bekehren, die in den hilfegebenden Ländern jeweils vorherrschen – eine Hoffnung, die sich nicht immer erfüllt. Auf jeden Fall könnte ein lehrerfahrener Professor der großen liberalen Tradition niemals und nirgendwo die Pforten der Universitäten für Studenten aus irgendeinem Teil der Welt schließen.

Es ist jedoch fraglich, ob eine beträchtliche Hilfe für einen solchen Zweck wirklich praxisnah und produktiv ist. In vielen Sparten – besonders in der Sparte der Sozialwissenschaften, aber beispielsweise auch in der Landwirtschaft – läuft diese Hilfe darauf hinaus, daß die Studenten der unterentwickelten Länder eine Ausbildung erhalten, die den Erfordernissen in ihren Ländern nicht entspricht. Sehr oft impliziert diese Hilfe also eine völlige Fehlausbildung. Wenn sie, wie es in der Regel der Fall ist, zu den oberen Schichten gehören und über entsprechend gute »Beziehungen« verfügen, könnten sie in ihren Heimatländern Positionen erhalten, für die sie nicht in der besten Weise ausgebildet worden sind. Oder sie gehören zu jenen Spezialisten, Wissenschaftlern und Intellektuellen, die im Ausland bleiben.

Der Kernpunkt ist und bleibt, *daß eine ausländische Hilfe im Bereich des Erziehungswesens nur am Rande von Bedeutung sein kann. Von überragender Bedeutung ist das, was die unterentwickelten Länder selbst zu tun beschließen und was sie im Hinblick auf die Erziehungsreformen erfolgreich zustande bringen.* Was sie unternehmen müssen, ist nicht einfach eine bloß quantitative Erweiterung der heutigen Erziehungsfazilitäten, sondern *eine fundamentale Änderung der gesamten Struktur, der Richtung und des Inhalts ihres Erziehungssystems.*

Kapitel 7
Der »schwache Staat«

I. Ein vorherrschendes Merkmal

Die unterentwickelten Länder sind alle, wenn auch in unterschiedlichen Abstufungen, »schwache Staaten«. Dieser Tatbestand ist ein herausragendes, kennzeichnendes Merkmal unter all den anderen Bedingungen, die zusammengenommen einem Lande den Status der Unterentwicklung verleihen. Ohne ein höheres Maß an sozialer Disziplin wird die Entwicklung auf große Schwierigkeiten stoßen und in jedem Falle verzögert werden.[1]

Der Terminus »schwacher Staat« ist so zu verstehen, daß er alle die mannigfaltigen Formen sozialer Disziplinlosigkeit umfaßt, die sich manifestieren durch: Unzulänglichkeiten in der Gesetzgebung und besonders in der Befolgung und im Durchsetzen der Gesetze, weitverbreitetes Nichtbeachten von Anordnungen und Anweisungen seitens des Behördenpersonals (auf allen Administrationsebenen) sowie häufig geheimen Abkommen der Beamten mit mächtigen Personen und Personengruppen, deren Verhalten sie eigentlich lenken sollten. Zum Begriff des schwachen Staates gehört auch die Korruption, der wir im zweiten Abschnitt dieses Kapitels besondere Aufmerksamkeit schenken werden. Diese verschiedenen Verhaltensmodelle stehen in gegenseitiger Beziehung in dem Sinne, daß sie sich in einer Art zirkulärer Kausalität gegenseitig dulden oder sogar einander provozieren mit kumulativen Effekten.[2]

Laxheit und Willkür in einer als schwacher Staat charakterisierten Gemeinschaft können und werden *aus persönlicher Gewinnsucht von Personen ausgebeutet werden, in deren Händen die wirtschaftliche, soziale und politische Macht liegt.* Während die durch den schwachen Staat geschaffenen Möglichkeiten für Ausbeutungen großen Stils natürlich nur dem Zugriff der oberen Klassen unterliegen, finden selbst Personen auf der unteren Sprosse der sozialen Leiter Gelegenheiten für kleine persönliche Vorteile. Aber einmal abgesehen von jenen persönlichen Interessen, *ist in einem schwachen Staat in allen Schichten eine viel stärkere Verbreitung einer allgemeinen Haltung bei den Menschen anzutreffen, sich den staatlichen Anordnungen und ihrer Durchführung zu widersetzen.*

Wenn wir dieses immens komplexe Phänomen in diesem Kapitel in einem breiten Blickfeld zu betrachten versuchen, werden wir uns wieder auf die südasiatischen Staaten konzentrieren, deren Verhältnisse ich eingehender untersucht habe. Der schwache Staat ist ein Aspekt *aller* Probleme der Unterentwicklung. Es wird in diesem Kapitel im übrigen besonders schwierig werden, ausreichende Hinweise auf *Asian Drama* als Beweise zu liefern. Nur wenige kurze Erläuterungen bezüglich der übrigen Teile der unterentwickelten Welt werden angefügt.

Das charakteristische Merkmal des schwachen Staates eines unterentwickelten Landes hat offensichtlich wenig mit seiner Regierungsform zu tun. Autoritär regierte Länder wie Thailand oder Indonesien können beide sowohl vor wie nach den gewaltsamen Ereignissen des Sturzes von 1966 im Sinne der gegebenen Definition ebenso als schwach bezeichnet werden wie z. B. Indien oder Ceylon mit parlamentarischen Regierungen, die aus regulären Wahlen hervorgehen – oder sogar als noch schwächer.

Bevor ich fortfahre, muß ich noch einmal die Tatsache unterstreichen, daß der folgende Versuch *einer Analyse des schwachen Staates nicht im moralistischen Sinne verstanden werden sollte.* Soziale Disziplinlosigkeit und ebenso die übrigen angeprangerten Faktoren der unterentwickelten Länder resultieren nicht aus irgendeinem inhärent bösartigen Charakterzug ihrer Bevölkerungen, sie sind vielmehr das Produkt eines langen Geschichtsprozesses, der gegenüber den entwickelten Ländern des Westens oder des Kommunismus in völlig anderen Bahnen verlaufen ist und schließlich jene besondere ökonomische, soziale und politische Machtstruktur allmählich hervorgebracht hat.[3]

Die Aufgabe der Sozialforschung liegt darin, das Wechselspiel der Ursachen und Wirkungen freizulegen, wie es vom Standpunkt der Wertprämissen, in diesem Falle der Modernisierungsideale aus, zu sehen ist, und nicht in der Rolle des Anklagenden oder des Verteidigenden. Die Forschung sollte, wenn sie wirksam sein will, auf der Basis eines kompromißlosen Realismus und nicht in diplomatischer Weise betrieben werden. Wenn das eigentliche Thema in der Entwicklungsliteratur meistens wegen Peinlichkeit gemieden wurde, dann ist das nur ein weiteres und wesentliches Beispiel für die Vorurteile in der Wirtschaftsforschung der Nachkriegszeit, die zu grob fehlerhaften und oberflächlichen Ergebnissen geführt haben.

In vorkolonialen Zeiten hat es zweifellos eine Art »Integration« in den ländlichen Gebieten Südasiens gegeben, wie es vordem am Mittelmeer und im Mittelalter in Europa der Fall war. Es war schon ein beträchtliches Maß lokaler »Selbstverwaltung« vorhanden, wieder von einer besonderen Art, die nicht viel gemeinsam hat mit der heutigen Begriffsbedeutung. Wie auch die Basis und die Aufteilung der Macht und die Beziehungen zu einer mehr zentralen Gewalt ausgesehen haben mögen, das System funktionierte, um das soziale und ökonomische Gleichgewicht in einer stagnierenden und weitgehend sich selbst versorgenden Gesellschaft zu erhalten.[4] Das System bestand im wesentlichen aus einem Netz von Pflichten, das an erster Stelle das Recht der Bodenbebauung regelte, das aber auch sicherstellte, daß die Straßen unterhalten wurden, die Kanäle, die Süßwasserzisternen und andere Einrichtungen, die gemeinsam benutzt wurden. Besonders in Ländern, die egalitärer strukturiert waren, wie in Burma und Siam, gab es auf Bräuchen basierende Normen, die zur gegenseitigen Arbeitshilfe verpflichteten, eine Art »Kooperation«, wenn auch wieder stark abweichend von den in modernen Zeiten in Südasien unternommenen Versuchen im Rahmen der Bemühungen, eine Entwicklung anzukurbeln. Die Pflichten waren größtenteils aus den Beziehungen innerhalb von Individuen, Familien oder Gruppen und nicht so sehr aus einem gemeinsamen gesellschaftlichen Interesse abgeleitet.

Aufgrund eines sozialen Mechanismus wurden diese traditionellen Rechte und Pflichten gewahrt und Übertritte korrigiert und bestraft. In Südasien, ebenso wie in Europa, trugen in der Regel die ärmeren Schichten der Bevölkerung die größten Pflichtenbürden – wenn auch mit beträchtlichen Abweichungen von Land zu Land und innerhalb der Zeiträume. Gleichwohl wurden diese Pflichten wahrscheinlich mit einer beträchtlichen Laxheit ausgeführt – und mit großer Willkür besonders in jenen Ländern, wo die sozialen und ökonomischen Ungleichheiten am stärksten ausgeprägt waren, wie auf dem Subkontinent, der heute aus Pakistan und Indien besteht. Die Grausamkeit gegenüber den unteren Schichten ging Hand in Hand mit geringfügigen Widerspenstigkeiten und Disziplinlosigkeiten seitens der unteren Schichten, und mit Nachsicht hinsichtlich niedrigem Ausführungsstandard, geringer Leistungsfähigkeit und mangelnder Pünktlichkeit seitens der privilegierten Gruppen.

Der gegenwärtige Unterschied zwischen Europa und Südasien kam ganz allmählich auf. In Westeuropa hat sich der langfristige Trend, trotz der Unterbrechungen durch Perioden des Verfalls, auf eine Perfektion des überkommenen Systems der Rechte und Pflichten und auf eine Transformation der Pflichten von einem Bündel von Einzel-, Familien- oder Gruppenbeziehungen in Verpflichtungen gegenüber der Gemeinschaft gerichtet. Das war ein Aspekt der sozio-kulturellen Evolution, deren Stationen der Merkantilismus und Liberalismus, die Industrialisierung und die Urbanisierung waren; die Makrosoziologen haben diese Entwicklung in mannigfaltiger Weise als den Umbruch vom »Status« zum »Vertrag«, von der »mechanistischen« zur »organisierten« Solidarität, von der »Gemeinschaft« zur »Gesellschaft« etc. gekennzeichnet.

Südasien erlebte keine ähnliche Evolution seiner primitiven und statischen Dorforganisationen. Statt dessen führte der Kolonialismus in der Regel zu einem Verfall der alten Dorforganisation, ohne einen entwicklungsfähigen Ersatz zu schaffen. Die indirekte Herrschaft konservierte die ererbten Modelle gewöhnlich mehr als die direkte Herrschaft; als extreme Beispiele für die unterschiedlichen Auswirkungen der beiden Typen der Kolonialpolitik stehen Indonesien und Burma.

Ganz allgemein gesehen, kann man folgendes sagen: Die starken Bemühungen, eine westliche Form des Grundbesitzes einzuführen, die partielle Monetisierung bestimmter ökonomischer Beziehungen (die bisher auf dem Tauschprinzip basierten), die Reizwirkung aus diesen beiden Veränderungen auf das Geldverleihen, die Völkerwanderungen innerhalb der Länder, der Zustrom von »orientalischen Fremdlingen« in einigen Ländern, und darüber der Oberbau einer Kolonialverwaltung, deren Ziel es hauptsächlich war, Steuern einzutreiben und Frieden und Ordnung aufrechtzuerhalten, das alles mündete in eine Schwächung und in einigen Gegenden in einen echten Zusammenbruch des angestammten Systems der Rechte, Pflichten, Gesetze und Verfahren. Die besonders in den letzten Jahrzehnten der Kolonialära begonnenen Versuche, eine lokale Selbstverwaltung nach westlichem Muster einzuführen, endeten fast überall mit einem Fehlschlag.

Die autoritäre Tradition aus vorkolonialen Zeiten, die – ob schwächer oder stärker – hauptsächlich von dem Maß der Inegalität innerhalb der sozialen Struktur abhängig und immer von Bedeutung war, wurde durch die Kolonialherrschaft eher untermauert und in einen Paternalismus überführt. Innerhalb eines solchen Systems gewöhnten sich die Menschen allmählich daran, ständig reglementiert zu werden, aber auch daran, so gut wie möglich dabei wegzukommen. Das Eingreifen der Kolonialregierungen in das Leben und die Arbeit der Bevölkerung wurde im übrigen durch ihre praktizierte *laissez-faire*-Haltung limitiert, die eine grundsätzliche Nichteinmischung in die sozialen und religiösen Belange bedeutete, wobei die Religion auf der Ebene des Volkes hauptsächlich eine Kraft zur Erhaltung des status quo in den sozialen Beziehungen war.

Die heutigen Regierungen wollen jedoch zu einer Entwicklung gelangen, und sie entwerfen Pläne zur Ankurbelung einer solchen Entwicklung. Unabhängig von ihrer Machtbasis – ob sie auf freien Wahlen beruhen, wie in Indien und Ceylon, oder ob sie auf eine Form der Diktatur zurückgehen, wie in Pakistan und Burma –, versuchen diese Regierungen das aufzubauen, was unterschiedlich als »demokratische Planung«, »Dezentralisation« oder »fundamentale Demokratie« bezeichnet wird. Sie haben allen Anlaß dazu, die Rückendeckung und die Unterstützung der breiten Massen gewinnen zu wollen, denn jene Massen können jeden Entwicklungsansatz durch passive Resistenz, in der sie so gute Erfahrung besitzen, blockieren. Angesichts des Vermächtnisses, das ich zu charakterisieren versucht habe, und angesichts ihrer schwachen, von korrupten Elementen stark durchsetzten Verwaltungsapparate kann man verstehen, daß die neuen Regierungen Anstrengungen meiden, ein System gemeinschaftlicher Verpflichtungen aufzubauen, das, vom Standpunkt der Modernisierung aus betrachtet, in allen diesen Ländern so offensichtlich notwendig wäre.

Das für Südasien äußerst ernsthafte Dilemma besteht in der sehr *geringen Hoffnung auf eine schnelle Entwicklung, wenn nicht ein höheres Maß an sozialer Disziplin erreicht wird. Eine solche Disziplin kann aber nicht ohne Gesetzgebung und Anordnungen, die mit Zwang durchgesetzt werden, Wirklichkeit werden.* Im allgemeinen haben alle diese Länder, unabhängig von ihrer jeweiligen Regierungsform, ihrer Bevölkerung sehr viel weniger Verpflichtungen auferlegt (und sehr viel wirkungsloser), als dies in westlichen Ländern der Fall ist. Die These des hochangesehenen, konservativen amerikanischen Handbuchs für Juristen, daß »Gesetz Gewalt ist«, würde dem größeren Teil der südasiatischen intellektuellen Elite weder gefallen, noch würde sie von ihr verstanden werden.

Im Prinzip kann soziale Disziplin im Rahmen jeder politischen Demokratie ausgeübt werden, ganz gleich, in welchem Ausmaß die Demokratie verwirklicht ist; schließlich ist nichts gefährlicher für die Demokratie als das Fehlen sozialer Disziplin. Die politischen und sozialen Bedingungen in diesen Ländern sind jedoch so strukturiert, daß sie die Durchsetzung von Vorschriften blockieren, die ein höheres Maß von Pflichten auferlegen. Selbst wenn Gesetze in Kraft getreten sind, werden sie nicht befolgt, und es ist nicht leicht, ihre Befolgung zu erzwingen. Das ist es letzten Endes, was ich unter dem Begriff »der schwache Staat« verstehe.

Dieses Merkmal der südasiatischen Staaten beruht auf Traditionen und ist bedingt durch ihre geschichtliche Entwicklung während der vorkolonialen und kolonialen Zeiten. Hinter dem Widerstand, die soziale Disziplinlosigkeit zu überwinden, stehen jedoch auch *starke althergebrachte Privilegien, hauptsächlich in den Reihen der oberen Schichten, die sich jedoch bis hinunter zu der breiten Bevölkerungsmasse verbreitet haben.*

In einem merkwürdigen Kontrast zu der oben gezeigten Abneigung in Südasien, die Bevölkerung mit Hilfe spezifischer und strenger, durch die Staatsgewalt sanktionierter Vorschriften unter Kontrolle zu bekommen, sowie zu ihrem erklärten Abscheu vor jeglichen Zwangsmaßnahmen und schließlich zur Verlagerung des Schwergewichtes auf die Politik des Anreizes steht die Tatsache, daß in allen südasiatischen Ländern (wenn auch in unterschiedlichem Umfang) *eifrige Bestrebungen im Gange gewesen sind, eine radikale Gesetzgebung allgemeinen Charakters vorzubereiten und in Kraft zu setzen.* Mit Hilfe dieser Gesetzgebung sollte eine Modernisierung der Gesellschaft erreicht und insbesondere ein Gegengewicht zu dem Vermächtnis des autoritären Regierungssystems, des Paternalismus, des Partikularismus und der Anarchie, die ich eingangs andeutete, geschaffen werden.

Alle diese Länder verabschiedeten Verfassungen (oder bereiten sie zur Verabschiedung vor), in denen das allgemeine Wahlrecht für Erwachsene verankert und die bürgerlichen Freiheiten garantiert werden. Des weiteren wurde eine mehr oder weniger vollendete moderne Familiengesetzgebung vorbereitet und in vielen südasiatischen Ländern erlassen; sie verlieh in den meisten Fällen der Frau den gleichen Status wie dem Manne. In Indien wurde das Kastensystem durch die Verfassung ausdrücklich abgeschafft. Es wurden ferner besondere Gesetze erlassen, um die mit dem Kastensystem verbundenen Praktiken auszumerzen. Alle Länder erklärten sich zu Fürsprechern einer Bodenreform; eine Gesetzgebung zu ihrer Durchführung wurde schrittweise in die Gesetzbücher aufgenommen.

In der Regel lag der Grund für diese Reformgesetzgebung in der Verteidigung der Rechte der unterprivilegierten Bevölkerung. Das Resultat war jedoch *eine weitaus geringere soziale Veränderung, als gemeinhin postuliert* oder als angeblich realisiert hingestellt wurde.

Wie in Kapitel 3 erwähnt, waren die Angehörigen der oberen Schichten die Überbringer der Modernisierungsideale, insbesondere des Gleichheitsgedankens. Und die neuen gesetzmäßigen Rechte wurden in den frühen Zeiten der Unabhängigkeit tatsächlich von der politischen Elite, die an der Macht war, propagiert. Das bedeutet jedoch nicht, daß sie bereit war, diese Rechte auch zu realisieren. Wegen des fehlenden Drucks von unten fiel ihr diese doppelbödige Politik nicht sehr schwer.

In den meisten westeuropäischen Ländern wurde das allgemeine Erwachsenenwahlrecht in vollem Umfange nicht vor dem Ende des Ersten Weltkrieges eingeführt, nachdem sich die vom Wahlrecht Ausgeschlossenen jahrzehntelang organisiert und darum gekämpft hatten. Auch eine bessere Gleichstellung der Frauen in Angelegenheiten des bürgerlichen Rechtes wurde erst allmählich und nach Auseinandersetzungen durchgesetzt, die sich sogar über einen längeren Zeitraum erstreckten. Deshalb gab es, als dann die Rechte endlich gewährt wurden, organisierte Gruppen von Bürgern, die darauf warteten und auch darauf vorbereitet waren, von diesen Rechten Gebrauch zu machen.

Anders in den Ländern Südasiens. In vielen dieser Länder wurde die Demokratie durch verschiedene Formen eines mehr autoritären Regimes ersetzt, das durch allgemeine Wahlen innerhalb der Elite ergänzt wurde; aber niemals wurde verlangt oder auch nur daran gedacht, allgemeine Wahlen innerhalb der breiten Masse der Bevölkerung abzuhalten.

Ganz allgemein kann behauptet werden, daß die Veränderungen des politischen Regimes gleich welcher Art in der Regel das Ergebnis von Machtkämpfen innerhalb der oberen Schichten, an der Spitze der Gesellschaft gewesen sind, wie in Kapitel 3 hervorgehoben worden ist. In keinem Fall waren sie das Ergebnis eines

Aufstandes der armen Massen gegen die Unterdrückung – ausgenommen heute in Vietnam nach fünfundzwanzigjähriger bewaffneter Revolte, zuerst gegen die Franzosen und dann gegen die Amerikaner, die beide ihre Verbündeten in den Reihen der privilegierten Gruppen suchten. In Indien, wo ein auf allgemeinen Erwachsenenwahlen beruhendes parlamentarisches System bis heute erhalten blieb, hat die breite Masse der Wähler keinen Weg zu einer Organisierung gefunden, um ihren Interessen Nachdruck zu verleihen. Die parlamentarische Demokratie, so wie sie in Indien funktioniert, ist eine Kraft zur Erhaltung des sozialen und ökonomischen *status quo*.

In ähnlicher Weise ist die Gesetzgebung gegen das Kastenwesen in Indien niemals von einer organisierten und auf eine breite Basis sich stützenden Bewegung innerhalb der Massen der Unberührbaren mit Nachdruck verfolgt worden. Die meisten von ihnen glauben wahrscheinlich auch heute noch, daß ihr niedriger Status von den Göttern und ihrem Karma vorherbestimmt ist. Eine düstere und ziellose Unzufriedenheit stellt keine wirksame soziale und politische Kraft dar. Da die Kasten von der Volkszählung ausgeschlossen worden sind, läuft das Ergebnis der Gesetzgebung hauptsächlich darauf hinaus, daß indische Intellektuelle behaupten können, besonders im Ausland, das Kastenwesen sei ausgestorben. In Wirklichkeit kann die Institution der Kaste heute insgesamt wirksamer sein denn je, vor allem in den ländlichen Gegenden.[5] Die Stimmabgabe bei den Wahlen und viele andere Veränderungen haben dem Kastenwesen neue Wirkungsbereiche eröffnet.

Auch die Gesetzgebung für die Gleichberechtigung der Frau hat den Massen in den Dörfern oder Städten nur geringe Änderungen gebracht. Nur wenige Frauen aus den unteren Schichten haben irgendeine Ahnung davon, daß diese Rechte existieren, oder was sie überhaupt bedeuten.

Von der Boden- und Pachtgesetzgebung läßt sich ebenfalls sagen, daß sie in kaum einem Gebiet Südasiens von einer schlagkräftigen Bewegung seitens der Grundbesitzlosen nachdrücklich verfolgt worden wären.[6] Sie ist von den radikaleren Kräften der intellektuellen und politischen Elite propagiert worden. Zu einem früheren Zeitpunkt gewann diese Idee als eine offensichtlich vernünftige und gerechte Forderung ein solches Ansehen, daß sie allgemeine Aufnahme fand, mochte auch ihre Realisierung in der Zukunft liegen. In Indien z. B. stand das Prinzip, daß der Boden dem Bauern

132

gehören sollte, auf dem Programm des National-Kongresses schon lange Zeit vor der Unabhängigkeit, und dieses Prinzip ist bisher noch niemals aufgegeben worden.

In diesem Falle jedoch liegt der Unterschied darin, daß *solche Reformen, wenn sie tatsächlich durchgeführt würden, das soziale und wirtschaftliche Gefüge wesentlich und auf radikale Art verändern würden.* Sie könnten nicht, wie es mit der Gesetzgebung gegen das Kastenwesen oder zugunsten der Frauenrechte geschieht, als ein Schmuck ohne große praktische Bedeutung behandelt werden. Damit läßt sich auch das unterschiedliche Schicksal dieser Reformvorschläge erklären.[7] Die Gesetzgebung über die Bodenreform wurde aufgeschoben, wie in Indonesien, oder durch einen sehr hohen Plafond begrenzt, wie in Westpakistan. Oder es wurden Ausweichklauseln verschiedener Art in die Gesetze eingefügt, wie es fast überall der Fall war, oder sie wurden, wiederum fast überall, einfach nicht durchgesetzt, häufig infolge geheimer Absprachen zwischen den Beamten und den Grundbesitzern.

Die Gesetze zur Besteuerung des Einkommens und des Vermögens haben diese Eigenschaft mit den Boden- und Pachtreformen gemeinsam: *Genau formuliert und wirksam durchgeführt würden sie das soziale und wirtschaftliche Gefüge beeinflussen.* Gerade aus diesem Grunde werden beträchtliche Interessen und Rechte mobilisiert, um diese Gesetze zu verwässern.[8] Das beginnt schon mit der Formulierung der Gesetze. Sie enthalten ganz allgemein Ausweichklauseln und Ausnahmebestimmungen, die jedem Gesetzentwurf die Schärfen nehmen. Oft werden die Gesetze absichtlich in so unklaren Wendungen ausgedrückt, daß der Spielraum für die Nichterfüllung größer wird. Es folgen die Steuerhinterziehung und das Nichtzahlen veranlagter Steuern. Diese Arten der Steuerhinterziehung werden erleichtert durch erstaunlich milde Strafen und dadurch, daß man die Verwaltung für die Veranlagung und Einziehung der Steuern nicht mit einem genügend großen und kompetenten Apparat ausstattet. Die niedrigen Gehälter der Beamten erhöhen die Bestechungsmöglichkeiten.

Wurden politische Maßnahmen, speziell zur Verbesserung der Lebensbedingungen der unteren Schichten, institutionalisiert, so wurden sie entweder nicht durchgeführt und durchgesetzt oder so manipuliert, daß sie die Bessergestellten begünstigten, die Massen hingegen diskriminierten.[9] In Kapitel 4 erläuterten wir diesen Tatbestand im Hinblick auf den ausgedehnten Landwirtschaftssektor.

Dasselbe gilt im großen und ganzen auch für verschiedene Unterstützungssysteme außerhalb der Landwirtschaft.

In Städten wurden Unternehmen der Industrie angesiedelt, die in der Literatur als der »organisierte«, der »moderne« oder der »modernisierte« Sektor der Wirtschaft bezeichnet wird. Selbst wenn wir jenem Sektor nicht nur die modernen privaten und staatlichen Großbetriebe der verarbeitenden Industrie, des Bergbaus, des Baugewerbes, des Transportwesens, des Handels und des Finanzwesens zuzählen, sondern auch die Plantagen[10], stellen sie zusammengenommen nur einen sehr geringen Anteil der Gesamtwirtschaft dar, insbesondere im Hinblick auf das dort beschäftigte Arbeitskraftvolumen.

Die traditionellen Sektoren – auch auf dem verarbeitenden Sektor[11] – nehmen in allen südasiatischen Ländern einen weit umfangreicheren Raum ein. Der organisierte Sektor erhält dadurch eine besondere Bedeutung vom planerischen Standpunkt aus: es ist nämlich eines der Hauptziele der Planung, diesen Sektor zu vergrößern und schließlich die traditionellen Sektoren zu veranlassen, seine rationellen wirtschaftlichen Verhaltensweisen zu übernehmen. Soweit in den Plänen Vorschriften[12] für Betriebe der privaten Wirtschaft überhaupt zur Sprache kommen, beziehen sie sich fast nur auf den organisierten Sektor, obwohl das in der Regel nicht klar zum Ausdruck kommt.[13]

Doch die Begriffe »organisiert« oder »modernisiert« vermitteln wahrscheinlich übertriebene Vorstellungen von der Ähnlichkeit der Unternehmen mit den entsprechenden Unternehmen des Westens. Die Eigentumsverhältnisse bei privaten Unternehmen und die Betriebsführung bei privaten wie auch staatlichen Unternehmen weisen vorkapitalistische Züge des Paternalismus und des Nepotismus auf. Die Loyalität gegenüber der Kaste, der Familie und ethnischen Gruppen spielt eine beträchtliche Rolle; »Verbindungen« sind ebenso von größter Bedeutung. Selbst die Plantagen, Minen und andere Unternehmen der Industrie und des Handels, deren Eigentümer Ausländer sind, weisen quasifeudale Besonderheiten auf.

Es kann daher nur mit Einschränkungen behauptet werden, daß die Unternehmen des organisierten Sektors so geführt werden, daß sie sich gegenüber der treibenden Kraft des Preises mit seinen Auswirkungen auf Kosten und Erträge rational verhalten. Darüber hinaus sind sie nur mangelhaft von dem weitaus größeren Teil der »nichtorganisierten« Wirtschaft abgetrennt, in der sie ein Enklavendasein führen. Ihre Nachfrage nach Arbeitskräften, nach Führungskräften und Technikern wickelt sich nicht über Märkte ab, die jenen in den entwickelten Ländern des Westens ähnlich wären; gleiches gilt häufig auch für die Nachfrage nach den für die Produktion benötigten Gütern. Mangelhaft auf verschiedene Art und in unterschiedlichem Ausmaß sind ebenso die Absatzmärkte für die Fertigprodukte.

Trotz dieser Vorbehalte gegenüber dem organisierten Sektor dürften sich preispolitische[14] und sonstige gezielte Steuermaßnahmen immer noch als am wirksamsten erweisen. In Wirklichkeit jedoch *versuchten die Regierungen ausnahmslos, auf diese Unternehmen durch Ankurbelungs-, Steuerungs- und Restriktionsmaßnahmen einzuwirken, wobei ein Übermaß an administrativen Ermessensregeln* (die meisten als »unmittelbare« oder »materielle« Vorschriften bezeichnet werden) *zum Einsatz kommt.* Das Ergebnis sieht dann so aus, daß keine größeren und auch nur wenige kleinere Geschäftsentscheidungen getroffen werden können, ohne daß vorher die Erlaubnis der Verwaltungsbehörden eingeholt worden wäre, es sei denn, es wird das Risiko einer nachträglichen Mißbilligung eingegangen. Auch aus diesem Grunde ist selbst der modernisierte Sektor in Südasien etwas völlig anderes als normalerweise in den westlichen Ländern.

Der Mechanismus, auf den diese eigenartige Situation zurückzuführen ist, läßt sich in sehr groben Zügen wie folgt beschreiben. Um die Unternehmen und die Investitionstätigkeit anzuregen, wird zu einer Anzahl positiver Förderungsmittel gegriffen: billige Wechselkurse mit Protektion vor der ausländischen Konkurrenz durch Importrestriktionen, niedriger Kapitalzins, ermäßigte Preise für Dienstleistungen und Güter des öffentlichen Sektors, Steuerbefreiungen und allgemein geringe Gewinnbesteuerung. Diese investitionsfördernden Maßnahmen werden jedoch so großzügig gehandhabt, daß sie nicht aufgrund allgemeiner Vorschriften getroffen werden können. Entscheidungen über Devisenzuteilung, Kreditvergabe, Zinssubvention, Zuteilung verbilligter Güter des öffentlichen Sektors werden vielmehr nach administrativem Ermessen gefällt. Da dies oft nicht ausreicht, muß noch ein ganzes Arsenal sogenannter Negativvorschriften angewendet werden, um zu bestimmen, wer investieren und produzieren darf und was und wo und aus welchem Lande er Kapitalgüter und andere für die Produktion benötigte Hilfsmittel etc. importieren soll.

Auf diese Weise ist eine seltsame Situation entstanden. Während jeder über die Notwendigkeit der Unternehmensförderung spricht und während eine große Anzahl von Förderungsmaßnahmen zu diesem Zwecke eingesetzt worden ist, sind die meisten Beamten gezwungen, viel Zeit und Energie darauf zu verwenden, die Tätigkeit dieser Unternehmen einzuengen oder zu bremsen – etwa so, als ob ein Auto mit Vollgas und gleichzeitig angezogenen Bremsen gefahren würde.

Es soll hier in aller Form betont werden, daß *eine Unternehmensförderung, die über die praktischen Grenzen hinausgeht, aufgrund der Ermessensvorschriften ein bürokratisches System gigantischen Ausmaßes erforderlich macht.* Die Aufhebung oder Einschränkung einiger Förderungsmittel würde es gestatten, die beschneidenden Maßnahmen entsprechend zu reduzieren. Außerdem könnten sowohl die Förderungsmittel als auch die beschneidenden Maßnahmen preispolitisch oder durch eine sonstige gezielte Neuerung reguliert werden.

In Indien und in anderen Ländern, die sich einem »sozialistischen Gesellschaftsmodell« verschrieben haben, wird die Bereitwilligkeit der Regierung bei der Anwendung von solchen Ermessensregeln als ein typisch »sozialistisches« Merkmal angesehen. Diese falsche Vorstellung wird von westlichen Beurteilern häufig geteilt, die es überdies oft fertigbringen, sich von seinem »marxistischen« Ursprung zu überzeugen.

Die skizzierte Analyse staatlicher Reglements innerhalb des modernisierten Sektors der privaten Unternehmen wäre äußerst unvollständig, wenn wir die entscheidenden Fragen zu stellen vergäßen: *Cui bono? Wer profitiert von diesem öffentlichen Reglementierungssystem für die Privatwirtschaft?*

Wir sollten registrieren, daß, obgleich die Geschäftsleute in den südasiatischen Ländern, wie anderswo auch, sich zwar über das Einmischen der Regierung und über die bürokratischen Kontrollen beklagen, diese Klagen jedoch so gedämpft und schwach sind, daß sie den Verdacht aufkommen lassen, sie seien nicht so ernst gemeint.

Die »zu hohen« Förderungsmittel, die sehr oft ergänzt werden müssen durch Beschränkungen, rufen »zu hohe« Gewinne hervor

– »zu hoch« gemessen an dem, was vom planerischen Standpunkt aus notwendig wäre, um die Gründung eines Unternehmens anzuregen.[15] Diese »zu hohen« Gewinne werden darüber hinaus nicht allzu wirksam durch die Besteuerung aufgesogen, weil die Maschen der Steuergesetze an einigen Stellen recht weit sind und weil Steuerhinterziehungen im großen Stile die Regel sind. Aus den unterschiedlichsten Gründen *sind die etablierten Unternehmen und besonders die Großunternehmen in einer strategischen Position, in der sie als Empfänger sowohl von Förderungsmitteln als auch von Genehmigungen ausgewählt werden.* Dies führt zu einer Beschränkung des Wettbewerbs, einer Privilegierung von Monopolen oder Oligopolen sowie einem Nachgeben gegenüber althergebrachten Interessen. Diese Unternehmen kontrollieren auch die »Meinung der Wirtschaftskreise« und sogar die »öffentliche Meinung«.

Mit jeder Genehmigung, jedem Kredit oder jeder Devisenzuteilung erhalten sie ein Geschenk. Aufgrund der Wirkungsweise des Systems sind sie die einzigen, die die besten Chancen haben, die erforderlichen Papiere zu erhalten, die Geld wert sind. Und das lohnt den Aufwand, sich den Weg durch den Dschungel administrativer Ermessensregeln zu bahnen.

Besonders in einem Rahmen, wo die Kaste, die Familie, der wirtschaftliche und der soziale Status und, allgemeiner, die »Verbindungen« so viel bedeuten, ist die Tendenz der heimlichen Absprachen zwischen der Geschäftswelt und der Beamtenschaft nur eine natürliche Folge. Das Ergebnis ist oft Korruption. Und die Korrupten haben ein begründetes Interesse an diesem System.

Auch wenn die großen Gewinne nur von den höheren Beamten und Politikern eingestrichen werden können, tendiert die Korruption dazu, sich nach unten bis in die Dörfer auszubreiten. Das bedeutet schließlich, daß jeder Versuch, die kleinen Korruptionsfälle innerhalb der unteren Schichten der öffentlichen Angestellten auszumerzen, äußerst schwierig wird.

II. Korruption

Eines der offenkundigsten Beispiele für die Einseitigkeit der Nachkriegsmethode ist die von ihr praktizierte Tabuierung der wichtigen, aus dem Korruptionsphänomen resultierenden Folgen in ihrer Analyse der Entwicklungsprobleme unterentwickelter Länder. Wenn das Problem der Korruption gelegentlich von westlichen Nationalökonomen und Sozialwissenschaftlern gestreift wird – und das kommt in der Unterhaltung viel häufiger vor als in den Schriften –, dann sind die Ausflüchte für die Übergehung des Korruptionsbestandes irrelevant, sichtlich mager oder einfach falsch. Hier und da läßt ein Nationalökonom – gewöhnlich sind es Amerikaner, da die anderen diese Frage in ihren Schriften eher mit völligem Schweigen übergehen – seine falschen Ansichten sogar drucken, z. B. daß »Bestechung ... ein notwendiges und harmloses Schmiermittel für eine beschwerliche Administration« sei, während in Wahrheit die Korruption eine der Ursachen dafür ist, daß die Administration beschwerlich wird. In der Regel respektieren die eingeborenen Studenten dieses Tabu genauso höflich – oder apologetisch.

Singapur ist einer der wenigen Fälle in der unterentwickelten Welt, wo eine saubere Regierung mit offensichtlichem Erfolg die Korruption bekämpft hat, die sich sonst, dort wie überall, zu einem allgemeinen, stetig wachsenden Übel entwickelt hätte. Auf einem Treffen mit Führern der Gewerkschaften der öffentlichen Bediensteten in Asien versah der Minister für auswärtige Angelegenheiten und Arbeit, S. Rajaratnam, seine Ansprache beherzt mit dem Titel: »Bürokratie gegen Kleptokratie«.[16] Er kritisierte das von den meisten Nationalökonomen gewahrte Tabu gegenüber einer öffentlichen Diskussion der Korruption:

»Es ist erstaunlich, wie sonst ausgezeichnete Untersuchungen über Entwicklungsprobleme in Asien und Afrika jeden ernstlichen Hinweis auf die Tatsache der Korruption meiden. Es ist nicht so, daß die Autoren von ihrer Existenz nichts wissen, sondern ihre Relevanz für die Frage der politischen Stabilität und der raschen ökonomischen Entwicklung scheint noch nicht in vollem Umfange anerkannt worden zu sein. Es kann auch sein, daß eine ernsthafte, gründliche Untersuchung dieses Gegenstandes unterblieben ist aus Furcht, man könnte damit die Gefühle der Asiaten beleidigen.«

Das bei der großen Mehrheit der Nationalökonomen verbreitete Desinteresse an den Fakten der Korruption steht in einem seltsamen Kontrast zu *dem sehr lebhaft empfundenen Interesse, das in den südasiatischen Ländern bei den durchschnittlich gebildeten Leuten anzutreffen ist.* Wenige Fragen erregen so stark die Gemüter der »Gebildeten«, sogar derer, die sonst nur wenig Allgemeininteresse zeigen, wie diese eine Frage. Wo eine freie öffentliche

Meinung herrscht, wie in Indien und auf den Philippinen, widmen die Zeitungen aufgedeckten Korruptionsfällen einen breiten Raum. Es gibt populäre Periodika, die sich fast ausschließlich auf diese Sache spezialisieren. Ich hatte manchmal das Gefühl, daß die Korruption dort denselben Platz einnimmt wie Sex und Rasse in der zeitgenössischen amerikanischen Zivilisation.

Wo die Parlamente funktionieren, widmen sie dieser Angelegenheit viel Zeit und Interesse. In periodischen Abständen werden Anti-Korruptionskampagnen geführt: Gesetze werden erlassen, Überwachungsorgane eingesetzt, besondere Polizei-Abteilungen dazu ernannt, Berichte über Delikte zu untersuchen; manchmal werden Beamte, meist aus den Reihen der unteren Chargen, verfolgt und bestraft, und gelegentlich muß ein Minister abdanken. Und Ausschüsse werden bestellt, die eine allgemeine Strategie für die Bekämpfung der Korruption entwickeln sollen.

Bis jetzt jedoch ist man in all diesen Ländern noch davon überzeugt, daß die Korruption weiterwuchert und daß sie in den Kreisen der höheren Beamten und Politiker, eingeschlossen die Abgeordneten und Minister, zunimmt. Die großtuerischen Bemühungen, die Korruption zu verhindern, und die Erklärungen, daß die Korrupten so behandelt werden, wie sie es verdienen, scheinen nur Zynismus zu verbreiten, speziell im Hinblick darauf, wie wenig das alles jene Höhergestellten berührt.

Die Überzeugungen der Menschen von der Existenz der Korruption und die mit diesen Überzeugungen verbundenen Gefühle sind selbst wichtige soziale Fakten. Sie haben ihre Ursachen und auch ihre Wirkungen, und es gibt keine Entschuldigung dafür, sie nicht zum Gegenstand eingehender Forschung zu machen. Dasselbe gilt auch für *die öffentlichen politischen Maßnahmen: politische, gesetzgebende, verwaltende und rechtsprechende Akte.* Beide Arten sozialer Fakten sollten ziemlich leicht in Erfahrung zu bringen und zu analysieren sein, da sie an der Oberfläche der sozialen Realität zu finden sind.

Das sollte die erste Forschungsaufgabe sein. Da die öffentliche Diskussion in vielen südasiatischen Ländern völlig zugänglich ist und da in allen diesen Ländern der Klatsch Blüten treibt, sollte es nicht zu schwierig sein, die Fakten in den einzelnen Deliktfällen zu ermitteln. Der größere Rahmen der Forschung liegt jedoch in der Feststellung der *allgemeinen Art und des Umfanges der Korruption in einem Lande, ihres Auftretens auf den verschiedenen Ebenen und*

*in den verschiedenen Zweigen des ökonomischen Lebens, und
schließlich im Erfassen aller sichtbaren Tendenzen.*

Es ist zur Zeit nicht möglich, den relativen Umfang der Korruption
in den verschiedenen südasiatischen Staaten mit einiger Sicherheit
abzuschätzen. Er ist jedoch in allen Ländern sehr hoch und ohne
Frage weitaus höher als in den entwickelten Ländern des Westens
– die Vereinigten Staaten nicht ausgenommen – und in den kommunistischen Ländern. Die Korruption ist in der Unabhängigkeitsära gewachsen, besonders unter höheren Beamten und Politikern. Die Tendenz scheint ununterbrochen aufwärts gerichtet zu
sein.

Ebenso wie die verschiedenen Verwaltungszweige der südasiatischen Regierungen scheinen auch die Abteilungen für öffentliche
Arbeiten und die staatlichen Einkaufsorgane in allen südasiatischen Ländern besonders korrupt zu sein, desgleichen die Eisen-
bahnverwaltungen, die Ämter, die Importlizenzen und andere
Genehmigungen erteilen, und schließlich die Steuer- und Zollbe-
hörden. Die Korruption hat bereits auf die Gerichtshöfe und die
Universitäten übergegriffen.

In Ursache und Wirkung findet die Korruption ihr Gegenstück in
unerwünschten Praktiken innerhalb der allgemeinen Öffentlichkeit. Die Geschäftswelt ist besonders aktiv gewesen in der Förderung von Korruptionspraktiken unter Politikern und höheren
Beamten. Eine wichtige Frage, über die in den amtlichen Berichten
und in der öffentlichen Diskussion Stillschweigen gewahrt wird, ist
*die Rolle westlicher Wirtschaftsinteressen, die um die Märkte in den
südasiatischen Ländern konkurrieren oder die beabsichtigen, dort
direkt in industrielle Unternehmen, entweder allein oder gemeinsam
mit einheimischen Firmen oder den Regierungen, zu investieren.*

In der Öffentlichkeit wird dieses Thema von westlichen Firmen-
vertretern nie angerührt. Wie ich jedoch persönlich bezeugen
kann, geben sie in privaten Unterhaltungen offen zu, daß die
Bestechung von höheren Beamten und Politikern sehr oft erforderlich ist, um zu einem Geschäftsabschluß zu kommen, und daß
sowohl hohe als auch niedere Beamten bestochen werden müssen,
damit die Geschäfte ohne allzu viele Schwierigkeiten geführt werden können. Sie sprechen offen über ihre eigenen Erfahrungen und
über die anderer Firmen. Diese Bestechungsgelder, so behaupten
sie, stellen einen nicht unbeträchtlichen Teil der Gesamtkosten der
Geschäfte in den südasiatischen Ländern dar.

Wenn auch kaum eine ausländische Gesellschaft sich ganz und gar jeglicher Bestechung enthalten kann, so bestehen doch hinsichtlich der Bestechungsbereitschaft gewaltige Unterschiede, nicht nur unter den verschiedenen Gesellschaften, sondern auch hinsichtlich der Nationalität. Unter den westlichen Nationen sagt man gewöhnlich den französischen, den amerikanischen und besonders den westdeutschen Gesellschaften nach, die geringsten Hemmungen zu haben, Bestechungsgelder zu verteilen. Japanische Firmen sollen sogar noch bereitwilliger sein. Andererseits habe ich noch nie die Behauptung gehört, daß von den Handelsvertretungen der kommunistischen Länder Bestechungen angeboten oder gezahlt worden seien. Diese weithin vertretenen Meinungen gehören zum sozialen Milieu in Südasien, zusammen mit allen anderen Elementen, die die Folklore der Korruption ausmachen. Inwieweit sie ein genaues Spiegelbild aktueller Geschäftspraktiken sind, sollte durch die Forschung dargetan werden.

Sämtliche sozialen, die Korruption ermöglichenden Fakten müssen in kausalen Zusammenhängen erklärt, d. h. auf andere Beziehungen in Südasien bezogen werden. Im Prinzip ist die Korruption nichts anderes als eine spezifische Manifestation des schwachen Staates im Sinne der oben gegebenen Definition; sie ist vor dem allgemeinen historischen Hintergrund zu sehen, den ich skizziert habe. Es ist einerseits der allgemeine Rahmen des schwachen Staates, der die Korruption möglich macht, und andererseits wirkt das Übergewicht der Korruption als ein mächtiger Einfluß, diese Länder als schwache Staaten zu erhalten.

In dieser kurzen Zusammenfassung soll nur ein Punkt unterstrichen werden: Die Korruption als Lebensgrundsatz in diesen Ländern impliziert *einen Unterschied in den Bräuchen hinsichtlich der Frage, wo, wann und wie ein persönlicher Gewinn zu machen ist.* Während es sich einerseits in den unterentwickelten Ländern als schwierig erwiesen hat, rationale Gewinnmotive und ein marktkonformes Verhalten in den Lebensbereich einzuführen, in dem sie in den entwickelten Ländern wirksam sind – nämlich in die Geschäftssphäre –, hat es sich andererseits als ebenso schwierig erwiesen, die persönlichen Gewinnmotive aus dem Sektor zu eliminieren, aus dem sie in den entwickelten Ländern weitgehend verdrängt worden sind – nämlich aus dem Bereich der öffentlichen Verantwortung und Macht.

Die beiden Unterschiede verhalten sich komplementär zueinander, und in einem gewissen Umfang unterstützen sie einander. Tatsächlich sind sie beide Überreste der vorkapitalistischen, traditionellen Gesellschaft. Wo es keine Märkte gibt oder wo die vorhandenen Märkte überaus mangelhaft sind, müssen »Verbindungen« im weitesten Sinn des Wortes substituiert werden. In den »pluralistischen Gesellschaften« impliziert das eine Zersplitterung der Loyalitäten und insbesondere eine geringe Loyalität gegenüber der Gesellschaft als ganzer, sei es auf der lokalen oder der nationalen Ebene.

Die Machtstellung, die ausgenutzt wird, um einen persönlichen Gewinn zu machen, einen Gewinn für die Familie oder für die »Gemeinschaft« (in der südasiatischen Bedeutung des Wortes), kann die hohe Stellung eines Ministers sein, eines Mitglieds der gesetzgebenden Körperschaft oder eines höheren Beamten, dessen Zustimmung oder Mitarbeit erforderlich ist, um eine Lizenz zu erhalten oder einen Geschäftsabschluß zu erreichen. Oder es kann die niedere Stellung eines kleinen Angestellten sein, der den Durchgang einer Bewerbung, die Benutzung eines Transportmittels oder das prompte Öffnen der Schranken an der Eisenbahnlinie verzögern oder verhindern kann.

Die für die Entwicklung eines Landes in hohem Maße schädliche Korruption schleust ein Element der Irrationalität in jedes Planen und in die Planerfüllung ein, indem sie die tatsächliche Richtung der Entwicklung in einer Weise beeinflußt, daß sie vom Plan abweicht. Wenn ein solcher Einfluß vorausgesehen werden kann, begrenzt er den Planungshorizont.

Eine gebräuchliche Methode, eine Stellung mit öffentlicher Verantwortung zum eigenen Vorteil auszunutzen, ist die Drohung, Schwierigkeiten zu machen und die Sache zu verzögern; hieraus folgt, *daß die Korruption den Prozeß der Entscheidungen und der Bearbeitungen auf allen Ebenen erschwert.* Sie erhöht die Notwendigkeit der Überprüfung unehrlicher Beamten, und gleichzeitig bewirkt sie, daß die integren Beamten nur widerwillig eigene Entscheidungen treffen. Aus beiden Richtungen wirken Kräfte, die dem Verwaltungsapparat eine umständliche und zähflüssige Arbeitsweise aufzwingen.

Die Auswirkung der Korruption mit ihrer *Gefährdung der Regierungsstabilität* ist jedoch von noch größerer Bedeutung. Die neuen Regierungen traten das Erbe einer traditionellen Gesellschaft an, in der loyale Elemente nur noch vereinzelt vorhanden waren. Ihre Entwicklungsanstrengungen mußten darauf gerichtet sein, die Verhaltensweisen der Bevölkerung durch Auflösung der Loyalität zu modernisieren. Doch wirken Korruption und das weitverbreitete Korruptionsbewußtsein den auf eine nationale Konsolidierung gerichteten Kräften entgegen und mindern besonders den Respekt und die Ergebenheit gegenüber der Regierung.

Keine Regierung in Südasien kann auf die Dauer fest im Sattel bleiben, wenn sie nicht die aufgeklärten Bevölkerungsgruppen davon zu überzeugen vermag, daß wirksame Maßnahmen zur Säuberung des öffentlichen Lebens von Korruptionen ergriffen werden. Es ist eine Tatsache, daß, wo immer ein politisches Regime in Asien zusammengebrochen ist – z. B. in Pakistan und Burma, und außerhalb Südasiens in China –, eine wesentliche und oft entscheidende Ursache die öffentliche Mißwirtschaft der Politiker und Beamten war – zugleich die allgemeine Verbreitung ungesetzlicher Praktiken bei Geschäftsleuten und in der allgemeinen Öffentlichkeit. Für jede südasiatische Regierung, wo auch immer sie in ihrer Form im Spannungsfeld zwischen Demokratie und Diktatur liegen mag, ist es heute buchstäblich eine Frage der Selbsterhaltung, wirksame Maßnahmen gegen die Korruption zu ergreifen.

Die vorangegangenen Feststellungen basieren auf meinen Beobachtungen in jenem unermeßlichen Raum der unterentwickelten Welt, der in Südasien gelegen ist. Das Erbe alter Zeiten hat eine ganz andere Gestalt in den Ländern Lateinamerikas. Wenngleich das, was ich von diesen Ländern gesehen und über sie gelesen habe, keinen umfassenden Überblick vermittelt, gewinne ich doch den Eindruck, daß *das Endergebnis in Lateinamerika,* mit individuellen Abweichungen in der einen oder anderen Richtung, *mit dem Ergebnis in Südasien weitgehend übereinstimmt:* eine wuchernde und im ganzen zunehmende Korruption. Mit vielen einzelnen Abstufungen und Unterschieden scheint derselbe Tatbestand in allen unterentwickelten Ländern der ganzen Welt gegeben zu sein: *Auch die meisten der jungen unabhängigen Länder in Afrika, so wird berichtet, sind sehr rasch in ein sich ausbreitendes System der Korruption abgeglitten;* die kleinen neuen Gruppen der »Gebildeten«, die sich in den oberen Schichten angesiedelt haben, können offenbar der Versuchung nicht widerstehen, ihre Macht in der neuen Ära der Unabhängigkeit zu ihrem persönlichen Vorteil auszunutzen.

In gewissem Sinne stimmt die Behauptung, der für unsere Analyse gewählte Standpunkt sei ein westlicher. Diese Behauptung wird manchmal als Vorwurf formuliert, der jedoch weder relevant noch richtig ist. Die Modernisierungsideale, die als Wertprämissen gewählt wurden, sind in einem grundsätzlicheren Sinne einfach rational, wenn man sich die Entwicklung zum Ziel gesetzt hat. Daß sie in den Ländern des Westens in stärkerem Maße realisiert sind, gründet darin, daß diese Länder auch stärker entwickelt sind. Wenn die unterentwickelten Länder diese Ideale tatsächlich als Entwicklungsziele für sich selbst gewählt haben, dann nur deshalb, *weil sie diese Ideale im Hinblick auf die Entwicklung für rational hielten, und nicht, weil sie dem Westen entstammen.*

III. Politik

Die unterentwickelten Länder haben für eine Stärkung ihres Staates auf breiter Front zu kämpfen. Diese Forderung impliziert *eine Veränderung ihrer Gesetzgebung im Sinne einer verbesserten Funktionalität* und Eignung zur Erfüllung ihres Zweckes, das Verhalten der Leute zu determinieren, ferner im Sinne einer verminderten Großmaschigkeit der Gesetze und schließlich einer stärkeren Rückendeckung durch wirksame Sanktionen. In vielen Fällen würde das *eine Reduzierung des Umfanges der Gesetzgebung* bedeuten. Es ist nämlich von zweifelhaftem Wert, Reformgesetze zu verkünden, die zur Zeit keine Chance der Realisierung haben.

Die Vision von Reformen, die erst in der Zukunft realisiert werden können, hat ihren legitimen Platz in den politischen Programmen politischer Parteien, Organisationen verschiedenster Art und einzelner Staatsmänner und Gelehrter. Sie kann sogar eine Quelle der Begeisterung in der Erwachsenenbildung sein, die, wie jede schulische Erziehung, versuchen sollte, die Verhaltensweisen der Menschen zu verändern.
Ideale in Gesetze zu kleiden, ohne die Möglichkeit oder auch nur die Absicht ihrer Realisierung zu haben, erzeugt Zynismus und neue Elemente der Unsicherheit und Willkür im Staate. Eine solche Politik verschafft jenen Kreisen, die im Grunde ihres Herzens gegen eine soziale Veränderung sind, ein Alibi für ihre Behauptungen, die Reformen seien bereits durchgeführt. Das ist genau die

Art der Gesetzgebung, auf die die unterentwickelten Länder nicht zusteuern sollten, wenn sie ihren Staat stärken und festigen wollen. Für alle unterentwickelten Länder *gehört eine großangelegte Verwaltungsreform zu den wichtigsten Aufgaben für die Durchführung und Beschleunigung ihrer Entwicklung.* Auch würde eine Verwaltungsreform in vieler Hinsicht eine *Verkleinerung des Apparats zur Folge haben.*

Sicherlich gibt es in keinem unterentwickelten Lande einen Überhang an sachkundigen und integren Verwaltungsfachleuten. Die Überlastung der Verwaltung mit unnötigen Ermessensvorschriften, die unbeholfene Prozedur und das Fehlen einer rationalen Delegierung von Kompetenzen – das alles zum Teil traditionsbedingt, zum Teil bedingt durch das Übergewicht besagter Vorschriften – führten schließlich dazu, daß der *Beamtenapparat durch Einstellung von weniger sachkundigen und weniger integren Verwaltungskräften sich ständig aufblähte.*

Fast überall gab es eine *riesige Zunahme der öffentlichen Angestellten in den untergeordneten Stellungen der Verwaltung.* In Südasien hat diese Entwicklung beträchtliche Ausmaße angenommen. In Lateinamerika und an anderen Orten in der unterentwickelten Welt ist dieselbe Tendenz festzustellen, die auf politischem Druck basierte. Die Beschäftigung niederer Beamter im öffentlichen Dienst diente nämlich sehr oft als Mittel, die Zahl der »gebildeten Arbeitslosen« zu senken, die aus dem unsozialen, in Kapitel 6 erörterten Schulsystem hervorgingen.

Dieses System eines hypertrophierten Kaders öffentlicher Bediensteten auf den unteren Stufen resultiert natürlich aus ihren *sehr niedrigen Gehaltseinkommen.* Das wiederum erhöht die Gefahr ihrer Bestechlichkeit. Eine Reduzierung der Anzahl dieser Bediensteten sollte Hand in Hand gehen mit einer wesentlichen Erhöhung der Gehälter; gleichzeitig sollten durchgreifende Versuche unternommen werden, die Korruption auszumerzen. *Daraus folgt, insbesondere auch für die höhere Beamtenhierarchie, daß die Korruption eine entscheidende Rolle bei der Erhaltung des niedrigen Standes der administrativen Effizienz spielt.* Der korrupte Beamte hat ein wohlbegründetes Interesse an der Erhaltung der administrativen Ermessensregeln für den privatwirtschaftlichen Bereich. Da ein solches Reglement überwiegend zugunsten der Etablierten und der Großunternehmen arbeitet, gibt es in den Reihen der führenden Geschäftsleute keinen Widerstand gegenüber diesen Kontrollen.

Bei allen Versuchen, die auf eine Stärkung und Verbesserung der Verwaltung gerichtet sind, sowie bei allen anderen Bemühungen, den Staat zu festigen, muß der Kampf gegen die Korruption eine entscheidende Rolle spielen.

Es herrscht kein Mangel an Vorschlägen für die zur Bekämpfung der Korruption notwendigen Maßnahmen. Diese Gegenmaßnahmen sind in vielen Berichten der Ausschüsse der verschiedenen unterentwickelten Länder in ausführlicher Breite aufgezählt worden, z. B. in dem ausgezeichneten indischen *Bericht des Ausschusses über die Verhinderung der Korruption* von 1964.[17] Folgende Forderungen sind niedergelegt worden: an erster Stelle einfachere und genauer formulierte Vorschriften für die politischen und administrativen Entscheidungen, ein geringerer Spielraum für administrative Vollmachten, eine raschere Verfolgung der Straffälligen, härtere Sanktionen und größere Publizität für administrative Entscheidungen, eingeschlossen Steuerveranlagungen. Ebenso wie bei den Skandalen, wenn sie aufgedeckt werden, so ist auch bei der Veröffentlichung der Reformvorschläge die Reaktion eine unmittelbare Woge der Erregung, die jedoch sehr bald im Sande verläuft, wenn dann nichts Wesentliches geschieht.

Über einen Punkt ist man sich wirklich einig: Es sollte zunächst die Bestrafung der Korruption jener angestrebt werden, die in hohen Stellungen sitzen, der Minister und höheren Beamten. Ebenso sollten die Großbestecher aus den Reihen der Geschäftsleute vor Gericht gebracht werden. Wenn das Übel nicht auf dieser Ebene angegriffen wird, bleibt die Korruption auf allen Ebenen darunter abgeschirmt. Tatsächlich ist in einigen Bereichen der öffentlichen Verwaltung ein System entstanden, wonach die Bestechungsgelder unter den Beamten auf den verschiedenen Stufen der Verantwortung aufgeteilt werden. Da jeder auf seine eigenen Interessen achtet, entwickelt sich ein lautloses heimliches Einverständnis. Die in der öffentlichen Diskussion weithin gezogene Schlußfolgerung lautet, daß es aussichtslos ist, die Korruption zu bekämpfen, wenn man von den höheren Beamten nicht ein höheres Maß persönlicher Integrität fordert.

Jedoch *bilden diese Personen zusammen mit den Geschäftsleuten und anderen, mit denen sie unter einer Decke stecken, die Machtelite.* In der Regel können sie sich selbst und auch den ganzen

Schwarm der kleinen Übeltäter unter ihnen vor einer Verfolgung schützen. Dann und wann wird ein Skandal auf die Spitze getrieben, so daß einer von ihnen abdanken muß. Viel schwerer wiegt die Tatsache, daß eine weitverbreitete Korruption zur Herbeiführung einer Situation beitragen kann, in der ein Putsch möglich wird und damit ein Regimewechsel, der meistens in eine Diktatur des einen oder anderen Typs führt. Wenn sich sonst jedoch nichts ändert, wird das neue Regime in kurzer Zeit genauso korrupt sein wie das gestürzte.

Die Unmöglichkeit, die Korruption auf der Ebene anzugreifen, wo sie angegriffen werden müßte, um die Anti-Korruptionsanstrengungen zum Erfolg zu führen, wurzelt in der *inegalitären Machtstruktur in unterentwickelten Ländern*. Bevor nicht die Machtstruktur über eine Evolution oder Revolution geändert worden ist, wird es schwierig sein, die Korruption einzudämmen oder auch nur ihre fortgesetzte Zunahme zu verhindern. Man kann beobachten, daß mit dem Beginn eines kommunistischen Regimes gewöhnlich eine wirkungsvolle Auslöschung der Korruption einsetzt, freilich auch oft der Korrupten selbst.[18] Manchmal mag es nicht lange dauern, bis eine neue Bürokratie und eine neue obere Schicht sich bildet, in der es wieder ein gewisses Maß an Vetternwirtschaft und kleinen Korruptionen gibt, wie wir es in der Sowjetunion und in den anderen kommunistischen Ländern in Osteuropa gesehen haben. Die positive Einstellung der Bevölkerung gegenüber einem kommunistischen Regime ist jedoch, wenn die Beseitigung der Korruption als Resultat der kommunistischen Revolution angesehen werden kann, wahrscheinlich zum Teil auf die Tatsache zurückzuführen, daß sie der Bevölkerung zum ersten Male ein inkorruptes Regime bietet.

Wie im Falle der energisch vorangetriebenen Erwachsenenbildung, die ebenfalls eine Folge der kommunistischen Revolution ist, sollte man diese Entwicklung nicht diskreditieren; vielmehr sollte eine solche Reformaktivität von den nichtkommunistischen unterentwickelten Ländern nachgeahmt werden. *Sonst müßten wir die Vorstellung akzeptieren, daß nur der Kommunismus uns von der Korruption befreien kann.*

Die Stärkung der Sozialdisziplin in einem unterentwickelten Lande und die Überwindung der durch den schwachen Staat bedingten Hindernisse und Hemmnisse, die der Entwicklung entgegenstehen,

müssen in dem betreffenden Lande selbst zustande gebracht werden.
Für eine ausländische Unterstützung gibt es in dieser Frage wenig
Spielraum. *Fachkundige Ratschläge zu verschiedenen Problemen
der legislativen und administrativen Reformen können nur gelegentlich eine Rolle spielen.* Die Experten aus den entwickelten Ländern
müssen jedoch dann mit äußerster Sorgfalt ausgesucht werden. Sie
müssen nicht nur gute Juristen und hochqualifizierte Verwaltungs-
experten sein, sondern auch in der Lage sein, sich eine gründliche
Kenntnis der höchst unterschiedlichen Bedingungen eines einzelnen unterentwickelten Landes anzueignen: seine eigentümlichen
Traditionen, die in tiefer Korruption versunken sind; der weitverbreitete Mangel an Loyalität gegenüber der nationalen Gemeinschaft, nicht zuletzt innerhalb eines großen Teils seiner oberen
Schichten, einschließlich der höheren Beamten und Geschäftsleute; und schließlich die große Armut dieser Länder und das
Fehlen einer funktionalen Bildung innerhalb der Massen. Experten in ein unterentwickeltes Land zu schicken, die diese hohen
Qualifikationen nicht aufweisen, hat nicht nur wenig Sinn, sondern
kann darüber hinaus auch von Nachteil sein, wie es bedauerlicherweise an vielen Beispielen zu verfolgen ist.
Zweifellos wäre es auch wichtig, daß die entwickelten Länder ihren
Einfluß geltend machten, *um die unterentwickelten Länder dazu
anzuhalten, ein höheres Maß an sozialer Disziplin einzuführen* und
insbesondere wirksame Maßnahmen gegen die Korruption zu ergreifen. Die Weltbank hat von Anfang an ihren Einfluß in diese
Richtung ausgeübt, und dieser Druck könnte intensiviert werden.
*Einzelne entwickelte Länder des Westens haben jedoch in dieser
wichtigen Frage wenig Prestige einzusetzen,* da sie bedauerlicherweise durch das Verhalten ihrer eigenen Bürger in unterentwickelten Ländern kompromittiert sind. Wie schon erwähnt, sind private
Interessengruppen des Westens in der Regel tief verstrickt in die
Bestechung von Politikern und Beamten in allen unterentwickel-
ten Ländern. Ohne Zweifel *schadet diese Aktivität den langfristigen
Geschäftsinteressen des Westens und den westlichen Ländern selbst.*
In den Augen vieler Intellektueller der unterentwickelten Länder
sind sie ohnehin schon gebrandmarkt, da sie mit der Ausbeutung,
dem Kolonialismus und dem Imperialismus assoziiert werden.[19]
Innerhalb eines großen Teiles der oberen Schichten wird diese
Ansicht noch untermauert durch protektionistische Gefühle angesichts der Tatsache, daß die einheimischen Gewerbe- und Wirt-

schaftszweige, wenn sie mit den Ausländern konkurrieren, die Verlierer sind.

Zu diesen Quellen des Ressentiments kommt hinzu, daß in den Augen dieser Intellektuellen die ausländischen Geschäftsleute sich jetzt zu verschwören scheinen, die Integrität ihrer Politiker und hohen Beamten zu unterlaufen. Die nachteiligen Folgen dieses Verhaltens werden natürlich noch verstärkt, wenn die unilateralen öffentlichen Hilfen des Westens in diesem Lichte betrachtet werden können.

Wenn etwas sicher ist, dann ist es die Tatsache, daß, *kollektiv gesehen, die westliche Geschäftswelt viel zu gewinnen hat, wenn sie ihren unlauteren Wettbewerb in Form von großangelegten Bestechungen aufgibt*. Ich habe über dieses Problem sehr oft mit fortschrittlich denkenden Geschäftsleuten des Westens gesprochen, und im Prinzip stimmten sie mit mir überein.

In dieser Situation *sollten die Länder mit weitsichtigeren Geschäftsleuten und stärkeren Regierungen die Führung übernehmen, indem sie korrupte Praktiken ihrer Bürger im Ausland denselben gesetzlichen Sanktionen unterwerfen, die im eigenen Lande angewendet werden.* Das Bestechen von Beamten ihres eigenen Landes ist gewöhnlich ein schwerwiegendes Delikt. Es gibt also keinen Grund, das Bestechen von ausländischen Beamten ungestraft ausgehen zu lassen. In keinem Lande enthalten die Steuergesetze Freibeträge für im eigenen Lande geleistete Bestechungen. Es gibt also keinen Grund, Bestechungsgelder, die man den Politikern und Verwaltungsbeamten in den unterentwickelten Ländern zukommen läßt, als absetzbare »Geschäftsunkosten« gelten zu lassen.

Es ist letzten Endes *eine moralische Frage für alle Bürger eines Landes, wieweit sie korrupte Praktiken im Auslande zulassen wollen.* Ein besseres Gewissen sollte der westlichen Zivilisation einige Kosten wert sein. Zweifellos würden die Länder, deren Unternehmen dazu übergehen, diese strengen Regeln anzuwenden, im Anfang geschäftliches Terrain verlieren. Es unterliegt aber auch keinem Zweifel, daß ihr »good will« in den Augen integrer Personen in den unterentwickelten Ländern enorm steigen würde. Das könnte sehr bald das verlorene Terrain kompensieren, oder sogar mehr als das.

Diese Haltung würde auch die Länder mit einer lockeren Geschäftsmoral sozusagen als Angeklagte an die Wand stellen, und es ließe sich nicht vermeiden, daß das ganze Problem der großen Bestechungen, deren Empfänger die Politiker und Beamten in den unterentwickelten Ländern sind, offen ans Tageslicht gezogen würde. Die Internationale Handelskammer z. B. könnte dann nicht umhin, diesen Punkt auf ihre Tagesordnung zu setzen. Eine revidierte Haltung westlicher Unternehmer würde ferner dazu beitragen, die heute vorhandenen Hemmungen gegenüber einer gründlichen wissenschaftlichen Untersuchung des gesamten Problems des schwachen Staates und der Korruption in unterentwickelten Ländern zu überwinden.

Kapitel 8
Kein Alibi, sondern eine Herausforderung

Die zahlreichen Hinweise auf *Asian Drama* zeigen, daß praktisch alles, was bisher in Teil 2 über die Notwendigkeit radikaler Reformen in unterentwickelten Ländern gesagt worden ist, in diesem frühen Werk weitaus schlüssiger, detaillierter und mit genauen Quellenangaben entwickelt worden ist. Die schwerfällige Länge des Originalwerkes legte es nahe, einen konzentrierten Schlußteil zu schreiben, in dem die hauptsächlichen politischen Schlußfolgerungen summarisch zusammengefaßt sind. Der vorliegende Band sollte dies leisten, auch wenn er in gewissem Umfang eine Selektion darstellt. Ich habe z. B. das Gesundheitsproblem nicht aufgenommen.[1] Auch die Probleme der Industrialisierung und die Problematik des Handwerks und der »Industrie der Kleinbetriebe«[2] sind nur angerührt worden.

Mein Versuch, die Bedingungen in unterentwickelten Ländern realistisch zu sehen, hat Wesensmerkmale aufgedeckt, die als *ernsthafte Mangelzustände* zu bezeichnen sind – *vom Standpunkt der Entwicklung aus gesehen*. Sie sind der Grund dafür, daß radikale Reformen notwendig sind. Nach meinen Erfahrungen haben diese Schwächen und die Notwendigkeit radikaler Reformen, nachdem auf sie hingewiesen worden war, den entwickelten Ländern des Westens als Rechtfertigung dafür gedient, daß sie ihr Interesse von den Ereignissen in den unterentwickelten Ländern abgewendet und insbesondere die Entwicklungshilfe nicht ausgedehnt, sondern eher zurückgeschraubt haben.

Diese von Reaktionären gezogene Konsequenz hat offenbar die mehr liberal Denkenden irritiert, zu denen die meisten Wissenschaftler zählen, die sich auf Entwicklungsprobleme spezialisiert haben. Tatsächlich hat die Furcht vor einer solchen Konsequenz ihr Denken systematisch beeinflußt. Die optischen Vorurteile in der gesamten Entwicklungsliteratur, die ich kritisiert habe, sind zweifellos untermauert worden durch *die Furcht, daß eine realistischere Analyse der Bedingungen in den unterentwickelten Ländern die Menschen in den entwickelten Ländern entmutigen könnte, sich um ihre Unterstützung zu kümmern.*

Beide Ansichten sind meiner Meinung nach irrational. Die Anerkennung der Tatsache, daß die Situation in den unterentwickelten

Ländern sehr viel ernster ist, als sie von den Wissenschaftlern, die sich mit ihren Problemen befassen, gewöhnlich dargestellt wird, sollte statt dessen die Notwendigkeit einer Unterstützung seitens der entwickelten Länder noch stärker unterstreichen. Sie sollte auch eine sorgfältigere Planung dieser Unterstützung motivieren, damit sie in höchstem Maß ein Entwicklungsanreiz wird. *Eine realistische Einschätzung liefert den entwickelten Ländern sicherlich kein Alibi, sie sollte vielmehr eine Herausforderung sein.*

Es ist wahr, und ich habe es im vorangegangenen Teil von Anfang bis Ende unterstrichen, daß die notwendigen radikalen Reformen *von den unterentwickelten Ländern selbst durchgeführt werden müssen.* Insbesondere müssen sie alle ihre politischen Maßnahmen in den verschiedenen Bereichen so aufzäumen, daß alle eingespannten Kräfte auf das Ziel gerichtet sind, den ökonomischen und sozialen Ungleichheiten entgegenzuarbeiten, die zur Zeit fast überall im Wachsen begriffen sind. Das ist nicht nur aus Gründen der sozialen Gerechtigkeit erforderlich, sondern auch zur Überwindung all der Hindernisse und Hemmnisse, die der Entwicklung entgegenstehen (siehe Kapitel 3).

Sie müssen weiterhin darauf achten, daß die verschiedenen Maßnahmen, die als eine Hilfe für die Armen konzipiert sind, nicht verdreht werden und statt dessen die Reichen begünstigen. Diese Art von Verdrehung, in den unterentwickelten Ländern heute fast schon zur Regel geworden, ist ein Rädchen in der Maschine, die im Interesse einer Stärkung der Ungleichheit arbeitet.

In der Landwirtschaft müssen sie ganz radikal das Verhältnis des Menschen zum Boden so ändern, daß der Mensch die Gelegenheit bekommt und angespornt wird, sich selbst mehr anzustrengen und Kapital zu investieren, soviel er zur Verfügung hat, an erster Stelle jedoch seine Arbeit. Ohne eine Reform der Grundbesitz- und Pachtverhältnisse führt der technologische Fortschritt zu noch größeren sozialen und ökonomischen Spaltungen innerhalb der fortgesetzt und rasch wachsenden landwirtschaftlichen Bevölkerung (siehe Kapitel 4).

Sie müssen die Geburtenregelung bei den Massen verbreiten, was für den größeren Teil der unterentwickelten Welt eine viel schwierigere Aufgabe ist, als in den entwickelten Ländern gewöhnlich angenommen wird (siehe Kapitel 5).

Sie müssen den Ehrgeiz entwickeln, durch organisierte Erwachsenenbildung das Analphabetentum bei der Bevölkerung innerhalb weniger Jahre zu beseitigen. Sie müssen auf gleichermaßen radikale Art ihr Schulsystem neu organisieren und verbessern (siehe Kapitel 6).

Sie müssen ihre Gesetzgebung und ihre Verwaltungen verbessern. Sie müssen ihren Staat konsolidieren und stärken. Sie müssen die Korruption ausmerzen, die sich heute mit wachsender Tendenz ausbreitet (siehe Kapitel 7).

Der Ernst ihrer Situation – und die Rechtfertigung so vieler »muß« – ist durch die Tatsache gekennzeichnet, daß die Reformen eine Voraussetzung für die nationale Konsolidierung und für eine beständige Entwicklung sind, ferner dadurch, daß diese Reformen, wie wir sie gesehen haben, alle auf einen starken Widerstand stoßen, meistens bedingt durch althergebrachte Vorrechte der Oberklasse, die den politischen Bereich auf nationaler wie auf lokaler Ebene zu kontrollieren pflegt.

Wenn man die Bedeutung interner Reformen für die Entwicklung versteht, stellt sich die Frage: Können die entwickelten Länder irgend etwas unternehmen, um den unterentwickelten Ländern die Augen zu öffnen, damit sie die Gründe für Reformen einsehen, und ferner, um sie anzutreiben, die Reformen in Angriff zu nehmen?

Man mag mir verzeihen, daß ich an erster Stelle eine Neuorientierung unserer wissenschaftlichen Arbeit erwähne. So wie die Wissenschaft heute betrieben wird, *ist sie allgemein darauf eingestellt, die Bedingungen in den unterentwickelten Ländern zu verbergen, die geradezu nach radikalen Reformen schreien, zu verschleiern.* Indem sie die Erfassung und die Analyse unbequemer Fakten unterläßt, spielt sie den uneinsichtigen Kreisen der Oberklasse der unterentwickelten Länder in die Hände, die sich den Reformen widersetzen und jeden Reformversuch, der unternommen wird, so verdrehen, daß er mit ihren kurzsichtigen Interessen übereinstimmt. Dabei lägen die Reformen in der Regel in ihrem eigenen langfristigen Interesse (siehe Kapitel 14). So fehlt es an einer Herausforderung zu Reformen, zu der eine ehrliche und gründliche Forschung führen sollte.

Eine vorurteilsfreiere und umfassendere Forschungsbemühung könnte einen unmittelbaren Einfluß auf die politische Landschaft in unterentwickelten Ländern selbst ausüben. Allgemein gesehen, *würden diejenigen progressiven Kräfte, die Forderungen nach radikalen Reformen erheben, mehr Auftrieb erhalten.*

Wenn wir die Frage stellen, wie und in welchem Umfang die entwickelten Länder einen heilsamen Einfluß auf die unterentwickelten Länder ausüben können, so daß sie ihr Interesse auf innere Reformen lenken, sollten wir uns zuerst klarmachen, daß *eine »neutrale« Einstellung der entwickelten Länder gegenüber den internen Problemen der unterentwickelten Länder nicht zu den wählbaren Möglichkeiten gehört.* Wir sind nicht neutral, noch können wir neutral sein. Selbst ohne eine Politik der Unterstützung wäre dem nicht anders. Eine Politik der Unterstützung liefert uns natürlich einen weiteren Grund dafür, unsere Interessen mit den internen politischen Maßnahmen der unterentwickelten Länder zu verbinden. In allen entwickelten Ländern wird die Unterstützungspolitik als Teil der Außenpolitik verstanden, wenn es auch selten so unverblümt zum Ausdruck gebracht wird wie in den verschiedenen Publikationen und den Aktionen des Kongresses der Vereinigten Staaten.

Die nächste Frage lautet: Auf welche Weise und in welche Richtung sollte der Einfluß der entwickelten Länder auf die Politik der unterentwickelten Länder ausgeübt werden? Wir wollen dabei annehmen, daß die Menschen in den entwickelten Ländern die schnellstmögliche Entwicklung der unterentwickelten Länder überall in der Welt wünschen, und ferner, daß diese Entwicklung »ausgeglichen« ist in dem Sinne, daß sie keine ökonomischen Spaltungen schafft, die auf lange Sicht nicht nur Entwicklungshindernisse auftürmen, sondern auch die nationale Konsolidierung und den Frieden im Innern des Landes gefährden könnten. Wenn man von diesen Annahmen ausgeht, sollte eine genauere Kenntnis der Bedingungen in unterentwickelten Ländern die entwickelten Länder veranlassen, soviel wie möglich zu unternehmen, um diejenigen Kräfte in den unterentwickelten Ländern zu stützen, die nach Reformen drängen.

Die Unterstützungsmaßnahmen erhöhen den Einfluß, den die entwickelten Länder auf die unterentwickelten Länder ausüben können, *durch die Auswahl der Länder und der Zwecke, die gefördert werden sollen.* Wenn die Unterstützung sehr stark erhöht wird, wie ich es in Kapitel 11 vorschlagen werde, könnte dieser Einfluß stärker sein.

Vor allem die Weltbank stellt den Entwicklungsländern Kapital

154

zur Verfügung, und ihre gegenwärtige Politik ist darauf gerichtet, ihre Kredite verschiedene Male innerhalb einer kurzen Periode zu erhöhen. Es ist bezeichnend, daß der Präsident der Bank heute die Notwendigkeit einer Bevölkerungskontrolle unterstreicht. Selbst wenn, wie ich in Kapitel 5 gezeigt habe, der Spielraum für eine finanzielle Hilfe in diesem Bereich nicht groß ist – abgesehen von der Bereitstellung der Mittel, die für die Fortsetzung der Forschungsanstrengungen erforderlich sind, um die Technologie der Geburtenkontrolle weiter zu verbessern – und der größere Teil an der Verantwortung auf den Regierungen der unterentwickelten Länder selbst ruht, bleibt noch genügend Spielraum, um in die als richtig erkannte Richtung Druck auszuüben.

Bei der Prüfung der Unterstützungsanträge wird die Weltbank von jetzt an vermutlich berücksichtigen, ob das betreffende Land eine Bevölkerungspolitik betreibt und in welchem Umfang wirksame Maßnahmen zu ihrer Durchführung ergriffen werden. Das ist ein ganz rationaler Gesichtspunkt, selbst von dem begrenzten Blickwinkel der Weltbank als Bank, da die zukünftige Bevölkerungspolitik entscheidend wichtig ist für die ökonomische Entwicklung eines Landes und seiner Möglichkeit, seinen finanziellen Verpflichtungen nachzukommen. Und alle die Teams von Experten, die von der Bank entsandt werden, um die ökonomische Entwicklung der verschiedenen unterentwickelten Länder zu begutachten, werden die Anweisung erhalten, nicht die Frage zu übergehen, wie das Bevölkerungsproblem angepackt wird.

Ebensowichtig ist eine hohe Einstufung des Bildungsfortschritts in der Rangfolge der Prioritäten. Vorausgesetzt, daß die Bank sich von der einseitigen und oberflächlichen Theorie der »Investition in den Menschen« (Bildungsinvestition) befreit und würdigt, daß Bildungsreformen sich um andere Dinge drehen als nur um das Ausgeben von Geldern und die Erhöhung der Anzahl der Schulen und der in die Schulen aufgenommenen Schüler, könnte der von ihr ausgeübte Druck von entscheidender Bedeutung sein. Ein Kapitalzufluß könnte die Bildungsreform ein wenig erleichtern, etwas mehr jedenfalls, als es im Bereich der Bevölkerungspolitik möglich ist (siehe Kapitel 6).

Auf lange Sicht jedoch ist die Bildungsreform wieder von Bedeutung für die Entwicklungsaussichten eines Landes und auf diese Weise für das Abwägen seiner Kreditwürdigkeit; daher sollte die politische Lage eines Landes im Bereich des Erziehungswesens von den Gutachterteams der Bank als wichtiger Faktor angesehen werden.

Die hohe Priorität, die die Bank der Landwirtschaft einräumt, ist ähnlich gut motiviert. Was auch immer die Bank unternehmen kann, um eine fortschrittliche landwirtschaftliche Technologie einzuführen und durchzusetzen, wird von größter Bedeutung sein. Gefährlich wäre es jedoch, wenn sie den technologischen Fortschritt zur Entschuldigung dafür werden ließe, daß die dringend notwendige Bodenreform, gleich welcher Art, in Vergessenheit gerät. Ohne Bodenreform wird die Möglichkeit eingeengt, die Anwendung der neuen Technologie auf breiter Basis zu erreichen. Gleichzeitig würde die Kluft zwischen der Oberklasse und den Massen der ländlichen Bevölkerung vergrößert, was unvorhersehbare Konsequenzen nicht nur für die ökonomische Entwicklung, sondern auch für die soziale und politische Stabilität hätte.

Da die Bank jetzt immer mehr Phantasie entwickelt und entschlossen ist, ihren Einfluß in den unterentwickelten Ländern zugunsten einer progressiven Politik auszuüben, könnte sie tatsächlich noch einen Schritt weitergehen und einige ihrer Hilfsmittel einsetzen, um den unterentwickelten Ländern zu helfen, die Bodenreform durchzuführen. Dieser Beistand käme besonders gelegen, wenn die beabsichtigte Bodenreform die Aufteilung des Bodens oder eines Teils des Bodens unter den Bauern vorsieht oder wenn man zu einer kooperativen oder staatlichen Eigentums- und Betriebsform übergehen will.

Denn wenn, wie es in den meisten unterentwickelten Ländern der Fall ist, eine Bodenenteignung ohne Entschädigung der bisherigen Eigentümer ausgeschlossen ist, steht man einem schwierigen finanziellen Problem gegenüber, das zwangsläufig zu einer Verhinderung oder einem Hinausschieben der Bodenreform führt. Unter der Bedingung bestimmter Änderungen in der Steuergesetzgebung (und Steuereinziehung) dieser Länder *könnte ein Kredit der Weltbank zugunsten der Bodenreform den ganzen Unterschied bedeuten zwischen keiner Reform (oder einer Scheinreform) und einer wirklich effektiven Reform.*

Daß die Weltbank daran interessiert ist, der Korruption entgegenzuwirken und das Prinzip des lauteren Wettbewerbs zu erhalten, hat sie innerhalb ihres begrenzten Wirkungsbereichs mit Erfolg bewiesen (siehe Kapitel 7).

Der nächste Schritt würde darin bestehen, daß sie in ihren Recherchen und allgemein in ihren Kontakten mit unterentwickelten Ländern Gewicht auf die Frage legt, was diese Länder unternehmen oder nicht unternehmen, um die Gesetzgebung und die Verwaltung zu verbessern und so den Staat zu stärken, insbesondere, um die Korruption, die Vetternwirtschaft und alle Spielarten der Günstlingswirtschaft auszumerzen.

Es sollte hervorgehoben werden, daß eine wirksame Durchführung der von der Bank verkündeten Politik, in diesen und anderen Bereichen, sich nicht auf einen freundlichen pädagogischen Rat beschränken könnte, so wichtig dieser auch sein mag. Es läßt sich nicht vermeiden (und darf auch nicht vermieden werden), daß sich die Politik der Bank *in der Auswahl der Länder spiegelt, die Kredite erhalten sollen, in der Höhe der Kredite und in den Zweckbestimmungen.*

Ich habe das Problem im Hinblick auf die Aktivität der Internationalen Bank für Wiederaufbau und Entwicklung erörtert. Die Regierungen der einzelnen entwickelten Länder sollten sich jedoch, wenn sie ihre unilateralen öffentlichen Hilfsmaßnahmen festlegen, von genau denselben Überlegungen leiten lassen. Die Vision, die uns vor Augen steht, ist *eine enge Kooperation zwischen den entwickelten Ländern des Westens und den progressiven Kräften in unterentwickelten Ländern.* Es kann nicht bestritten werden, daß eine solche Kooperation im langfristigen Interesse sowohl der entwickelten als auch der unterentwickelten Länder läge.

Wie in Kapitel 3 hervorgehoben, zieht die Passivität der Massen und das Fehlen jeglicher Reformbestrebungen in einem unterentwickelten Land fast mechanisch westliche Interessengruppen an, die Absatzmärkte und Anlagemöglichkeiten in unterentwickelten Ländern suchen. Ihre natürlichen Verbündeten sind die Oligarchien. *Das ist eine direkte Fortsetzung der Kolonialpolitik und tatsächlich die Rechtfertigung für das Etikett »Neokolonialismus«, das man den westlichen Unternehmen oft aufdrückt.*

Darüber hinaus kann man beobachten, daß westliche Geschäftsleute, so liberal sie in ihren Heimatländern eingestellt sein mögen, wenn sie in einem unterentwickelten Lande operieren, dazu neigen, soziale und politische Reaktionäre zu werden. Viele von ihnen unterstützen ein diktatorisches Regime der oberen Klasse, das jegliche Opposition unterdrückt, mag es auch noch so ausbeuterisch sein. Mit einem solchen Regime zu verhandeln erleichtert die geschäftlichen Unternehmungen, die in jedem unterentwickelten

157

Lande schwierig genug sind. Diese Einstellung ist zwar verständlich, aber sie kann verheerende Folgen haben, nicht zuletzt für ihre eigenen Interessen.

Viele Unternehmer tragen auch eine historische Last: rücksichtslose Ausbeutung, Korruption und selbst offener Betrug in früheren Zeiten, als die Unternehmen gegründet, als Grundbesitz und Konzessionen erworben wurden. Diese historische Ladung explodiert dann und wann, wie das Beispiel der politischen Reaktion in Peru gegenüber den amerikanischen Ölgesellschaften zeigt. Es gibt jedoch viele potentielle Skandale, deren Explosion verhindert werden muß, indem man sich den Oligarchien eng anschließt und sie besticht. So sieht die Situation sehr oft in Lateinamerika aus, wo es kein Kolonialregime gegeben hat, das exzessive Mißbräuche verhindert hätte.

In der Diskussion über die Hilfe für unterentwickelte Länder ist die Forderung unterstrichen worden, in erhöhtem Maße Hilfsmittel für ihre Entwicklung bereitzustellen. Das ist keine Streitfrage für mich. Bevor ich jedoch die Diskussion über Hilfsmaßnahmen, den Handel und die Kapitalströme aufgreife, muß ich einige schwerwiegende Mängel in der Art und Weise, die ökonomische Entwicklung zu definieren und zu quantifizieren, einer Kritik unterziehen.

Entwicklung wird gewöhnlich als ökonomisches Wachstum verstanden – nationales aggregiertes Wachstum der Produktion oder des Einkommens. Es sei jedoch daran erinnert, daß die Nationalökonomen schon immer, und seit John Stuart Mill systematischer, zumindest im Hinblick auf die Verteilung des Reichtums und des Einkommens eine Einschränkung machten. In den letzten Jahren drohte diese wichtige Einschränkung aus den Analysen der ökonomischen Entwicklung in unterentwickelten Ländern zu verschwinden.

Es gibt aber noch viele andere Dimensionen, die übergangen werden, wenn wir Entwicklung einfach mit dem Wachstum der Produktion oder des Einkommens gleichsetzen. Das soziale System ist komplex und besteht aus einer großen Anzahl kausal aufeinander bezogener Bedingungen.[3] Bei aller Willkür, die sämtlichen Indizes gemeinsam ist, könnte die Bewegung des sozialen Systems interdependenter Bedingungen prinzipiell durch einen Index dargestellt werden.

Die Daten für die Veränderungen in allen Bedingungen zu erhalten und sie vom Standpunkt sinnvoller Wertungen aus abzuwägen, liegt natürlich weit außerhalb der gegenwärtigen Möglichkeiten. Wir sollten jedoch die wichtige Feststellung treffen, daß – wie wir durch eine Prüfung der Schlußfolgerungen leicht herausfinden können –, *was wir tatsächlich unter Entwicklung verstehen, die Aufwärtsbewegung des gesamten Sozialsystems ist.*

In der gegebenen Situation ist es aber vertretbar, sich auf irgendeine Form der Entwicklung zu beziehen, die leichter zu objektivieren und zu quantifizieren ist als der Idealindex. Die Wachstumsrate des Sozialproduktes oder des Volkseinkommens pro Kopf der Bevölkerung ist dann die natürliche Wahl.[4] Wir sollten gleichwohl nicht vergessen, daß wir dann nur einen groben und leicht zu handhabenden *Indikator* für die weitaus komplexeren Veränderungen innerhalb des gesamten sozialen Systems haben, die wir eigentlich ermitteln wollen. Diese Einschränkung ist in den gewöhnlich gebrauchten »Definitionen« der Entwicklung weder enthalten noch in jedem Fall berücksichtigt.

Weit alarmierender aber ist die Verwendung dieser Entwicklungsdefinition in den Plänen und in der gesamten Literatur. Die Diskussion stützt sich in der Regel *auf Zahlen über die Steigerung des Sozialproduktes oder des Volkseinkommens, für die es keine genügende empirische Basis gibt.* Diese Zahlen für das Wirtschaftswachstum haben oft eine oder auch zwei Dezimalstellen hinter dem Komma – was einem Hundertstel von einem Prozent entspricht! Außerdem werden Ländervergleiche gewöhnlich auf der Basis des amtlichen Wechselkurses für den amerikanischen Dollar angestellt. Bei all den verschiedenen Devisen- und Importkontrollen in den meisten unterentwickelten Ländern und bei all den Unterschieden in allen anderen relevanten Bedingungen ist das natürlich nicht vertretbar. Doch selbst ein Hinweis auf die Bedeutung dieses Problems fehlt in der Regel.

In *Asian Drama* habe ich kritisch überprüft, wie die Zahlen für das Sozialprodukt oder das Volkseinkommen in den südasiatischen Ländern zustande kommen.[5] Da die verwendeten Begriffe jeder Wahrheit entbehrten und das Grundmaterial grobe Mängel aufwies, gelangte ich zu folgender Schlußfolgerung: »*Daß diese Zahlen überhaupt irgendeine genaue Bedeutung haben, ist zweifelhaft; wir sehen keine Möglichkeiten, die Fehlerbreiten auch nur grob ab-*

zuschätzen.« Die Untersuchungen, die ich mit den Bestandteilen der summierten Daten anstellte, lieferten einen glatten Beweis für die beträchtliche Inadäquatheit dieser Daten.[6] Die allgemein zitierten Zahlen für die Sparrate mußten als völlig wertlos beurteilt werden.[7] Mein Versuch, die regelmäßig angestellten Vergleiche des Sozialproduktes oder des Volkseinkommens der verschiedenen unterentwickelten Länder in Südasien, die auf der Basis des amtlichen Wechselkurses für den amerikanischen Dollar errechnet waren, zu korrigieren, indem ich die Zahlenwerte auf die Basis des jeweiligen Preisniveaus zurückführte, illustriert die außergewöhnliche Grobheit dieser Art Statistik.[8]

Wir Nationalökonomen schneiden im Vergleich mit den Demographen schlecht ab. Ihr Begriffsapparat ist zwar einfacher, und sie verfügen über ausgezeichnete Instrumente, ihre Daten im Hinblick auf ihre innere Konsistenz mit dem Bevölkerungsmechanismus zu kontrollieren[9], denen wir nichts Gleichwertiges entgegenstellen können; dennoch haben sie wissenschaftliche Disziplin geübt und immer wieder den Unsicherheitsfaktor in ihren Daten und Berechnungen charakterisiert.

Es gibt ein Buch, das zur Zwangslektüre für die Hunderte oder Tausende von Nationalökonomen erklärt werden sollte, die sich heute in das Unternehmen der Erforschung unterentwickelter Länder stürzen; es handelt sich um Oskar Morgensterns klassische Studie *On the Accuracy of Economic Observations*.[10] Selbst bei der Untersuchung der vergleichsweise sehr stark verfeinerten Statistiken der Vereinigten Staaten findet er Gründe, davor zu warnen, die Wachstumsziffern für kurze Perioden als zuverlässig zu unterstellen, es sei denn innerhalb beträchtlicher Unsicherheits- und Fehlerbreiten. Die Statistiken über internationale Vergleiche »gehören zu den im höchsten Maße unsicheren und unzuverlässigen Statistiken, mit denen das Publikum konfrontiert wird ... Das ist ein Bereich, in dem die politischen Gesichtspunkte in überragender Weise dominieren und wo der Mangel an kritischer Einschätzung besonders nachteilig ist.«[11]

Aus dem bisher Gesagten müssen verschiedene Schlußfolgerungen gezogen werden. Die erste lautet, daß *wir die Sicherheit anderer Nationalökonomen nicht teilen dürfen, die aufgrund der unkritischen Verwendung der vorhandenen Statistiken über das Wachstum der Produktion oder des Einkommens genau zu wissen meinen, ob und mit welcher Wachstumsrate verschiedene oder fast alle unter-*

entwickelten Länder sich entwickelt haben, sich zur Zeit entwickeln oder sich weiterhin entwickeln werden.

Eine andere Schlußfolgerung besagt, daß *der Verbesserung der Statistiken in den unterentwickelten Ländern bei weitem zuwenig Aufmerksamkeit gewidmet worden ist.* Diese Arbeit sollte in erster Linie darauf gerichtet sein, die verwendeten Begriffe zu klären und den »Beobachtungen« auf statistischer Basis einen höheren Genauigkeitsgrad zu verleihen.

Eine dritte Überlegung, die sich dem kritischen Betrachter aufdrängt, ist die, daß die oberflächliche und in großem Ausmaß willkürliche Verwendung von extrem schlechten Statistiken es den Nationalökonomen erleichtert hat, an der einseitigen Nachkriegsmethode für die Entwicklungsprobleme festzuhalten und sich nicht durch Empirie korrigieren zu lassen.

Teil 3
Die Verantwortung
der entwickelten Länder

Kapitel 9
Handelsströme und Kapitalbewegungen

I. In kolonialen Zeiten und heute

Daß die entwickelten Länder in allen ihren Beziehungen zu unterentwickelten Ländern deren Wohlfahrt und ökonomischer Entwicklung besondere Beachtung schenken sollten, daß sie sich sogar darauf einstellen sollten, eine Art Kollektivverantwortung für ihre Unterstützung zu empfinden, ist *eine völlig neue Vorstellung, die in der Zeit nach dem Zweiten Weltkrieg aufgekommen ist.*
Die Auflösung des Kolonialsystems und das Aufwachen eines nationalen Ehrgeizes in Ländern, die wohl formal, jedoch nicht wirklich unabhängig waren, bedeutete, besonders im Hinblick auf Lateinamerika, daß die entwickelte Welt des Westens plötzlich einer Vielzahl neuer, unabhängiger Staaten gegenüberstand. Sie waren alle sehr arm, und sie hatten offensichtlich große Schwierigkeiten, die Entwicklung anzukurbeln, die von jenen, die für sie sprachen und Entscheidungen trafen, sehnlichst herbeigewünscht wurde.
Das Kolonialsystem hatte bis dahin dem Gewissen der entwickelten Welt des Westens als Schutzschild gedient. Mochten die Völker unter der Kolonialherrschaft auch genauso arm und entwicklungsbedürftig sein wie heute, so lag doch die Verantwortung für das, was dort geschah, ausschließlich bei einigen wenigen, meistens westeuropäischen Staaten, die sie beherrschten.

Es war tatsächlich keinerlei politische Basis für irgendein Maß an kollektiver Verantwortung seitens der entwickelten Nationen des Westens vorhanden. Wenn ich mich in diesem und dem folgenden Kapitel in kritischer Weise damit beschäftige, was jene Länder unternehmen oder nicht unternehmen und was sie unternehmen sollten, um den unterentwickelten Ländern zu helfen, müssen wir uns daran erinnern, wie jung die Idee einer solchen Unterstützung ist. Vor dem Zweiten Weltkrieg war sie noch kaum irgendwo anzutreffen. Erst neuerdings findet eine solche Verantwortung wachsende Anerkennung. Vielleicht sollten wir uns deshalb nicht entmutigt fühlen, wenn wir die Zukunft der internationalen Beziehungen ins Auge fassen.

Der Grund, warum die unterentwickelten Länder einer besonderen internationalen Aufmerksamkeit bedürfen, liegt gerade in der Tatsache, daß sie unterentwickelt sind, an äußerster Armut leiden und in ihren Entwicklungsversuchen großen Schwierigkeiten begegnen. In diesem Kapitel versuche ich zu analysieren, warum die internationalen Handels- und Kapitalbeziehungen den Entwicklungsanstrengungen so erschreckend wenig genützt haben.

II. Eine einseitige theoretische Betrachtungsweise

Die Theorie des internationalen Handels ist nicht entwickelt worden, um die Gegebenheiten der Unterentwicklung und die Notwendigkeit der Entwicklung zu erklären. Man könnte eher sagen, daß dieses eindrucksvolle Gebäude abstrakter Argumentation implizit den entgegengesetzten Zweck verfolgte, nämlich *das internationale Gleichheitsproblem wegzuerklären*.[1]

Wenn wir die Theorie des internationalen Handels immanent kritisieren, stoßen wir zunächst auf die ihr eigene einseitige Betrachtungsweise, die sich in der unrealistischen Annahme eines stabilen Gleichgewichtes manifestiert, dazu in einer Anzahl anderer Annahmen, die mit der ersten zusammenhängen. Eine andere unrealistische Annahme ist die Vorstellung, daß es bestimmte Elemente der sozialen Realität gibt, die als »ökonomische Faktoren« charakterisiert werden können, und daß es vertretbar ist, den internationalen Handel unter Außerachtlassung aller anderen Faktoren zu analysieren.

Diese Annahmen bereiteten den Weg zu ideologischen Voreingenommenheiten, die seit den Klassikern in der gesamten ökonomischen Theorie tief eingebettet sind, besonders jedoch in der Theorie des internationalen Handels. Diese Voreingenommenheiten – Interessenharmonie, *laissez-faire* und Freihandel[2] – bestimmen die Betrachtungsweise der zeitgenössischen Nationalökonomen weit stärker, als es ihnen bewußt zu sein pflegt.

Auf diese Weise vorbelastet, entwickelte die Theorie des internationalen Handels den Gedanken, daß der Handel auf die Angleichung der Faktorpreise und der Einkommen hinarbeite, an erster Stelle auf die der Arbeitslöhne.[3] Der Handel ermögliche es der industriellen Aktivität sich den örtlichen Gegebenheiten in bezug auf Bodenschätze und Bevölkerungsreserven in den verschiedenen

Ländern und Gegenden anzupassen, und daraus ergebe sich ein allgemein nivellierender Effekt auf die Einkommen in allen Teilen der Welt.

Zwei meiner Landsleute, Professor Eli P. Heckscher und Professor Bertil Ohlin, vollendeten diese klassische Theorie lange vor dem Zweiten Weltkrieg, indem sie der Beweisführung außer der Arbeit noch andere Produktionsfaktoren zugrunde legten. Sie haben auch die wesentliche Schlußfolgerung über die nivellierenden Effekte des Handels ausdrücklicher formuliert. Nach ihnen haben die Ökonometriker, besonders in den Vereinigten Staaten, ein lebhaftes Interesse an dieser Frage entwickelt und mit vielen Finessen errechnet, wie sich diese Tendenz der Nivellierung der Faktorpreise unter sehr spezifischen abstrakten und gewöhnlich statischen Bedingungen in den verschiedenen Ländern realisiert.

Was wir hier beobachten können, ist tatsächlich etwas Seltsames. Das internationale Gefälle der Einkommen hat sich lange Zeit hindurch verschärft, und dieser Prozeß ist noch im Gange. Seit der lawinenartigen Liquidierung der kolonialen Machtstruktur Ende des Zweiten Weltkrieges ist die Entwicklung in Richtung auf eine Zunahme der Ungleichheit ein immer dringlicheres Problem der internationalen Politik geworden. Ausgerechnet in diesem kritischen Zeitpunkt der Weltgeschichte beteuert die Theorie des internationalen Handels, daß der internationale Handel eine Tendenz zur schrittweisen Nivellierung der Einkommen innerhalb der verschiedenen Länder auslöse – unter Voraussetzungen, die offensichtlich unrealistisch sind und jeder Erfahrung zuwiderlaufen.

Der Leser dieses Buches wird nicht überrascht sein, wenn ich diese seltsame *Richtung theoretischen Interesses* – und insbesondere das fast völlige Fehlen eines Interesses bei den Wirtschaftstheoretikern, die auf dem Gebiet des internationalen Handels arbeiten, die vorhandenen und wachsenden Ungleichheiten in der Welt zu erklären – als *ein Vorurteil* charakterisiere, das den Menschen in den entwickelten Ländern opportun ist. Es wurzelt viel tiefer in der Geschichte des ökonomischen Denkens als die meisten anderen Vorurteile, die in der Nachkriegsmethode wirksam sind.

Dieser Vorurteilsgebundenheit der Theorie des internationalen Handels – und ihre Vorliebe für Interessenharmonie, *laissez-faire* und Freihandel – hat zweifellos die Art und Weise beeinflußt, in der die Probleme der unterentwickelten Länder gewöhnlich diskutiert, die Menschen und Regierungen dieser Länder beraten werden. So war es jedenfalls, bis die unterentwickelten Länder vor einigen Jahren zusammenfanden, um sich über ihre Handelspositionen und die Handelspolitik der entwickelten Länder zu beklagen. Das Ergebnis war die Institution der *United Nations Conference on Trade and Development* (UNCTAD), die 1964 trotz des Widerstandes der entwickelten Länder gegründet wurde.

Viele Stellungnahmen und Maßnahmen, die in früheren Zeiten von den zwischenstaatlichen Organisationen im Bereich des Handels ausgegangen waren – dem *International Monetary Fund* und dem *General Agreement on Tariffs and Trade* (GATT) –, lassen sich nur durch die unrealistische und voreingenommene Theorie des internationalen Handels erklären, die auch weitgehend daran schuld ist, daß die Regierungen und Bevölkerungen in den entwickelten Ländern in der Regel ein viel weniger schlechtes Gewissen im Hinblick auf den Handel als im Hinblick auf Hilfsmaßnahmen empfinden.

Tatsache ist, daß im Gegensatz zu dieser Theorie *der internationale Handel – und der Kapitalstrom – im allgemeinen dahin tendiert, Ungleichheit zu erzeugen, und daß diese Tendenz sich um so stärker durchsetzt, wenn substantielle Ungleichheiten bereits etabliert sind.* Die unregulierten Kräfte des Marktes arbeiten *nicht* in Richtung auf einen Gleichgewichtszustand, der einen Trend zur Nivellierung der Einkommen implizieren könnte. Aufgrund von Spiraleffekten wird ein Land, dessen Produktivität und Einkommen überlegen sind, seine Überlegenheit tendenziell erhöhen, während ein Land, das auf einem unterlegenen Niveau steht, auf diesem Niveau zurückgehalten wird oder sogar noch weiter abfällt – solange die Entwicklung dem freien Spiel der Kräfte des Marktes überlassen bleibt.

Das überlegene Land wird ständig mehr »external und internal economies« erwerben. Und von jedem Wachstumszentrum gehen Rückstoßeffekte auf die Länder an der »Peripherie« aus, so wie das Wasser von dem Schaufelrad eines Dampfers zurückgeworfen wird. Diese ungünstigen Auswirkungen sind in der Regel desto stärker, je niedriger das Einkommensniveau, das Bildungsniveau und eine Anzahl anderer Faktoren sind, die, da die ökonomische Theorie sie außerhalb der Betrachtung stellte, »außerökonomische Faktoren« genannt worden sind. Andererseits ist die Ausbreitungstendenz des Wachstumszentrums desto geringer, je niedriger das Einkommensniveau, je größer die Armut ist.

Wir können diese Wirkungsweise der Kräfte des Marktes auch innerhalb eines Landes sehen.[4] Eine »Wachstumsstelle«, die durch die Niederlassung einer Fabrik oder durch andere expansive Kräfte geschaffen wird, zieht ihrerseits andere Geschäftszweige, gelernte Arbeitskräfte und Kapital an. Aufgrund desselben charakteristischen Merkmals wird diese Wachstumsstelle Rückwirkungen haben, durch welche die außerhalb gelegenen Gebiete auf einem niedrigen Niveau stehenbleiben oder sogar verarmen, wenn die Ausbreitungseffekte nicht stark genug sind. Diese Theorie wird bestätigt durch die offensichtliche Tendenz der ärmeren Länder, stärkere regionale Einkommensunterschiede zu haben als reichere Länder.

Wenn diese Unterschiede innerhalb der hochentwickelten Länder abflachen, so liegt das erstens daran, daß auf einem höheren Lebensstandard die Übergreifeffekte stärker und die Rückstoßeffekte schwächer werden, und zweitens daran, daß der Staat in das Spiel der Kräfte des Marktes eingreifen kann und tatsächlich interveniert. Im internationalen Rahmen sind die unterentwickelten Länder in einer schwächeren Position als die unterentwickelten Gebiete in einem einzelnen Land, einfach deshalb, weil ein Weltstaat nicht existiert, der Gesetze erlassen, Steuern erheben, Subventionen gewähren, unterentwickelte Länder schützen und fördern könnte, wie es der Staat in einem einzelnen Lande tut.

In den Kolonialzeiten haben die überlegenen und oft billigeren Produkte der entwickelten Länder die Produkte der alten Handwerkszweige und der traditionellen Industrie in den unterentwickelten Ländern auskonkurriert, ohne neue Märkte für irgendwelche verarbeitete Produkte von ihnen zu öffnen. Auch die Kapitalströme konnten nicht als ein Mittel angesehen werden, um den internationalen Ungleichheiten entgegenzuwirken: sie machten meist einen Bogen um die unterentwickelten Länder.

Gewiß, das Kapital war knapp in jenen Ländern. Der Kapitalbedarf stellte jedoch kaum eine effektive Nachfrage dar, die auf dem Kapitalmarkt hätte konkurrieren können. Die Masse der europäischen Kapitalexporte ging in Niederlassungen in den gemäßigten Zonen, die durch Einwanderungen aus Europa bevölkert wurden. Gleichwohl gab es einige Kapitalexporte, die in die Anlage von Eisenbahnen und Häfen und in andere öffentliche Versorgungseinrichtungen flossen; es handelte sich dabei um Investitionen, die durch politische Maßnahmen der Kolonialregierungen abgesichert waren (in Lateinamerika durch andere Mittel). Im Gegensatz zu Marx' Vorhersage für Indien gab die Anlage eines Eisenbahnnetzes nicht das Startzeichen für den Aufbau einer Stahlindustrie oder für industrielle Revolution.[5] Die für diese Investitionen erforderlichen Sach- und Kapitalgüter konnten aus den entwickelten Ländern importiert werden, und das war viel ökonomischer.

Ein etwas spärlicher fließender Kapitalstrom fand seinen Weg in Investitionen in Großunternehmen, die sich auf die Produktion von Primärgütern für den Export spezialisiert hatten und gewöhnlich so rentabel waren, daß sie sehr bald Gewinne abwarfen. Aus naheliegenden Gründen neigten diese Unternehmen aber dazu, Enklaven zu bilden, isoliert von der sie umgebenden Wirtschaft, jedoch eng verbunden mit der Wirtschaft des entwickelten Landes, aus dem das Kapital und das Management kamen. Die ökonomischen Beziehungen zur einheimischen Wirtschaft beschränkten sich in der Hauptsache auf die Beschäftigung ungelernter Arbeiter. Die ausländischen Unternehmen importierten nicht nur ihre Kapitalausstattung, sondern das ausländische Personal gab oft auch einen großen Teil seines Einkommens für importierte Konsumgüter aus oder transferierte es in die Heimat. Das beschnitt die Übergreifeffekte in dem Lande, in dem diese Unternehmen angesiedelt waren.

Die rassischen und kulturellen Unterschiede und der sehr viel niedrigere Lebensstandard machten die Segregation zu einer ganz natürlichen Konsequenz, sowohl innerhalb der Enklaven selbst in den Beziehungen zwischen Managern und Arbeitern als auch gegenüber dem Rest der Bevölkerung. Die Segregation behinderte die Übertragung der westlichen Kultur – einschließlich technischer Kenntnisse und Unternehmungsgeistes – auf die einheimische Bevölkerung. Das erklärt zum Teil, warum diese ökonomischen Anfänge in den Kolonialzeiten auf Enklaven beschränkt blieben und warum der Expansionsfunke so wenig oder gar nicht zündete. Der Haupteffekt des internationalen Handels auf die unterentwickelten Länder war demnach, ihre Produktion von Primärprodukten für den Export zu fördern, wobei ungelernte Arbeitskräfte beschäftigt wurden, *und dies bestimmt noch weitgehend die Struktur ihrer Wirtschaft.*

Siebzig oder achtzig Prozent und manchmal noch mehr ihres Exportes bestehen heute aus Primärprodukten.

Dieses stark schematisierte[6] Bild der Ereignisse in den unterentwickelten Ländern in den Kolonialzeiten soll zeigen, daß diese Entwicklung bzw. dieses relative Fehlen einer Entwicklung jenen Ländern nicht so sehr durch eine abwegige Politik der Kolonialmächte aufgezwungen wurde, sondern vielmehr *das natürliche Ergebnis des freien Spiels der Marktkräfte war, die dahin tendierten, die Ungleichheit zu verstärken.*

Die ausländischen Geschäftsleute und Regierungen, die ihren kommerziellen Vorteil daraus zogen, »spielten das Spiel« natürlich nur, solange es sich auszahlte. Sie führten Gesetz und Ordnung ein, errichteten Schulen jenes Typs, den wir in Kapitel 6 beschrieben haben, legten Eisenbahnnetze und Häfen an, gründeten Banken und andere kommerzielle Unternehmen – in erster Linie in ihrem eigenen Interesse, aber auch im Interesse der von ihnen regierten unterentwickelten Länder. Wo es eine formale Kolonialregierung gab, regulierten sie in gewissem Umfang die Marktkräfte, indem sie allzu skandalösen Abweichungen von den Regeln der Geschäftsmoral einen Dämpfer aufsetzten. Viele lateinamerikanische Länder, die niemals den Vorteil einer derartigen Kontrolle durch ein Mutterland genossen haben, leiden noch heute unter den Folgen.

Aber den Hauptnutzen aus dem Spiel der Marktkräfte zogen die Kolonialmächte und ihre Geschäftsleute. Die Metropolen waren natürlich daran interessiert, die abhängige Kolonie als Absatzmarkt für die Produkte ihrer eigenen Industrie zu schützen, manchmal auch ihren eigenen inländischen Markt vor der Konkurrenz der Kolonie zu schützen. In ähnlicher Weise waren sie daran interessiert, sich billige Primärgüter zu beschaffen und sogar zu investieren, um diese Primärgüter in genügender Menge und mit niedrigen Kosten zu produzieren.

In allen diesen und vielen anderen Hinsichten *bedeutete der Kolonialismus in erster Linie eine Stärkung der Marktkräfte.* Es war das Ergebnis eines Spiraleffektes und gab diesem wiederum neue Impulse und einen eigentümlichen Charakter, so daß er unentwegt in Richtung auf eine internationale Ungleichheit wirkte.

Die Marktkräfte arbeiteten nicht, wie es in der abstrakten ökonomischen Theorie unterstellt wird, unter der Voraussetzung eines freien Wettbewerbs. Es gab viele monopolistische Elemente, die fast immer zugunsten der Unternehmen des Mutterlandes arbeiteten und gewöhnlich von der Kolonialregierung nicht nur geduldet, sondern sogar noch gefördert wurden. In diesem Kapitel schließe ich sie in den Begriff »Marktkräfte« mit ein.

Dieser Prozeß ist weiterhin im Gange. Die Entkolonisierung an sich hat an dieser Situation nicht viel geändert. *Die unterentwickelten Länder sind auch heute noch weitgehend dem Spiel der Marktkräfte preisgegeben,* die, eben wegen ihres Status der Unterentwicklung, ihren Entwicklungsanstrengungen abträglich sind.

Zwei wichtige Einschränkungen müssen jedoch gemacht werden. Die erste lautet, daß *die unterentwickelten Länder nach Erreichung der Unabhängigkeit die Chance gewonnen haben, im Interesse ihrer eigenen Entwicklung gezielte Eingriffe in das Spiel der Marktkräfte zu planen.* Das ist eine entscheidende Veränderung gegenüber dem Kolonialstatus, der sie des Rechts beraubt hatte, ihre Wirtschaft in ihrem eigenen Interesse zu regulieren.

Was die unterentwickelten Länder jedoch in den letzten Jahren gelernt haben, ist, daß eine nationale Planung sie weder rasch noch wirkungsvoll aus der ökonomischen Abhängigkeit und Armut heraushebt. Und das würde selbst dann noch zutreffen, wenn ihre Planung und die Durchführung dieser Planung effektiver wären, als sie es meistens sind, und sogar dann, wenn sie bereit wären, die radikalen Reformen, die im Interesse der Entwicklung notwendig sind, tatsächlich durchzusetzen.

Die zweite Einschränkung bezieht sich noch enger auf den Anfangszustand der Unterentwicklung. Sie können nur in ihre eigene unterentwickelte und arme Wirtschaft eingreifen, und diese Wirtschaft ist in hohem Maße abhängig von der übrigen Welt und speziell von den Marktverhältnissen und der Politik der entwickelten Länder, die den Welthandel und die Weltfinanz beherrschen.

III. Der Handel

In der nachkolonialen Ära hat sich die Handelsposition der unterentwickelten Länder, mit großen Unterschieden in Einzelfällen, rückläufig entwickelt, und diese Rückläufigkeit wird sich wahrscheinlich noch fortsetzen, wenn nichts unternommen wird, um die Tendenzen zu verändern.[7] Das gilt in erster Linie für den weit größeren Teil der unterentwickelten Welt, wo Ölfelder und einige andere Mineralstoffe, deren Nachfrage in den entwickelten Ländern plötzlich und rapide gestiegen ist, nur in unbedeutendem Umfang oder überhaupt nicht vorkommen.

Dieser bedauerliche Trend ist weitgehend auf die überkommene Wirtschaftsstruktur der unterentwickelten Länder zurückzuführen, besonders auf die Zusammensetzung und die Richtung ihrer Exporte, und es ist bisher nicht möglich gewesen, diese aus der Kolonialzeit stammenden Faktoren wesentlich zu ändern.

Seit dem Ende des Ersten Weltkrieges ist der Anteil der traditionellen Exporte aus den unterentwickelten Ländern, meistens Rohstoffe, im Rahmen des Welthandels ziemlich rapide geschrumpft. Südasien, das einen sehr großen Teil der unterentwickelten Welt darstellt, ist durch diese Trendänderung besonders hart getroffen worden.[8]

Für den Kautschuk – der eigentlich zu den Gütern gehören sollte, die sich einer rapide steigenden Nachfrage erfreuen – ebenso wie für Textilien und deren Rohstoffe hat die moderne Technologie in den entwickelten Ländern serienmäßig hergestellte Substitutionsprodukte geschaffen. Es ist möglich und sogar wahrscheinlich, daß bald auch andere traditionelle Exportgüter wie Kaffee, Tee, Kakao und vielleicht einige Metalle (siehe Kapitel 2) von dieser technologischen Entwicklung erfaßt werden. Ganz allgemein tendiert die Technologie dazu, die Quantität der für die Produktion von Fertigerzeugnissen benötigten Rohstoffe zu senken.

Gleichzeitig stoßen die Versuche, beim Export von Industriegütern mit den hochentwickelten und industrialisierten Ländern in Konkurrenz zu treten, auf ungeheure Schwierigkeiten. Ihre etablierten Industrieunternehmen halten die Märkte fest im Griff. Sie haben ein Netz von Handelsverbindungen geknüpft, ihre industriellen Großbetriebe verfügen über ein System von Niederlassungen in aller Welt, ihre aufwendigen Forschungsabteilungen garantieren eine fortgesetzte Rationalisierung der Produktion und Verbesserung der Produkte, und ihre weitverzweigten Vertriebseinrichtungen informieren sie ständig über den Bedarf ihrer Kunden, über deren Präferenzen und Veränderungen auf dem Markt. Ausländische Absatzmärkte jenen wegzunehmen, die sie beherrschen, ist selbst für Unternehmen schwierig, die über die beste Ausrüstung verfügen. Für Unternehmen in unterentwickelten Ländern häufen sich die Schwierigkeiten durch die Knappheit an Führungskräften, Technikern und Arbeitern, durch den Mangel an Kapital und Geschäftssinn, der mit einer fortschrittlichen Technik

173

so eng verbunden ist, und durch den Mangel an Erfahrung in der Massenproduktion mit hohem Qualitätsstandard.

In einigen Fällen sollte die billige Arbeitskraft diesen Ländern einen Kostenvorteil bescheren. Gleichwohl führen die mangelnde Leistungsfähigkeit sowohl der Arbeits- als auch der Führungskräfte und das Fehlen spezialisierter Hilfseinrichtungen oft dahin, daß die Kosten je Produktionseinheit steigen und so, wenigstens zum Teil, die niedrigen Lohnsätze je Zeiteinheit aufheben.

Während die Exportaussichten nicht rosig sind, steigt der Importbedarf, ebenso steigen auch die tatsächlichen Importe, aus zwei Gründen: wegen des Bevölkerungswachstums und der Entwicklungsanstrengungen seit dem Zweiten Weltkrieg. Das rapide Bevölkerungswachstum erhöht den Bedarf einer Reihe von Dingen, in erster Linie den Bedarf an Nahrungsmitteln, der zu einem Anstieg der Importe in den Defizitländern führt, während die Exporte in die Überschußländer abnehmen. Die Entwicklungsanstrengungen erhöhen überall den Importbedarf an Entwicklungsgütern der verschiedenen Arten.

IV. Die Kapitalbewegungen

Diese Entwicklungen führten fast überall in der unterentwickelten Welt zu *einer wachsenden Lücke zwischen dem Importbedarf und den tatsächlichen Exporterlösen.* Und da die Exportschwierigkeiten unvermindert anhielten, mußte der Importbedarf gekürzt werden, mit der Folge, daß die Entwicklungsanstrengungen stärker reduziert wurden, als es wünschenswert gewesen wäre, und daß auch der Konsum eingeschränkt wurde, besonders bei der Masse der Bevölkerung.

In Südasien und auch in anderen unterentwickelten Ländern entstand *eine Lücke zwischen den tatsächlichen Exporten und Importen.* Diese »Handelslücke«, wie sie in der Regel genannt wird, ist in der Devisenbilanz durch Kapitalzuflüsse verschiedener Arten ausgefüllt worden. Von den Zuflüssen müssen jedoch die Abflüsse abgezogen werden. Auch diese sind verschiedener Art. In vielen Ländern, besonders in Lateinamerika, ist der Saldo negativ. Das bedeutet, daß die Kapitalströme den Druck in Richtung auf eine Steigerung der Exporte erhöhen und daß sie in dem Maße, in dem eine Exportsteigerung nicht möglich ist, die Importe reduzieren.

Die Finanzhilfe aus den entwickelten Ländern stellt eine Art des Kapitalzuflusses dar. Seit vielen Jahren schon stagniert diese Hilfe und ist sogar rückläufig (siehe Kapitel 11). Da die Finanzhilfe darüber hinaus in wachsendem Umfang in Form von Krediten gewährt wird, verursacht sie spätere Abflüsse in der Form von Zins- und Tilgungszahlungen. Diese Folge ist in gewissem Umfang abgeschwächt worden, indem man den Tilgungszeitraum stark ausdehnte, tilgungsfreie Zeiten und einen niedrigen Zinsfuß gewährte. In den letzten Jahren jedoch ist der durchschnittliche Zinssatz wieder gestiegen, die durchschnittliche Tilgungsdauer der neuen Kredite und die tilgungsfreie Periode sind gekürzt worden.

Die Internationale Bank für Wiederaufbau und Entwicklung ist in wachsendem Maße eine zwischenstaatliche Behörde für die Entwicklung unterentwickelter Länder geworden. Sie expandiert ihre Anleihetätigkeit, auch wenn sie nur zu einem geringen Anteil an den Kapitalzuflüssen in diese Länder beteiligt ist. Es wird oft behauptet, daß ihre regulären Anleihen zu kommerziellen Bedingungen gewährt werden, was indessen kaum der Wahrheit entspricht, da der Zinssatz und die anderen Kreditkonditionen ohne die Bürgschaft der Mitgliedsregierungen nicht so günstig ausfallen könnten. Außerdem hat sie über ihre Tochtergesellschaft, die *International Development Association* (IDA), ein Modell für die Gewährung öffentlicher Anleihen entworfen, in dem ein substantielles Unterstützungselement enthalten ist.

Im übrigen stammen die Kapitalzuflüsse aus privaten Quellen. Zum Teil handelt es sich um kurzfristige Exportkredite, die in den letzten Jahren drastisch gestiegen sind. Sie bedeuten eine zeitliche Verschiebung des Druckes auf die Devisenbilanz, aber nur für eine kurze Atempause, und diese Kredite sind oft teuer.

Finanzanlagen, die in der Kolonialzeit eine so große Rolle spielten, sind praktisch nicht mehr vorhanden.

Große Hoffnungen werden auf direkte Investitionen gesetzt. Aus Gründen, die schon genannt wurden, sollten wir die Investitionen in Ölraffinerien und andere Unternehmen zur Ausbeutung bestimmter Rohstoffe, deren Nachfrage rapide ansteigt, ausklammern, weil sie für den bei weitem größten Teil der unterentwickelten Welt von geringem Interesse sind. Diese Ausklammerung – genaue Informationen sind nicht verfügbar – dürfte die Gesamtzahlen, die gewöhnlich für private Direktinvestitionen angegeben werden, um ein Drittel oder mehr verringern.

Die Gewinne aus diesen Investitionen, wenn sie aus dem Lande abgezogen und nicht reinvestiert werden, und natürlich auch die Rückführung des investierten Kapitals stellen vom Standpunkt der Devisenbilanz aus Abflüsse dar. Eine Kritik an der üblichen Praxis, die zuerst genannten Kapitalströme als Kapital-»Zufluß« zu werten und die zuletzt genannten zu übergehen, findet sich in Kapitel 10.

Eine andere Art des Kapitalabflusses ist das von den Bürgern eines unterentwickelten Landes ins Auslands transferierte Kapital, das gewöhnlich auf ein Bankkonto überwiesen oder in Wertpapieren angelegt wird. Dieser Kapitalabfluß hat meistens den Charakter des »Fluchtkapitals« und verstößt gegen die Devisenvorschriften. Aus diesem Grunde entzieht es sich auch weitgehend einer statistischen Erfassung. Gleichwohl ist bekannt, daß solche Kapitalabflüsse oft beachtlich sind, an erster Stelle (jedoch nicht nur) aus Lateinamerika.

Die oben skizzierte Entwicklung des Handels und der Kapitalbewegungen führte zu dem Problem *der steigenden Schuldenlasten der unterentwickelten Länder.*[9] Es ist errechnet worden, daß die akkumulierten Schulden dieser Länder von 10 Milliarden Dollar im Jahre 1950 auf 40 Milliarden Dollar im Jahre 1965 gestiegen sind, daß sie weiterhin ansteigen und es auch in Zukunft tun werden.

Die jährlichen Zins- und Tilgungszahlungen sind im selben Zeitraum von 0,8 Milliarden Dollar auf ungefähr 3,6 Milliarden Dollar gestiegen. Das Verhältnis der Schuldendienstzahlungen zu den Exporterlösen stieg von weniger als 4 Prozent Mitte der fünfziger Jahre auf 9 Prozent im Jahre 1965. Es ist vorauszusehen, daß bei einer Fortsetzung des gegenwärtigen Trends die gesamten Kapitalzuflüsse von den Abflüssen, einschließlich Schuldendienst, aufgezehrt werden – irgendwann Anfang der siebziger Jahre.

Für verschiedene unterentwickelte Länder sind die Schulden neu kalkuliert worden, was aber nichts anderes ist als eine rücksichtsvollere Abwicklung des Bankrotts. Man laboriert an den Symptomen herum und löst nicht das fundamentale Problem: Wie kann man eine Entwicklung, die zwangsläufig in eine Zahlungskrise treibt, aufhalten, wenn nicht radikalere Maßnahmen unternommen werden?

V. Die Handelspolitik

Die Kapitalbewegungen in die und aus den unterentwickelten Ländern sind entweder Reflexe oder Modifikationen dessen, was sich in ihrem Außenhandel abspielt, speziell in ihren Exporten. Das durch die Schuldenexplosion und die rapide steigende Schuldenlast akzentuierte Hauptproblem liegt in der Frage, *wie die Handelsposition der unterentwickelten Länder verbessert werden kann.*

Genau wie in der Kolonialzeit *hat die Handelspolitik der entwickelten Länder die unterentwickelten Länder auf verschiedene Arten weiter diskriminiert.*

Zunächst sind die landwirtschaftlichen Produkte aus den Tropen zu nennen, wie Kaffee, Tee, Kakao und eine Anzahl anderer Erzeugnisse. Da sie in den gemäßigten Zonen, wo die entwickelten Länder liegen, nicht angebaut werden können, unterliegen sie keinem Protektionsinteresse. Zölle und Steuern auf diese Produkte wurden früher oft als Luxusbesteuerung motiviert. In den Überflußgesellschaften ist diese Motivation entfallen. Sie sind heute reine Finanzzölle. Diese Besteuerung einer besonderen Art des gewöhnlichen Konsums könnte ohne weiteres abgeschafft werden – indem man sie auf andere Steuern abwälzte, z. B. auf einen anderen Konsum oder auf den Konsum im allgemeinen.

Dann ist die reguläre landwirtschaftliche Protektion zu nennen, die oft zum großen Nachteil der unterentwickelten Länder wirkt. Die allgemein hohe Protektion, die man der inländischen Produktion von Rübenzucker angedeihen läßt, ist ein herausragendes Beispiel, ebenso die Protektion verschiedener Gewächse, aus denen Pflanzenöl gewonnen wird.

Noch anstößiger ist die Protektion der industriell gefertigten Produkte und der Halbfertigfabrikate. Bei dem voraussehbaren abfallenden Trend im Export von Primärgütern hängt die Entwicklung dynamischer Wirtschaftsstrukturen in den unterentwickelten Ländern weitgehend von ihrer Chance ab, den Export von Industriegütern zu steigern. Die Expansion solcher Exporte stößt in jedem Fall auf ungeheure Schwierigkeiten, die jedoch durch die in den entwickelten Ländern geübte protektionistische Politik noch beträchtlich erhöht werden.

Diese allgemeine Exemplifikation genügt, um zu zeigen, daß *die*

*Handelspolitik der entwickelten Länder in eine Richtung steuert, die
den Bemühungen der unterentwickelten Länder, aus der Unterentwicklung aufzusteigen, entgegengesetzt ist.* Die nachteiligen Wirkungen dieser Politik werden noch dadurch verstärkt, daß sie sich
mit den ungünstigen Folgen des Spiels der Marktkräfte verbinden.
In einer rationalen Welt, die das egalitäre Ideal hochhält, *sollte es
statt dessen eine natürliche Ambition der Weltgemeinschaft sein, in
die Entfaltung der Marktkräfte so einzugreifen, daß der Exporttrend
in den unterentwickelten Ländern in eine andere, weniger verhängnisvolle Richtung geht.*

Die unterentwickelten Länder können sich nicht der Notwendigkeit entziehen, ihre Wirtschaft zu schützen, besonders ihre aufblü-
hende Industrie – wenn man auch wünschen möchte, daß sie freier
wären von Rücksichtnahmen auf die Devisenbilanz, um ihre Protektion besser planen zu können, und daß sie sich fähiger zeigten,
es zu tun.

Da sie gezwungen sind, alle verfügbaren Devisen – Exporterlöse,
ausländische Kredite und Finanzhilfen – einzusetzen, um die
Importe auf dem höchsten Stand zu halten, können ihre Importrestriktionen nur bedeuten, daß ihr Importbedarf von einigen Gütern
auf andere verlagert wird, die für weniger wichtig gehalten werden.

*Sorgen um die Devisenbilanz werden in der Regel von den entwik-
kelten Ländern als Grund dafür angegeben, daß sie nicht bereit sind,
Zölle und andere Importrestriktionen abzubauen,* die heute den
Exportbemühungen der unterentwickelten Länder als Hindernis
entgegenstehen. Auf den nämlichen Grund berufen sie sich, wenn
sie nicht bereit sind, ihre Finanzhilfe zu erhöhen, und wenn sie an
gewährte Finanzhilfe die Bedingung knüpfen, daß diese für
Exporte aus dem Geberland verwendet werde (siehe Kapitel 11).
Es ist wahr, daß viele entwickelte Länder in akuten und ernsthaften
Zahlungsschwierigkeiten stecken – eingeschlossen die Vereinigten
Staaten – und daß fast alle anderen entwickelten Länder die
Gefahr heraufziehen sehen, in solche Schwierigkeiten zu geraten.
Ich kann in diesem Zusammenhang meine Gedanken natürlich
nicht im Detail entwickeln, möchte aber doch darauf hinweisen,
daß *die Zahlungsschwierigkeiten der entwickelten Länder als selbst-
verschuldet angesehen werden müssen.* Sie sind das Ergebnis mangelnder Abstimmung der nach innen und außen gerichteten politischen Maßnahmen. Den privaten und öffentlichen Konsum – im

Falle der Vereinigten Staaten auch die ungeheuren Ausgaben für die Rüstung, für den Vietnamkrieg, für Mondflüge etc. – läßt man ansteigen, ohne entsprechende Steuererhöhungen zu beschließen. Das Ergebnis ist Inflation.

Da der inflationsbedingte Preisanstieg – oder der geschätzte Preisanstieg – in den verschiedenen entwickelten Ländern nicht im gleichen Tempo erfolgt, geraten einige von ihnen in Devisenschwierigkeiten, während das Risiko solcher Schwierigkeiten in der nahen Zukunft über fast allen von ihnen schwebt. Außerdem haben die entwickelten Länder ihre monetäre Zusammenarbeit noch nicht in dem Ausmaß perfektioniert, daß sie ihre Devisenbilanz trotz dieser Einflüsse im Gleichgewicht halten konnten.

Läßt man die Ursache der Devisenschwierigkeiten einmal beiseite, so ist es natürlich *eine widersinnige Situation, wenn sich die reichen entwickelten Länder aus Devisengründen für nicht in der Lage halten, selbst kleine Schritte zur Liberalisierung der Importe aus unterentwickelten Ländern zu unternehmen.* Wenn es um andere politische Maßnahmen geht, deren Folgen für ihre Zahlungsbilanz weitaus ernster sind, treffen sie keine ähnlichen Vorsichtsmaßregeln. Die Rüstungsausgaben, die man in den Vereinigten Staaten in einem Umfang hat steigen lassen, der für einen normalen Menschen unbegreiflich ist, sind nur ein Beispiel.

Die Tatsache, daß die entwickelten Länder Devisenschwierigkeiten als Grund dafür vorschieben, daß sie die Schranken gegenüber Exporten aus unterentwickelten Ländern nicht abreißen, zeigt also nur, *wie niedrig sie innerhalb ihrer nationalen politischen Ziele das Interesse einstufen, den unterentwickelten Ländern bei ihrer Entwicklung zu helfen.*

VI. Der Mißerfolg der UNCTAD

Die zweite UNCTAD-Sitzungsperiode in Neu-Delhi im Frühjahr 1968 war ein fast vollendeter Mißerfolg. In seinem Bericht über den Verlauf der Konferenz mußte der inzwischen zurückgetretene Generalsekretär der UNCTAD, Raoul Prebisch, eingestehen, daß das, was fehle, ein »ausreichender politischer Wille« sei.[10]

Kleine und zögernde Schritte in die als richtig erkannte Richtung wurden von den entwickelten Ländern zwar unternommen, um ihre Positionen anzupassen, jedoch ohne daß sie sich verpflichteten, irgend etwas Bestimmtes zu tun. Und selbst diese Bewegung ist seither nur im Schneckentempo vorangekommen.[11]

Die Konferenz war nicht mit radikalen Forderungen seitens der unterentwickelten Länder konfrontiert. Die Erklärung – und vielleicht auch die politische Begründung – dafür liegt darin, daß die entwickelten Länder nicht bereit waren, viel nachzugeben, und daß sie alle Macht in ihren Händen hielten. Als es dann um konkrete Fragen ging, zeigten sich die unterentwickelten Länder auf Grund unterschiedlicher Interessen gespalten, was ihre Stoßkraft wesentlich minderte.

Vor allem wollten sie *den Handel untereinander erhöhen,* besonders in den verschiedenen Regionen. Eine regionale Integration würde ohne Zweifel der Entwicklung unterentwickelter Länder förderlich sein.[12] Sie bedürfen der Protektion eines »gemeinsamen Marktes« sicherlich in stärkerem Maße als die westeuropäischen Länder. Die Schwierigkeiten sind jedoch sehr groß. Abgesehen von dem Problem, ein politisches Klima der regionalen Solidarität zu schaffen, den oft tief verwurzelten nationalen Animositäten zum Trotz, gibt es auch Schwierigkeiten technischer Natur.

Es ist jedenfalls notwendig, die größeren und industriell weiter fortgeschrittenen Länder davon abzuhalten, die kleineren und weniger entwickelten Länder in einer Region zu erdrücken, weil man von letzteren sonst nicht erwarten kann, daß sie sich beteiligen. Eine Zollunion oder eine Freihandelszone genügt daher nicht.

Erforderlich ist ferner, abgesehen von einer Senkung der Handelsbarrieren in den beteiligten Ländern, *eine gemeinsame Planung, um Entscheidung darüber zu treffen, welche Länder sich auf besondere Produktarten spezialisieren sollten.* Die nationale Planung weist in allen unterentwickelten Ländern ernste Fehler auf. Da sie außerdem in den verschiedenen Ländern nicht in gleichem Maße fortgeschritten ist, ergibt sich ein schweres Hindernis auf dem Wege zu einer stärkeren Handelskooperation innerhalb einer Region.

Das Ziel der regionalen Kooperation ist jetzt nicht mehr ein Gegenstand der Kontroverse, und die entwickelten Länder konnten sich in allgemein gehaltenen Erklärungen für die Unterstützung verbürgen.[13] Sie übernahmen jedoch keine bestimmten Verpflichtungen, außer daß sie zustimmten, daß das Problem im Rahmen der UNCTAD behandelt werden sollte, vielleicht durch einen Sonderausschuß.

Hinsichtlich der *Übertragung »finanzieller Hilfsmittel«* einigten sich die entwickelten Länder auf eine Anhebung des Sockels, der früher auf 1 Prozent des Volkseinkommens fixiert war, um rund 25 Prozent, indem sie ihn in Relation setzten zum Bruttosozialprodukt.[14] Es wurden aber keine Abmachungen getroffen über das Jahr der Verwirklichung dieses Ziels. Im nächsten Kapitel werde ich diese Berechnungsart kritisieren.

Was die eigentliche öffentliche *Hilfe* betrifft, so brachte man der Erleichterung in ihren Konditionen allgemeine Sympathie entgegen; diese Erleichterung sollte sich auf eine Erhöhung der Zuschüsse beziehen, auf eine Verbesserung des Zinssatzes, der Tilgungsbedingungen und der tilgungsfreien Zeit für Kredite und auf eine Reduzierung der Fälle, in denen man die Hilfeleistung an Exporte aus dem Geberland bindet.[15] Gleichwohl wurden keine festen Versprechungen formuliert, und der Trend geht weiterhin ununterbrochen in die entgegengesetzte Richtung (siehe Kapitel 11).

Die entwickelten Länder waren auch bereit, in allgemein gehaltenen Wendungen anzuerkennen, daß eine *ergänzende und kompensatorische Finanzierung* ihrerseits erforderlich sei, um den Plan eines unterentwickelten Landes vor den Folgen von Exportausfällen zu schützen.[16] Bestimmte Verpflichtungen wurden nicht eingegangen. Der Antrag, daß die entwickelten Länder oder die zwischenstaatlichen Organisationen finanzielle Mittel bereitstellen sollten, um die *eisernen Lagerbestände vorzufinanzieren, wurde nicht angenommen.*

Die oft vorgetragene Anregung, das Abkommen über die Einräumung *besonderer Ziehungsrechte* innerhalb des Internationalen Währungsfonds zu nutzen, um einen *zusätzlichen Kapitalzufluß* in die unterentwickelten Länder zu lenken, wurde abgelehnt.[17]

Die Reform des Währungssystems ist hauptsächlich eine Angelegenheit der entwickelten Länder, die das Feld der internationalen Finanzbeziehungen beherrschen. Das finanzielle Problem der unterentwickelten Länder ist eine von Grund auf andere Frage. Diese Länder leiden zwangsläufig an Devisenmangel, unter jedem System.

Die Frage der *Warenabkommen* spielte in den Diskussionen der Konferenz eine bedeutende Rolle. Ihre Geschichte in der Nachkriegsära war entmutigend. Nur wenige Abkommen wurden erzielt, und diese wurden oft nicht eingehalten. Die Schwierigkeiten auf dieser Ebene sind unermeßlich. Es besteht ein fundamentaler Unterschied in der Betrachtung des Problems. Was die unterentwickelten Länder wollen, sind »faire Preise«, d. h. »bessere Preise«, während die entwickelten Länder im äußersten Falle eine Stabilisierung der Preise für einen gewissen Zeitraum zugestehen wollen. Sie können dabei auf die Desorganisation der Märkte mit dem Überangebot einer Warenart hinweisen, die sich aus der Überhöhung der Preise ergeben würde, da es schwierig ist, sich über Produktionseinschränkungen zu einigen und sie durchzusetzen.

Die unterentwickelten Länder können sich oft nicht auf eine gemeinsame Front einigen, aus verschiedenen Gründen; einer dieser Gründe ist, daß einige Länder Importländer sind und andere Exportländer. Bei manchen Warenarten, die für viele unterentwickelte Länder von Bedeutung sind, sind auch die entwickelten Länder Exporteure, manchmal die Hauptexporteure.

Ich skizziere hier nur einige der Schwierigkeiten, die den internationalen Bemühungen, die Warenpreise zu regulieren, entgegenstehen. In dieser Frage hätte das Ergebnis der Konferenz kaum anders sein können, als es tatsächlich war. Es wurden Untersuchungen, Konsultationen und Verhandlungen vereinbart, die hinsichtlich einer Anzahl von Waren durchgeführt werden sollen.[18] Höchstwahrscheinlich werden sich die Beschlüsse über Warenabkommen als in den Wind geschrieben erweisen.

Das wirklich fundamentale Problem liegt natürlich in der *Öffnung von Exportmärkten* in den entwickelten Ländern. Im Hinblick auf die *Landwirtschaft* bestanden die unterentwickelten Länder nicht mehr darauf, die Protektion allgemein abzubauen, sondern sie baten darum, von jeder Nachfragesteigerung einen Anteil zugewiesen zu bekommen. Das war ein großer Rückzug. Die einzige Konzession, die sie erhielten, war nichtsdestoweniger das Versprechen der entwickelten Länder, »*in einem praktikablen Umfang Maßnahmen durchzuführen, die den Primärprodukte exportierenden Ländern den Zugang zu ihren Märkten erleichtern, insbesondere die Interessen der sich entwickelnden Länder berücksichtigen und es den Primärprodukte exportierenden Ländern erlauben, am Wachstum der Märkte der Industrienationen zu partizipieren*«.[19]

Das ist ein prächtiges Beispiel für jene Art wirkungsloser und unverbindlicher Kompromißvereinbarungen, mit denen die Regierungen in den zwischenstaatlichen Organisationen sich hervortun, wenn sie verbergen wollen, daß sie zu nichts gekommen sind. Im Hinblick auf *industriell gefertigte Produkte und auf Halbfertig- produkte* konnte Prebisch über »einen begrenzten und unvollständigen Erfolg« berichten.[20] Die Konferenz bejahte im Prinzip die Idee eines Systems allgemeiner nicht reziproker und nicht diskriminierender Präferenzen.[21] Das Einhalten dieses Versprechens könnte, wie Prebisch unterstrich, sicherlich von »überragender Bedeutung« sein.

In den Resolutionen ist kein Hinweis enthalten auf die besonders offensiven Zölle und Steuern, die auf orientalischen Produkten liegen, obgleich die entwickelten Länder hier nicht einmal ein ernstliches Interesse an der Protektion ihrer eigenen Produktion vorschieben können.

Ferner richteten sich alle Sympathiekundgebungen für die Länder ohne Zugang zum Meer, für die allerärmsten der unterentwickelten Länder, gegen restriktive Geschäftspraktiken der entwickelten Länder, die den unterentwickelten Ländern schaden, und gaben diesen Ratschläge, wie sie ihre eigenen Hilfsquellen mobilisieren und die Hilfe von außen verwenden sollten etc. Die traurigen Schlußfolgerungen, die Prebisch über die Ergebnisse der Konferenz gezogen hat, sind jedoch nicht widerlegt worden. Alles, was sich seither ereignet hat, läßt befürchten, daß *die Mehrheit der entwickelten Länder, mit den Vereinigten Staaten an der Spitze, jetzt im Begriff ist, UNCTAD auf Eis zu legen.* Und die OECD – die auf der internationalen Ebene als »der Klub der reichen Herren« fungiert – wird das Instrument zur Durchführung jener Sabotage.

Die Probleme werden jedoch nicht verschwinden. Sie werden mit den Jahren immer sichtbarer und drängender werden.

Kapitel 10
Opportunistisches Manipulieren der Entwicklungshilfe-Statistiken: Die »Kapitalströme«

I. Falschheit und Heuchelei

Wie wir in Kapitel 9 schon hervorgehoben haben, ist die Handels- und Finanzpolitik der entwickelten Länder gegenüber den unterentwickelten Ländern, ähnlich allen anderen entscheidenden politischen Problemen, im Grunde genommen *eine moralische Frage.* Derselbe Standpunkt wird in Kapitel 11 über die Hilfeleistung vertreten werden. Das ursprüngliche Problem liegt daher in der Frage, *was die Menschen in den entwickelten Ländern denken und empfinden, wenn es darum geht, den unterentwickelten Ländern in ihren Entwicklungsbemühungen zu helfen.*

In letzter Instanz sind die bisherige Entwicklung der Handels- und Hilfeleistungspolitik und die Möglichkeiten, diese Politik in Zukunft zu ändern, von den geistigen und emotionellen Reaktionen der Menschen der entwickelten Länder gegenüber den Realitäten in den unterentwickelten Ländern abhängig sowie ferner von ihrer Bereitschaft und Verantwortung, zu einer Veränderung dieser Realitäten beizutragen.

In diesem Zusammenhang sollte eine allgemeine Feststellung gemacht werden: *In den entwickelten Ländern des Westens herrscht eine Atmosphäre der Unaufrichtigkeit und sogar der Heuchelei in der Diskussion über ihre Beziehungen zu unterentwickelten Ländern.*

Auf der einen Seite werden fortgesetzt überschwengliche Erklärungen über die internationale Solidarität abgegeben, mit der sich die reichen entwickelten Nationen einem politischen Grundsatz der Großmut gegenüber den armen unterentwickelten Ländern verpflichten, sie bei der Entwicklung zu unterstützen. Es begann mit vagen, jedoch vorbehaltlosen Erklärungen in der Charta der Vereinten Nationen, die noch vor dem Ende des Zweiten Weltkrieges entworfen worden war. Später folgte eine Reihe emphatischer Erklärungen mit Versprechungen gegenüber den unterentwickelten Ländern, die immer deutlicher und ausgedehnter wurden. Auf Vorschlag des Präsidenten Kennedy wurden die sechziger Jahre durch einen einstimmigen Beschluß der General-versammlung der Vereinten Nationen zur »Entwicklungs-Dekade« ernannt, und die Verantwortung für die Realisierung dieses Ziels wurde quer über die Schultern der entwickelten ebenso wie der unterentwickelten Länder gelegt. Präsident Johnson ver-besserte den rhetorischen Rekord seines Vorgängers, indem er er-klärte, daß die Vision der Großen Gesellschaft für die ganze Welt und nicht nur für die Vereinigten Staaten gelten sollte. Und zwi-schen diesen oratorischen Marksteinen gab es Jahr für Jahr eine fast beliebige Zahl ähnlich extravaganter Erklärungen von Staats-männern zu hören, die die entwickelten Länder des Westens ver-treten.

Die Sekretariate der zwischenstaatlichen Organisationen der Ver-einten Nationen sammelten und verbreiteten Informationen über die ständig wachsende Lücke im Lebensstandard zwischen den entwickelten und den unterentwickelten Ländern sowie üer das Elend der großen Mehrheit der Völker in den unterentwickelten Ländern. Diese düsteren Fakten sind über alle Massenmedien ver-breitet worden, so daß fast jeder, der in den entwickelten Ländern lebt, genau unterrichtet ist.

Dennoch hat diese Kenntnis allgemein nicht viel Bereitschaft in-nerhalb der Bevölkerung ausgelöst, das, was sie besitzen, zu teilen oder auch nur eine geringfügige Berichtigung in ihren Handels-praktiken zu akzeptieren. Es ist eine Tatsache, daß bis jetzt *kein entwickeltes Land des Westens irgendwelche echten Opfer bei den von ihm übernommenen Hilfeleistungsverpflichtungen gegenüber den unterentwickelten Ländern auf sich genommen hat. Auch sind die entwickelten Länder im großen und ganzen nicht bereit gewesen, auf kleinere Handelsvorteile zu verzichten, die nachweisbar ohnehin nicht im langfristigen Interesse eines entwickelten Landes liegen.* Der Trend ging also nicht in Richtung einer größeren Bereitschaft, den unterentwickelten Ländern zu helfen. Wie im nächsten Kapitel hervorgehoben wird, lief das ihnen in der Entwicklungsdekade ge-währte gesamte Hilfeleistungsvolumen nicht nur auf eine Stagna-tion hinaus, sondern nahm sogar ab, wenn man es mit realen Maß-stäben mißt. Das Resultat wird noch ungünstiger, wenn man es mit dem zunehmenden Hilfeleistungspotential der entwickelten Nationen vergleicht, deren Reichtum und Einkommen rapide ge-wachsen sind. Gleichzeitig ist die »Qualität« der Unterstützung in verschiedenen Hinsichten scharf gesunken. Da nun aber die Armut

185

in den unterentwickelten Ländern nicht weggezaubert werden kann, dürfte der Leser hinsichtlich der Hilfeleistungen *eine Verdrehung* der Statistiken vermuten, um die Hilfeleistung größer erscheinen zu lassen, als sie tatsächlich sind. Und gerade das ist es, was sich ereignet hat. Ich muß also noch einmal die Zahlen, die sowohl in der wissenschaftlichen als auch in der übrigen Literatur zitiert und als zuverlässig angesehen werden, einer kritischen Prüfung unterziehen.

II. Die DAC-Statistiken

Die Organisation für wirtschaftliche Zusammenarbeit und Entwicklung (OECD) mit ihrem Hauptsitz in Paris umfaßt praktisch alle reichen und entwickelten nichtkommunistischen Länder. Der OECD untersteht eine Entwicklungshilfe-Kommission (Development Assistance Committee – DAC –). Die Statistiken über die Ausgaben für Entwicklungshilfe, von den Mitgliedstaaten zusammengezogen und (nach einer »Gefälligkeitsdurchsicht« durch Beamte der Mitgliedstaaten) durch das Sekretariat der DAC veröffentlicht, sind die Hauptinformationsquelle über jene Hilfeleistungen. Sie werden praktisch überall für authentisch gehalten. Sie werden unkritisch übernommen von Nationalökonomen und anderen Fachwissenschaftlern, die sich mit Entwicklungsproblemen befassen, ferner von Beamten, Politikern, Autoren populärer Bücher und Artikel, Journalisten etc.; schließlich von den Sekretariaten der anderen zwischenstaatlichen Organisationen und von besonderen Expertengruppen, die von Zeit zu Zeit gebildet werden.

An erster Stelle ist festzuhalten, daß das DAC-Sekretariat in den Tabellenüberschriften den Terminus »Kapitalbewegungen« verwendet. Die Annahme ist wohl legitim, daß dieser Terminus jedenfalls nicht gewählt wurde, um Posten auszuklammern, die keinen Hilfscharakter haben, besonders private Investitionen und Kredite. Der klare Hinweis, daß die DAC-Statistiken alle Arten von »Transfers« aufzeichnen, ob sie Hilfscharakter haben oder nicht, wird regelmäßig und systematisch vergessen von allen, die diese Zahlen verwenden.

Das DAC-Sekretariat hat wenig oder gar nichts unternommen, um den opportunistischen Mißbrauch der Zahlen zu verhindern, der jetzt in der ganzen Welt üblich ist. Tatsächlich unterstützt es gelegentlich selbst die falsche Auffassung durch einige Tabellentitel und durch Erläuterungen zu diesen Tabellen.

Als die DAC berichtete (10. Juli 1969)[1], die »Kapitaltransfers« in die unterentwickelten Länder seien 1968 auf fast 13 Milliarden Dollar gestiegen, bedeutete das eine Abnahme in den »öffentlichen«, jedoch einen etwas größeren Anstieg in den »privaten Kapitaltransfers«. Diese Zahl wurde allgemein in der ganzen Welt als ermutigend verstanden und kommentiert, da sie doch einen Wiederanstieg der »Hilfeleistungen« aufzeigte. Es muß jedoch die Frage gestellt werden, *ob die Praxis des DAC-Sekretariats, die* »*privaten*« *den* »*öffentlichen Kapitaltransfers*« *einfach zuzuzählen, wirklich dem Interesse der Klarheit und der Ehrlichkeit dient.* Die »privaten Kapitaltransfers« sind ein sehr gemischtes Bündel von Transaktionen, die sich von Direktinvestitionen, so wie sie von den westlichen Unternehmen ihren Regierungen gemeldet werden (manchmal in aufgebauschten Werten), bis hin zu Exportkrediten erstrecken. Tatsächlich war die zitierte Zunahme der »privaten Kapitaltransfers« zu einem großen Teil auf den Anstieg solcher häufig recht teurer Exportkredite um rund 800 Millionen Dollar zurückzuführen.

Es gibt noch viele andere und sogar schwerwiegendere Fehler in den DAC-Statistiken über »private Kapitaltransfers«. Ein Fehler liegt darin, daß sie als »Nettowerte« definiert sind, obgleich in den berücksichtigten Rückflüssen nur die Tilgungszahlungen auf ausstehende Kredite und das repatriierte Kapital enthalten sind (wieder in der Form, wie sie den Regierungen der entwickelten Länder gemeldet werden). Zinszahlungen, Lizenzzahlungen etc. und vor allem die aus den unterentwickelten Ländern ausgeführten Gewinne sind hingegen in den Rückfluß nicht einbezogen worden, während reinvestierte Gewinne als Zufluß behandelt werden. Die beiden Gewinnarten können manchmal geradezu phantastische Ausmaße annehmen, besonders, wenn sie aus Investitionen stammen, die vor langer Zeit und unter rein ausbeuterischen Bedingungen getätigt wurden, die ich in Kapitel 8 angeschnitten habe und auf die ich am Ende dieses Kapitels zurückkommen werde. Ebenso ist das von Einwohnern unterentwickelter Länder ausgeführte Kapital – oft ist es Fluchtkapital – nicht berücksichtigt. Vor allem in Lateinamerika belaufen sich beide Arten des »privaten Abflusses«, die in den vom DAC-Sekretariat aufgerechneten Statistiken nicht enthalten sind, auf riesige Summen.

Dies alles impliziert, *daß die DAC-Statistiken, die überall als maß-gebend zitiert werden, das Problem völlig offen lassen, wie hoch der gesamte Nettozufluß privater Kapitalhilfen von den entwickelten zu den unterentwickelten Ländern ist, und vor allem, ob ein solcher Nettozufluß in vielen unterentwickelten Ländern überhaupt vorhanden ist und nicht vielmehr ein Abfluß.* Daß dieser Nettozufluß oder -abfluß für die Schuldenexplosion und die Last des Schuldendienstes in unterentwickelten Ländern und daher für Möglichkeiten dieser Länder, eine Entwicklung anzukurbeln, relevant ist, wurde in Kapitel 9 gezeigt.

Dem DAC-Sekretariat als einer Fachinstitution kann es nicht verziehen werden, daß es Wertangaben für die »Nettozuflüsse« herausgibt, ohne darauf hinzuweisen *und zu unterstreichen,* daß sie keine echten Nettowerte darstellen.

Eine besondere Verantwortung ruht auf den Sekretariaten der anderen zwischenstaatlichen Organisationen innerhalb und außerhalb der Vereinten Nationen. Es sollte ihnen zugute gehalten werden, daß sie sich bald nach dem Kriege in das schwierige Gebiet der Erstellung weltweiter komparativer Statistiken über die verschiedenen wichtigen Bereiche hineinwagten. Gleichwohl haben sie dann ganz allgemein in ihrer Arbeitsweise ein geringeres als das wünschenswerte Maß fachlichen Ehrgeizes entwickelt in bezug auf Begriffsklarheit und kritisches Bewußtsein von den Schwächen der Grunddaten, die so verwertet wurden, wie die nationalen Regierungen sie geliefert haben.

Sie haben zwar ihre Konflikte untereinander, vor allem in der Frage, in welchem Umfang der einzelne für spezielle Gebiete verantwortlich ist. In ihren gegenseitigen Anpassungen jedoch wird eine höfliche Regel immer beachtet: *Keiner stellt die Statistiken des anderen in Frage.* Das wäre ein schlechter Stil. So werden die Statistiken über das Wachstum der Einkommen und der Produktion und über die Wachstumsraten der unterentwickelten Länder, die vom Statistischen Amt der Vereinten Nationen veröffentlicht werden und die ich am Ende von Kapitel 8 kritisierte, in der Regel von allen anderen Sekretariaten akzeptiert und verwertet, gewöhnlich, ohne daß nach ihrer Bedeutung, Relevanz oder Zuverlässigkeit gefragt würde.

Das Sekretariat der UNESCO gibt Statistiken über den Bildungsstand und über die Einschulungen heraus, die, wie ich in Kapitel 6 hervorgehoben habe, qualitativ sehr dürftig und grob irreführend sind. Man würde es wahrscheinlich als einen unfreundlichen Akt gegenüber der UNESCO auslegen, wenn ein anderes Sekretariat, das Erziehungsprobleme anschneidet, diese Statistiken nicht so übernähme, wie sie sind. Oft werden sie sogar mit weniger Vorbehalten verwertet, als selbst das UNESCO-Sekretariat es gewagt hätte.

Diese zwischenbehördliche Courtoisie führt zu einer Art höflicher Kameradschaft, die, *vom fachlichen Standpunkt aus gesehen, gegen ethische Grundsätze verstößt und in ihren Auswirkungen den wissenschaftlichen Wert der Arbeit der Sekretariate der zwischenstaatlichen Organisationen herabsetzt.*

Die politischen Wortführer der unterentwickelten Länder und ihre Nationalökonomen haben insgesamt *eine naive Einstellung gegenüber diesem Spiel mit statistischen Zahlen bewahrt.* Das mag eher entschuldigt werden, da ja die Experten in den entwickelten Ländern so einstimmig den Ton angegeben hatten.

So haben auch die aus den unterentwickelten Ländern kommenden Führer und Experten fast alle auf unkritische Weise die von mir am Ende des Kapitels 8 kritisierte Methode übernommen, die Entwicklung in ihren Ländern auf Basis von Phantasiezahlen für Wachstumsraten der Produktion und des Einkommens zu messen und zu analysieren. Ebenso haben sie den vom DAC-Sekretariat konzipierten Begriff der gesamten öffentlichen und privaten finanziellen »Nettozuflüsse« akzeptiert. Das ist ein Fehler, der sogar noch nachteiliger ist, da dieser Begriff in so ernsthafter Weise mit einem den entwickelten Ländern opportunen Vorurteil belastet ist. Als nämlich die entwickelten Länder 1961 im Zusammenhang mit der emphatischen Ausrufung der sechziger Jahre zur Entwicklungsdekade durch die Generalversammlung der Vereinten Nationen dazu gebracht wurden, im Prinzip ein Minimum anzuerkennen, das als Entwicklungshilfe für unterentwickelte Länder aufgebracht werden sollte, wurde dieses Limit auf der Basis dieser zusammengesetzten »Nettozuflüsse« formuliert, das 1 Prozent ihres Nationaleinkommens betragen sollte. Und als 1968 anläßlich des zweiten Treffens der *United Nations Conference on Trade and Development* (UNCTAD) dieses niedrige Maß um ein Viertel erhöht wurde und man es dafür als einen Bruchteil des Bruttosozialproduktes definierte, waren es wieder diese dubiosen »Zuflüsse«, die angehoben werden sollten.

Die Arbeit des DAC-Sekretariats weist verschiedene andere Eigentümlichkeiten auf. Bevor die Zahlen in alle Welt verschickt werden, sollten sie über die »Zu- und Abflüsse« natürlich auf die inflationäre Entwicklung relevanter Preisindizes bezogen worden sein.
Die »Zu- und Abflüsse« werden als Kapitalbewegungen präsentiert, obgleich sie gewöhnlich nicht in jener Form auftreten. Es sollte für den eigentlichen Gebrauch der Statistiken von Interesse sein, mehr über die Preise zu erfahren, die den verschiedenen tatsächlich transferierten »Hilfsmitteln« zugrunde gelegt werden. Auch realistische Untersuchungen über Gewinngrößen, die die von den Investoren angestrebten anderen Vorteile als die Dividenden berücksichtigen, würden hochinteressant und wichtig sein.
Die DAC-Zahlen für die »öffentlichen Zuflüsse« sollen in Abschnitt II des nächsten Kapitels kritisch untersucht werden. Diese Untersuchung wird *sogar noch tiefer sitzende Vorurteile in den DAC-Statistiken bloßlegen, die zu einer ganz und gar übertriebenen Größe dessen führen, was man als echte öffentliche Hilfe bezeichnen kann.*

III. Private Direktinvestitionen

Als eine Flucht vor den ernsten Problemen des Handelsdefizits, der Schuldenexplosion und der steigenden Last des Schuldendienstes – und häufig ohne über sie in diesem Zusammenhang überhaupt zu diskutieren – hat man das Interesse auf die Frage konzentriert, *wie man private Direktinvestitionen in die unterentwickelten Länder anregen kann.*
In vielen entwickelten Ländern, besonders in den Vereinigten Staaten, hat es von Anfang an eine ideologisch begründete Glaubensverpflichtung gegeben, daß der Entwicklung unterentwickelter Länder durch privates Unternehmertum am besten gedient sei. Die politische Folge war die Förderung privater ausländischer Direktinvestitionen in unterentwickelte Länder.
Die Weltbank hat sich in ihrer Beratungs- wie in ihrer Kreditpolitik

ausdrücklich dieser Meinung angeschlossen. In den letzten Jahren jedoch hat sie ihren Standpunkt erheblich modifiziert, und sie könnte dies noch weiter tun. Der frühere Präsident der Bank, George D. Woods, unterstrich bei seinem letzten öffentlichen Auftreten in dieser Eigenschaft »die Notwendigkeit neuer Methoden« und bekannte, daß die »Weltbank-Gruppe nicht immun ist« gegenüber der Tendenz der Institutionen, an »Standard-Formeln« festzuhalten. Er fuhr fort: »In der Weltbank-Gruppe ... waren wir gegenüber der Finanzierung staatlicher Unternehmen zurückhaltend, weil in vielen Ländern das Problem existiert, ein leistungsfähiges Management für Unternehmen zu sichern, die, in Ermangelung privater Spargelder, unter der Regierung als Geldgeber operieren müssen.«[2]

Die unterentwickelten Länder haben in ihrer schwierigen Lage die privaten Investitionen in der Regel meist sehr begrüßt. Oft hat man diesen Unternehmen dann eine bevorzugte Behandlung eingeräumt. Man hat ihnen im allgemeinen sogar einen freien Gewinntransfer und – wenn sie es wünschten – auch eine Kapitalrepatriierung zugesichert. Diese Haltung ist in verschiedenen Resolutionen der Generalversammlung der Vereinten Nationen sowie in einer Resolution anläßlich des zweiten UNCTAD-Treffens in Neu-Delhi (1968)[3] zum Ausdruck gekommen. Erneut bekräftigt wurde sie 1969 von dem in Amsterdam stattfindenden Forum der Vereinten Nationen über »Foreign Investment in Developing Countries«, das sich aus Wirtschaftsrepräsentanten der entwickelten Länder und Beamten der unterentwickelten Länder zusammensetzte.[4]

In der Regel wollen die unterentwickelten Länder dennoch Bedingungen stellen. Sie wollen ein Wort mitsprechen bei der Entscheidung, in welchem Industriezweig das ausländische Unternehmen errichtet werden soll. Oft fordern sie, daß es ein Gemeinschaftsunternehmen sein soll. Oft setzen sie auch zur Bedingung, daß eine Mindestanzahl Einheimischer ausgebildet und in höheren leitenden und technischen Stellungen beschäftigt wird.

Der größte Teil dieser Bedingungen wird von den entwickelten Ländern akzeptiert, zumindest in allgemeiner Form. Hinter dieser Zustimmung stehen offensichtliche Vorteile für die unterentwickelten Länder, die auf diese Weise nicht nur einen Kapitalzufluß erreichen, sondern auch das technische Know-how erwerben, das Management und vor allem Vertrautheit mit Märkten gewinnen –

Faktoren, die gewöhnlich Begleiterscheinungen ausländischer Investitionen sind.

Dennoch ist häufig in den unterentwickelten Ländern *die Klage zu hören, daß die Direktinvestitionen zu teuer seien*. Das ist in erster Linie ein Ersuchen um mehr öffentliche Hilfe in der Form von Zuschüssen und Krediten zu günstigen Bedingungen. Unterstützt wird dieses Ersuchen durch nostalgische Erinnerungen an die seinerzeit umfangreichen Portfolio-Investitionen, die in der Kolonialzeit auf dem privaten Kapitalmarkt finanziert werden konnten, in der Regel zu viel niedrigeren Zinssätzen als heute. Aber da öffentliche Zuschüsse und Kredite begrenzt und private Finanzanlagen allgemein nicht mehr zu erwarten sind, hält diese Klage die meisten unterentwickelten Länder nicht davon ab, Direktinvestitionen gewogen zu sein.

Die angestellten Untersuchungen zeigen, daß die aus den Direktinvestitionen zu erzielenden Gewinne im allgemeinen nicht sehr hoch sind. Man kann jedoch diesen Untersuchungen keine große Zuverlässigkeit zuschreiben. Das Investitionskapital wird selten oder überhaupt nicht in der Höhe erfaßt, in der die Investitionen ursprünglich erfolgen. Die Zahlen sind also weitgehend willkürlich, und schon aus diesem Grunde liegt nicht viel Sinn in einem Gewinnausweis, der sich auf diesen Kapitalwert bezieht.

Ich habe diese Fragen an Ort und Stelle mit den Angestellten verschiedener ausländischer Zweigniederlassungen in unterentwickelten Ländern diskutiert. Sie waren immer bereit, ganz offen sowohl die willkürliche Art und Weise zu bestätigen, in der der Kapitalwert ihrer Investitionen ermittelt wird, als auch die Existenz zusätzlicher Erträge und anderer Vorteile, z. B. im Hinblick auf die Besteuerung. Sie haben diese Vorteile tatsächlich oft als einen nicht unwichtigen Grund herausgestellt, der das ausländische Unternehmen in ihren Augen zu einer lohnenden Angelegenheit machte.

Diese Erfahrungen überzeugen mich, daß die in der Regel angegebenen Gewinnausweise unrealistisch und zu niedrig sind. Ich habe auch das Gefühl, daß es einer aufgeschlossenen und vorurteilsfreien Forschung möglich sein müßte, mehr Licht auf die Frage zu werfen, wie hoch die echten Gewinne sind.

In der vorsichtigen und komplizierten Diktion, die bei solchen internationalen Begegnungen üblich ist, erklärt das Amsterdamer Abkommen:

»*Das Forum erkannte an, daß vergleichende Rentabilitätsuntersu-*
chungen über die gleiche Investitionsart in verschiedenen Ländern,
wenn sie sinnvoll sein sollen, alle Gewinnbestandteile berücksichti-
gen müssen, eingeschlossen mögliche Unterschiede in den Preisen,
zu denen die Ausstattung und die Bestandteile des Objektes geliefert
werden, ebenso wie mögliche Unterschiede in den Lizenzgebühren
und sonstigen Gebühren für öffentliche Dienstleistungen; die so-
ziale, wirtschaftliche und rechtliche Situation sowohl des Gastlandes
als auch des investierenden Landes müssen gleichfalls in die
Betrachtung einbezogen werden, ebenso der Grad der Konkur-
renz… Das Forum empfahl, dieses Thema weiter zu untersuchen,
wo erforderlich auf regionaler oder lokaler Basis mit der Unterstüt-
zung geeigneter internationaler Organisationen.«[5]
Ich habe bereits hervorgehoben, daß die privaten Direktinvestitionen in den meisten unterentwickelten Ländern keine großen Ausmaße erreichen – viel geringere, als man aufgrund der lebhaften
Diskussion über diese Frage annehmen könnte.[6] In einigen Ländern jedoch, vor allem in Lateinamerika, erreichen sie Größen-
ordnungen, die bei den dortigen Bewohnern das Gefühl erzeugen,
daß *sie auf dem Wege sind, ihre Unabhängigkeit zu verlieren,* oder
daß sie sie bereits verloren haben.
Diese Befürchtungen sind natürlich besonders stark, wenn es sich
um Investitionen von Unternehmen handelt, die aus einem sehr
großen Land stammen, wie z. B. den USA. Die Befürchtungen sind
auch ausgeprägter, wenn das investierende Unternehmen über
Niederlassungen in der ganzen Welt verfügt. Das betrifft zum
größten Teil wieder amerikanische Unternehmen. Die Befürchtungen häufen sich, wenn erkannt oder vermutet wird, daß die
amerikanische Regierung ihre Macht zur Unterstützung der amerikanischen Unternehmen im Ausland einsetzt.
Das Wissen um solche Befürchtungen sollte eigentlich für manche
Amerikaner *ein Grund sein, den Direktinvestitionen in diese Län-*
der etwas weniger Enthusiasmus entgegenzubringen. Gleichwohl
scheint eine solche Reaktion nicht sehr verbreitet zu sein, wenn
sich auch auf der Ebene der amerikanischen Administration hier
und da einige Vorsicht zeigen mag.

Professor P. N. Rosenstein-Rodan empfahl vor langer Zeit, *durch*
Technologie-, Management- und möglicherweise auch Kapital-
transfer einen Beitrag zur Entwicklungsförderung zu leisten.[7] Er

nannte diesen Plan einen »Management-Vertrag«. Dieser Vorschlag ist hin und wieder von verschiedenen Autoren diskutiert worden.[8] Er sieht vor, daß ein ausländisches Unternehmen mit der Regierung eines unterentwickelten Landes einen Vertrag schließen sollte, aufgrund dessen das Unternehmen einen neuen Betrieb gründet und über einen begrenzten Zeitraum von – sagen wir – zehn Jahren leitet. Das ausländische Unternehmen könnte entweder in der vereinbarten Zeit selbst direkte Investitionen vornehmen oder etwa das neue Projekt gemeinsam mit dem Staat oder einer einheimischen Firma aufziehen. Oder es könnte sogar von Anfang an auf die Eigentumsrechte verzichten und statt dessen vielleicht einen Kredit mit einem festen Zinssatz für die Dauer des Management-Vertrages zur Verfügung stellen. Auf jeden Fall sollte der Vertrag dem ausländischen Unternehmen ein Managemententgelt sichern und zum Schluß ebenso die Rückgabe des gesamten zur Verfügung gestellten Kapitals zu bestimmten Terminen sowie einen marktüblichen Zins auf dieses Kapital bis zum Zeitpunkt der Rückgabe. Das Unternehmen seinerseits sollte die erforderliche Technologie und das Management zur Verfügung stellen, jedoch zugleich einheimisches Personal anlernen und es allmählich beschäftigen.

Ein solches Schema dürfte die beiderseitigen Interessen berücksichtigen. Das unterentwickelte Land erhielte die Garantie eines industriellen Starts, das hierzu erforderliche Know-how und vielleicht, wenn vereinbart, einiges Kapital für eine bestimmte Zeit. Später wäre es selbst Eigentümer des Betriebes oder würde ihn einer ausgesuchten Gruppe Einheimischer als Eigentum übertragen. Die ausländische Firma hingegen könnte aus dem Verkauf des Managements und der Technologie einen Gewinn erzielen, ohne Kapital im Ausland zu binden oder – sollte es doch geschehen – nur für eine begrenzte Zeit. Das sollte für viele kleinere Industrie-Unternehmen attraktiver sein und sie auch in die Lage versetzen, sich an internationalen industriellen Projekten zu beteiligen.

Sowohl in den entwickelten als auch in den unterentwickelten Ländern wird die Diskussion über private Direktinvestitionen in unterentwickelten Ländern auf der Basis der *nationalen Entwicklungsinteressen* jener Länder geführt. Wir sollten uns hier aber daran erinnern, daß die meisten unterentwickelten Länder eine stark inegalitäre Sozialstruktur aufweisen. Sie werden oft von der einen oder anderen Konstellation von Personen in Form einer Oberklassen-Oligarchie regiert. Diese Situation ist der Nährboden einer Politik, die nicht zwangsläufig mit den Zielen, die als langfristige nationale Interessen angesehen werden können, übereinstimmt. Die persönlichen Interessen von Mitgliedern jener Oligarchie sind darin verwickelt, manchmal in einer Weise, die das Licht des Tages scheuen muß.

Diese Situation kann das Operieren des ausländischen Unternehmens, das in einem unterentwickelten Land investiert, erleichtern. Auf jeden Fall wird es fast unumgänglich, mit jenen Machthabern zu kooperieren.

Meist ist aber diese Oberschicht in konkurrierende Parteien gespalten. Das politische Regime ist in der Regel nicht sehr stabil, wie es die Häufigkeit der Coups in den unterentwickelten Ländern beweist. Die meisten dieser Coups haben lediglich eine Umbildung der politischen Machtpositionen innerhalb der Oligarchie zur Folge. In einigen unterentwickelten Ländern jedoch, nicht zuletzt in Lateinamerika, rührt sich schon eine auf breitere Basis sich stützende Oppositionsbewegung, die manchmal nicht nur auf den »Mittelstand« übergreift, sondern sogar einzelne Gruppen innerhalb der Massen berührt.

Das ausländische Unternehmen, das mit jenen, die an der Macht waren, kooperieren mußte und das aus dieser Verbindung häufig profitierte, kann sich sehr leicht in einer kompromittierenden Situation wiederfinden. Sowohl das Unternehmen als auch – wenn es eine amerikanische Firma ist – die Regierung der Vereinigten Staaten können auf diese Weise in den internen Machtkampf eines unterentwickelten Landes hineingezogen werden.

Die Schlußfolgerung lautet, daß eine Zunahme der direkten amerikanischen Auslandsinvestitionen in der ganzen Welt nicht unbedingt im amerikanischen oder im internationalen Interesse liegt, wie es gewöhnlich in der Propaganda für eine Steigerung dieser Investitionen unterstellt wird.

Eine andere Schlußfolgerung ist, daß die Vereinigten Staaten und ebenso alle übrigen entwickelten Länder das Interesse der unterentwickelten Nationen teilen, *die Korruption in hohen Stellungen auszumerzen und jene Form des oligarchischen Machtmonopols aufzugeben, die eine Brutstätte der Korruption ist;* das Resultat wäre ein Abnehmen der unbequemen Verwicklungen in die internen Machtkämpfe jener unterentwickelten Länder.

Kapitel 11
Die Entwicklungshilfe

I. Das Europäische Wiederaufbauprogramm

Vieles, was seit dem Zweiten Weltkrieg auf dem Gebiet der öffentlichen Hilfe für unterentwickelte Länder geschehen ist, hat eine Vorgeschichte, die hier umrissen werden soll, damit wir besser die gedankliche Verwirrung verstehen, die bei den Menschen in den entwickelten Ländern im Hinblick auf ihre Beziehungen zu den unterentwickelten Ländern herrscht.[1]

Als der Zweite Weltkrieg zu Ende ging, befanden sich die Vereinigten Staaten in einer, historisch gesehen, einmaligen Situation. Im Gegensatz zu ihren Alliierten waren sie nicht nur von militärischen Aktionen unberührt geblieben, sondern sie waren, wirtschaftlich gesehen, in einer weitaus besseren Lage als zu Kriegsbeginn. In einem Zustand der Depression und ernsthafter, ausgedehnter Arbeitslosigkeit waren sie in den Krieg eingetreten, aber der Krieg hatte das vollbracht, was dem »New Deal« nicht gelungen war, nämlich ein rasches Anheben der Beschäftigungsrate, des Einkommens und des Lebensstandards.

In dieser Situation übernahmen die Vereinigten Staaten nahezu allein die Verantwortung für die finanzielle Hilfeleistung, die zum Wiederaufbau und zur Wiederbelebung nötig erschien. *Der weitaus größte Teil dieser Hilfeleistung floß den Ländern Westeuropas zu,* die zu dem kleinen Kreis der Länder gerechnet werden müssen, die industriell fortschrittlich und wirtschaftlich gesund und stark sind, wenn sie auch zeitweilig durch den Krieg geschwächt waren. Die Rettungsaktion unter dem »Marshall-Plan« und dem »Europäischen Wiederaufbauprogramm« implizierte, daß ein reiches Land andere potentiell reiche Länder sehr wirksam unterstützte. Eine »Teilung des Reichtums« erschien den Amerikanern und den meisten Europäern natürlich. Aber es war eine Teilung unter den Reichen.

Die gleiche einseitig auf Europa ausgerichtete Einstellung war zu jener Zeit auf vielen anderen Gebieten zu beobachten. Die international organisierten Bestrebungen, den Flüchtlingen zu helfen, wurden auf die vertriebenen und umherziehenden Menschen in Europa konzentriert, während sich z. B. Indien und Pakistan, so gut es eben möglich war, um ihre eigenen Flüchtlinge kümmern mußten.

Die Großzügigkeit der Vereinigten Staaten den Westeuropäern gegenüber war zu diesem frühen Zeitpunkt nahezu grenzenlos. Die amerikanische Regierung zeigte äußerste Zurückhaltung beim Gebrauch ihrer Macht. Sie riet den europäischen Regierungen, eigene Entscheidungen zu treffen, und sie versprach, jede konstruktive Politik, auf die sie sich untereinander einigen könnten, in finanzieller und auch anderer Hinsicht zu unterstützen.

Auf dem Gebiet des Handels ließen es die Vereinigten Staaten zu, daß die westeuropäischen Länder den Import amerikanischer Güter in grober Weise diskriminierten. Sie halfen sogar noch bei der Planung der Diskriminierungs-Politik sich selbst gegenüber, wobei sie manchmal den heftigen Druck von Interessengruppen im eigenen Lande überwinden mußten. Sie gingen zumindest einmal gegen die amerikanischen Öl-Monopole vor und untersagten ihnen, eine Preispolitik zu betreiben, die Westeuropa geschadet hätte. Dies war ein politischer Grundsatz, der gar nicht verschiedener hätte sein können von dem Standpunkt, den die Vereinigten Staaten – ebenso wie die meisten entwickelten Länder – einnahmen, als die unterentwickelten Länder später um besondere Rücksichten im Außenhandel baten (siehe Kapitel 9).

Das Hauptgericht jedoch, das Westeuropa serviert wurde, bestand in finanzieller Unterstützung. Abzüglich militärischer Hilfe belief sie sich im Endeffekt auf die enorme Summe von ca. 30 Milliarden Dollar – wobei der Dollar zu jener Zeit noch einen erheblich höheren Realwert besaß als nach der späteren Preis-Inflation. *Mehr als zwei Drittel davon waren bedingungslose Zuschüsse.*

Ich war damals der Meinung, daß diese ganze Unterstützung in Form von Darlehen hätte gewährt werden sollen, die zurückzuzahlen gewesen wären, wenn Westeuropa wieder lebensfähig war. *Ich habe nie geglaubt – und ich glaube auch heute noch nicht –, daß die Hilfeleistung in Form eines Geschenks, das eine Regierung einer anderen macht, eine notwendige, natürliche oder gar weise Politik ist; es sei denn, es handelt sich bei dem Nutznießer um ein unterentwickeltes Land, das tiefsitzende, strukturelle Schwierigkeiten überwinden muß.*

Und wenn ich darüber nachdenke, was später geschah, so sehe ich darin eine Bestätigung meiner damaligen Meinung. Die ganze internationale Währungssituation wäre heute gesünder, und wäre es auch schon im vergangenen Jahrzehnt gewesen, wenn die Vereinigten Staaten – schrittweise und mit gebührender Rücksicht – die Tilgung von Darlehen von den westeuropäischen Regierungen hätten abrufen können.

Aber die Vereinigten Staaten wollten zu jenem frühen Zeitpunkt Geschenke machen. Ich kann selbst bezeugen, wie amerikanische Beamte freundlich, aber erfolglos ihre schwedischen Kollegen aufforderten, ebenfalls Zuschüsse anzunehmen, die Schweden jedoch nicht benötigte und im Interesse von »Gleichheit« und »Zusammenarbeit« nicht wollte.

Insbesondere bestanden die Vereinigten Staaten darauf, freie Zuschüsse, Anleihen, die nicht unbedingt aufgrund vereinbarter Bedingungen zurückzuzahlen waren, und regelrechte Kredite unter dem Begriff »Entwicklungshilfe« zusammenzufassen. Als dieses Schema zum erstenmal in der Marshall-Ära eingeführt wurde, entsprach es einer Haltung, die ich damals als eine »übermäßige Großzügigkeit Amerikas« betrachtete. Es wurde noch erleichtert durch die geringe Erfahrung der Vereinigten Staaten im internationalen Finanzwesen und durch ihre trüben Erfahrungen, die sie mit ihren großen Krediten an Deutschland und Lateinamerika in der Zeit zwischen den zwei Weltkriegen gemacht hatten.

Ich fand jedoch zu jener Zeit kaum einen europäischen Nationalökonomen oder Politiker, der meinen kritischen Standpunkt teilte oder das Problem auch nur diskutieren wollte. Sie waren alle glücklich über die großzügigen Zuschüsse und waren auch bereit zu akzeptieren, daß Kredite als »Entwicklungshilfe« ausgezeichnet wurden, was ein vages Gefühl der Unsicherheit schuf im Hinblick auf die Frage, ob oder wie sie zurückgezahlt werden sollten. Ein Schema gedanklicher Konfusion wurde so errichtet, das heute noch unter uns ist.

Aber *eine terminologische Verwirrung, die damals hauptsächlich ein Ausfluß der* »übermäßigen Großzügigkeit Amerikas« *gegenüber potentiell reichen und entwickelten Ländern war, ist heute zu einem Wegbereiter des Geizes gegenüber armen und unterentwickelten Ländern geworden.* Jegliche Art von Kapitalzufluß aus privaten oder öffentlichen Quellen wird nun als »Unterstützung« oder »Hilfe« bezeichnet. Die Geschichte ist oftmals so paradox.

Die amerikanische Regierung beschloß *von Anfang an, im Sommer 1947, das Marshall-Programm vom Standpunkt des Antikommu-*

nismus aus zu motivieren. Die Rolle, die der antikommunistische Appell spielte, kam jedoch in dem eigentlichen »Europäischen Wiederaufbauprogramm« kaum zum Ausdruck.

Es ist meine feste Überzeugung, daß im Anfang der Hauptgrund des amerikanischen Volkes und seiner Vertreter im Kongreß, sich hinter den Marshall-Plan zu stellen, vielmehr *Sympathie und Solidarität* Nationen gegenüber war, die sich in einer mißlichen Lage befanden und mit denen sie sich kulturell und blutsmäßig verbunden fühlten. Dieser positive Grund war entscheidender als die negative Motivation, daß man die Europäer vor dem Kommunismus retten müsse und daß man sie als Verbündete im »kalten Krieg« benötige – obwohl natürlich der antikommunistische Appell den Gefühlsregungen einen zusätzlichen emotionalen Ansporn hinzufügte, und das in verstärktem Maße, als sich der »kalte Krieg« verschärfte.

Wichtig für das zukünftige Verhalten der Vereinigten Staaten gegenüber unterentwickelten Ländern war die europäische Reaktion auf die amerikanische Diskussion auf heimatlichem Grund und Boden. Das Bekenntnis, daß die Amerikaner selbstsüchtig handelten, wurde allzuoft und in gieriger Weise in Europa als Begründung dafür aufgegriffen, daß Rückzahlungen, sei es auch nur aus Dankbarkeit, nicht wirklich verlangt wurden.

Alle westeuropäischen Regierungen schlossen sich widerstrebend der Blockade-Politik der Vereinigten Staaten gegenüber den kommunistischen Ländern an – mit einer Menge offener und verborgener Aktionen, die den Amerikanern wie Sabotage erschienen sein müssen. Diese Haltung verärgerte manche Mitglieder des amerikanischen Kongresses, aber die Administration mußte gute Miene zum bösen Spiel machen.

Als gegen Mitte der fünfziger Jahre der Fluß des Marshall-Geldes zu versiegen begann, schlossen sich die westeuropäischen Regierungen rasch zusammen und torpedierten die gesamte von Amerika inspirierte Embargo-Politik, von deren Richtigkeit sie ohnehin niemals überzeugt gewesen waren. Danach waren es die Vereinigten Staaten allein, die normale Handelsbeziehungen mit kommunistischen Ländern ablehnten. Diese Politik richtete sich nicht gegen europäische Geschäftsinteressen, worauf bisweilen in den Vereinigten Staaten hingewiesen worden ist.

Es besteht für meine Begriffe kein Zweifel daran, daß die amerikanischen Erfahrungen mit den Europäern während der Marshall-

Ära in mancher Hinsicht tiefgreifende und andauernde Auswirkungen auf die Politik der Vereinigten Staaten den unterentwickelten Ländern gegenüber hatten.

II. Entwicklungshilfe für unterentwickelte Länder

Während der Marshall-Ära wurden den unterentwickelten Ländern nur wenige Hilfsleistungen wie im Fall Europas in der Absicht des ökonomischen Aufbaus und der Entwicklung gegeben. Sie waren hauptsächlich dazu bestimmt, politischen und militärischen Notfällen zu begegnen und den Konsum der Bevölkerung, der einen ernsten Tiefstand erreicht hatte, anzuheben.

Als um 1950 das Budget der Vereinigten Staaten für ausländische Hilfsmaßnahmen ziemlich plötzlich schneller zu wachsen begann, *lag die Hauptursache hierfür weniger in dem Bestreben, den Entwicklungsbedürfnissen unterentwickelter Länder nachzukommen, als vielmehr in der Verschärfung des »kalten Krieges«.* Dies galt besonders für jenen großen Teil der unterentwickelten Welt, den ich sehr eingehend untersucht habe, nämlich Südasien. Die politische Gleichschaltung und in einigen Fällen schon die nicht unfreundliche Neutralität eines unterentwickelten Landes wurden von politischem Interesse für die Vereinigten Staaten, die die Szene beherrschten, da sie 80 Prozent oder mehr sämtlicher Zuschüsse und Kredite stellten, die in dieses Gebiet flossen.

Der politische Zweck der Entwicklungshilfe spiegelte sich deutlich wider in der Art und Weise ihrer Verteilung unter die einzelnen Länder. Neben militärischer Hilfe erhielt Pakistan an Wirtschaftshilfe doppelt soviel pro Einwohner wie Indien, als Belohnung für seine politische und militärische Allianz mit den Vereinigten Staaten – die sich jedoch in jüngster Zeit als nicht sehr zuverlässig erwiesen hat.

Und in dem Zeitraum von 1954 bis 1958 erhielten Laos und Südvietnam von den Vereinigten Staaten Zuschüsse und Darlehen, die im Gesamtwert nahezu dem gleichkamen, was Indien und Pakistan erhielten. Im gleichen Zeitraum erhielt Südkorea mehr Hilfe (Wirtschaftshilfe genannt) als Indien, Pakistan, die Philippinen, Burma und Ceylon zusammen. Indien allein hat eine zehnmal so große Bevölkerung wie die drei kleinen, aber strategisch wichtigen Länder zusammengenommen.

Ich sagte oben, daß, als der Marshall-Plan als ein politisches Mittel des Antikommunismus in Gang gesetzt und als »im ureigensten Interesse der Vereinigten Staaten« interpretiert wurde, dies zumindest zu Anfang weitgehend eine Art frommen und inopportunen Selbstbetrugs war. Diese Motivation hatte keine ernsten Auswirkungen auf das Programm selbst (mit Ausnahme auf die periphere Politik der Export-Lizenzierung, die später hinzukam). Aber in jener späteren Zeit, unter dem Einfluß des verschärften »kalten Krieges« und nach Korea, *war das Hilfsprogramm für unterentwickelte Länder tatsächlich nach dem politischen Interesse der Vereinigten Staaten geformt,* und sogar nach ihren strategischen und militärischen Interessen, so wie jene Interessen damals von der amerikanischen Regierung und weitgehend auch von der amerikanischen Bevölkerung gesehen wurden. Gleichzeitig wurde es recht vage als ein Entwicklungsprogramm für unterentwickelte Länder aufgefaßt.

Was bis dahin eine inopportune Selbsttäuschung gewesen war, wurde in hohem Maße opportun, *wobei eine Doppelzüngigkeit aufkam, die immer noch für die Unaufrichtigkeit und Heuchelei in der öffentlichen Diskussion mitverantwortlich ist,* auf die ich mich am Ende des vorangegangenen Kapitels bezogen habe.

Es ist unmöglich, den Anteil der »Hilfsleistungen« zu bestimmen, der in jener Zeit, vom Entwicklungsstandpunkt aus gesehen, fehlgeleitet wurde; daß jedoch ein großer Teil dieser Hilfsleistungen verschleudert wurde und sogar wesentliche Reformen tatsächlich inhibierte, da durch sie reaktionäre Regime unterstützt wurden, kann nicht bestritten werden. Das ist nicht meine gedankliche Nachlese, sondern es wurde schon vorausgesehen, als der Grundsatz der strategischen Hilfspolitik geboren wurde – und zwar nicht nur von mir, sondern auch von vielen anderen.[2]

Die Entwicklungshilfe-Politik der Vereinigten Staaten enthielt von Anfang an Elemente jener aufgeklärten, humanitären und nach meiner Ansicht mehr rationalen Vorstellung, wie sie während dieser ganzen Periode von liberalen Amerikanern vertreten wurde. Und man kann vielleicht sagen, daß jene Elemente, als die fünfziger Jahre zu Ende gingen und die sechziger Jahre begannen, langsam an Bedeutung gewannen – mochte auch den streng politischen, militärischen und strategischen Motiven weiterhin das oberste Interesse gelten. Aber die immer tiefer gehenden Verwicklungen der USA in den Vietnam-Krieg, der nicht nach einem Plan verlief, sondern wie unter einem blinden Schicksal[3], veränderten dann allmählich die gesamte Situation. *Während des weiteren Verlaufs jenes Kriegsabenteuers wurde das ausländische Hilfsprogramm, ähnlich anderen hoffnungsvollen Entwicklungen in den Vereinigten Staaten, ein Opfer der tiefen Enttäuschungen des amerikanischen Volkes* – wenn auch die Beschränkung des Auslandshilfsprogramms gegen Ende der sechziger Jahre durch einen komplizierten Prozeß verursacht ist.

Der Drang vom Anfang der fünfziger Jahre, ein Hilfsprogramm für unterentwickelte Länder so zu entwerfen und zu akzeptieren, daß es den politischen und strategischen Interessen der Vereinigten Staaten im Rahmen des kalten Krieges gerecht werde, führte zu *verschiedenen allgemeinen Konsequenzen,* die kurz zu untersuchen sind.

Zunächst implizierte diese Politik, daß die Vereinigten Staaten nicht geneigt noch bereit waren, sich Versuchen anzuschließen, die auf jene multilaterale und kooperative Aktion zur Unterstützung unterentwickelter Länder gerichtet waren, wie sie in der Charta der Vereinten Nationen vorgesehen sind. Im Interesse ihrer politischen und strategischen Hilfe mußten die USA eine Außenpolitik verfolgen, deren Instrumente unilaterale ökonomische und militärische Hilfen waren. Andere entwickelte Länder, vor allem die bedeutenderen, wurden, als sie langsam das Feld der Entwicklungshilfe-Politik betraten, durch das von den USA gesetzte Beispiel ermutigt, ihrerseits nach engen nationalen politischen Grundsätzen zu verfahren, auch wenn diese immer weniger militärischen und strategischen Überlegungen entsprangen.

Eine zweite Folge war zweifellos eine allmähliche Verhärtung der Herzen in den Vereinigten Staaten. Als die Hilfspolitik erst einmal fest abgesteckt war nach diesen politischen, militärischen und strategischen Grundsätzen, gab es keinen amerikanischen Enthusiasmus mehr für die Hergabe öffentlicher Zuschüsse, wie es anfangs beim Europäischen Wiederaufbauprogramm der Fall gewesen war. Dabei wären Zuschüsse tatsächlich viel besser motiviert, wenn man sie armen unterentwickelten Ländern leistet, als wenn man sie den potentiell reichen und entwickelten Ländern in Westeuropa zukommen läßt.

Als sich in den Jahren nach dem Kriege die Hilfe für unterentwikkelte Länder noch in einem kleinen Rahmen bewegte – und selbst Anfang der fünfziger Jahre, als sie zu steigen begann –, wurde sie zu fast 100 Prozent in der Form von Zuschüssen gewährt. Anfang der sechziger Jahre war dieser Anteil auf rund 50 Prozent gesunken. Und sowohl die Zuschüsse als auch die Kredite wurden in zunehmendem Umfang an Exporte aus den Vereinigten Staaten gebunden. Auch in dieser Hinsicht prägten die Vereinigten Staaten ein Vorbild, das von den anderen entwickelten Ländern in dem Maße nachgeahmt wurde, wie sie das Feld der Entwicklungshilfe auf breiter Basis betraten.

Die Geschichte der amerikanischen Entwicklungshilfe-Politik in der Ära des kalten Krieges war gekennzeichnet durch die Enthüllung von Skandalen, in denen schwere Korruptionsfälle eine Rolle spielten. Sie wurden in aufsehenerregender Weise von den Zeitungen publik gemacht und oft von Kongreß-Ausschüssen untersucht. Der Eindruck, der dem amerikanischen Volk und dem Kongreß vermittelt wurde, motivierte nicht selten das Gefühl, die Hilfsleistungen verschwänden in »Rattenlöchern«, um einen amerikanischen Ausdruck zu gebrauchen. Auf einer tieferen psychologischen und ideologischen Ebene wurde tatsächlich vorausgesehen, daß diese Form der unilateralen Hilfe den moralischen Erwartungen des Volkes nicht entspreche, schon gar nicht in den Vereinigten Staaten.

Die Bindung der Hilfsleistungen an Exporte bedeutet eine Einschränkung der Freiheit des Hilfe empfangenden Landes, die am besten geeignete Ware zum günstigsten Preis zu kaufen. Was den letzteren Aspekt anbelangt, so wurde verschiedentlich geschätzt, daß er die Kosten um rund 20 bis 40 Prozent erhöht. In höflicher Form ist von den unterentwickelten Ländern darauf hingewiesen worden, daß diese Praxis eine Subventionierung der amerikanischen Wirtschaft impliziere.

Für die Kreditempfänger scheint diese Praxis der Kreditbindung an Exporte aus dem »Geberland« um so ungerechtfertigter, als der Schuldendienst in Dollars geleistet werden muß, die, im Gegensatz zu den Krediten, in voller Höhe ohne Beschränkungen verwendet werden können.

Wenn den unterentwickelten Ländern amerikanische Dienstleistungen oder Waren in Form von Zuschüssen oder zuschußähnlichen Beiträgen unmittelbar gewährt werden, führt das aufgrund der diesen Geschenken zugrunde gelegten Preise sehr oft zu einem ungerechtfertigten Aufbauschen der Summe der Hilfsleistungen. Als ich in Karachi in Pakistan war, einige Wochen vor Ayub Khans Putsch im Jahre 1958, zirkulierte unter dem Siegel der Vertraulichkeit ein Bericht der Regierung, aus dem hervorging, daß die ihr zur Verfügung gestellten amerikanischen Experten im Durchschnitt etwa 40 000 Dollar kosten – eingeschlossen alle die Vergünstigungen, Aufwandsentschädigungen und Arbeitserleichterungen jeglicher Art, die den hohen Gehältern hinzugezählt wurden. Die Pakistaner schlossen, daß sie solche Dienstleistungen anderswo sehr viel billiger kaufen könnten, wenn sie statt dessen die Dollars zur freien Verwendung erhielten. Die neue Regierung zahlte für die freundliche Aufnahme, die die Vereinigten Staaten ihrem Putsch entgegenbrachten, unter anderem dadurch, daß sie jenen Report unterschlug.

In ähnlicher Weise wurden die unter PL 480 gewährten Nahrungsmittel-Lieferungen zu den Preisen des geschützten Inlandmarktes der Vereinigten Staaten berechnet, die ziemlich weit über den Preisen liegen, zu denen die Nahrungsmittel auf dem Weltmarkt hätten gekauft werden können. Der Transport per Schiff in das Empfangsland war ebenfalls weitgehend der mit hohen Kosten arbeitenden amerikanischen Schiffahrt vorbehalten und wurde dem Empfangsland in Rechnung gestellt. Außerdem waren die Amerikaner zu jener Zeit sehr stark daran interessiert, ihre wachsenden Getreideüberschüsse abzubauen. Man konnte daher die Frage stellen, und sie wurde tatsächlich gestellt, ob die Kosten dieser Getreidelieferungen, oder ein großer Teil dieser Kosten, wenn realistisch analysiert, nicht zu Lasten der nationalen Landwirtschaftshilfe hätten gebucht werden müssen, anstatt zu Lasten der Auslandshilfe.

Der wichtigste Grund für Verminderung des Entwicklungswertes der Hilfe ist natürlich der, daß ihre Motivation und weitgehend auch ihre Richtung politischer, militärischer und strategischer Natur war. *Wenn politische Überlegungen in den Bereich der Entwicklungshilfe eindringen, ob im Inland oder draußen, ist es nicht zu vermeiden, daß sowohl die moralischen als auch die Effektivitätsstandards der Gefahr ausgesetzt sind, radikal gesenkt zu werden.* Als sich die sechziger Jahre dem Ende näherten, *trat dieser politische Charakter der Entwicklungshilfe immer stärker hervor.* Der treibende Faktor war natürlich die Vietnam-Politik der Vereinigten Staaten. Südvietnam – oder vielmehr jener Teil Vietnams, der von den militärischen Streitkräften der Saigoner Regierung und der Vereinigten Staaten kontrolliert wird – wurde das »Land«, das die dickste Scheibe aus dem Hilfsprogramm erhielt: ein Viertel oder mehr, wenn wir bestimmte Teile der Hilfsleistungen an die Regierungen einiger Satelliten-Staaten in Südost- und Ostasien hinzuzählen, die den Vereinigten Staaten in ihren Kriegsanstrengungen zur Seite standen.

Niemand außerhalb der Vereinigen Staaten, der mit ihnen zusammen im Krieg stehenden asiatischen Regierungen und natürlich des Sekretariats der Entwicklungshilfe-Kommission (DAC) – und ich glaube, auch nur sehr wenige in den Vereinigten Staaten selbst, wenn sie die Sache wirklich durchdenken – würde diese Leistungen als Hilfe ansehen in demselben Sinne wie z. B. die Entwicklungshilfe für Indien, mag diese auch sehr stark politisch geprägt sein. Wenn wir jenen dicken Posten aus den Bewilligungen und Ausgaben des Hilfsbudgets, der unmittelbar ein Teil des politischen und militärischen Engagements der Vereinigten Staaten in Vietnam ist, ausklammern, kommt der niedrige Stand der Entwicklungshilfe und ihre Tendenz in den sechziger Jahren, weiter zu sinken, noch viel stärker zum Vorschein. Wenn wir außerdem aus all den anderen Gründen, die wir oben aufgeführt haben, entsprechende Abschläge in Rechnung stellten, *würde wahrscheinlich wesentlich weniger als die Hälfte der amerikanischen Bewilligungen und Ausgaben, die in den DAC-Statistiken als »öffentliche Finanzzuflüsse« aufgeführt werden, als unverfälschte Hilfe für unterentwickelte Länder übrigbleiben.*

Ich habe meine Aufmerksamkeit bisher auf die Vereinigten Staaten konzentriert. Die anderen entwickelten Länder leisten, besonders seit der Mitte der fünfziger Jahre, einen wachsenden Beitrag zur Entwicklungshilfe, zum Teil auf Betreiben der Amerikaner, daß sie ihren Anteil an der Hilfslast übernehmen sollten. Aber auch hier können – aus den schon im Hinblick auf die Vereinigten Staaten genannten Gründen – die DAC-Statistiken über die »öffentlichen Zuflüsse« keinen verläßlichen Aufschluß geben über das, was wirklich an Hilfe für unterentwickelte Länder geleistet wurde. Alle angegebenen Zahlen müssen reduziert werden. Schon die Abwertung, die erforderlich wäre, um dem Preisanstieg

Rechnung zu tragen, würde zeigen, daß der Trend von einer offensichtlichen Stagnation zu einer tatsächlichen Verringerung der Entwicklungshilfe umschlägt, obgleich es in den vergangenen Jahren in diesen anderen entwickelten Ländern keine so radikalen Kürzungen der Bewilligungen für Auslandshilfen gegeben hat wie in den Vereinigten Staaten. Ihr Anteil an der Hilfsaktivität müßte deshalb in den nächsten Jahren steigen, so daß man aus den DAC-Statistiken nicht mehr schließen kann, die Vereinigten Staaten brächten gut die Hälfte aller Hilfsleistungen für unterentwickelte Länder auf, wie es heute allgemein behauptet wird.

Wenn man jedoch ermitteln will, was wirklich »Hilfe« ist, muß man außer der durch den Preisanstieg bedingten Wertminderung auch verschiedene Auflagen berücksichtigen, durch die der Wert der Hilfsleistungen für die Empfangsländer geschmälert wird; diese Praxis ist allgemein verbreitet, und sie verliert keinesfalls an Bedeutung. Eine genauere Untersuchung würde wahrscheinlich ergeben, daß dabei die Ziele der nationalen Politik für alle größeren Länder in der westlichen Welt die entscheidende Motivation darstellen. Allerdings sind solche Hilfsleistungen heute zunehmend weniger von den rohen Formen militärischer und strategischer Pläne geprägt, wie sie für die amerikanische Auslandshilfe charakteristisch sind und – das Beispiel Vietnam zeigt es drastisch – deren Qualität als »Hilfe« so stark beeinträchtigen. Die politischen Interessen sind mehr auf den Gewinn von Einfluß und Handelsvorteilen gerichtet.

Earl Grinstead, bis vor kurzem Großbritanniens Minister für Entwicklung in Übersee, erklärte:

»Ungefähr zwei Drittel unserer Entwicklungshilfe werden für Güter und Dienstleistungen aus England ausgegeben ... der Handel folgt der Hilfe. Wir rüsten eine Fabrik in Übersee aus, und später erhalten wir Aufträge für Ersatzteile und Erneuerungen ... Wir werden [Geld ausgeben für Entwicklungshilfe] ... weil es richtig ist und weil es in unserem langfristigen Interesse liegt.«[4]

Ein parlamentarischer Ausschuß, der das englische Hilfsprogramm untersuchte, stellte ohne viel Umschweife fest:

»Die Entwicklungshilfe spielt eine wesentliche Rolle in der Anregung des Handels. Trotz der moralischen Absicht, die dem Hilfsprogramm zugrunde liegt, sollte die Entwicklungshilfe in wachsendem Maße auf jene Länder konzentriert werden, die die größten potentiellen Märkte für Güter öffnen, die aus England stammen.«[5]

Diese Art der Motivation dürfte repräsentativ sein für die Gefühle, die hinter der Hilfsaktivität der meisten entwickelten Länder stehen, auch in Frankreich und vor allem in Japan und Deutschland.

III. Politische Schlußfolgerungen

Aus allem, was wir über den Umfang und die Lenkung der Produktion und des Konsums in unterentwickelten Ländern sowie über die Schwierigkeiten wissen, die ihren Entwicklungsanstrengungen entgegenstehen, schält sich als Imperativ heraus, daß *die entwickelten Länder bereit sein sollten, ihre Hilfeleistungen in einem sehr beträchtlichen Maße zu erhöhen.* Das würde mit den allgemeinen Erklärungen übereinstimmen, die so großzügig verkündet wurden, denen bisher aber noch keine praktischen Handlungen gefolgt sind.

Realistisch gesehen, sollte es auch evident sein, daß die Notwendigkeit der Entwicklungshilfe im größeren Teil der unterentwickelten Welt nicht einem kurzfristigen Notfall entspringt, sondern *von langer Dauer sein wird.* Wie lange es dauern wird, bis ein unterentwickeltes Land das zustande gebracht hat, was man gemeinhin – auf ziemlich unklare Weise – als seinen »Absprung« in ein »sich selbst erzeugendes« oder »sich selbst tragendes« Wachstum bezeichnet, wird – abgesehen vom Umfang der Auslandshilfe und der Reform der Handelspolitik der entwickelten Länder – von der Bereitschaft und der Fähigkeit dieses Landes abhängen, die radikalen Reformen anzupacken, die in Teil 2 dieses Buches diskutiert worden sind.

Die Notwendigkeit der Hilfe in unterentwickelten Ländern und die in allgemeinen Erklärungen zum Ausdruck gebrachte Teilnahme der entwickelten Länder sollten für alle Verantwortlichen ein Grund sein, dafür zu sorgen, daß *die Bewilligungen für Hilfeleistungen im Haushaltsplan allmählich den Umfang erreichen, in dem die entwickelten Länder Gelder für andere wichtige nationale Vorhaben ausgeben,* z. B. für die soziale Sicherheit oder die Bildung, ganz zu schweigen von der Verteidigung. Sie sollten zumindest einen substantiellen Anteil des erwarteten jährlichen Anstiegs ihres Volkseinkommens ausmachen.

In Ländern wie Schweden, Kanada und den Niederlanden könnte eine solche Entwicklung gegen Ende der siebziger Jahre schon ein gutes Stück vorangekommen sein. In den Vereinigten Staaten werden wir wahrscheinlich diese Bewilligungen eine Zeitlang weiterhin schrumpfen sehen. Aus Gründen jedoch, auf die ich noch eingehen werde, schließe ich die Möglichkeit nicht aus, sondern erwarte vielmehr, daß wir innerhalb von wenigen Jahren eine Veränderung des gegenwärtigen Trends erleben werden. Auf jeden Fall müssen wir danach streben.

Ich nehme also an, daß die entwickelten Länder es sich leisten können, die Bewilligungen für Hilfeleistungen wesentlich zu erhöhen. Dieses Problem *hängt einzig und allein davon ab, welche Bedeutung die Menschen in den entwickelten Ländern der Entwicklungshilfe für unterentwickelte Länder beimessen.* Wir sollten versuchen, die Hilfe für unterentwickelte Länder in Zukunft als eine kollektive Verantwortung der entwickelten Länder anzuerkennen und ihre Last in einer fair vereinbarten Weise aufzuteilen, die auf *ein System der internationalen Besteuerung hinausläuft.*

Um eine solche Entwicklung zu fördern, ist es notwendig, daß *wir unsere Vorstellungen und unsere Praktiken von einer Anzahl opportunistisch verzerrter Ideen, falscher Begriffe und fragwürdiger Praktiken befreien,* deren beherrschenden Einfluß ich zur Genüge herausgestellt habe. Bei dieser Aufgabe fällt den unabhängigen Wissenschaftlern eine besondere Verantwortung zu. Experten und Beamte von Regierungen und zwischenstaatlichen Organisationen sind offensichtlich unfähig, sich selbst von den mächtigen Vorurteilen ihrer Arbeitgeber, einer oder mehrerer Regierungen, zu befreien. Diese Befreiung läge im Interesse intellektueller Klarheit und Redlichkeit. Sie hat daher einen allgemeinen und unabhängigen Wert in unserem Kulturmodell. Und ganz speziell würde dadurch – da jene Vorurteile offensichtlich der Funktion dienen, ein schlechtes Gewissen zu beruhigen – die Unterstützung des Volkes für eine Erhöhung der Hilfeleistungen leichter zu gewinnen sein. Wir sollten daher *eine klare Trennungslinie ziehen zwischen Wohltätigkeit, die gewöhnlich Opfer erfordert, und Geschäften, die für gewinnträchtig gelten.*

Wenn die Hilfe in Form eines Kredits gewährt wird, dann ist es die tilgungsfreie Periode und der unter Marktwert festgesetzte Zinssatz für eine gestreckte Tilgungsperiode, was als Entwicklungshilfe gelten kann. Sie kann errechnet werden, indem man die Zahlungen bis zum gegenwärtigen Zeitpunkt diskontiert und die Summe dieser Zahlungen von dem Kredit subtrahiert.

Der private Kapitalzufluß, besonders direkte Investitionen, und ebenso der Handel können – unter verschiedenen wichtigen Einschränkungen, die wir in den Kapiteln 9 und 10 erörtert haben – für die Entwicklung in einem unterentwickelten Lande von größter Bedeutung sein. Die Hilfe kann sehr oft die ökonomische Basis in einem unterentwickelten Lande verbessern, und diese wiederum kann eine Erhöhung der privaten Investitionen herbeiführen. Das gehört dann zu den *ameliorativen Effekten der Entwicklungshilfe*. Sie kann sogar angewendet werden, um *private Investitionen zu subventionieren und zu erhöhen;* die Subvention, nicht die Investition selbst, darf dann, unter bestimmten Bedingungen, als Hilfe gerechnet werden.

Die privaten Investitionen in unterentwickelten Ländern haben ein besseres Schicksal verdient, als für eine Verwirrung der Statistiken über Hilfeleistungen verwendet zu werden und für eine Verwöhnung der Menschen mit Vorstellungen über die großen Opfer, die sie bringen, um unterentwickelten Ländern zu helfen.

Wenn ein entwickeltes Land – und das betrifft heute fast ausschließlich die Vereinigten Staaten, da praktisch kein anderes Land des Westens daran denken würde, so zu handeln – »Hilfe« gewährt für etwas, das es als seine eigenen militärischen Interessen ansieht, ob diese Hilfe aus Waffen, militärischer Ausbildung oder etwas anderem besteht, dann sollte sie mitsamt allen »unterstützenden« Leistungen *aus dem Hilfsbudget entfernt und als nationale Verteidigungsausgabe ausgewiesen werden*.

Sehr wichtig ist außerdem der Verzicht auf die Praxis, *Entwicklungshilfe an Lieferungen aus dem Geberland zu binden*. Die Hauptopfer dieser Gepflogenheit sind die unterentwickelten Länder, denen geholfen werden sollte. Ihre Freiheit, auf dem Weltmarkt auszuwählen, wird dadurch beschnitten, und das führt zu höheren Kosten, neben anderen ungünstigen Effekten.

Für die entwickelten Länder selbst ist diese Bindung von zweifelhaftem Wert. Sie deutet auf einen Mangel an Vertrauen in die Konkurrenzfähigkeit der Wirtschaft des eigenen Landes. Da heute fast alle Länder den größten Teil ihrer Entwicklungshilfe binden – und ebenso private Investitionen, soweit sie eine Kontrolle darüber haben –, wirken diese Praktiken in Richtung auf ein segregatives ökonomisches System. Wenn ein einzelnes Land aus diesem System ausbricht, kann das den Verlust von geschäftlichem Terrain bedeuten. Es sollte nichtsdestoweniger auch Vorteile bringen, da im allgemeinen ein freierer Handel selbst in einer protektionistischen Umgebung dahin tendiert, die Geschäfte härter und strenger zu machen. Wie die Handels-Statistik zeigt, bestätigen Schwedens Erfahrungen mit seiner Freihandels-Politik diese altmodische Überzeugung der Nationalökonomen über viele Generationen hinweg. Es wäre jedoch sicherlich einfacher, diese üblen Praktiken durch eine internationale Vereinbarung, die alle entwickelten Länder bindet, abzuschaffen. Die unterentwickelten Länder drängen nach einer solchen Vereinbarung, im Rahmen der UNCTAD und auch anderswo. Die meisten entwickelten Länder widersetzen sich jedoch diesem Druck in kurzsichtiger Weise, und der Mißbrauch der Hilfe hat in den sechziger Jahren sogar noch zugenommen.

Die Bindung der Entwicklungshilfe kann in der Form auftreten, daß ein entwickeltes Land Waren und Dienstleistungen unmittelbar als unilaterale Hilfe zur Verfügung stellt. Selbst in solchen Fällen wäre es heilsam, wenn die Güter auf dem internationalen Markt beschafft oder wenigstens zu internationalen Marktpreisen bewertet würden.

Die Weltbank hat in ihrer Kredittätigkeit immer darauf bestanden, daß die von ihr bereitgestellten Mittel frei verwendet werden, so daß der Empfänger dort kaufen kann, wo es am günstigsten ist, und sie hält zum Glück hartnäckig an diesem Prinzip fest und erliegt nicht der Versuchung, eine Kompromißhaltung einzunehmen, um die ihr zur Verfügung stehenden Mittel zu erhöhen. Die anderen zwischenstaatlichen Organisationen, die auf dem Gebiet der Entwicklungshilfe tätig sind, vor allem die ausführenden Behörden des Entwicklungsprogramms der Vereinten Nationen *(United Nations Development Program)*, haben gleichfalls versucht, in dieser Frage eine feste Haltung einzunehmen. Es besteht jedoch eine Tendenz, die sorgfältig beobachtet werden muß, daß nämlich Regierungsdelegationen Druck ausüben, um mit beratenden Stellen Unterverträge abzuschließen. Zu oft werden sie in die Lage versetzt, die Erteilung von Aufträgen zu steuern und so die Regel zu umgehen, daß das Empfangsland die Möglichkeit haben soll, auf einem wettbewerbsorientierten internationalen Angebotsmarkt einzukaufen.

Mein nächster Punkt steht in gewissem Zusammenhang mit dieser Revision des Begriffs der »Hilfe« und der Praktiken ihrer Gewäh-

rung. Es ist meine feste, auf Untersuchungen und Reflexionen gegründete Überzeugung, *daß es nur durch den Appell an die moralischen Gefühle der Menschen möglich sein wird, die Bevölkerung für
eine Erhöhung der Hilfeleistungen an unterentwickelte Länder in
dem erforderlichen Umfang zu gewinnen.*

Um es klar und überzeugend zu formulieren: Die moralische
Begründung der Entwicklungshilfe muß getrennt und gereinigt
werden von allen unterschobenen Motiven des nationalen Interesses, die ich in Verbindung mit der Hilfspolitik der Vereinigten
Staaten kritisiert habe. Und der Begriff der Hilfe muß als der von
wirklichen Opfern ausgedrückt werden, die von der Bevölkerung
in Form von Steuern gebracht werden sollten. Diese Opfer sollten
nicht künstlich in die Länge gezogen werden durch verschiedene
opportune Praktiken, die doch nur zur Folge haben, daß der
Umfang der wirklichen Entwicklungshilfe niedriger ist als vorge-
geben.

Die einfachen Menschen in unserer westlichen Zivilisation – und
sie sind es, die in letzter Instanz die politischen Trendentwicklun-
gen dieser Länder über Jahre hinweg bestimmen – *können* dazu
gebracht werden, auf der Basis des Mitleids und der Solidarität zu
handeln. Aber ihre Gefühle erkalten bald gegenüber angeblichen
nationalen Interessen, vor allem dann, wenn diese Interessen, wie
es regelmäßig geschieht, sich als unterschoben und fehlgeleitet
herausstellen. Das, so scheint mir, ist eine wichtige Lehre, die wir
aus unseren Erfahrungen nach dem Kriege ziehen können. Wenn
Politiker und Experten so zaghaft werden, wo immer es darum
geht, den moralischen Motivationen in diesen und vielen anderen
Bereichen die ihnen gebührende Bedeutung beizumessen, dann
fehlt es an wahrem Realismus. Ich glaube in der Tat, *daß es unrealistisch und selbstmörderisch ist, den moralischen Kräften einer
Nation zu mißtrauen.*

In der unterentwickelten Welt gibt es verschiedene Länder, die besonders arm sind oder die aus verschiedenen Gründen bei ihren
Versuchen, eine Entwicklung anzukurbeln, größeren Schwierigkeiten begegnen. Wenn die Entwicklungshilfe entsprechend der
neuen Orientierung ausgerichtet wird, ergibt sich die Folgerung,
daß *diese »am stärksten unterentwickelten« Länder eine besondere
Rücksicht verdienen.*

Diese Forderung steht konträr zu einer Übung, die besonders in den Vereinigten Staaten zu einem etablierten Prinzip geworden ist. Im Namen des populären Schlagwortes, daß Entwicklungshilfe für unterentwickelte Länder »Hilfe zur Selbsthilfe« sein sollte, was zweifellos ein gesundes Prinzip ist, hat man nur zu oft die Schlußfolgerung gezogen, daß jenen unterentwickelten Ländern ein Vorrang einzuräumen sei, die die besten Aussichten für eine rasche Entwicklung zeigen. Das ist ein eher bedenklicher Vorschlag. Wenn er bedeutet, daß Entwicklungshilfe zunächst in solche Länder gelenkt werden sollte, deren Regierungen mit internen Reformen beschäftigt sind, dann ist nichts dagegen einzuwenden. Er stimmt dann überein mit dem politischen Prinzip der Nicht-Neutralität gegenüber dem Regierungstyp und den Regierungsmaßnahmen, wie es oben deklariert wurde. Wenn dieser Vorschlag jedoch bedeutet, daß die ärmsten Länder, die mit den größten Schwierigkeiten zu kämpfen haben, von der Hilfe ausgeschlossen werden sollen, dann kann er nicht als politische Regel für die Art und Weise akzeptiert werden, in der die entwickelten Länder ihre weltweiten Verantwortungen zu erfüllen haben.

Unter dem kollektiven Druck seitens der unterentwickelten Länder ist dies allgemein akzeptiert worden, jedenfalls als abstrakte Position. In einer besonderen Resolution der zweiten Sitzungsperiode der UNCTAD werden die Organisationen der Vereinten Nationen aufgefordert, »den Nöten der am geringsten entwickelten Länder besondere Aufmerksamkeit zu widmen, wenn sie ihre Unterstützungsprogramme aufstellen, förderungswürdige Projekte bestimmen und deren Finanzierung in die Wege leiten«.[6] Im selben Geiste erklärte 1968 der neue Präsident der Weltbank, Robert S. McNamara:

»Vor allem werden wir besondere Anstrengungen unternehmen, um ein verkehrtes Prinzip der Operationen der Bankengruppe zurechtzurücken: daß nämlich viele unserer ärmsten Mitglieder, trotz ihrer größeren Not, die geringste technische und finanzielle Unterstützung seitens der Bank erhalten haben. Etwa zehn dieser Länder haben überhaupt keine Anleihen oder Kredite erhalten. Das liegt weitgehend an ihrer Unfähigkeit, Pläne zur Überprüfung vorzubereiten. In diesen Fällen werden wir eine besondere Unterstützung zur Verfügung stellen, um die ökonomischen Voraussetzungen zu verbessern und Projekte zu bestimmen und vorzubereiten, die für eine Finanzierung durch die Bankengruppe akzeptiert sind.«[7]

Wie alle unterentwickelten Länder weisen auch diese am meisten unterentwickelten Länder große Unterschiede auf. Tansania mag fast so arm und unterentwickelt sein wie Äthiopien, aber die Regierung von Tansania hat interne Reformen in Angriff genommen, während Äthiopien ein politisch stagnierendes, auf dem Feudalsystem beruhendes Land ist. Daß die Regierung von Tansania im Rahmen einer moralisch motivierten Hilfspolitik ein größeres Anrecht auf Entwicklungshilfe haben sollte als die Regierung von Äthiopien, folgt aus dem, was bereits gesagt worden ist.

Wenn die entwickelten Länder sich einigen könnten, auf eine Bindung der Entwicklungshilfe an Exporte aus dem Geberland zu verzichten, was von jedem Standpunkt aus rational wäre, würde dadurch auch das begründete Interesse an der Aufrechterhaltung der unilateralen Hilfe abnehmen, und es würde in steigendem Maße möglich werden, *die Hilfe auf multilaterale, zwischenstaatliche Organisationen zu übertragen, damit sie von ihnen gelenkt und koordiniert wird.*
Eine solche Reform sollte dadurch begünstigt werden, daß die zwischenstaatlichen Organisationen auf dem Gebiet der Hilfeleistungen relativ erfolgreich gewesen sind. Das überragende Beispiel dafür ist die Weltbank.
Sie hat von Anfang an, unter außergewöhnlichen Persönlichkeiten als Präsidenten, eine ungewöhnliche Unabhängigkeit in ihrem Urteil gezeigt, sogar gegenüber den Vereinigten Staaten, und es steht zu erwarten, daß sie dieser Richtung treu bleiben wird. Die Bank müßte jedoch ihre Aktivität hinsichtlich sehr armer unterentwickelter Länder erhöhen, und auch gegenüber Ländern mit einer linksgerichteten Regierung – also gegenüber Ländern, die ihre internen Reformen auf ernste und radikale Weise in Angriff nehmen.
Auch die Institution des *United Nations Development Program* und ihre ausführenden Behörden und lokalen Repräsentanten waren insgesamt erfolgreich und sind es in steigendem Maße, wenngleich Reformen erforderlich sind. Es gibt Gerüchte – und sensationelle Veröffentlichungen in Zeitungen –, wonach der demnächst erscheinende *Jackson Report* kritische Ansichten überbetonen und übertreiben werde. Das bedeutete, daß er an die negativen Einstellungen gegenüber multilateraler Hilfe appellierte, die innerhalb der bürokratischen Apparate für unilaterale Hilfe in den ent-

wickelten Ländern sowie bei den Mitgliedern der Parlamente und bei den Regierungsbeamten, die sich mit diesen Problemen befassen, ohnehin schon recht stark sind. Die Folge könnte sein, daß die zuständigen Stellen in den entwickelten Ländern mit neuen Argumenten versehen werden, um den Beitrag zu dieser Art der multilateralen Hilfe niedrig zu halten oder sogar zu senken. Dieses Ergebnis ist um so wahrscheinlicher, als viele Menschen in den Parlamenten und in der Öffentlichkeit jeglicher Entwicklungshilfe für unterentwickelte Länder mißtrauisch gegenüberstehen: sie bekämen Wasser auf ihre Mühlen. Da in den meisten entwickelten Ländern, besonders in den Vereinigten Staaten, die Aussichten für eine substantielle Erhöhung selbst der unilateralen Hilfe nicht rosig sind, kann die Konsequenz in einer fortgesetzten Minderung der Gesamthilfe liegen, zumindest für eine gewisse Zeit.

Tatsache ist jedoch, daß die multilateralen Programme in dem weiten Bereich der technischen Unterstützung und der Kapitalhilfe insgesamt erfolgreicher sind, und zwar in steigendem Maße, als die nationalen unilateralen Programme. Zu dieser Schlußfolgerung kam ich sowohl durch meine zehnjährigen Erfahrungen als Beamter der Vereinten Nationen als auch durch Beobachtungen, die ich seither in verschiedenen Teilen der Dritten Welt gemacht habe. Mein Urteil muß hier freilich ein *obiter dictum* bleiben, aber ich hoffe, zu einer späteren Zeit auf das Problem zurückkommen zu können.

Der allgemeine Grund für eine Multilateralisierung der Hilfe ist natürlich der, daß sie die Rolle der engen nationalen Interessen in den Entscheidungen über Entwicklungshilfe einschränken würde. Außerdem würde dadurch die ganze Atmosphäre verbessert werden.

Der Widerstand gegen die allmähliche Übertragung der Entwicklungshilfe von der unilateralen zur multilateralen Verwaltung kommt natürlich von jenen Regierungen in der entwickelten Welt, die in der Verwendung der Hilfe zur Verfolgung nationaler Interessen verschiedenster Arten frei sein wollen. In gewissem Ausmaß, jedoch weitaus geringer, kommt dieser Widerstand auch von Regierungen solcher unterentwickelter Länder, die eine gute Chance zu haben glauben, ihre Beziehungen zu einem bestimmten Land, hauptsächlich den Vereinigten Staaten, auszubeuten. Die meisten unterentwickelten Länder sind hingegen bestrebt, das politische Moment in einen weiteren, internationalen Zusammenhang zu stellen. Sie wollen selbst in stärkerem Maße mitreden und sich an der Festlegung von Prinzipien und Leitlinien beteiligen. Paradoxerweise sind die Vereinigten Staaten, die in ihrer Hilfspolitik höchst unverblümt nationale Interessen verfolgt haben, wahrscheinlich als einziges von den größeren entwickelten Ländern allmählich bereit, der Multilateralisierung der Hilfe zuzustimmen. Die Erklärung liegt natürlich darin, daß ihre Erfahrungen mit der Gewährung von Entwicklungshilfe »im besten Interesse der Vereinigten Staaten« mit außenpolitischen Mißerfolgen und bitteren Enttäuschungen endeten.

Senator J. William Fulbright hat diese ideologische Bewegung angeführt. Er möchte die Entwicklungshilfe umgewandelt sehen »von einer nationalen Wohltätigkeit und einer Investition im Wettlauf des kalten Krieges zu einer internationalen Verantwortung«, damit »die eigentümliche und zermürbende Tyrannei, die Geber und Nehmer in ihren bilateralen Beziehungen gegeneinander auszuüben scheinen«, beendet wird.[8] Die Ideen Fulbrights haben in wachsendem Maße die Unterstützung amerikanischer Kongreßmitglieder und der besser Informierten innerhalb der amerikanischen Bevölkerung gefunden.

In Schweden – das in diesem Buch als zweites Bezugsland dient – gab die Regierung von Anfang an der multilateralen Entwicklungshilfe ausdrücklich und endgültig den Vorzug. Einer der dafür angegebenen Gründe lautete, daß die zwischenstaatlichen Organisationen der Vereinten Nationen auf diese Weise gestärkt würden. Schweden verteilt immer noch rund 50 Prozent seiner Mittel über die Behörden der Vereinten Nationen.

Gleichzeitig jedoch gründete die schwedische Regierung eine Institution für zusätzliche unilaterale Hilfstätigkeit, was unter anderem dadurch begründet war, daß Schweden und die anderen skandinavischen Länder bis vor kurzem die einzigen Länder waren, die sich unbefangen genug fühlten, um den unterentwickelten Ländern bei der Ausbreitung der Geburtenkontrolle zu helfen. Wenn eine bürokratische Behörde einmal eingerichtet ist, entwickelt sie eine eigene Tendenz zu wachsen. Auch diese Institution dehnte sich nach dem Parkinsonschen Gesetz rasch aus, und sorgsam auf ihre Beziehungen zur Öffentlichkeit achtend, gelang es ihr, eine Art Nationalstolz auf ihre verschiedenen Unternehmungen in unterentwickelten Ländern zu wecken, auch wenn sie nicht immer die glanzvollsten waren. Es ist ihr sogar gelungen, der öffentlichen Diskussion über die entscheidende Frage, ob die Entwicklungshilfe unilateral oder multilateral sein sollte, vieles vorwegzunehmen.

Diese Behörde geht zur Zeit darauf aus, das unilaterale Hilfsprogramm so auszuweiten, daß es mehr als 50 Prozent der Gesamthilfe ausmachen wird, trotz der bereits beschlossenen starken Erhöhung des Entwicklungshilfe-Budgets. Da das nationale Interesse an dieser Verlagerung zur unilateralen Hilfe nicht überragend ist, nehme ich gleichwohl an, daß die Strömung umgelenkt werden könnte, wenn es eine allgemeine Bewegung innerhalb der entwickelten Länder in Richtung auf eine Multilateralisierung der Entwicklungshilfe oder auch nur eine entscheidende Richtungsänderung seitens der Vereinigten Staaten gäbe. Schweden würde eine solche Richtungsänderung unterstützen.

Die Länder, die erwartungsgemäß den stärksten Widerstand gegen die Multilateralisierung der Entwicklungshilfe erheben werden, sind mittelgroße Länder wie Japan, Deutschland, Frankreich und England. Sie spannen die Hilfe heute mit Erfolg für ihre nationalen Interessen ein. Aber unter diesen Interessen sind derzeit nicht viele militärische und strategische, die in den Vereinigten Staaten so starke Frustrationen hervorgerufen haben.

Ganz abgesehen davon, ob die Erfolgsaussichten gut sind oder nicht, wiegen die rationalen Gründe für eine Drosselung der unilateralen und eine Erweiterung der multilateralen Entwicklungshilfe so schwer, daß wir uns für die letztere einsetzen sollten. Und wiederum sollten wir uns nicht einfangen lassen von einem falschen Internationalismus. Die Tatsache, daß einige Länder versuchen könnten, an der unilateralen Entwicklungshilfe festzuhalten, sollte andere Länder und besonders die Vereinigten Staaten nicht davon abhalten, einen größeren Teil ihrer Hilfeleistungen auf die zwischenstaatlichen Organisationen zu übertragen.

Eine weitere Kürzung der Auslandshilfe der Vereinigten Staaten ist für die kommenden Jahre vorauszusehen. Ich habe schon gesagt, daß ich mich gleichwohl nicht geschlagen gebe. Ich halte eine Änderung dieses Trends für möglich und für wert, alle Kräfte darauf zu richten.

Die Reduzierung der amerikanischen Entwicklungshilfe könnte sich schließlich sogar als eine Vorbedingung dafür erweisen, daß in allen entwickelten Ländern ein Hilfsprogramm aufgebaut wird, das sowohl umfangreicher ist als auch eher den Grundsätzen entspricht, die meiner Ansicht nach auch die amerikanischen Ideale sind.

Das nach dem Kriege in den Vereinigten Staaten herrschende Gefühl, daß Entwicklungshilfe zugunsten der unterentwickelten Länder hauptsächlich in der amerikanischen Verantwortung liege, war Teil des allgemeinen Trugbilds von der amerikanischen Omnipotenz in der Welt. Es hielt lange Zeit vor und ist vielleicht noch nicht völlig verschwunden.

Die Vereinigten Staaten müssen Schluß damit machen, sich selbst davon zu überzeugen, daß, was sie auch zu tun bereit sind, um den armen Ländern zu helfen, für einen nationalen politischen Zweck geschieht – »im besten Interesse der Vereinigten Staaten«. Diese Art der Motivation der Auslandshilfe ist nicht geeignet, das eigene Land oder andere reiche Länder zu einem nationalen Opfer zu bewegen, noch weckt sie in den armen Ländern oder sonstwo in der Welt guten Willen.

Die internationale Führerschaft der Vereinigten Staaten muß die Form tatkräftiger Versuche annehmen, die internationale Solidarität zu stärken, die erforderlich ist für die zwischenstaatliche Zusammenarbeit innerhalb der Vereinten Nationen im Interesse der Abrüstung, der Aufrechterhaltung des Weltfriedens, der gemeinsamen Verantwortung für die Entwicklung und das Wohlergehen der armen Länder. Eine solche Führerschaft ist notwendig. Nationale Selbstsucht ist für den Aufbau einer friedvollen und progressiven internationalen Gemeinschaft ebenso gefährlich, wie es der rauhe Individualismus für die Konsolidierung des Nationalstaates war.

Teil 4
Die politischen Probleme der Entwicklung

Kapitel 12
Überkommene Mißverständnisse

Als in den fünfziger Jahren die Summe der Hilfeleistungen zugunsten unterentwickelter Länder zu steigen begann – im Anfang fast ausschließlich seitens der Vereinigten Staaten –, handelte es sich dabei hauptsächlich um eine Bewegung im Rahmen des sich verschärfenden kalten Krieges. *Die Regierungen, bei denen man sich darauf verlassen konnte, daß sie eine feste Stellung gegenüber dem Kommunismus beziehen würden, erhielten nicht nur militärische und »Stützungshilfe«, sondern auch Entwicklungshilfe.* Insoweit eine solche Hilfe die Regierungsform in den betreffenden Ländern stärkte, war dies im Rahmen der Militärstrategie sinnvoll. Die Nationalökonomen fügten eine »menschlichere« Note hinzu, indem sie erklärten, daß die Entwicklungshilfe insbesondere die Masse der Bevölkerung weniger anfällig mache für eine Infektion durch kommunistische Ideen.

Der Kommunismus wurde als der »Anwalt der Verzweiflung« charakterisiert. Man war der Ansicht, daß er größere Chancen habe bei Menschen, die sehr arm sind und nur geringe Hoffnungen sehen, ihr Los zu verbessern. Wer etwas besser daran sei und sich sicherer fühle im Blick auf seine Zukunft, werde gegenüber dem Kommunismus immun sein.[1] Diese Annahme wurde gestützt durch die Theorie einer »Revolution der steigenden Erwartungen«. Ohne irgendeinen Versuch der empirischen Erforschung zu unternehmen, wurde der Masse der Bevölkerung in unterentwickelten Ländern diese Art der Reaktion unterstellt.

Auf der einen Seite hatte diese Theorie ein optimistisches Moment. Wenn die verarmten Massen von den steigenden Erwartungen ergriffen würden, so nahm man an, würden die neuen Hoffnungen sie dazu bringen, ihre Weltanschauung zu ändern, sie anspornen, ihr Leben und ihre Arbeit zu modernisieren, und so eine Entwicklung in Gang setzen. Dieser Effekt werde sich verstärken, wenn die entwickelten Länder ihnen Unterstützung angedeihen ließen. Aber die Theorie enthielt auch eine Drohung. Die steigenden Erwartungen mußten befriedigt werden. Wenn ihre Hoffnungen sich nicht erfüllten, würden jene Massen fähig sein, sich in einer Revolte zu erheben und für die kommunistische Propaganda anfällig zu werden.

In den Vereinigten Staaten wurde dieser Gedankengang aus dem Bereich der Entwicklungshilfe-Politik zur Stütze der »Eindämmungspolitik«, die Ende der vierziger und Anfang der fünfziger Jahre entwickelt worden war und durch Außenminister John Foster Dulles eine doktrinäre Struktur und ein theologisches Rückgrat erhalten hatte. Die auf diese Weise motivierte Entwicklungshilfe wurde ein Bestandteil des westlichen Waffenarsenals im sich ständig verschärfenden kalten Krieg. Als ironische Note sei hinzugefügt, daß diese Idee – daß in Armut verstrickte Massen, die hinsichtlich ihrer Zukunft ein Gefühl der Hoffnungslosigkeit haben, zum Aufstand neigen – simplifizierend von der Marxschen Theorie des Klassenkampfes und der proletarischen Revolution abgeleitet ist. Die moderne Idee der Revolution der steigenden Erwartungen war tatsächlich nur eine Erweiterung der Marxschen Theorie, insofern sie einen Aufstand der Massen als wahrscheinlich hinstellt, auch ohne daß ein Prozeß tatsächlicher Verarmung stattfindet.

Hinsichtlich seiner grundlegenden Theorie, ebenso wie im Hinblick auf viele andere seiner Doktrinen, die von westlichen Autoren unbeabsichtigt in ihrer gröbsten Form übernommen worden sind, hat Marx selbst viele Einschränkungen und Vorbehalte gemacht. Diese wären einer sorgfältigeren Untersuchung durch westliche Autoren wert gewesen – wenn sie sich der Geschichte ihrer Lehrmeinungen nur bewußter gewesen wären.

Diese Motivation der Hilfe für unterentwickelte Länder wird seit einigen Jahren etwas weniger nachdrücklich vertreten, zumindest in der Literatur mit wissenschaftlichen Ansprüchen. Hinter diesem Wechsel steht eine Anzahl von Entwicklungen.

Zunächst einmal befindet sich der kalte Krieg in einem Stadium der Abschwächung – oder die Intellektuellen in den westlichen Ländern hoffen seit einiger Zeit, daß es so ist. Der »Zweck« der Theorie, den Kommunismus durch die Hilfe für unterentwickelte Länder in Grenzen zu halten, gilt als nicht mehr so entscheidend. Es sollte hinzugefügt werden, daß es in hohem Maße eine Theorie war, die für den Gebrauch in den Vereinigten Staaten gezimmert worden ist. Andere entwickelte Nationen, und besonders jene in Westeuropa, die aus der Zeit der Kolonialherrschaft mehr Erfahrungen mit rückständigen Gebieten hatten, waren von Anfang an skeptisch gewesen hinsichtlich der Notwendigkeit, zu diesem Zweck Entwicklungshilfe zu leisten. Tatsächlich haben wirklich verarmte Völker selten revoltiert. Wenn es in irgendeinem Gebiet in Indien eine Mißernte gab, gingen die Armen, die nichts zu essen hatten, in der Regel hungrig aus. Einige wurden krank und einige starben; einige gingen auf die Straße in der Hoffnung, anderswo Nahrung zu finden. Sie revoltierten nicht.

Es ist eine alte, in der ganzen Welt gemachte Erfahrung, daß es die etwas Bessergestellten sind, die geneigt sind, rebellisch zu werden, und nicht zuletzt dann, wenn ihr Los sich leicht verbessert. Diese ziemlich offensichtlichen Fakten zu leugnen wurde in dem Maße schwieriger, wie die Zeit fortschritt und die Menschen dazu kamen, darüber nachzudenken, was sie sagten. Vor allem Personen mit wissenschaftlichen Ansprüchen müssen es in zunehmendem Maße als heikel empfunden haben, die Theorie der »Revolution der steigenden Erwartungen« auf die Massen der Völker anzuwenden, ohne jemals zu versuchen, sie auf der Basis von Beobachtungen zu testen. Aus meiner Untersuchung der Verhältnisse in Südasien schließe ich, daß jene Art der Erwartung in der Regel die Massen kaum ergreift – während sie natürlich auf die Gebildeten innerhalb der oberen Klassen, den »Mittelstand« eingeschlossen, einzuwirken pflegt.

Gewiß, es gibt eine Menge von »Revolutionen« in der unterentwickelten Welt. Mit wenigen Ausnahmen sind sie jedoch von der Art eines Staatsstreichs oder eines Putsches, durch den eine Gruppe von Personen der Oberklasse eine andere Gruppe, die an der Macht war, ausbootet. In der Regel folgen sie einem Trend, das Regierungssystem in Richtung auf eine Stärkung des autoritären Prinzips zu ändern. Wie schon in Kapitel 3 hervorgehoben, sind diese »Revolutionen« selten – und niemals in jenem weiten Teil der unterentwickelten Welt, den ich eingehender untersucht habe, in Südasien – im Zuge eines organisierten Aufstands der Massen entbrannt. Sie ereigneten sich alle auf einer Ebene weit über den Massen.[2]

Kapitel 13
Eine verhängnisvolle Entwicklung

Eine der potentiell verhängnisvollsten Entwicklungen in der unterentwickelten Welt von heute betrifft die Bedingungen, die *die soziale und ökonomische Struktur und die Verteilung der Chancen innerhalb verschiedener Klassen* in den nationalen Gemeinschaften bestimmen. Bevor ich versuche, aus der in den vorangegangenen Kapiteln vorgenommenen Analyse Schlußfolgerungen im Hinblick auf das politische Geschehen zu ziehen, will ich, sozusagen als eine Vorbereitung dafür, die Aufmerksamkeit auf die Wirkung von zwei Kräften der ökonomischen und sozialen Veränderung richten, die heute am Werke sind: die Bevölkerungsentwicklung (Kapitel 5) und der technologische Fortschritt (Kapitel 4).

Was die Bevölkerung anlangt, so läge ein hauptsächliches Resultat der Verbreitung der Geburtenkontrolle darin, daß, über einen veränderten Altersaufbau, der Lebensstandard angehoben würde mit vielen direkten und weitergehenden indirekten Folgen für die Steigerung der Arbeitseffizienz. Diese günstigen Folgen wären in jedem unterentwickelten Land von beträchtlicher Bedeutung, unabhängig von der Bevölkerungsdichte.

Nicht alle Regierungen in unterentwickelten Ländern haben den Beschluß fassen können, eine Politik der Verbreitung von Geburtenkontrollen innerhalb der Massen zu verfolgen. Noch weniger Regierungen haben sich bereit oder fähig gezeigt, harte Maßnahmen zu ergreifen, um einen solchen Beschluß in die Tat umzusetzen. Die Aufgabe, eine solche Politik durchzusetzen, ist äußerst schwierig, wenn man ihr erst einmal gegenübersteht, besonders in den ärmsten Ländern und innerhalb der ärmeren Klassen der Bevölkerung. Selbst die neue Technologie der Geburtenkontrolle löst nicht das auf fast unüberwindliche Schwierigkeiten und Hindernisse stoßende administrative Problem, die einzelnen Familien in den Dörfern zu erreichen.

Aufgrund des niedrigen Altersdurchschnitts der Bevölkerungen, der selbst wiederum eine Folge der bisherigen hohen Fertilität ist, wird es lange dauern, bis eine geringere Fertilität eine wesentliche Abnahme des Bevölkerungswachstums bewirkt. Insbesondere sind die zukünftigen Arbeitskräfte – desgleichen die Scharen zukünftiger Eltern – bereits geboren oder werden bald geboren werden, während die Geburtenkontrolle sich langsam ausbreitet. Die Arbeitskraft wird daher bis zum Ende des Jahrhunderts weiterhin um rund zwei bis drei Prozent anwachsen.

Die Industrie wird nicht in der Lage sein, die Nachfrage nach zusätzlichen Arbeitskräften sehr bald und sehr stark zu erhöhen. Durch den »Bumerang-Effekt« der Industrialisierung wird die Gesamtzahl der Arbeiter, die in der verarbeitenden Industrie unter Einbeziehung der handwerklichen und traditionellen Industriezweige beschäftigt sind, eine beträchtliche Zeitlang sogar zurückgehen.

Die anderen städtischen Beschäftigungszweige, insbesondere der Einzelhandel und das Dienstleistungsgewerbe, sind schon vollgepfropft mit Arbeitskräften, die in hohem Maße »unterausgenutzt« sind. Selbst dort, wo die Landflucht rapide wachsende städtische Slums entstehen läßt, wie es fast überall in den unterentwickelten Ländern der Fall ist, wird die landwirtschaftliche Arbeitskraft nicht ab-, sondern eher noch zunehmen, und in einigen Ländern sogar sehr rasch.

Dem Wachstum der Arbeitskraft in der Landwirtschaft wohnt die Tendenz inne, die Zerstückelung des ländlichen Grundbesitzes voranzutreiben, was ganz allgemein dazu führt, daß die Menschen auf die unterste Stufe der ökonomischen und sozialen Leiter gedrängt werden, daß aus Grundbesitzern Pächter und aus Pächtern grundbesitzlose Arbeiter werden, während die Zahl der kleinen landwirtschaftlichen Betriebe abnimmt. Das Bevölkerungswachstum ist auf diese Weise in sich selbst eine der Kräfte, die auf eine Verschärfung der sozialen und ökonomischen Ungleichheiten in der Landwirtschaft hinarbeiten.

Als allgemeine Behauptung gilt, daß die Landwirtschaft in unterentwickelten Ländern zur *extensiven und nicht, wie gewöhnlich angenommen wird, zur arbeitsintensiven Bebauung tendiert.* Zu viele Arbeitskräfte arbeiten überhaupt nicht, und jene, die arbeiten, tun es nur wenige Stunden am Tage und sind oft lange Zeiten im Jahr ohne Arbeit. Ihre Arbeitsintensität ist niedrig. Die Arbeitskraft ist also zur Zeit in hohem Maße unterausgenutzt. Eine vernünftige Landwirtschaftspolitik muß es sich daher zum Ziel setzen, den Arbeitseinsatz und die Arbeitseffizienz und damit die Arbeitsproduktivität und die Erträge zu erhöhen. Daß eine solche Politik möglich ist, beweist die Tatsache, daß die Durchschnittserträge innerhalb der Anbau-Einheiten sehr stark schwanken, selbst wenn die bedingenden Faktoren konstant gehalten werden: die Größe, der Boden, das Klima und die verfügbare und allgemein bekannte Technologie.

Technologische Verbesserungen können in der Regel nicht eingeführt werden, ohne die Nachfrage nach erhöhtem Arbeitseinsatz und höherer Arbeitseffizienz zu steigern. Ihre Anwendung sollte daher die Aussichten einer Landwirtschaftspolitik, die auf eine Verstärkung der Ausnutzung der Arbeitskraft gerichtet ist, günstig beeinflussen.

Viele Schwierigkeiten müssen überwunden werden, wenn eine fortschrittlichere Technologie, ob bereits bekannt oder gerade erst verfügbar geworden, in einem höheren Maße angewendet werden soll. Diese Schwierigkeiten stehen fast alle in einem ursächlichen Zusammenhang mit *einem System des Grund- und Pachtbesitzes*, das, wenn auch unterschiedlich in den verschiedenen unterentwikkelten Ländern, die Ausnutzung der Arbeitskraft allgemein auf einem niedrigen Niveau hält und die Anwendung einer verbesserten Technologie auf breiter Basis verhindert.

Das Streben nach einer Bodenreform ist nicht nur durch das brennende Verlangen nach ökonomischer und sozialer Gerechtigkeit motiviert, sondern in erster Linie durch die dringende Notwendigkeit einer höheren Produktivität des Bodens und der Arbeit. Nur in Verbindung mit einer Bodenreform können alle anderen Versuche, die Erträge durch eine Verbesserung der landwirtschaftlichen Technologie zu steigern, sich voll auswirken.

Die Bodenreform sollte in unterschiedlichen Formen durchgeführt werden, und zwar je nach den Bedingungen in den verschiedenen unterentwickelten Ländern. Was hingegen jede Bodenreform zustande bringen sollte, unter dem Aspekt der Produktivität gesehen, ist die Herstellung *einer solchen Beziehung zwischen Mensch und Boden*[1], die es dem Ackerbauer möglich macht und ihn dazu anspornt, mehr zu arbeiten, härter und effektiver zu arbeiten, ferner alle Mittel, die er nur aufbringen kann, zu investieren, um die Erträge zu erhöhen und seinen Boden zu verbessern, und in erster Linie seine eigene Arbeitskraft zu investieren.

In den meisten unterentwickelten Ländern, wenn auch nicht in allen, war die Bodenreform ein Betrug, ein Spiegelbild der ungleichen Machtverteilung. In den letzten Jahren ist selbst die Diskus-

226

sion über die Bodenreform weitgehend erloschen, sowohl in den unterentwickelten als auch in den entwickelten Ländern.

Entgegen dem, was allgemein behauptet wird, müssen alle anderen Anstrengungen in Richtung auf eine institutionelle Reform, alle möglichen Subventionen, die von den lokalen Körperschaften verwaltet werden und die verschiedenen Kooperationsprogramme das Gleichheitsproblem umgehen, solange eine Bodenreform fehlt. Diese anderen Reformen tendierten tatsächlich zu einer Begünstigung der höheren Schichten in den Dörfern und verschärften auf diese Weise die Ungleichheit auf dem Lande, anstatt sie zu mildern.

Gleichzeitig sind noch andere Entwicklungen am Werk, die auf die Erhaltung oder sogar Verschärfung der Ungleichheit hinwirken. So wird die *Erziehung* in den meisten unterentwickelten Ländern, besonders jedoch in den ärmsten, nicht als ein Mittel eingesetzt, um eine soziale und ökonomische Veränderung hervorzurufen, vielmehr als ein Mittel, um das Bildungsmonopol der oberen Klassen und deren überlieferte Ansprüche, sich nicht die Hände beschmutzen zu müssen, aufrechtzuerhalten. Auf diese Weise wirkt sie im Effekt der Entwicklung entgegen. Die Bemühungen, die Masse der Bevölkerung dahin zu bringen, daß sie eine funktionale Bildung erwirbt, werden auf verschiedene Weise vereitelt (siehe Kapitel 6).

Die *Korruption* wuchert überall und weitet sich in der Regel noch aus. Dieses Problem wird in der Entwicklungsliteratur gewöhnlich in Schweigen gehüllt. Gelegentlich wird sogar behauptet, daß sie für die Entwicklung in einem »sich entwickelnden Lande« ein günstiger Faktor sei (siehe Kapitel 7).

Der *von den entwickelten Ländern ausgeübte Einfluß* – über private Direktinvestitionen und öffentliche Entwicklungshilfe – war selten auf die Herstellung eines größeren Maßes an Gleichheit gerichtet. Er hat in den meisten Fällen die soziale und politische Reaktion gestärkt (siehe Kapitel 9–11).

Inzwischen mag *die drohende »Hungerkrise«* in dem eingeschränkten Sinne, in dem dieser Begriff meistens verwendet wird – daß die Produktion nicht schnell genug steigt, um der effektiven Nachfrage der armen Klassen auf niedrigem Ernährungsniveau nachzukommen –, verhindert oder aufgeschoben werden. Es werden auch moderne industrielle Anlagen errichtet werden, durch den Staat, durch einheimische Kapitalisten und ausländische

Gesellschaften, die oft in gemeinsamen Unternehmen arbeiten. *Der gesamte moderne Sektor der Wirtschaft wird wachsen.* Wenn man die Industrie, das Transportwesen, die Energieversorgung, die Finanzinstitute und die Einrichtungen für eine höhere technische Ausbildung einbezieht, könnte das Wachstum dieses Sektors bedeutende konstruktive Möglichkeiten für die Umwandlung und das Wachstum der gesamten Wirtschaft enthalten. Diese Entwicklung würde aber voraussetzen, daß sie durch bewußte Planung in eine entsprechende Richtung gelenkt worden wäre, und insbesondere, daß sie koordiniert worden wäre mit Bemühungen, die Ausnutzung der Arbeitskraft und die Produktivität in sich selbst versorgenden Bereichen der Landwirtschaft und der städtischen Slums zu erhöhen.

Das ist in der Regel nicht geschehen. Der moderne Sektor bleibt meistens in der Isolierung stecken. Eine Gesetzgebung über Arbeitsbedingungen und soziale Sicherheit der in diesem Sektor Beschäftigten ist schon vorhanden oder wird bald eingeführt, inspiriert durch die *International Labour Organization* (ILO), und die Löhne und Gehälter werden wesentlich höher sein als in den Slums in der Umgebung der Städte oder in der Landwirtschaft. Wenn aber gleichzeitig die Unterausnutzung der Arbeitskraft und infolgedessen die Armut bei den sich selbst versorgenden Bauern, bei den grundbesitzlosen Arbeitern und innerhalb der städtischen Slums ansteigt, wird der enge moderne Sektor sogar in noch stärkerem Maße den Charakter einer Enklave haben als in der Kolonialzeit. Die »Übergreifeffekte« sind schwach[2], und sie werden noch schwächer werden in dem Maße, wie der Abstand zwischen den oberen und den unteren Klassen wächst. Keine der politischen Maßnahmen zum Schutz der Arbeiter ist auf die Bedingungen der unteren Klassen anwendbar. Und wenn sie Gesetze werden, werden sie nicht durchgeführt. Sie können nicht durchgeführt werden.

Bevor ich mich den politischen Kräften in den unterentwickelten Ländern zuwende, muß ich noch eine klärende Anmerkung hinzufügen. Die ökonomische und soziale Situation und die Entwicklung in diesen Ländern werden oft als *Ausbeutung* charakterisiert. Dieser Begriff bleibt weitgehend ungenau und zweideutig, wenn er nicht auf die klassische Werttheorie bezogen wird in der spezifischen Form, die von Marx geprägt worden ist.

In diesem Zusammenhang lasse ich die Tatsache beiseite, daß die klassische Theorie des »Realwertes« – von Marx ebenso wie von Ricardo definiert als Kosten in der Form von Arbeit, die für die Produktion einer Ware erforderlich ist – ein Produkt der Philosophie des Naturrechts[3] und daher in einer wissenschaftlichen Analyse nicht brauchbar ist. Nach der Definition von Marx ist Ausbeutung der »Mehrwert«, den der Unternehmer dem Arbeiter raubt. *Die unterausgenutzte Arbeitskraft in der Landwirtschaft und in den städtischen Slums ist jedoch sehr viel schlechter daran, als durch jene oder irgendeine andere Definition der Ausbeutung erfaßt werden könnte. Das wirkliche Übel der unterausgenutzten Arbeitskraft und die Hauptursache ihrer Verarmung liegt darin, daß sie sehr wenig oder überhaupt nichts produziert.*

Wenn man genauer betrachtet, was sich in den unterentwickelten Ländern ereignet hat und heute dort ereignet, dann stellt man fest, daß die wachsende Unterausnutzung der Arbeitskraft und die daraus folgende Massenarmut verursacht sind durch die kombinierten Effekte der rapiden Zunahme der Arbeitskraft und der ökonomischen und technologischen Veränderungen, wie sie sich in einem stark inegalitären ökonomischen, sozialen und politischen System entwickeln. *Ein großer und wachsender Teil der Arbeitskraft ist einfach überflüssig oder wird bald überflüssig sein.*

Kapitel 14
Die politischen Kräfte in Südasien

Jeder Sozialforschung wohnt die Tendenz inne, eine Entwicklung auf der Basis eines allgemeinen Kräfteparallelogramms zu analysieren. Wenn wir die politischen Entwicklungen betrachten, sollten wir uns jedoch daran erinnern, daß *Geschichte nicht Schicksal ist, sondern von Menschen gefügt,* und daß ihr Lauf von Entscheidungen und Handlungen abhängt, die noch vorzunehmen und durchzuführen sind. Einzelne Personen oder Personengruppen geraten oft zufällig in eine strategische Position, in der die Wahl ihrer Entscheidung tiefgehende und dauerhafte Folgen haben kann, selbst weit außerhalb des politischen Bereichs.

In Indien hielt Jawaharlal Nehru eine im Anfang fast unangefochtene Spitzenposition in der Politik, besonders nach dem Tode Sardar V. J. Patels. Er unterstrich unablässig die Notwendigkeit einer sozialen und wirtschaftlichen Revolution, die der politischen Befreiung von den britischen »Rajs« folgen müsse. In seinen eigenen Schriften hatte er die Richtung der erforderlichen radikalen Reformen zum Ausdruck gebracht. Es war ihm gelungen, zusammen mit dem radikalen Flügel des National-Kongresses, viele dieser Reformen in Kongreß-Resolutionen grundsätzlich zu verankern.

Hätte sich Nehru jedoch nicht damit zufriedengegeben, die radikalen Ideale fortgesetzt zu verkünden, bei gleichzeitigem Aufschieben der sozialen und wirtschaftlichen Revolution, sondern statt dessen eine tatkräftige politische Aktion zu ihrer schnellen Realisierung ins Leben gerufen, so wäre Indiens Geschichte eine andere gewesen.[1] Und was sich ereignet hätte, wenn Mohandas Gandhi nicht gerade zu Beginn der indischen Unabhängigkeitsära ermordet worden wäre, vorausgesetzt, daß er seine frühere Vitalität behalten hätte, darüber kann ebenfalls nur spekuliert werden.

Worauf ich hinauswill, ist die Tatsache, daß, obgleich es in diesen Ländern weitreichende soziale und wirtschaftliche Bedingungen und Entwicklungen gibt – z. B. die mangelhafte Nutzung der Arbeitskraft, die im vergangenen Kapitel hervorgehoben wurde –, diese in der Hauptsache für diejenigen Probleme darstellen, die aktiv in der politischen Arena stehen oder die sich Grenzen setzen in den Vorhaben, die sie vollbringen können.

Eine der Schlußfolgerungen aus der Analyse in diesem Buch ist *die Notwendigkeit radikaler Reformen in den meisten oder in allen unterentwickelten Ländern.* Und wenn die gefährlichen Entwicklungen in Richtung auf eine wachsende Unterverwertung der Arbeit innerhalb der Massen der armen Bevölkerung in den ländlichen und städtischen Slums abgewendet werden sollen, ist es *dringend notwendig,* mit diesen Reformen zu beginnen und sie zügig durchzuführen.

Bevor ich fortfahre, die gegebenen politischen Alternativen zu erläutern, sollte ein theoretisches Problem der Fakten und faktischen Beziehungen angeschnitten werden: Wie reagiert eine traditionalistische Gesellschaft auf Veränderungen, wenn sie ihr erst einmal aufgezwungen sind? Die Antwort auf diese Frage sollte von entscheidender Bedeutung für jede rationale Planung der Entwicklung sein.

Genauer: *Ruft ein breiter und plötzlicher Angriff auf die vorherrschenden Verhaltensweisen und Institutionen einen so starken und anhaltenden Widerstand hervor, daß die einzige Wahl darin besteht, mit kleinen und schrittweisen Reformen zu verfahren?*[2]

Bedauerlicherweise ist diesem wichtigen Problem bisher so wenig empirische Forschung gewidmet worden. Ein paar moderne Anthropologen sind auf dem Wege, sich dieses Problems anzunehmen, in Reaktion gegen eine alte Schule, die zu einer statischen Methode neigte und in jeglicher Veränderung eine Störung des herrschenden Gleichgewichtes sah.

Bei meiner Untersuchung der Entwicklungsbedingungen in Südasien wurde ich immer mehr von der Richtigkeit meiner Hypothese überzeugt, daß es meistens nicht schwieriger, sondern eher einfacher ist, eine große rapide Umwälzung durchzuführen statt einer Reihe von kleinen schrittweisen Veränderungen – so wie ein Sprung ins kalte Wasser weniger unangenehm ist als ein langsames Hineingehen.

Durch welche politischen Maßnahmen können überhaupt Reformen realisiert werden? Größere und zügigere Veränderungen müssen durch entschlossenes *Ändern der Institutionen* herbeigeführt werden, in denen die Menschen leben und arbeiten, anstatt durch den Versuch, auf direktem oder indirektem Wege Veränderungen in den Verhaltensweisen herbeizuführen und darauf zu warten, daß sich die Institutionen den veränderten Verhaltensweisen anpassen.

Doch können Institutionen – z. B. die Verteilung des Grundeigentums – in der Regel nur geändert werden, wenn man auf Methoden zurückgreift, die in Asien als Zwang bezeichnet werden, also auf das Einführen von Gesetzen, die einigen Leuten Verpflichtungen auferlegen und anderen Rechte einräumen, und auf das Abstützen dieser Veränderungen durch staatliche Gewalt.

Der Widerstand, den ein kleiner Schritt vorwärts hervorruft, wird in der Regel bis zum nächsten Schritt nur größer und wirksamer werden, wogegen die Chancen für einen fortgesetzten Widerstand geringer sind, wenn die Veränderung in einem großen Ausmaß und zügig durchgesetzt wird. Das trifft besonders dann zu, wenn die kleinen Veränderungen nur halbherzig unternommen werden, wenn man sich lieber auf indirekte, durch wirtschaftliche Veränderungen hervorgerufene Folgen stützt oder auf Überredungen, Ermahnungen oder Drohungen. Die Kräfte des Widerstandes können dann genährt und intensiviert werden.

Noch schlimmer ist die (vor allem in jenen sich als reformfreudig brüstenden unterentwickelten Ländern) verbreitete Praxis, institutionelle Reformen großen Stils zu verkünden oder sie sogar als Gesetze zu beschließen, sie jedoch nicht durchzuführen. Das erzeugt Zynismus und Unsicherheit bei der Frage nach dem herrschenden Recht und vergrößert darüber hinaus die Widerstände gegen die Reformdurchführung und die Fortsetzung der Reformpolitik.

Ich habe auf *zwei einander widersprechende Ansichten* über die soziale Veränderung hingewiesen, die von den nachdenklichen Mitgliedern der oberen Klasse gehegt werden: das dringende Bedürfnis radikaler Reformen und die Notwendigkeit eines sehr vorsichtigen Vorgehens. Bei einigen nehmen diese polaren Ansichten sogar einen fast schizophrenen Charakter an.

In Indien, wo die bei weitem anspruchsvollste öffentliche Debatte in Südasien und darüber hinaus in der gesamten unterentwickelten Welt geführt wird, ist es üblich, besondere Kommissionen zu ernennen, die in konkreter Form radikale Reformen ausarbeiten und vorantreiben sollen. Die politischen Vorschläge aus ihren Berichten bleiben dann jedoch unausgeführt liegen und werden schnell vergessen. Es hat verschiedene solcher Kommissionen gegeben – für die Bodenreform, für das Bildungswesen und für die Ausmerzung der Korruption. Die Hartnäckigkeit, mit der solche Kommis-

sionen ernannt und angewiesen werden, radikale Reformen vorzu-
schlagen, scheint ein Zeichen dafür zu sein, daß sie einer Funktion
im Leben der Nation dienen sollen: die Ideale am Leben zu erhalten, selbst wenn sie in der Praxis nicht befolgt werden.

 Was in Indien fehlt, ist ein organisierter Druck von unten, seitens
der Masse der Bevölkerung, der wirksam auf die Verteidigung und
Förderung ihrer Interessen gerichtet wäre. Dieser Tatbestand hat
eine politische Stabilität ermöglicht, die gleichbedeutend ist mit
Stagnation im Hinblick auf die dringend erforderlichen wirtschaftlichen und sozialen Reformen.[3]

Eine politische »Revolution« von der Art, wie sie in anderen Ländern Südasiens eine mehr autoritäre Regierung an die Macht gebracht hat, ist in Indien zwar nicht ausgeschlossen, jedoch aus verschiedenen Gründen wenig wahrscheinlich: das Prestige der
parlamentarischen Demokratie und ihr Ruf, bisher ziemlich ungestört »funktioniert« zu haben; der besondere Charakter des Militärs, besonders die Tatsache, daß es sich in der Politik weniger engagiert hat, als es z. B. in Pakistan lange Zeit der Fall war; das
hochentwickelte nationale Gewerkschaftssystem im Rahmen des
organisierten Sektors der Wirtschaft; und natürlich auch die Größe
und die Unterschiedlichkeit des Landes, solange es nicht in sepa-
rate regionale Teile auseinanderbricht.

Der Fatalismus und die Apathie der Massen sind ein Faktum von
immenser Bedeutung für ein Land wie Indien, wie auch für die
meisten anderen unterentwickelten Länder. Es verkleinert die
Gruppe derjenigen, aus der die politischen Kräfte zur oberen
Klasse oder vielmehr zu jenen von ihnen, die engagiert sind, auf-
steigen. Für die politisch Aktiven stellen die Massen ein politisches
Objekt dar; begrenzt wird die Macht dieser Funktionäre lediglich
durch die Fähigkeit der breiten Bevölkerung, passiven Widerstand
zu leisten.

Die hier interessierende Frage lautet, ob diese Passivität der Massen geändert werden kann – und *ob dann damit zu rechnen ist, daß
die Massen rationale Reformen in ihrem eigenen Interesse verlangen.* Ein bloßes Aktivieren der Massen kann sinnlos sein oder sogar
die Reaktion stärken, z. B. wenn die Massen gegen die Geburtenkontrolle angehen, gegen das Schlachten von Kühen, gegen Bemühungen in Richtung auf ein höheres Maß an Sozialdisziplin, gegen
rationale Reformen schlechthin. Sie müssen vielmehr dazu erzogen
werden, ihre eigenen wahren Interessen zu sehen.

Ich habe das indische Dorf mit *einem komplexen Molekül vergli-chen, dessen Atome in einem extremen Maße mit Spannung aufge-laden worden sind.*[4] Die Spannungen durchkreuzen einander je-doch in einer Weise, daß ein Gleichgewicht gehalten wird, so daß das soziale System schließlich bestehenbleibt. Das Molekül kann gleichwohl zur Explosion gebracht werden; dann folgt eine Neu-gruppierung der Atome, womit eine gemeinsame Aktion von eini-gen oder von allen Mitgliedern der Dorfgemeinschaft ins Leben gerufen wird. Die Frage lautet: Wie und mit welchen Konsequen-zen?

Eine solche Explosion kann sich von innen her entzünden. Sie kann auch durch einen Druck von außen verursacht werden, der inner-halb der örtlichen Gemeinschaft auf akkumulierte entzündbare Spannungen wirkt. Ein ziemlich häufiges Muster eines Umschlages der friedvollen Passivität der Massen sind *Ausschreitungen, die von religiösem Fanatismus oder ethnischen Eifersüchteleien angetrieben werden, kombiniert mit einer Gelegenheit, den Nachbar zu be-stehlen.*

Diese Art der politischen Aktivität seitens der Massen entbehrt nicht nur rationaler politischer Ziele, sondern hält sie davon ab, *sich zu organisieren, um ihre wirklichen und gemeinsamen Interes-sen nachdrücklich zu verfolgen.*

Dennoch gibt es eine Anzahl von Trends, welche die *Solidarität der Massen fördern sollten, so daß sie in zweckvoller und wirksamer Weise auf ihre Interessen pochen.* Einer davon ist *die Ausbreitung der Bildung.* Ein anderer ist das *Funktionieren eines parlamentari-schen Systems,* das auf allgemeinen Erwachsenenwahlen basiert, wie in Indien und Ceylon; es sollte selbst als ein Erziehungsprozeß wirken, und zwar als ein solcher, der unmittelbar auf den politi-schen Bereich konzentriert ist. Proudhon sprach von politischem Sprengstoff, wenn man dem Volk das Wahlrecht gebe. Gandhi ebenso wie Nehru und der gesamte radikale Flügel des Kongresses waren fest davon überzeugt, daß radikale soziale und wirtschaftli-che Reformen unvermeidbar seien, wenn die Unabhängigkeit erst einmal errungen und die Macht in die Hände des indischen Volkes gelegt sei.[5]

Die Erreichung der Unabhängigkeit hat die in Aussicht gestellte soziale und wirtschaftliche Revolution nicht eingeleitet. Aber darf man nicht dennoch glauben, daß – mit einiger Verzögerung – die

Wahlen und der gesamte politische Prozeß, der sich aus einem auf Wahlen basierenden System entwickelt, die Massen allmählich wachrütteln wird?

Es ist wahr, daß ein großer Teil des Wahlkampfes auf weniger rationale Fragen gelenkt wird – auf solche wie die Kasten oder die ethnischen Gruppen, die völkische Zugehörigkeit nach Sprachen oder nach Gebieten, und auf Persönlichkeiten – oder daß er in irgendeiner Form der Bestechung geführt wird. Trotz dieser Umstände – und wie sehr auch Status, Autorität und Macht die Wahlen einer Volksmasse determinieren – sollte es den Niederen und den Armen allmählich aufgehen, daß die geheime Wahl ihnen eine potentielle Macht verleiht. Diese Macht könnte auf der mürrischen Unzufriedenheit aufbauen, die jeder bei den benachteiligten Massen beobachten kann. Das Radio und andere Kontakte zur Außenwelt sollten unterschwellig bei ihnen die Neigung verbreiten, das Stimmrecht zu nutzen, um auf ihre Interessen zu pochen und ihre Lebensbedingungen zu verbessern.

Es kann daher nur erwartet werden, daß die positiven Faktoren – Bildung und Teilnahme an Wahlen verschiedener Arten – auf *ziemlich lange Sicht* zu bedeutenden Ergebnissen führen.

Es gibt noch viele Elemente der Unsicherheit im Hinblick auf die Zukunft, die hervorgehoben werden sollten. Es ist denkbar, daß ein nationaler Führer oder mehrere nationale Führer sich über das kleinkarierte Modell der indischen Politik erheben und das radikale Reformprogramm schmieden werden, das zur Rettung Indiens vor der wachsenden Unterausnutzung der Arbeitskraft und vor der Massenarmut notwendig ist.

Um überhaupt eine Erfolgschance zu haben, brauchte ein solcher Führer ein hohes nationales Prestige. Im gegenwärtigen Zustand der politischen Demoralisierung ist es allerdings nicht leicht, sich ein solches Prestige zu erwerben. Die Gruppen der oberen Klasse würden ihn von sich aus nicht unterstützen oder nur tolerieren, jedenfalls solange es ihm nicht gelungen wäre, einen beträchtlichen Druck aus den Reihen der unteren Klasse zu mobilisieren. Bis zu den Massen hinabzureichen und sich gleichzeitig noch eine Gefolgschaft innerhalb der Gruppen der oberen Klasse zu sichern, wäre jedoch für einen Volksführer heute eine weit schwierigere Aufgabe, als sie es für Gandhi im Befreiungskampf gewesen ist, wo das Problem so einfach und der Feind so sichtbar war. Ein Nehru hätte es vielleicht geschafft, in den ersten Jahren nach der Befreiung, als die Zeit so viel günstiger war. Aber er zog es vor, die soziale und wirtschaftliche Revolution zu vertagen.

Mit doktrinären Problemen und persönlichem Manövrieren vorrangig beschäftigt, haben die kommunistischen Parteien eine erstaunliche Abneigung oder Unfähigkeit an den Tag gelegt, die ärmeren Schichten in den ländlichen Gebieten und selbst in den Städten zu organisieren. Wenn sie in einigen Teilen des Landes auch bis in die Dörfer vorgedrungen sind, haben sie doch selten versucht, durch die Betonung der Bodenreform eine Klassenfront zu bilden; vielmehr haben sie oft das Spiel der Kasten mitgemacht und sich sogar mit den Nöten der gebildeten »Mittelstands«-Gruppen befaßt. Das könnte sich allerdings ändern.

Darüber hinaus besteht die Möglichkeit, daß Volksführer das komplexe und bewegungslose Molekül durch Ausrichtung der Volksbewegung auf konstruktive Fragen zur Explosion bringen. Schließlich könnte sich auch eine Kooperation zwischen Aufständischen über ein größeres Gebiet pin anbahnen, unter Einbeziehung der führenden Rebellen aus den Reihen der oberen Klasse. In Indien hat es immer örtlich begrenzte Unruhen dieser Art gegeben, und sie sind möglicherweise im Zunehmen begriffen.

Es ist auch denkbar, daß die Universitäten Intellektuelle hervorbringen, die ihren individualistischen Quietismus oder Zynismus sowie ihre Verachtung für die Dorfbewohner und deren stumpfes Leben überwinden und hinausgehen in die ländlichen Gegenden, um die Massen für eine politische Aktion zu organisieren. Außer in Zeiten des Bürgerkrieges, wie kürzlich in Indonesien, haben die Wissenschaftler in den südasiatischen Ländern bisher ihre Auflehnung selten im Rahmen einer politischen Aktivität oder gar in klar definierten Zielen zum Ausdruck gebracht.[6]

Die Aufstände von Studenten hatten in Südasien meistens nur triviale Gründe und Ursachen: die Forderung nach leichteren Examina oder billigeren Bustarifen; oder sie trugen ethnische und kastenbedingte Animositäten aus. Ihre Aufstände sind durchaus den oben erörterten Massenaufruhren ähnlich, was freilich nicht immer so zu sein braucht.

Aber es ist auch ganz klar eine Möglichkeit, vielleicht sogar eine Wahrscheinlichkeit, zu erkennen, daß es *in Indien, wenn nicht im größeren Teil Südasiens weder viel Evolution noch eine Revolution geben wird.*

Welcher Art die politischen Rückwirkungen sein werden, wenn im Bereich der Reformen keine wirklich effektiven Maßnahmen ergriffen werden, während andererseits die Entwicklung auf eine immer stärkere Verarmung der Massen hinausläuft, das zu sagen entzieht sich meinem analytischen Vermögen. *Gibt es eine Grenze für das Elend*, das Menschen, ohne zu revoltieren, ertragen können? Die äußerst elenden Lebensbedingungen, die von vielen Menschen auf dem Land und in den städtischen Slums heute geduldig ertragen werden, sollten eher vermuten lassen, daß es keine solche Grenze gibt.

Würde eine solche Entwicklung irgendwelche Gruppen in der oberen Klasse aufwühlen, in erster Linie die Wissenschaftler und allgemein die Intellektuellen? Könnten sie dazu *veranlaßt werden, entschlossenere Forderungen nach radikalen Reformen zu stellen?* Würden sie diese Forderungen durch den Versuch unterstützen, die armen Massen zu lehren und zu organisieren? Welchen Erfolg würden sie haben? Ich weiß es nicht.

Ich hege so ziemlich dieselben Ansichten im Hinblick auf die anderen Länder in Südasien – mit einer Ausnahme: *Vietnam zeigt eine radikal andere politische Entwicklung.* Der entscheidende Unterschied liegt darin, daß die Massen dort nicht länger politisch passiv sind, bestimmt nicht in dem für den übrigen Teil Südasiens typischen Ausmaß. Und sie sind mit Reformen beschäftigt, die in ihrem eigenen Interesse liegen.

Der Krieg in Vietnam ist für die Vereinigten Staaten schon verloren. Ihr Fehler lag darin, daß sie dieses Aufwachen der Massen und die Tatsache, daß ihre militärische Intervention es noch beschleunigte, einfach nicht sahen. Die Regierungen der USA setzten ihr Vertrauen in Marionetten-Regierungen in Südvietnam, die – wie auch immer der Regierungswechsel aussah – ihre Unterstützung hauptsächlich innerhalb der privilegierten Gruppen der oberen Klasse fanden. Als die Regierung der Vereinigten Staaten, ihren Gegnern nacheifernd, dann begann, auf eine Bodenreform zu drängen und von einer wirtschaftlichen wie auch sozialen Revolution zu sprechen (wie es schon in der Zeit Eisenhowers und Diems geschah), verhinderten die Saigoner Regierung und ihre Beamten und Anhänger eine solche Politik regelmäßig – wie es auch ähnliche Machthaber in anderen südasiatischen Ländern zu tun pflegten. In Vietnam jedoch blieben die Massen unter dem Einfluß eines aufgerüttelten, ressentimentgeladenen Nationalismus nicht länger passiv. *Die westliche Einmischung – besonders in Form einer militärischen Aktion – kann zu einer Kraft werden, die der breiten Bevölkerung eines unterentwickelten Landes eine höhere Stufe des politischen Bewußtseins und der politischen Aktivität vermittelt.* Der Nationalismus erhält einen antiwestlichen und gegen die Weißen schlechthin gerichteten Charakter. Im Rahmen des kalten Krieges, in dem Hilfe nur aus den kommunistischen Ländern kommen kann, wird Nationalismus dann leicht mit Kommunismus identifiziert.

In der südlichen Region von Afrika – in Südafrika, Südwestafrika, Rhodesien und in den portugiesischen Kolonien – herrscht heute eine Situation, in der die Mehrheit der nichtweißen Bevölkerungsschicht von weißen Minoritäten unterdrückt wird – mit Unterstützung der Vereinigten Staaten und fast der gesamten westlichen Welt. Hinsichtlich dieser Entwicklung verweise ich auf Kapitel 3, Abschnitt II.

Diese Entwicklung antiweißer und antiwestlicher Emotionen in einigen unterentwickelten Nationen, die einen Angriff weißer Militär- und Polizeikräfte erleben und sehen, daß dieser Angriff durch die westliche Solidarität gestützt wird, ist im Begriff, auf andere weitgehend nichtweiße unterentwickelte Länder überzugreifen. Im Hinblick auf die Wertprämissen, an denen in diesem Buch festgehalten wird, *ist es eine erschreckende Aussicht, daß die Beziehungen zwischen entwickelten und unterentwickelten Ländern durch den Komplex der Hautfarbe vergiftet werden könnten.*
Vom westlichen Standpunkt aus gesehen, ist die Tendenz der unterentwickelten Nationen, sich an den Kommunismus anzulehnen, ebenso unglücklich, da sie der Fortsetzung des kalten Krieges, der die Welt so viel an Rüstungsausgaben kostet und der den Frieden bedroht, eine neue Dimension öffnet und ihr eine zusätzliche *raison d'être* gibt.
Eine primäre Ursache dieser Entwicklung liegt in einer *groben Fehleinschätzung der Fakten sowie in dem Verrat an den Idealen* seitens der westlichen Nationen, in erster Linie der USA. Diese Entwicklung wäre – in Südafrika wie in Vietnam – bei etwas mehr Weitblick und genaueren Kenntnissen und bei größerer Treue unseren Idealen gegenüber vermeidbar gewesen. Forschung und politische Erfahrungen brachten mich dazu, die Rolle der Dummheit

und der Ignoranz in der Weltgeschichte immer klarer zu sehen. Durch die Vorurteile einer »realistischen« und opportunistischen Forschung wird diese verhängnisvolle Rolle aufrechterhalten. Das ist es, was dem Versuch, unser Denken von Vorurteilen zu befreien, eine so überragende Bedeutung zukommen läßt.

Es ist eine bittere Vorstellung, daß, in weltgeschichtlicher Perspektive gesehen, die von den Vereinigten Staaten und anderen westlichen Regierungen eingenommene repressive und feindselige Haltung gegenüber diesen unterentwickelten Ländern dazu gedient hat, die Massen interessenbewußt zu machen, was eine Grundvoraussetzung für Reformen und, auf lange Sicht, für eine Entwicklung darstellt. Konnten die reichen, entwickelten Länder nicht andere, wirksamere und weniger destruktive Mittel finden, um diesen Völkern bei der Realisierung jener Ziele zu helfen?

Die Frage ist unhistorisch, wie es die Fragen des Sozialwissenschaftlers oft sein müssen. *Die Absicht der entwickelten Länder und besonders der Vereinigten Staaten war nicht darauf gerichtet, die Massen zur Einführung einer echten Demokratie und der notwendigen radikalen Reformen zu mobilisieren.* Alle ihre Sympathien galten den privilegierten Klassen der unterentwickelten Länder, nicht aber den verarmten Massen. Sie waren nur zu bereit, das Fehlen oder die Verdrehung von Reformen in unterentwickelten Ländern zu verzeihen, weil sie der Stabilität den Vorzug gaben. In der Tat, es war eine Art Fortsetzung kolonialer Praktiken.

Es besteht jedoch die Möglichkeit – wenngleich nicht die Notwendigkeit –, daß ein autoritäres Regime die Führung ergreifen wird, das bereit ist, Reformen durchzuführen, die unter einem »demokratischen« Regime nicht beschlossen worden wären. Vom Standpunkt unserer Wertprämissen aus wäre diesem Regime dann der Vorzug zu geben.

Diese Schlußfolgerungen aus meiner Forschung *gehen mir gegen den Strich, wenngleich ich sie zu akzeptieren habe.* Gegenüber der demokratischen Staatsform empfinde ich bestimmt keine Neutralität.[7] Und ich muß großen Wert darauf legen, bestimmte mögliche Vorteile allgemeiner Wahlen und freier Diskussionen selbst vor dem südasiatischen Hintergrund zu unterstreichen: Demokratie und insbesondere Wahlen können mit der Zeit dazu beitragen, die Massen in einen Zustand höherer Wachheit und besserer Bildung zu führen. Die Freiheit der Rede und des Handelns in einem demokratischen Regierungssystem kann sogar einzelne Personen und Gruppen aus den oberen Klassen ermutigen, sich für radikale Reformen einzusetzen und zu versuchen, die Massen aufzurütteln und zu bilden. Zumindest werden sie nicht davon abgehalten, so zu handeln. Andererseits kann die Unterdrückung der öffentlichen Diskussion in autoritären Ländern dazu führen, daß die Regierung dort weniger gut informiert ist. Ich bin z. B. davon überzeugt, daß ein wichtiger Grund für den spektakulären Mißerfolg in der Sozial- und Wirtschaftspolitik, den das burmesische Militär-Regime hinnehmen mußte, in seiner Abriegelung gegenüber jeder Kritik zu finden ist.

Kapitel 15
Die Verantwortung der Nationalökonomie

Das Problem der politischen Entscheidung hat zwei Dimensionen. Die eine bezieht sich darauf, daß politische Entscheidungen auf Schlußfolgerungen zurückgehen, die aus Wertprämissen und aus der durch Anwendung dieser Wertprämissen erworbenen Kenntnis von Fakten gezogen werden. Diese *rationalen politischen Entscheidungen* sind in den Kapiteln 3 bis 11 beschrieben worden. Die andere Dimension betrifft die politische Entwicklung, die ihrerseits determiniert, *welche politischen Entscheidungen tatsächlich getroffen werden.*

Die beiden Dimensionen stehen in einem Verhältnis wechselseitiger Beziehungen. Die Sozialwissenschaftler sind das wesentliche Bindeglied zwischen rationalen und tatsächlichen politischen Entscheidungen. Innerhalb der Sozialwissenschaftler beherrschen wir Nationalökonomen als Planer und Ratgeber der Menschen und Regierungen jene wechselseitige Beziehung. Einerseits sind wir von den politischen Kräften in allen unseren Ländern beeinflußt worden, eine durch Vorurteile verzerrte Methode für die Entwicklungsprobleme in unterentwickelten Ländern zu übernehmen. In Kapitel 1 dieses Buches wurde diese einseitige Methode charakterisiert. In den folgenden Kapiteln habe ich mit Beharrlichkeit zu zeigen versucht, wie diese Vorurteile sich in den verschiedenen speziellen Problemen manifestieren.

Gleichzeitig üben wir Nationalökonomen zweifellos auch einen Einfluß auf die tatsächliche Politik und auf die zu treffenden politischen Entscheidungen aus. Die Feststellung John Maynard Keynes', daß die Menschen von überholten Theorien bewegt werden, ist nur insoweit falsch, als sie tatsächlich auch von ganz jungen und gültigen Theorien zum Handeln inspiriert werden, zumindest teilweise und nach einer zeitlichen, häufig nicht zu langen Verzögerung. In der Tat ist Keynes' eigener zum größten Teil *posthumer* Erfolg im Bereich der monetären und der damit zusammenhängenden Politik in der ganzen Welt ein Beweis dafür. In Schweden hatte vorher schon eine ähnliche Anpassung der praktizierten Politik in diesem Bereich den Theorien Knut Wicksells und seiner schwedischen Nachfolger, die die Keynesschen Theorien vorweggenommen hatten, dieselbe Bestätigung ihrer praktischen Bedeutung geliefert.

Bevor ich fortfahre, habe ich einen sehr ernsten Hinweis zu machen. Wenn ich meine nationalökonomischen Kollegen der konventionellen Schule grober Verzerrungen in ihrer Betrachtung der Entwicklungsprobleme unterentwickelter Länder beschuldige, *impliziere ich keine persönliche Unehrlichkeit.*

Seit meiner frühesten Jugend lebe ich als Mitglied der weltweiten akademischen Gemeinschaft. In vielen Ländern habe ich Hunderte meiner Kollegen in der Ausübung der Wirtschaftswissenschaften sehr nahe kennengelernt und Freundschaft mit ihnen geschlossen. Äußerst wenige von ihnen zeigten ihrer Arbeit gegenüber eine zynische Haltung. Noch geringer ist die Zahl derer, die mit ihren Schriften bewußt eigennützige Interessen vertraten.

In dieser Hinsicht glaube ich, daß unsere gesamte wissenschaftliche Disziplin und besonders jene Vertreter, die die überragenden Beiträge geliefert haben, an der großen Tradition klassischer Nationalökonomen festgehalten haben, die Alfred Marshall einst mit den Worten charakterisierte:

»*Tatsache ist, daß fast alle Begründer der modernen Nationalökonomie uneigennützige, sympathische Männer von humanitärem Enthusiasmus waren. Sie kümmerten sich wenig um eigene Reichtümer, dafür um so mehr um die weite Verbreitung des Reichtums innerhalb der Massen des Volkes ... Sie waren ausnahmslos der Doktrin ergeben, daß das Wohlergehen aller Menschen das letzte Ziel aller privaten Bemühungen und der gesamten staatlichen Politik sein sollte ... Die Eigentumsrechte als solche konnten jene großen Meister, die die Nationalökonomie aufgebaut haben, nicht beeindrucken.*«[1]

Er wies jedoch auf ihre Abneigung hin, destributive Reformen zu unterstützen, sowie darauf, daß sie »kalt erschienen« gegenüber den Nöten der Armen. Marshalls Erklärung: »Die visionelle Reichweite selbst der größten Seher jenes Zeitalters war in mancher Hinsicht enger, als sie es bei den meisten gebildeten Menschen heutzutage ist.«

Worauf Marshall hier anspielt, ist die Tatsache, daß die klassische Nationalökonomie in England vor 150 Jahren aufgrund des Einflusses der dominierenden politischen Kräfte voreingenommen war. Für mich steht es außer Frage, daß, wenn diese Nationalökonomen zu einer breiter gespannten »Vision« gekommen wären, um mit Marshall zu sprechen, und wenn sie nicht so voreingenommen gewesen wären, wie sie es waren, diese Umstände auf die praktische Politik einen beträchtlichen Einfluß ausgeübt hätten.

Karl Marx befreite sich von der zeitbedingten Voreingenommenheit Ricardos, um die radikalen Schlußfolgerungen seiner eigenen Werttheorie zu ziehen.[2] Und Marx ist es bestimmt gelungen, auf die politische Entwicklung in der Welt einen starken Einfluß auszuüben, nicht zuletzt durch seine Mehrwert- und Ausbeutungstheorie.

Aber da die klassische Werttheorie sowohl in der Marxschen Version als auch in der Ricardos durch Einfluß der Naturrechtsphilosophie in ihrem Kern metaphysisch ist (wie viele Marxschen Theorien), haben wir für seine Methode nur wenig Verwendung. Das heißt nicht, daß es in seinen wie in Ricardos Schriften keine Beobachtungen und Analysen von bleibendem Wert gäbe. Und die Kenntnis ihrer Schriften ist für die historisch kritische Sicht unseres Denkens immer noch erforderlich. Ich habe in den vorangegangenen Kapiteln oft festgestellt, in welchem Maße es den Nationalökonomen an solchen Kenntnissen mangelt, wenn sie der Marxschen Linie auf eine unkritische, häufig nur stillschweigende Weise folgen.

Die vorherrschende und in den beiden vergangenen Generationen zunehmende Naivität bei den konventionellen Nationalökonomen und allgemein bei den Sozialwissenschaftlern ruft dringend nach einer *Soziologie der Sozialwissenschaft* und der *Sozialwissenschaftler*.[3] Jene Nationalökonomen bedeuten eine Gefahr, die Forschung betreiben und gleichzeitig die Abhängigkeit ihrer Forschung von der sie umgebenden Gesellschaft – und natürlich auch von der Tradition und von ihren persönlichen Neigungen – ignorieren.

Diese soziologische Forschung kann direkt auf unsere Arbeit konzentriert werden. Sie sollte leichter durchzuführen sein als der größte Teil der übrigen Sozialforschung. Das *corpus delicti* kann auf den Tisch gelegt werden genau vor den Augen des Forschers. Es besteht aus unseren publizierten Artikeln und Büchern.

Einen Leitfaden gewinnt man durch eine immanente Kritik, die die *non sequiturs* und willkürliche Annahmen entlarvt. Wenn man feststellt, daß diese logischen Mängel in eine systematische Richtung tendieren, dann sollte das ein Signal dafür sein, daß eine soziologische Erforschung erforderlich ist, um in den Kategorien von Ursachen und Wirkungen die soziale Bedingtheit zu erklären, die zu jenem Ergebnis führte.

Eine Richtlinie für diese soziologische Forschung sollte die prinzipielle Frage sein, die in jedem Kriminalroman gestellt wird: *Cui bono?* Welchen Interessen wird gedient? Jene Interessen sind selten oder niemals identisch mit den Interessen des einzelnen Forschers, sondern mit denen der Kräfte, die die ihn umgebende Gesellschaft beherrschen.

Die Forschung wird, wenn sie von Vorurteilen nicht gereinigt wird, *opportunistisch* im Dienste der Interessen des Machtkollektivs. Eine Verursachung dieser Art entgeht der tatsächlichen Kenntnis des Forschers. Vorurteile sind, wie ich schon sagte, nicht intentional. Eine tiefergehende Analyse zeigt, daß selbst die Interessen des Machtkollektivs nicht rational konzipiert sind. Insbesondere sind diese Interessen gewöhnlich nicht langfristiger, sondern kurzfristiger Natur und oft sogar im kurzfristigen Sinne mißverstanden.

Es mag *utopisch und politisch »unrealistisch«* erscheinen, die Entwicklungsprobleme unterentwickelter Länder vom Standpunkt der Wertprämissen aus zu untersuchen, selbst wenn sie auch den überall zum Ausdruck gebrachten Idealen entsprechen. Diese Ideale finden offensichtlich wenig tatsächliche Bereitschaft der jeweiligen Machthaber, in unterentwickelten ebenso wie in entwickelten Ländern, zu ihrer Realisierung Opfer zu bringen.

Die wichtige Feststellung, die in diesem Zusammenhang getroffen werden muß, lautet hingegen, daß *selbst ein kleiner Schritt in die Richtung der Realisierung dieser Ideale bereits erstrebenswert ist.* Auf eine Wende der Entwicklung und eine beschleunigte Bewegung in Richtung einer besseren Realisierung der Ideale hinzuarbeiten, sollte nicht kurzerhand für politisch »unrealistisch« gehalten werden. Tatsächlich muß das Streben nach einer solchen Veränderung der unverkennbare Zweck jeder politischen Untersuchung sein, die auf der Basis wissenschaftlicher Rationalität durchgeführt wird.

Aber ganz abgesehen von allen politischen Überlegungen, sollte hervorgehoben werden, daß die Untersuchung der Probleme unterentwickelter Länder vom Standpunkt ausdrücklich festgestellter Wertprämissen aus, die relevant, bedeutsam und durchführbar sind, in erster Linie *ein logisches Mittel ist, das die Belastung der*

Untersuchung wirtschaftlicher, sozialer und politischer Realität mit Vorurteilen und somit mit Fehlern in bezug auf die Faktenfeststellung verhindert.

Die in *Asian Drama* zum Ausdruck gebrachten und in diesem Buche rekapitulierten Ansichten werden oft für »pessimistisch« gehalten. Ich erkenne diese Kritik nicht an. Ich nehme statt dessen für mich in Anspruch, daß das methodologische Prinzip, das diesen und anderen Untersuchungen von mir zugrunde liegt, das einzige dem Bereich der Logik entstammende Mittel ist, um zu einem *Realismus* zu kommen.

Der übergroße »Optimismus« in den meisten ökonomischen Schriften – und in vielen Untersuchungen seitens der Wirtschaftssekretariate nicht nur der staatlichen Behörden, sondern oft auch der zwischenstaatlichen Organisationen, sowie in den Spezialberichten der Experten, die unter der Leitung dieser Behörden und Organisationen arbeiten – ist darauf zurückzuführen, daß die Forscher der groben Tendenziosität gerade ihrer Forschungsmethode zum Opfer fallen.

Wir haben oft zugelassen, daß in unsere wissenschaftliche Terminologie Ausdrücke aus der populären, politisch orientierten Diskussion eingedrungen sind, z. B. »sich entwickelndes Land«, wenn wir einfach ein unterentwickeltes Land meinen, oder »die freie Welt«, wenn wir die nichtkommunistische Welt meinen. Für mich ist das keine unbedeutende semantische Nachlässigkeit, sondern ein Hinweis auf ein tiefer sitzendes Vorurteil.

Wenn ein Nationalökonom nach dem anderen merkt, daß die Fehler, die er und andere entdecken und korrigieren, systematisch sind und einem allgemeinen Interessengrundsatz folgen, wird er gezwungen sein zu fragen: *Warum und wie?* Dann ist es so weit, daß er kurz vor der Entlarvung und Untersuchung seiner Voreingenommenheit steht, die die treibende Kraft darstellt. Die Wertungen werden dann ans Tageslicht gezogen werden. Die Logik seiner Situation als Forscher wird ihn treiben zu fragen, welches seine eigenen Wertprämissen sind. *Das ist das wahre und überwältigende wichtige »Wert«-Problem der Nationalökonomie und der Sozialwissenschaften schlechthin.* Hat sich das erst einmal ereignet, dann wird der Nationalökonom fortfahren, nach Fehlerquellen in der Wirtschaftswissenschaft zu suchen und sie zu korrigieren. Die Reform unserer Wissenschaft wird, wenn auch mit einiger zeitli cher Verzögerung eher auf diese pragmatische und heuristische Weise zustande kommen, als daß sie ein Ergebnis der Verbesserung unserer grundlegenden Wissenschaftstheorie sein wird. Das ist der Grund, warum ich mich nicht auf die allgemeine Kritik in Kapitel 1 beschränkt, sondern meine Kritik an den verschiedenen Problemen jeweils von neuem verifiziert habe.

Insbesondere möchte ich *die dringende Notwendigkeit unterstreichen, die Statistiken* in unterentwickelten Ländern *zu verbessern.* Hierfür müssen wir Nationalökonomen – als die hauptsächlichen Nutzer der Statistiken für unsere Analyse und als diejenigen, die die Begriffe definieren und daher die Fragen stellen – an erster Stelle eine Verantwortung übernehmen. Meine Anklage gegenüber den konventionellen Nationalökonomen richtet sich darauf, daß sie ihre Bücher mit unrichtigen Zahlen füllten und daß sie auf diesem Material ihre Schlußfolgerungen aufbauten, ohne die kritische Untersuchung, die uns als Wissenschaftlern eine Pflicht sein sollte.

Wenn es zu einer Quantifizierung kommt, ist unsere Kenntnis extrem schwach. Keinem ernsthaften Forscher, der die Verfahren untersucht, die zur Veröffentlichung von Statistiken führen, sollte die Erkenntnis ihrer extremen Unzuverlässigkeit entgehen. Eine ihrer Ursachen liegt darin, daß die Datenerfassung und -zusammenstellung sich nach Kategorien richtet, die der Realität in unterentwickelten Ländern inadäquat sind. Die Ergebnisse sind dann grob irreführend oder sogar sinnlos. Eine zweite Ursache ist die große Nachlässigkeit, die in der Definierung der Fragestellung und in der Praxis der tatsächlichen Datenerfassung sichtbar wird.

Was die unterentwickelten Länder brauchen, ist in erster Linie nicht eine große Anzahl hochtrabender statistischer Theoretiker; das scheint ohnehin außerhalb der Reichweite dessen zu sein, was schnell beschafft werden kann. Was gebraucht wird, sind gut ausgebildete Kräfte, die fundierte Kenntnisse über die Bedingungen in unterentwickelten Ländern mitbringen und darüber hinaus die kritische Fähigkeit besitzen, aufgrund der gewonnenen Materialien Fragen zu formulieren, die der sozialen Realität in diesen Ländern entsprechen. Sie sollten wissen, wie sie ihre Datenerfassung wirksam steuern und organisieren; ferner sollten sie elementare Kenntnisse in der Stichprobentechnik und in ein paar anderen einfachen statistischen Methoden haben.

Der Nationalökonom, der die tatsächlichen politischen Entscheidungen beeinflussen will, muß letztlich auch den gewöhnlichen Menschen überzeugen, und nicht nur seine Kollegen unter den Nationalökonomen. Das ist der Grund, warum ich dieses Buch in so einfachen Worten geschrieben habe, ohne, so hoffe ich, die logische Strenge geopfert zu haben.

Ich weiß sehr wohl, daß der Kampf gegen methodologische Voreingenommenheit in der Nationalökonomie stärkere Aussichten auf einen raschen Erfolg hätte, wenn intelligente Laien dazu animiert werden könnten, unsere Denkweise zu prüfen und zu kritisieren. Die gesellschaftlichen Kräfte, die die ökonomische Forschung bedingen und sie in die Vorurteile treiben, würden dann beträchtlich geschwächt.

Anhang
Das lateinamerikanische Pulverfaß

Asian Drama war ein Buch über die Entwicklungsprobleme Südasiens, des einzigen Teils der unterentwickelten Welt, den ich eingehend untersucht habe. Als ich für das vorliegende Buch den Bedingungen in anderen unterentwickelten Gebieten meine Aufmerksamkeit widmen mußte, war ich überrascht festzustellen, daß bei allen unverkennbaren Unterschieden, nicht zuletzt im historischen Hintergrund, *die ökonomischen und sozialen Bedingungen relativ ähnlich sind und zu politischen Problemen von sehr ähnlichem Charakter geführt haben.*

Die meisten unterentwickelten Länder weisen das nämliche Modell grober sozialer und wirtschaftlicher *Ungleichheiten* auf, die fast überall zuzunehmen scheinen. Welcher Art auch ihre Regierungsform ist, sie werden von *kleinen, einander abwechselnden Oligarchien* regiert. Es sind fast ausnahmslos *schwache Staaten,* von allgemein ansteigender *Korruption* beherrscht. Die Bodenreform, selbst wenn als vorrangiges politisches Ziel verkündet, ist fast regelmäßig vereitelt worden. Alle unterentwickelten Länder stehen derselben Art *Bevölkerungsproblem* gegenüber, aber die Politik der Fertilitätskontrolle, die sie anstreben, ist oft noch weit davon entfernt, zum ausdrücklichen Regierungsprogramm erhoben zu sein. Selbst im *Bereich des Bildungswesens* erweisen sich die Probleme als erstaunlich ähnlich. Die Erwachsenenbildung ist überall in der nichtkommunistischen Welt auf unvernünftige Weise vernachlässigt worden. Zuviel Gewicht wurde auf die Quantität der Erziehung gelegt, d. h. auf die Anzahl der Kinder und Jugendlichen, die in die Schulen aufgenommen wurden – auf Kosten der Qualität. Entgegen den allgemein empfohlenen Programmen wurde die höhere und die Hochschulausbildung stärker als die Elementarschulbildung gefördert, obgleich diese beiden Schulzweige wesentlich teurer sind. Die Lehrpläne sind auf allen Ebenen zu »akademisch« und »allgemein« und entsprechen nicht praktischen berufsmäßigen Anforderungen.

Innerhalb dieses Rahmens grundlegender Ähnlichkeiten gibt es jedoch Unterschiede zwischen den einzelnen Ländern und Gebieten, besonders im Hinblick auf die politische Entwicklung.

Die politische Entwicklung in Lateinamerika verdient besondere

Aufmerksamkeit. Aufgeteilt in mehr als zwanzig einzelne Länder, manche sehr klein, andere sehr groß, ist die Bevölkerung des gesamten lateinamerikanischen Raumes nur ungefähr halb so groß wie die Bevölkerung Indiens. Jedoch ist ihre Bedeutung im gegenwärtigen Zusammenhang groß.

Die politische Entwicklung in Lateinamerika hat einen Zustand *heftiger Widersprüche der Ideen und heftiger Aktinnen* erreicht. Man kann nicht erwarten, daß es ein hohes Maß an Stabilität bewahrt von der Art, wie das in Armut verstrickte Indien sie, zumindest bis jetzt, gezeigt hat. Innerhalb der lateinamerikanischen Länder herrschen *große Unterschiede in den ökonomischen Bedingungen wie auch in der ethnischen Zusammensetzung.* Selbst in dem ärmsten dieser Länder ist das Einkommensniveau höher als in irgendeinem indischen Staat, ausgenommen vielleicht in Punjab.

Dennoch zeigt die Armut in den ländlichen und städtischen Slums im größten Teil Lateinamerikas erschreckende Ausmaße. Allgemein gesehen, *sind die Ungleichheiten sogar stärker als in Indien.* In vielen Städten gibt es auffallende Kontraste: hier Enklaven von Reichtum und Modernität, wo eine abgeriegelte Oberklasse ein Luxusleben und ein strebsamer »Mittelstand« ein recht angenehmes Leben führt, und rundum eine wachsende Zahl von Slumbewohnern, die im Elend dahinvegetieren. Es muß bezweifelt werden, daß in den meisten lateinamerikanischen Ländern das ärmere Drittel, in einigen Ländern sogar die Hälfte der Bevölkerung in den vergangenen Jahrzehnten an dem steigenden Lebensstandard partizipiert hat – an dem »quality of life«, um den Titel des Rockefeller-Berichtes zu zitieren.[1]

Nicht alle, aber viele der lateinamerikanischen Länder und besonders einige der größeren, verfügen über *mehr verarbeitende Industrie als Indien.* Aber diese Industrie und der gesamte moderne Sektor ihrer Wirtschaft ist in noch stärkerem Maße isoliert. Die Güter und Dienstleistungen werden hauptsächlich innerhalb dieses Sektors selbst produziert und abgesetzt, wobei den Anforderungen seines Wachstums und den Bedürfnissen der in ihm Beschäftigten Rechnung getragen wird, während kaum ein Entwicklungsanstoß über seine Grenzen hinausgeht. Es hat sogar ein geringeres Maß an rationaler Planung gegeben, um die Industrialisierung so zu steuern, daß sie günstige Auswirkungen auf die übrige Wirtschaft ausstrahlt. Es ist kein Wunder, daß auf Lateinamerika spezialisierte amerikanische Nationalökonomen zur Theorie des »ungleichgewichtigen Wachstums« gekommen sind.[2] Die bedrohlichen sozialen und ökonomischen Entwicklungen in Richtung auf eine Unterausnutzung der Arbeitskraft und eine Verarmung der unteren Schichten in den ländlichen und städtischen Slums, die in Kapitel 13 skizziert wurden, *bewegen sich in Lateinamerika mit einer größeren Geschwindigkeit: Die Bevölkerung wächst schneller,* und außer einigen vergeblichen und meistens privaten Versuchen sind keine ernsthaften Anstrengungen unternommen worden, die Geburtenkontrolle innerhalb der Massen zu verbreiten. Gleichzeitig verschärft sich der Prozeß der *Ersetzung der Arbeit durch Maschinen* in der großbetrieblichen Landwirtschaft, während die Bodenreform in Ansätzen steckenbleibt. Der Prozeß der *Urbanisierung* schreitet immer schneller voran: In vielen lateinamerikanischen Ländern ist heute weit weniger als die Hälfte der Bevölkerung in der Landwirtschaft gebunden. Gleichwohl nimmt die ländliche Bevölkerung noch zu, wenn auch in der Regel viel langsamer als in Indien.

Ein großer Teil des Wirtschaftslebens in Lateinamerika wird *von der ausländischen Geschäftswelt beherrscht,* vor allem von der amerikanischen. Direkt oder indirekt, über gemeinsame Unternehmen und vertragliche Abmachungen kontrollieren oder beeinflussen die Gesellschaften der Vereinigten Staaten heute in entscheidendem Umfang zwischen 70 und 90 Prozent der Rohstoffvorkommen Lateinamerikas und wahrscheinlich viel mehr als die Hälfte seiner modernen verarbeitenden Industrie, der Banken, des Handels, des Außenhandels, dazu einen großen Teil der öffentlichen Einrichtungen. Es handelt sich hier um grobe Schätzungen, die jedoch der Wahrheit ziemlich nahekommen dürften.

Von besonderer Bedeutung ist, daß jegliche Art von Dynamik, die in den lateinamerikanischen Wirtschaften besteht – oder bestehen könnte ohne radikale Änderung der ökonomischen und sozialen Strukturen – und die hauptsächlich von der Industrialisierung und dem Abbau der Bodenschätze ausgeht, direkt oder indirekt unter die Kontrolle des Auslandes gerät, meistens der Vereinigten Staaten. Aber selbst ein großer Teil der altmodischen Plantagen-Landwirtschaft, die für den Export produziert, wird auf ausländische Rechnung betrieben. Die United Fruit Company allein kontrolliert über 50 Prozent der ausländischen Einkünfte und damit das gesamte Wirtschaftsleben von sechs lateinamerikanischen Ländern.

Primärprodukte – aus der Landwirtschaft und aus dem Abbau von Bodenschätzen – machen ungefähr 90 Prozent der lateinamerikanischen Exporte aus. Für diese Produkte kann es in den lateinamerikanischen Ländern nur einen sehr kleinen Markt geben, da keine komplementären Wirtschaftszweige vorhanden sind. Überdies ist die moderne verarbeitende Industrie, weil hinter hohen Schutzmauern entstanden, auf die Produktion für den eigenen inländischen Markt begrenzt. Der gesamte zwischenregionale Handel ist noch recht unbedeutend. Deshalb zeigt dieser Industriezweig – übrigens als einziger Sektor – ein starkes Interesse an Freihandels-Bündnissen oder gemeinsamen Märkten, die den Absatz im Rahmen eines größeren, geschützten Marktes erleichtern. Da dieser Sektor jedoch von ausländischen Interessengruppen beherrscht wird, ist der Enthusiasmus für eine ökonomische Integration bei den Lateinamerikanern selbst nicht sehr stark – soweit sie nicht in die ausländischen Interessengruppen verwickelt sind. Das erklärt zum Teil, warum die Integrationsbewegung in der gegenwärtigen nationalistischen Ära nur geringe Fortschritte gemacht hat.

Keines der lateinamerikanischen Länder hat eine auch nur annähernd diversifizierte Wirtschaft. Meistens bestreitet ein einzelnes Produkt mehr als 40 Prozent der gesamten Exporte, in einigen Ländern ist dieser Anteil noch höher.

Die meisten lateinamerikanischen Länder kämpfen vergeblich gegen eine Preisinflation, die manchmal eine jährliche Steigerung von 20 oder 30 Prozent und gelegentlich noch höhere Werte erreicht. Diese Entwicklung sabotiert jedes rationale ökonomische Kalkül, sie verbreitet eine ungesunde Spekulationsstimmung und tendiert allgemein zu einer Benachteiligung der Schichten mit niedrigen Einkommen.

Viele der älteren amerikanischen Unternehmen in Lateinamerika, die die Produktion landwirtschaftlicher Produkte und den Abbau von Bodenschätzen (einschließlich Erdöl) für den Export betreiben, *tragen den Makel äußerst unfairer Praktiken* aus der Zeit, als sie den Boden und die Konzessionen erworben haben. Dieses Erbe ist von unveränderter Bedeutung, da die auf solche Weise von ausländischen und in erster Linie von amerikanischen Gruppen erworbenen Rechte, die schon immer bestritten worden sind, in Zukunft wohl in noch stärkerem Maße bestritten werden dürften. Ein in Lateinamerika aktiver amerikanischer Geschäftsmann erklärte einem Interviewer der *U. S. News and World Report:*

»*Ein Teil des Problems* ... *liegt darin, daß die ausländischen Gesell-schaften aufgefordert werden, für das einzustehen, was die Latein-amerikaner manchmal ›die räuberische Vergangenheit‹ in den Geschäftsbeziehungen mit den Vereinigten Staaten nennen.*«[3] Jene Vergangenheit hat zweifellos eine Tradition geschaffen, die die Geschäftspolitik einiger amerikanischer Unternehmen in Lateinamerika dahingehend beeinflußt, sich mit jenen Machtha-bern einzulassen, die das Licht des Tages scheuen.

Die Erklärung für diese schlimme Erblast liegt zum Teil darin, daß die einst von den Spaniern und Portugiesen beherrschten latein-amerikanischen Staaten schon vor langer Zeit unabhängig wurden, und zwar zu einer Zeit, als diese beiden katholischen Nationen rückständig wurden und den Anschluß an die allgemeine Entwick-lung in Europa in Richtung auf den Liberalismus und den starken, unkorrupten Staat verloren. Sie profitierten nicht, wie es Indien tat, von den progressiven Elementen einer britischen Herrschaft.

Man braucht nicht die Schattenseite des Kolonialismus zu ignorie-ren, um seinen *positiven Beitrag zu sehen, wie in seiner britischen Verkörperung in Indien* als demjenigen Teil der unterentwickelten Welt, mit dem ich Lateinamerika in diesem Kapitel vergleichen will. Nach der Befreiung war es Indien gelungen, eine parlamenta-rische Regierung mit allgemeinen Wahlen und ausgedehnten bür-gerlichen Rechten einzuführen und an diesen politischen Institu-tionen viel stärker festzuhalten als fast alle lateinamerikanischen Staaten. Das verdankten die Inder dem, was sie von ihren briti-schen Herrschern gelernt hatten, und zum Teil auch dem, was die Briten in die Tat umzusetzen begonnen hatten, bevor sie Indien verließen.

Die lateinamerikanischen Länder erfuhren keine solchen wohltuen-den Einflüsse der Kolonialherrschaft. Die Einflüsse der immer mehr dominierenden amerikanischen Konzerne und der Regie-rung der Vereinigten Staaten konnten der Schwäche der latein-amerikanischen Institutionen um so weniger entgegenwirken, als die Vereinigten Staaten selbst von Korruption und finsteren Machenschaften zwischen der Geschäftswelt und den staatlichen Behörden weniger frei waren und sind als England und Nordwest-europa (siehe Kapitel 7).

Das Wachsen des »Mittelstandes« in Lateinamerika gilt entweder als eine »stabilisierende« Kraft, im amerikanischen Sinn des Wortes (siehe unten), die, wenn möglich, eine behutsame und schrittweise interne Reformaktivität freisetzt, oder als eine Kraft die nationalistische Revolten auslöst. Die Wahrheit ist wahrscheinlich, daß der Mittelstand keines von beidem ist – oder daß unterschiedliche Teile dieses »Mittelstandes« unter unterschiedlichen Bedingungen sich als die eine oder die andere Kraft erweisen. Wie in den meisten anderen unterentwickelten Gebieten ist auch in Lateinamerika *der »Mittelstand« äußerst heterogen und gespalten*. Nirgendwo nähert er sich dem Bild einer homogenen, selbstbewußten Gruppe ähnlich denkender Menschen, die sich durch gemeinsame Interessen verbunden wissen. Seine Mitglieder sind vielmehr erstaunlich *individualistisch*, insgesamt sogar noch mehr als in den Vereinigten Staaten. Eine abgestimmte, organisierte Aktion zur Verteidigung gemeinsamer Interessen gehört nicht zu ihren natürlichen Neigungen.

Der größte Teil des »Mittelstandes«, besonders in der älteren Generation, ist individuell zweifellos darauf erpicht, zu halten, was er hat, und die soziale und ökonomische Leiter hinaufzusteigen. Sie beneiden die etablierte Oberklasse von Grundbesitzern und einheimischen Industrie- und Handelsbaronen, müssen ihnen aber dienen, um nicht ihre Beschäftigungen zu verlieren, und tun dies oft mit einem Gefühl der Loyalität. Oft müssen sie feststellen, daß amerikanische oder amerikanisch beherrschte Firmen in stärkerem Maße bereit und in der Lage sind, ihren Sehnsüchten entgegenzukommen und ihnen die Chance zu geben, ökonomisch und sozial aufzusteigen. Das bedeutet nicht notwendig, daß sie nicht einem ressentimentgeladenen Nationalismus anhängen. Das Bewußtsein der Menschen ist selten widerspruchsfrei.

Wenn sie jünger und noch nicht völlig beansprucht sind von dem Kampf um das Leben und den persönlichen Fortschritt, sind viele Vertreter des »Mittelstandes« geneigt, rebellische Ideen aufzunehmen, wie es die sich ausbreitenden Unruhen an den Universitäten zeigen. Aber selbst diese Bewegungen sind vom mittelständischen Individualismus geprägt. Wohl nirgendwo in Lateinamerika haben die Angehörigen des »Mittelstandes« eine große Bereitschaft oder Fähigkeit gezeigt, in die städtischen und ländlichen Slums zu gehen, um die Massen zu lehren, sie aufzuwecken und zu organisieren für eine politische Aktivität in ihrem eigenen Interesse. Es sind sehr wenige, die sich städtischen oder ländlichen Guerilla-Banden anschließen.

Die geringe Anzahl von Arbeitern in der modernen verarbeitenden Industrie, die nicht arbeitsintensiv ist, bildet, wie in anderen unterentwickelten Ländern, einen Anhang zum »Mittelstand« und verfügt über wesentlich höhere Einkommen als die armen Massen in den städtischen Slums. In vielen lateinamerikanischen Ländern haben sie alle praktischen Möglichkeiten einer gewerkschaftlichen Organisierung, die ihnen offenstanden, genutzt. Sie können dazu gebracht werden, für ihre eigenen Interessen zu kämpfen, empfinden aber so gut wie nie eine Interessensolidarität mit der wirklichen Unterklasse in den ländlichen und städtischen Slums. Ähnliches gilt für die Arbeiter in der Minenindustrie, nur daß sie, ähnlich wie die Plantagen-Arbeiter, oft eher im Status des Proletariats stekkenbleiben, weit unter dem Niveau des »Mittelstandes«.

Wenn eine große Anzahl von Angehörigen des »Mittelstandes« in Lateinamerika dazu gebracht würde, zu revoltieren oder sogar revolutionäre Gefühle zu nähren, dann wäre das zurückzuführen auf die Verbreitung und Verschärfung eines ressentimentgeladenen Nationalismus, der im lateinamerikanischen Rahmen einfach Antiamerikanismus bedeutet. Auch die Oberklasse ist gegenüber dieser Art Nationalismus nicht immun. Manche haben Veranlassung, in der amerikanischen Konkurrenz eine Bedrohung ihrer eigenen Interessen zu sehen, wenngleich sie gewöhnlich doch in der Zusammenarbeit mit amerikanischen Unternehmen Vorteile suchen und finden. In der Regel müssen sie auch das amerikanische Interesse an der politischen »Stabilität« teilen, die sie in derselben Weise interpretieren wie die Amerikaner. Nichtsdestoweniger herrschen auch in großen Teilen der Oberklasse antiamerikanische Gefühle vor.

Bevor wir dieses Thema des wachsenden Antiamerikanismus aufgreifen, sollte hervorgehoben werden, daß die häufigen »Revolutionen« in lateinamerikanischen Ländern, die sich in den letzten Jahrzehnten in der Form von Putschen und Coups abgespielt haben, und die jetzt wachsende Verbreitung von Gewalttätigkeiten *uns nicht dazu verleiten sollten zu glauben, daß die Massen aktiv geworden sind oder aktiv zu werden beginnen.* Viele Linksintellektuelle in Westeuropa und den Vereinigten Staaten, die für eine gewaltsame Revolution eintreten, erliegen dieser Täuschung.

Selbst wenn ein geringer Grad an politischer Demokratie verwirklicht ist und Wahlen abgehalten werden, kann man beobachten, daß der Beteiligungsprozentsatz oft erstaunlich niedrig ist. Man geht sicher in der Annahme, daß die Nichtwähler meistens den unteren Klassen angehören: Die Schulbildung ist oft eine Voraussetzung für die Wählerregistrierung; die Registrierungsverfahren sind kompliziert; die Menschen in den städtischen Slums haben selten eine Adresse; und die meisten Armen *kümmern sich offenbar nicht um ihr Wahlrecht. Und wenn sie tatsächlich wählen, stimmen sie für Parteien, die von autoritären und korrupten Elementen beherrscht sind und denen ihre Interessen nicht am Herzen liegen.* In den ländlichen Gegenden wählen sie meist so, wie die Grundbesitzer, von denen sie abhängen, es ihnen befohlen haben. Diese wenden oft brutalere Einschüchterungsmethoden an und erwirken ein weitaus größeres Maß an Fügsamkeit als in Indien. Nur selten erhebt sich eine Protestbewegung gegen diese Praktiken.

Es gibt Ausnahmen, im allgemeinen jedoch zeugt das Wahlverhalten der unteren Klassen, soweit in Lateinamerika Wahlen abgehalten werden, nicht gegen die These, daß die Massen noch nicht zu politischem Interesse und politischer Aktivität erwacht sind. Die mißglückten Versuche verschiedener Guerilla-Bewegungen, innerhalb der Massen Fuß zu fassen – zur Zeit am auffälligsten in Kolumbien, Bolivien, Guatemala und Venezuela und stoßweise in Argentinien, Brasilien, Peru und Ecuador –, können jedenfalls nicht mit der Wirksamkeit der von Amerika unterstützten und oft von Amerika geleiteten Armeen und Polizeikräfte erklärt werden, wie ein Vergleich mit den Erfahrungen in Vietnam beweisen sollte. Es stimmt, daß es unter den landwirtschaftlichen Arbeitern und den Kleinstfarmern einige sporadische Versuche gegeben hat, Gewerkschaften zu organisieren, um für bessere Bedingungen zu kämpfen. Obgleich eine grundlegende Schwierigkeit, der solche Versuche begegnen, die Unterausnutzung und das Überangebot der Arbeit ist, findet man sie in gewissem Ausmaß selbst in sehr armen Gegenden wie im Nordosten von Brasilien. Die Führung übernimmt dabei gelegentlich die Kirche: Eine kleine, aber wachsende Gruppe katholischer Priester ist im Begriff, sozial und ökonomisch radikal, manchmal revolutionär zu werden. Dieser Trend könnte mit der Zeit bedeutsam werden, in Lateinamerika ebenso wie in der übrigen Welt, zumal neue Signale aus Rom kommen, die in dieselbe Richtung weisen.

Der Haupteindruck ist jedoch der, daß in den städtischen und ländlichen Slums eine große Passivität herrscht. Da die meisten dieser Menschen keine formale Bildung besitzen, da sie unterernährt und schwach sind, da sie unter Bedingungen brutaler Unterdrückung aufgewachsen sind und leben, sollte das nicht überraschen.

Diese Erfahrungen bedeuten, in Lateinamerika sogar noch mehr als in Indien, daß die Massen unter keinen Umständen dazu gebracht werden können zu revoltieren. Es wäre auch kaum möglich, eine Revolte über einen demokratischen Prozeß in Gang zu setzen und zu steuern, da ein solcher Prozeß durch Gewalt gestoppt würde.

Die Dominikanische Republik stand einige Jahrzehnte unter der härtesten Diktatur, jener von Rafael Trujillo. Die Vereinigten Staaten unterstützten dieses Regime mit allen Kräften – bis zu dem Zeitpunkt, als sich herausstellte, daß es ihre eigenen Interessen bedrohte. Jetzt wurde ein besonderer Zoll auf den dominikanischen Zucker erhoben, und 1960 brachen die Vereinigten Staaten die diplomatischen Beziehungen zum Regime Trujillo ab. Sie hatten zu dieser Zeit schon Kontakte zur Untergrundopposition aufgenommen. Im folgenden Jahr wurde Trujillo ermordet. Von dieser Zeit an waren die Vereinigten Staaten ständig und auf vielfache Weise in die inneren Angelegenheiten diese Landes verwickelt. Unter Präsident Kennedy boten sie Juan Bosch ihre Unterstützung an, der 1962 an der Spitze einer Reformpartei an die Macht kam, jedoch nach sieben Monaten aus dem Amt vertrieben wurde. Als sich im Frühjahr 1965 gegen die machthabende Militär-Junta eine Opposition zu organisieren begann, wurde sie durch eine von Präsident Johnson angeordnete direkte militärische Intervention überwältigt. Juan Bosch, der nach Paris geflüchtet ist, folgert aus seinen Erfahrungen, daß unter den lateinamerikanischen Bedingungen allgemeine Wahlen und eine formale Demokratie nicht der Weg zur Reform sein können. Was er statt dessen empfiehlt, ist eine vom Volk unterstützte Diktatur.[4]

Die Krux selbst dieses Vorschlages ist, daß die Masse der Bevölkerung meistens zu passiv ist, um eine ihre Interessen vertretende politische Bewegung in Gang zu setzen oder auch nur zu unterstützen. Die Revolution in Kuba kann nicht als Gegenbeispiel angeführt werden. Sie kann jedoch beweisen, daß eine Reformregierung *nach einer erfolgreichen Revolution* die Möglichkeit hat, die Unterstützung der Massen zu gewinnen – wenn sie wirkungsvoll an die Massen appelliert und eine Politik verfolgt, die den Interessen der Massen dient. Das setzt natürlich voraus, daß die neue Regierung nicht schon zu Anfang von feindlichen Kräften im Lande und/oder durch eine amerikanische Intervention ausgebootet wird. Solch eine nachträgliche Unterstützung durch die Massen ist wahrscheinlicher, wenn die Massen weniger verarmt sind.

Kuba war eines der reichsten Länder in Lateinamerika, wenn auch das Wachstum seiner Wirtschaft in den letzten Jahrzehnten sich verlangsamt hat. Trotz sehr starker Ungleichheiten war die Benutzung der Erziehungs- und Gesundheitseinrichtungen auch bei der Masse der Bevölkerung ein wenig verbreitet, und es gab eine besser organisierte Gewerkschaftsbewegung als sonstwo in Lateinamerika.

Als Fidel Castro an die Macht kam, konnte er bestimmt nicht auf eine nennenswerte Unterstützung seitens des »Mittelstandes« bauen. Dieser »Mittelstand« war tief gespalten, wie es in Lateinamerika gewöhnlich der Fall ist. Auch wurde er zu Anfang nicht von den organisierten Arbeitern unterstützt, die vielmehr zum Generalstreik tendierten. Und die Kommunistische Partei Kubas, die besser organisiert war als die irgendeines anderen lateinamerikanischen Landes, schlug sich erst auf seine Seite, als er den Sieg schon in der Tasche hatte.

Auch bei den nichtorganisierten unteren Schichten der Bauern und Landarbeiter oder bei der Bevölkerung in den städtischen Slums hatte er zu Anfang keinen Rückhalt, selbst wenn seine Guerilleros von den Armen in den ländlichen Distrikten, wo sie auftauchten, verpflegt und gelegentlich versteckt wurden. Castros Revolution war nicht das Ergebnis eines Aufstandes der Massen. Seine Guerilleros zählten nie mehr als ein paar hundert Männer, in erster Linie Studenten und Intellektuelle und nur sehr wenige Arbeiter, die sich ihm alle einzeln angeschlossen hatten, und nicht aufgrund eines Massenappells. Ihre Ideologie und die seinige war nebulos – radikal-liberal von der allgemeinsten Art.

Castros Konversion zum »sozialistischen Lager« kam viel später, als die Revolution bereits geglückt war. Sie war das Ergebnis der kumulativen Effekte des Wechselspiels zwischen seinen politischen Aktionen und denen der Vereinigten Staaten und der Unterstützung seitens der Sowjetunion, die infolge der Blockade der Vereinigten Staaten dringend benötigt wurde. Tatsächlich war die Liquidierung des Batista-Regimes zu Anfang in den Vereinigten Staaten auf große Sympathien gestoßen, und das hinderte die

Vereinigten Staaten daran, die kubanische Revolution im Keime zu ersticken. In einem frühen Stadium wäre dies durchaus möglich gewesen, zumal die Vereinigten Staaten in der Bucht von Guantánamo militärische Streitkräfte stationiert hatten. Die spätere schlecht vorbereitete, von der CIA gesteuerte Schweinebucht-Invasion mußte mißlingen, weil Castro zu dieser Zeit sein Regime bereits stabilisiert hatte.

Die kubanische Revolution ragt als eines der seltsamsten Ereignisse in der modernen Geschichte hervor. Ich glaube kaum, daß irgend jemand in den Vereinigten Staaten oder sonstwo sie vorausgesehen hat und daß sie vorausgesehen werden konnte. Gleichwohl war eine der grundlegenden Vorbedingungen zweifellos die einigende Kraft des weitverbreiteten nationalistischen Ressentiments, hervorgerufen durch die ökonomische und politische Dominanz der Vereinigten Staaten, das den Widerstand der oberen Klassen schwächte, das Regime demoralisierte und dann die Unterstützung aufs Spiel setzte, die von den Vereinigten Staaten hätte kommen können. Das waren sehr besondere Umstände, und ich bezweifle, daß eine solche Revolution heute in anderen lateinamerikanischen Ländern nachgeahmt werden könnte. Die außergewöhnlichen persönlichen Qualitäten Fidel Castros und einiger der Männer um ihn spielten sicher auch eine bedeutende Rolle.

Diese Feststellungen sind nicht als eine Bewertung der kubanischen Revolution, der Schwierigkeiten, denen sie begegnete, oder ihrer Errungenschaften auf der Ebene geplanter ökonomischer Veränderungen und radikaler sozialer Reformen gedacht. Mein einziges Interesse in diesem Zusammenhang galt dem kausalen Mechanismus, durch den es der Revolution gelang, in Gang zu kommen.

Die Regierung der Vereinigten Staaten zog verschiedene Schlußfolgerungen aus den Ereignissen in Kuba. Sie waren zum Teil widersprüchlich. Auf der einen Seite war man, unter der Führung des Präsidenten Kennedy und seiner liberalen politischen Ratgeber, der Ansicht, daß die Vereinigten Staaten versuchen sollten, die lateinamerikanischen Regierungen zu beeinflussen, *Reformen einzuleiten, um die grobe inegalitäre soziale und ökonomische Struktur zu verändern.* Wie in Kapitel 4 erwähnt, wurde das Schwergewicht auf die Bodenreform und eine gleichmäßigere und wirksamere Besteuerung gelegt, doch standen die Bildungs- und Gesundheitsreformen auf der Liste der politischen Prioritäten ebenfalls an hoher Stelle. Die amerikanische Hilfspolitik sollte darauf ausgerichtet sein, die Möglichkeiten solcher sozialen und ökonomischen Reformen zu verbessern. Das Ergebnis war die Allianz für den Fortschritt, die 1961 mit den Regierungen der lateinamerikanischen Staaten in der Charta von Punta del Este vereinbart wurde. Die meisten lateinamerikanischen Regierungen hielten an den von der Allianz für den Fortschritt adoptierten Prinzipien nur mit halbem Herzen fest, um es milde auszudrücken. Es kam sogar vor, daß einzelne Mitglieder der herrschenden Oligarchien Kennedy als »kommunistisch inspiriert« brandmarkten. Wie die Bodenreform insgesamt sabotiert wurde, ist in Kapitel 4, Abschnitt III, gezeigt worden. Auch in anderen Bereichen gab es keine großen Fortschritte.

Die in Lateinamerika arbeitenden Unternehmen waren an den neuen liberalen Intentionen ebenfalls nicht sehr interessiert, vor allem da die Forderung nach Reformen meistens mit den Neigungen der Oligarchien, mit denen sie kollaborierten, nicht übereinstimmte. Zum Teil unter dem Einfluß dieser Entwicklung hielt sich der Kongreß der Vereinigten Staaten nicht an die Hilfsversprechungen, die in der Allianz vereinbart worden waren.

Unter der Regierung Johnson wurde den in der Charta vereinbarten sozialen und ökonomischen Reformzielen immer weniger Reverenz erwiesen. Die Allianz für den Fortschritt galt in zunehmendem Maße als ein Mißerfolg. Die vagen Vorschläge des Rockefeller-Berichtes, die mit den Zielen der Charta grundsätzlich übereinstimmen, nehmen nicht ausdrücklich auf die Allianz Bezug. Auch gehören diese Vorschläge wohl nicht zu jenen, die von der Regierung Nixon aktiv verfolgt werden. Die andere Reihe von Folgerungen, die aus dem traumatischen Schock der kubanischen Entwicklung gezogen wurden, entspricht nicht dem liberalen Denken, das das ursprüngliche Interesse der amerikanischen Regierung an der Allianz für den Fortschritt motiviert hatte. Im Gegenteil, sie tragen einen Teil der Verantwortung für das Scheitern der Allianz: Die Ereignisse in Kuba wurden als Bestätigung für die in Amerika gern vertretene Ansicht genommen, daß *alle Aufstände gegen eine konservative oder sogar schlichte reaktionäre Regierung zum Kommunismus führen* – und daß solche Aufstände von Anfang an kommunistisch inspiriert sind.

Die Vereinigten Staaten werden nie wieder ihre Probleme in und mit Lateinamerika als »hemisphärische« Probleme behandeln dürfen. Sie haben weltweite Auswirkungen und werden sie zwangsläufig in wachsendem Maße haben. Die meisten Amerikaner, liberale ebenso wie konservative, sind so naiv, diese Zusammenhänge nicht zu sehen. Der Rockefeller-Bericht ist typisch, allzu typisch für dieses Vertrauen auf die Möglichkeit, das Problem auf »die beiden Amerikas« zu begrenzen. Er beginnt, in der alten amerikanischen Tradition hochtrabender Rhetorik, die in den letzten Jahrzehnten durch die Inanspruchnahme von »ghost writers« nur noch üppiger geworden ist, mit der pathetischen Erklärung: »Wir gingen Nachbarn besuchen und fanden Brüder. Wir zogen aus, um den Wortführern unserer Schwester-Republiken zuzuhören, und hörten die Stimmen einer Hemisphäre.« Wenn man bedenkt, in welcher Art der Gouverneur und seine Begleitung aufgenommen worden sind, muß diese Sprechweise unehrlich und sogar lächerlich klingen – nicht nur in Lateinamerika, sondern noch mehr in der übrigen Welt.

Die verständliche Abneigung abhängiger Regierungen in der gesamten »freien Welt« gegen eine Trübung ihrer Beziehungen zur Regierung der Vereinigten Staaten und ihre vorrangige Beschäftigung mit brennenden internen Problemen werden weiterhin dazu beitragen, daß das amerikanische Volk und seine Regierung davon abgehalten werden, auf realistische Weise darüber nachzudenken, wie ihre Politik gegenüber den lateinamerikanischen Ländern *das »Image« der Vereinigten Staaten im Ausland* beeinflußt.

Das Aufkommen eines ressentimentgeladenen Nationalismus in den lateinamerikanischen Ländern stellt eine gewisse Parallele zu den Ereignissen in Vietnam dar und zu dem, was sich heute in Südafrika ereignet, wenngleich es in Lateinamerika praktisch *keine antiwestlichen und bestimmt keine antiweißen Gefühle gibt,* sondern einfach und ausschließlich antiamerikanische. Auch gibt es kaum eine *unmittelbare Beziehung zum kalten Krieg,* die den ressentimentgeladenen Nationalismus mit dem Kommunismus der einen oder anderen Prägung verbinden würde. Die Sowjetunion, vollauf beschäftigt mit der Unterstützung Kubas, die sich als eine kostspielige Sache herausgestellt hat, ist offenbar wenig zuversichtlich im Hinblick auf den möglichen Erfolg irgendeiner linksgerichteten Revolte, zumindest für die nahe Zukunft. Vielleicht befürchtet sie auch, daß eine solche Revolte die Vereinigten Staaten in zu starkem Maß reizen und damit das Risiko eines neuen Weltkrieges beschwören könnte. Die sowjetische Regierung scheint mehr daran interessiert zu sein, politische und Handelsbeziehungen selbst zu den reaktionärsten Regierungen in Lateinamerika anzuknüpfen, als eine Revolution gegen irgendeine von ihnen zu unterstützen. Und die äußerst schwachen kommunistischen Parteien in Südamerika sind heute allgemein darauf bedacht, nicht in eine der Guerilla-Bewegungen verwickelt zu werden oder auch nur Sympathien für sie zu zeigen.

Der überragende Einfluß amerikanischer Unternehmen auf das Wirtschaftsleben der lateinamerikanischen Länder und deren Unterstützung durch die Regierung der Vereinigten Staaten sind nicht der einzige Hebel der amerikanischen Macht in diesen Ländern. Seit dem Beginn und der Verschärfung des kalten Krieges ab Ende der vierziger Jahre war die *Militärhilfe* ein bedeutender Bestandteil der weltweiten Außenpolitik der Vereinigten Staaten. Exakte Zahlen sind schwierig zu ermitteln, doch hat die *Agency for International Development* kürzlich bestätigt, daß »die militärische Assistenz, die Verteidigungsunterstützung und ähnliche Ausgaben für die Aufrechterhaltung der inneren Ordnung« den größten Teil des gesamten Unterstützungsbudgets für alle Länder in den Jahren 1950–1967 darstellen.[5] Die Kredite der Export-Import-Bank, die zur Finanzierung von Rüstungskäufen verwendet werden, sollten dieser Schätzung noch hinzugerechnet werden, und natürlich auch die Ausgaben für die CIA, die sich auf ungefähr 3 Milliarden Dollar jährlich belaufen dürften.

Die Gewährung von Militärhilfe für lateinamerikanische Staaten setzte während des Zweiten Weltkrieges ein. In den letzten Jahren hat sie etwas abgenommen. Die Ausstattung der lateinamerikanischen Regierungen mit komplizierteren modernen Waffensystemen hatte die Kritik progressiver Kongreßmitglieder hervorgerufen, und der Kongreß hat an die Lieferung anderer Waffengattungen sogar die Bedingung geknüpft, daß die Hilfe empfangenden Länder davon Abstand nehmen, ihre Hilfsmittel durch Waffenkäufe in den westeuropäischen Ländern zu vergeuden.

Die amerikanische Militärhilfe wird in vielen Formen gewährt. Die Lieferung von Waffen oder die Erleichterung ihres Kaufes in den Vereinigten Staaten stellt zur Zeit den geringsten Posten dar, was die Kosten anbelangt. Eine andere Form ist die *Ausbildung* von lateinamerikanischen Offizieren, entweder in den Vereinigten Staaten oder in der amerikanischen *Southern Command School* in Fort Gulik in der Panamakanalzone. Diese Ausbildung soll die *Fähigkeiten zur Abwehr von Aufständen* bei den lateinamerikanischen Armeen und Polizeikräften erhöhen; dabei werden die in den letzten Jahren in Vietnam gemachten Erfahrungen zugrunde gelegt.

Besonders in den größeren Ländern Lateinamerikas unterhalten die Vereinigten Staaten regelmäßig auch Militärmissionen, um ihre eigenen Kräfte zu unterstützen und auszubilden. Und in allen lateinamerikanischen Ländern – wie übrigens in der ganzen Welt – sind *geheim operierende Einheiten* am Werk, die unter der Leitung der CIA, manchmal völlig unabhängig vom Außenministerium und seinen Botschaften und sogar vom Pentagon arbeiten. In Lateinamerika waren sie besonders aktiv bei der Unterstützung oder, je nach Lage des Falles, bei der Bekämpfung der nationalen Regierung. Vor allem im Kampf gegen die Guerilleros tun sie sich hervor.

Der Rockefeller-Bericht, den ich als den jüngsten verfügbaren amtlichen Versuch einer umfassenden Bestandsaufnahme der lateinamerikanischen Situation zitiere, gibt einen ziemlich düsteren Ausblick auf das, was sich heute in Lateinamerika ereignet:

»*Die Kräfte der Anarchie, des Terrors und der Subversion brodeln dicht unter der Oberfläche in beiden Amerika... Die Inflation, der Terrorismus in den Städten, Rassenhader, Übervölkerung, Armut, Gewalttätigkeiten und Bauernaufstände gehören alle zu den Waffen, die den Feinden des Systems der freien Nationen der westlichen Hemisphäre zur Verfügung stehen. Diese Kräfte sind schnell bereit, die von demokratischen Regierungen gewährleisteten Freiheiten für ihre eigenen Zwecke auszunutzen...*«[6]

Was die bedauernswerten Fakten betrifft, kann man dem Bericht zustimmen, aber seine Analyse im Hinblick auf »Kräfte«, »Nationen« und »von demokratischen Regierungen gewährleistete Freiheiten« kehrt das Unterste zuoberst. Er warnt:

»*Zur Zeit gibt es nur einen Castro unter den 26 Nationen der Hemisphäre; es können gut mehr sein in Zukunft. Und ein Castro auf dem Festland, militärisch und ökonomisch unterstützt von der kommunistischen Welt, würde die schwerwiegendste Bedrohung für die Sicherheit der westlichen Hemisphäre darstellen und den Vereinigten Staaten ein extrem schwieriges Problem auferlegen.*«

Unter diesen Umständen rafft sich der Bericht zu der »Voraussage« auf – wenngleich mit einigen Einschränkungen hinsichtlich der Schwierigkeit, irgendwelche Voraussagen zu machen –, daß sich »*der Trend zu militärischen Machtübernahmen fortsetzen*« werde. Die Begrüßung dieser Entwicklung in Richtung auf Militärdiktaturen kann von keinem Amerikaner ohne ernste Gewissensskrupel gutgeheißen werden, denn der Bericht betont ganz richtig und ehrlich, wie ich glaube:

»*Das Engagement für eine repräsentative, verantwortliche, demokratische Regierung ist tief eingebettet im kollektiven politischen Bewußtsein des amerikanischen Volkes. Wir würden gern eine starke repräsentative Regierung sich auch in den anderen Nationen der Hemisphäre entwickeln sehen, sowohl aus idealistischen wie aus praktischen Gründen.*«

Da der Bericht auch *einen steigenden Trend des Antiamerikanismus* feststellte, hat er den amerikanischen Politikern bestimmt ein höchst schwieriges Problem aufgegeben.

Abgesehen von erhöhten privaten Investitionen der Vereinigten Staaten, gegen die ich schwerwiegende Bedenken hege, werden in dem Bericht Maßnahmen vorgeschlagen, um *den lateinamerikanischen Exporten einen leichteren Zugang zum amerikanischen Markt zu ermöglichen.* Das ist ein vernünftiger Rat. Besonders wenn diese Vorschläge auf weltweiter Basis in die Tat umgesetzt und die Exporte anderer unterentwickelter Länder ebenso begünstigt werden könnten, wäre das ein Schritt auf dem richtigen Weg (siehe Kapitel 9). In dieser Hinsicht würden die Vereinigten Staaten jedoch dem Widerstand starker Interessengruppen im Inlande begegnen. Für die nahe Zukunft ist leider nicht mit irgendeiner größeren Veränderung der Handelspolitik der Vereinigten Staaten gegenüber unterentwickelten Ländern zu rechnen.

Ein dritter Vorschlag des Berichtes gipfelt in den Forderungen, *die Entwicklungshilfe für lateinamerikanische Staaten zu erhöhen,* multilaterale Behörden zu diesem Zweck in einem stärkeren Umfang in Anspruch zu nehmen, eine Anzahl lästiger Bedingungen und Einschränkungen der Hilfe abzuschaffen, die Zinssätze für Kredite zu senken, einer neuen Liste von Schuldendienstforderernissen zuzustimmen, etc. Diese Vorschläge sind alle ausgezeichnet, es ist jedoch fraglich, in welchem Umfang sie von der Regierung und vom Kongreß durchgeführt werden.

Im Hinblick auf die »*Militärhilfe*« empfiehlt der Bericht eine Umkehr des jüngsten Trends; die Unterstützung für die Ausbildung der Sicherheitskräfte soll erhöht und diese Ausbildung deutlicher auf die Verteidigung gegen die wachsende Subversion ausgerichtet werden. Gleichzeitig wird ein Abzug der permanenten Militärmission in einigen Ländern empfohlen, da sie »zu sichtbar« sei.

Wenn man die politischen Empfehlungen des Rockefeller-Berichtes betrachtet und wenn man bedenkt, in welchem Maße sie eine Chance der Realisierung haben, *fällt es schwer zu glauben, daß sie die düsteren Entwicklungen verändern werden,* die der Bericht ziemlich realistisch feststellt.
Insbesondere mag die Voraussage *eines fortgesetzten Trends in Richtung auf Militär-Regierungen richtig sein.* Ganz allgemein ist heute die potentielle Macht des Militärs in jedem Lande ungeheuerlich, und sie nimmt ständig zu durch die Fortschritte der militärischen Technologie. Da es in Lateinamerika fast nirgendwo die feste Tradition einer echten Demokratie oder einer Zivilkontrolle über das Militär gibt, kann das militärische Establishment seine politische Macht mit weniger Hemmungen und Behinderungen nutzen. Da außerdem die Regierungen und politischen Parteien gewöhnlich unfähig und oft korrupt sind, liegt es nahe, dafür zu plädieren, daß das Militär das Zepter übernimmt, um eine starke, inkorrupte Regierung zu bilden und soziale Disziplin durchzusetzen. Daß das Ergebnis oft anders aussieht, ist eine andere Sache. Da vor allem die Massen passiv bleiben, werden die sporadischen Guerilla-Bewegungen, zumindest in naher Zukunft, wahrscheinlich ohne Folgen bleiben. Gleichwohl wird ihre bloße Existenz eine Stimmung der Unruhe und der Ungewißheit erzeugen. Das wiederum wird den Trend in Richtung auf Militär-Regierungen unterstützen, die ihrerseits den Guerilla-Bewegungen neuen Zulauf verschaffen könnten. Wie allgemein beobachtet wird, besteht in einigen lateinamerikanischen Ländern *eine tendenzielle Zunahme der Guerilla-Aktivitäten in den Städten.* Der Umfang und die Dichte der städtischen Bevölkerung und die Komplexität ihres Lebens schaffen »Dickichte«, in deren Schutz die Stadt-Guerilla operieren kann. Diese Entwicklung hat sich in Brasilien voll entwickelt und ist in anderen lateinamerikanischen Staaten im Ansteigen begriffen. Kleine Gruppen, die offenbar nur locker zu-

sammenarbeiten, verschaffen sich die Geldmittel für ihre Aktivität durch Banküberfälle. Öffentliche Einrichtungen werden zerstört, was zu vorübergehenden Störungen führt. Es ist sogar vorgekommen, daß einheimische oder ausländische Beamte gefangengenommen und als Geiseln gehalten wurden.

Eine fast sichere Folge dieser Aktivitäten ist, daß Polizei und Sicherheitskräfte Gründe finden werden, weniger Rücksichten zu nehmen. Zumindest in Brasilien haben sich Gruppen von ihnen zu Teams zusammengeschlossen, die es auf eigene Faust übernehmen, Rebellenbanden oder nur Verdächtige erbarmungslos zu verfolgen und dabei Methoden anzuwenden, die von ihren Vorgesetzten oder der Regierung nicht allgemein gebilligt oder aktiv angeordnet werden.

Man kann eine Art Kleinkrieg voraussehen zwischen der Polizei und den Sicherheitskräften einerseits und den Rebellengruppen andererseits, der allmählich ernste Ausmaße annehmen und dazu führen wird, dem Zivilleben ungewohnte Beschränkungen aufzuerlegen. Wenn die Unruhen wachsen sollten, könnte sogar *eine Art lateinamerikanischer Faschismus* das Ergebnis sein. Einige Länder sind auf diesem Wege schon weit vorangeschritten.

Dieser Faschismus würde seine eigene lateinamerikanische Prägung haben, würde jedoch mehr in die Richtung des italienischen, spanischen oder portugiesischen Typs gehen als in die des deutschen Nazismus, insofern er keine Rassenverfolgungen implizieren würde, wenn man absieht von der kontinuierlichen Ausrottung der Indianer in abgelegenen ländlichen Gegenden in Brasilien und einigen anderen lateinamerikanischen Ländern, die schon seit langer Zeit stattgefunden und hier wie in der übrigen Welt außerordentlich wenig Interesse erregt hat. Sehr viel allgemeiner jedoch als eine Verfolgung aus rassischen Gründen ist in Lateinamerika die überkommene Praxis der Unterdrückung von Negern und Indianern. Die Rassen-Harmonie Lateinamerikas ist weitgehend ein Mythos. Die rassischen Züge der Klassenschichtung gehören zu den Momenten, welche die Entwicklung eines lateinamerikanischen Faschismus erleichtern könnten.

Die in ihren Konturen äußerst unklare Vision einer radikalen Reformaktivität in den lateinamerikanischen Ländern, an deren Spitze Militär-Regierungen stehen – unterstützt, wie der Rockefeller-Bericht meint, von der Jugend und der Kirche, daran gehindert, zu revolutionär zu werden, und von einem »jungen Management« in der Geschäftswelt dazu gebracht, »eine soziale Verantwortung für die Arbeiter und die Öffentlichkeit zu empfinden« –, und besonders die Vorstellung, daß eine solche Entwicklung, entgegen dem steigenden Trend des Antiamerikanismus, dazu führen würde, einen verstärkten Zufluß privater Investitionen seitens der Gesellschaften der Vereinigten Staaten zu begrüßen, während gleichzeitig eine allgemeine Ära freundlichen Einvernehmens mit den Vereinigten Staaten anbrechen würde – das scheint *extrem illusionär* zu sein. Für Amerikaner, die guten Willens sind, klingen diese Vorstellungen sentimental und fast romantisch. Sie sind nicht von dieser Welt.

Sie sind genauso illusorisch wie die entgegengesetzte Vision der jungen Rebellen gegen das Establishment in den Vereinigten Staaten ebenso wie in Europa – genauso unklar, romantisch und sentimental –, daß nämlich Lateinamerika heute unausweichlich in eine gewalttätige Auseinandersetzung zwischen den verarmten Massen und den herrschenden Oligarchien getrieben wird. Die Massen sind zu passiv und die Waffen in den Händen des Militärs zu wirkungsvoll.

Der normale Weg, eine reformgeneigte Militär-Regierung zu stürzen, wäre das Aussäen von Zwietracht innerhalb des militärischen Establishment selbst. Das würde einfach einen neuen Militärputsch bedeuten, der diesmal allerdings nicht gegen eine Zivilregierung gerichtet wäre. Ein solcher Coup könnte ohne irgendeine Beunruhigung der Zivilbevölkerung ausgeführt werden. Das Ergebnis wäre ein Rückzug von der Front der Reformen – falls dieser Rückzug nicht schon unter dem Druck der sich türmenden Schwierigkeiten stattgefunden haben sollte.

Der andere Typ einer illusionären Vision, die in den Vereinigten Staaten und in Westeuropa bei den Kritikern der amerikanischen Außenpolitik verbreitet ist: Eine Revolte der Massen in Lateinamerika gegen die Regierungen und Oligarchien scheint genauso unrealistisch zu sein wie die offizielle Politik der Vereinigten Staaten. Sie geht einher mit *einer seltsamen Glorifizierung der Gewalt*. Kein normaler Mensch kann für Gewalttätigkeit um ihrer selbst willen sein. Wenn andererseits die herrschenden Oligarchien durch eine Revolte gestürzt werden können, kann die erforderliche Gewalt als für den Zweck notwendig verteidigt werden. Die mexikanische Revolution vor einigen Jahrzehnten kostete zwischen einer und zwei Millionen Leben. Auch die amerikanische Revolution vor zweihundert Jahren war nicht ohne Gewalt möglich. Außerdem wird in der lateinamerikanischen Situation ständig rohe Gewalt ausgeübt, meistens gegenüber armen Menschen, um sie unterdrückt zu halten. Die gesamte ökonomische und soziale Ordnung, die die Unterausnutzung der Arbeitskraft verewigt und die Verarmung der Massen verursacht, muß geradezu als »institutionalisierte Gewalt« angesehen werden.

Ich sehe geringe Chancen für jede breit angelegte, erfolgreiche Revolte gegen die gegenwärtige ökonomische, soziale und politische Machtstruktur in den lateinamerikanischen Ländern.

Eine Ausnahme wäre der vielleicht nicht sehr wahrscheinliche Fall, daß eine Militär-Regierung die Brücken sowohl zur einheimischen Oligarchie wie zu den amerikanischen Monopolen – und bald auch zur amerikanischen Regierung – abbricht und die Massen zu ihrer Unterstützung mobilisiert. Aber *eine solche Revolte, von einer Militär-Regierung selbst angeführt, würde nicht viel Gewalt anzuwenden brauchen.*

Eine andere mögliche Entwicklung, die für die lateinamerikanischen Länder nicht gänzlich ausgeschlossen werden sollte, wäre eine *relativ friedliche Veränderung,* sogar ohne einen neuen Typ von Militärdiktatur. Um erfolgreich zu sein, müßte diese Veränderung, wegen der drohenden sozialen und ökonomischen Entwicklungen, ziemlich rasch eintreten. Und sie würde eine ehrliche und aufgeklärte Führung voraussetzen, die entschlossen wäre zu fundamentalen Veränderungen der vorherrschenden ökonomischen und sozialen Machtstruktur und zu einer schrittweisen Realisierung wirklicher Demokratie.

Für ein relativ reiches Land, wie Argentinien, oder für ein Land mit relativ festen Traditionen allgemeiner Wahlen, wie Chile, oder für ein Land mit dem Hintergrund einer echten Revolution, die heute ihren Impuls verloren hat, wie Mexiko, könnte eine solche Entwicklung im Bereich des Möglichen liegen, und sie könnte in einem gewissen Stadium sogar Aufstände der Bevölkerung einschließen. In jedem Fall wäre für diese Entwicklung *mehr Druck von unten* vonnöten, der in den genannten und einigen anderen Ländern durchaus denkbar ist.

Die dritte und wohl wahrscheinlichste Möglichkeit wäre *die Fortsetzung der gegenwärtigen Entwicklung.* Wie in Südasien, würde dies implizieren, daß *es weder eine Evolution noch eine Revolution gibt*. Das könnte, wie schon gesagt, in einigen, vielleicht in vielen oder sogar in allen Ländern auf eine Art lateinamerikanischen Faschismus hinauslaufen, unter der festen Kontrolle einer übernächtigen Polizei und Militärmacht.

Die Fortsetzung der gegenwärtigen Entwicklung würde auch von der Regierung der Vereinigten Staaten unterstützt werden – wenn sich die amerikanische Politik nicht radikal änderte. Faschistische Regierungen in Lateinamerika würden den Amerikanern als *die einzige Alternative zum Kommunismus* erscheinen. Gerade hierin lag auch die Anziehungskraft, die ein Hitler, Mussolini, Franco und Salazar auf die Welt ausübten. Wie wir uns alle erinnern, genossen ihre Regime ein beträchtliches Vertrauen, besonders in den Vereinigten Staaten – wie es die griechische Militär-Junta heute genießt. Wir erinnern uns auch, was alles man sich von den faschistischen Regimen versprach hinsichtlich ihrer Leistungsfähigkeit und sogar hinsichtlich ihrer Entschlossenheit zu progressiven Reformen im Interesse des Volkes, etwa in der Art der im Rockefeller-Bericht zum Ausdruck gebrachten überschwenglichen Hoffnungen bezüglich der lateinamerikanischen Regime.

Ich will gleichwohl nicht endgültig die Möglichkeit ausschließen, daß *die Vereinigten Staaten ihre Politik gegenüber den lateinamerikanischen Ländern neu definieren werden auf der Basis der von der amerikanischen Nation gehegten liberalen Tradition*. Das ist es, wofür wir kämpfen müssen.

Eine solche neudefinierte Politik würde fast das Gegenteil des neuen »Pragmatismus« sein, der der Leitstern der Nixon-Administration geworden ist. Sie müßte mit allen progressiven Kräften kooperieren, die es in den einzelnen lateinamerikanischen Ländern gibt, und gegenüber den reaktionären Regimen die kalte Schulter zeigen. Sie müßte zu den Prinzipien der Allianz für den Fortschritt zurückkehren und zugleich bereit sein, größere Opfer zu bringen, um ihren Erfolg zu sichern.

Sie würde implizieren, daß die Vereinigten Staaten einen strengen und kritischen Blick auf ihre Waffenlieferungen an lateinamerikanische Staaten und die Ausbildung ihrer Offiziere werfen. Subversive Aktivitäten der CIA und fragwürdige Einmischungen seitens der Botschaften sind auf die Dauer das sicherste Mittel, den antiamerikanischen Komplex bei allen zu verschärfen, außer bei jenen wenigen, die unmittelbare Vorteile daraus ziehen. Auch die Orientierung der Forschung an dem Interesse der »Sicherheit der Vereinigten Staaten« zeitigt fast sicher einen Bumerang-Effekt. Die neue Politik würde desgleichen bedeuten, daß das Problem der amerikanischen Investitionen in Lateinamerika neu aufgerollt wird. Die Vereinigten Staaten sollten bereit sein, eine Nationalisierung amerikanischer Unternehmen auf breiter Basis zu tolerieren, insbesondere im Bereich des Grundbesitzes, der Bodenschätze, der öffentlichen Einrichtungen und auch einiger verarbeitender Industrien. Sie sollten sogar in Zusammenarbeit mit der Bank für Internationalen Wiederaufbau und Entwicklung bei der finanziellen Wegbereitung solcher Nationalisierungen eine aktive Rolle übernehmen. Auf diese Weise wären Vereinbarungen möglich auf der Basis einer Entschädigung, die keine bleibende Zwietracht sät.

Von einem liberalen Standpunkt aus gesehen, *besteht für die politische Entwicklung in Lateinamerika keine Notwendigkeit, weiterhin dem starken Einfluß eines steigenden Trends des Antiamerikanismus zu unterliegen.* Es müßte den Vereinigten Staaten möglich sein, eine Politik zu entwerfen, die, ohne untragbare Opfer zu implizieren, zu einer engen und freundschaftlichen Kooperation im Interesse gemeinsamer Ziele führen könnte.

Dies war ein Versuch, das politische Kräftefeld in Lateinamerika zu überblicken. Am Ende muß ich wieder *die große Unsicherheit im Hinblick auf die Ereignisse in der Zukunft* unterstreichen. Meine vorsichtigen Schlußfolgerungen sind wahrscheinlich zuverlässiger, wenn sie negativ gehalten sind und hervorkehren, was sich vermutlich nicht ereignen wird. Positiv gesehen, verbleibt ein Spektrum alternativer Möglichkeiten, von denen nur wenige als völlig unwahrscheinlich anzusehen sind. Das Ergebnis kann freilich in den einzelnen Ländern Lateinamerikas recht unterschiedlich aussehen.

Anmerkungen

Vorwort

1 Wegen der Definition Südasiens und anderer Gebiete, auf die in diesem Buch Bezug genommen wird, siehe *Asian Drama: An Inquiry into the Poverty of Nations* (New York: Twentieth Century Fund and Pantheon Books, 1968), Kap. 1, Abschnitt 1, S. 41

Teil 1. Die Methode

Kapitel 1: Befreiung der wissenschaftlichen Arbeitsweise von immanenten Vorurteilen

1 Wegen der Definitionen der Begriffe Unterentwicklung und Entwicklung siehe *Asian Drama*, Appendix 1 (S. 1839 ff.) und Appendix 2, Abschnitte 5–7 (S. 1859 ff.), 12 (S. 1876 ff.). Die Probleme der Entwicklungsplanung werden in Kap. 15 und Appendix 2, Teile III und IV diskutiert.

2 Für eine weitergehende Entwicklung der Gedanken in diesem ersten Kapitel siehe *Asian Drama*, Prolog; Kap. 2; *et passim*

3 Myrdal, *Objectivity in Social Research* (New York: Pantheon Books, 1969), und andere Quellen, auf die in jenem Buch verwiesen wird.

4 *Asian Drama*, Kap. 21, Abschnitte 6–7 (S. 977 ff.)

5 *Ibid.*, Prolog, Abschnitt 2 (S. 8 ff.)

6 *Ibid.*, Kap. 21, Abschnitt 8 (S. 984 ff., besonders S. 989)

7 *Ibid.*, Prolog, Abschnitte 3–4 (S. 10 ff.); *et passim*

8 *Ibid.*, Appendix 1 (S. 1839), »Diplomacy by Terminology«. Das ist nicht das einzige Beispiel für eine diplomatische Terminologie. Manchmal schleichen sich schwer vorbelastete Propaganda-Ausdrücke wie »die freie Welt« in die wissenschaftliche Literatur ein; siehe *Asian Drama*, Prolog, Abschnitt 4 (S. 12 ff.)

9 *Asian Drama*, Prolog, Abschnitt 5 (S. 16 ff.)

10 *Ibid.*, Kap. 21 und Appendix 6

11 *Ibid.*, Appendix 2, Abschnitt 21 (S. 1912 ff.); *et passim*

12 *Ibid.*, Prolog, Abschnitt 6 (S. 20 ff.)

13 *Ibid.*, Appendix 2, Abschnitte 20–21 (S. 1903 ff.); *et passim*

14 *Ibid.*, Kap. 21; Appendix 6; Appendix 2, Abschnitt 19 (S. 1901 ff.)

15 *Ibid.*, Kap. 21; Abschnitte 10–13 (S. 995 ff.)

16 *Ibid.*, Prolog, Abschnitt 8 (S. 26 ff.)

17 *Ibid.*, Appendix 2, Abschnitt 20 (S. 1903 ff.)

18 *Ibid.*, Kap. 24, Abschnitte 7–9 (S. 1184 ff.); Kap. 25, Abschnitt 5 (S.

1225 ff.); *et passim*

19 *Asian Drama*, Vorwort; Prolog, Abschnitt 8 (S. 26 ff.)

20 In *Asian Drama* gibt es zwei Schwergewichte, die das Buch für ein leichtes Lesen weniger zugänglich machen, die dem Autor jedoch wesentlich erschienen sind: es handelt sich um die Klarstellung der Begriffe und um die kritische Beurteilung des vorhandenen statistischen Materials; sie beeinflussen sich wechselseitig aus den im Text bereits dargestellten Gründen. Siehe zum Beispiel *ibid.*, Kap. 11, Abschnitte 1–4 (S. 474 ff.); Kap. 12, Abschnitte 1–2 (S. 529 ff.); Kap. 13, Abschnitt 1 (S. 581 ff.); Kap. 14, Abschnitt 1 (S. 674 ff.); Kap. 17, Abschnitte 1–3 (S. 799 ff.); Kap. 18, Abschnitt I (S. 849 ff.); Kap. 19, Abschnitt 1 (S. 902 ff.); Kap. 21; Kap. 27, Abschnitt 1 (S. 1387 ff.); Kap. 29, Abschnitt 1 (S. 1533 ff.); Kap. 30, Abschnitt 1 (S. 1553 ff.); und Appendices 1–8 *passim.*

21 *Asian Drama*, Prolog, Abschnitt 8 (S. 26 ff.)

22 *Ibid.*, Kap. 29, Abschnitte 4–7 (S. 1540 ff.)

23 *Ibid.*, Appendix 4; cf. Appendix 2, Abschnitt 22 (S. 1919 ff), *et passim*

24 *Ibid.*, Appendix 2, besonders Abschnitte 5–11, 19–21 (S. 1859 ff., 1901 ff.)

25 *Ibid.*, Prolog, Abschnitt 8 (S. 31 f.)

26 Siehe auch *ibid.*, Appendices 2 und 3

27 *Ibid.*, Appendix 2, Abschnitte 19 und 20 (S. 1901 ff.); Appendix 3, besonders Abschnitt 3 (S. 1946 ff.)

28 *Ibid.*, Prolog, Abschnitt 9 (S. 31 ff.); Kap. 2, Abschnitte 1–2 (S. 50 ff.). Ich habe versucht, in einfachen Worten und unter Hinweisen auf frühere Beiträge den wesentlichen Gedankengang aus *Objectivity in Social Research*, besonders Abschnitte 11–14, darzustellen.

29 *Asian Drama*, Kap. 2, Abschnitte 3–4 (S. 54 ff.); cf. Teil IV

30 Ein wenig störend für den Autor, im Hinblick auf seine persönlichen Wertungen, ist seine Schlußfolgerung, daß die politische Demokratie kein notwendiges Element innerhalb der Modernisierungsideale darstellt. Abweichend von den anderen Wertprämissen, ist dieses Ideal nicht wesentlich für ein System, das alle anderen Modernisierungsideale enthält. Diese Schlußfolgerung impliziert gleichwohl nicht, daß die Substitution eines autoritären Regimes anstelle eines mehr demokratischen irgendeine bessere Gewähr dafür liefert, daß die Politik auf die Realisierung dieser Modernisierungsideale gerichtet wird oder daß sie in einem solchen Falle wirksamer ist. Siehe *Asian Drama*, S. 67 f.; *et passim*

31 *Asian Drama*, Kap. 2, Abschnitt 3 (S. 54 ff.)

32 *Ibid.*, Postscriptum, Abschnitt 2 (S. 1834 ff.)

33 Ich verwende nicht den gebräuchlichen Terminus »Werte« aus Gründen, die in *Asian Drama*, S. 32, Fn. 2, erklärt worden sind.

34 *Asian Drama*, Kap. 3, Abschnitt 1 (S. 71 ff.)

35 *Ibid.*, Kap. 3, besonders Abschnitt 2 (S. 74 ff.)

36 *Ibid.*, Kap. 3, Abschnitt 3 (S. 81 ff.); Kap. 33, Abschnitte 3, 4, 6 (S. 1728 ff., 1743 ff., 1768 ff.)

Kapitel 2: Unterschiede in den Startbedingungen

1 Für die Definitionen der technischen Termini »inhibitions« und »obstacles« und die Rolle dieser beiden Begriffe im Rahmen eines Entwicklungsmodells siehe *Asian Drama*, Kap. 3, Abschnitt 1 (S. 71 ff.); Appendix 2, Abschnitt 12 (S. 1878 ff.)

2 *Asian Drama*, Kap. 14, Abschnitt 5 (S. 688 ff.)

3 *Ibid.*, Kap. 14, Abschnitt 2 (S. 676 ff.); Kap. 11, Abschnitt 7 (S. 510 ff.)

4 *Ibid.*, Kap. 14, Abschnitt 2 (S. 677 ff.); Appendix 10

5 *Ibid.*, Kap. 14, Abschnitt 3 (S. 681 ff.)

6 *Ibid.*, Kap. 27, Abschnitt 2 (S. 1389 ff.); Appendix 11; *et passim*

7 *Ibid.*, Kap. 28, Abschnitte 1–3 (S. 1464 ff.)

8 Wegen dieses Abschnitts siehe *Asian Drama*, Kap. 14, Abschnitt 4 (S. 682 ff.); Kap. 13, besonders Abschnitte 1, 5, 6 (S. 581 ff., 595 ff., 603 ff.)

9 *Asian Drama*, Kap. 10, Abschnitte 7–8 (S. 442 ff.)

10 *Ibid.*, Kap. 13, Abschnitte 12–15 (S. 640 ff.)

11 *Ibid.*, Kap. 13, Abschnitt 14 (S. 649 ff.); *et passim*

12 *Ibid.*, Kap. 13, Abschnitt 16 (S. 661 ff.)

13 *Ibid.*, Kap. 13, Abschnitt 17 (S. 669 ff.); Kap. 19, Abschnitt 7 (S. 926 ff.), *et passim;* Kap. 24, Abschnitt 2 (besonders S. 1158 f.); Appendix 8, Teil I

14 *Ibid.*, Kap. 14, Abschnitte 8–9 (S. 697 ff.)

15 *Ibid.*, Appendix 2, Abschnitte 19–20 (S. 1901 ff.)

16 *Ibid.*, Kap. 14, Abschnitt 1 (S. 674 ff.)

17 *Ibid.*, Appendix 2, Abschnitt 3 (S. 1847 ff.)

18 *Ibid.*, Prolog, Abschnitt 6 (S. 22; *et passim)*

Teil 2. Die Notwendigkeit radikaler Reformen
in unterentwickelten Ländern

Kapitel 3: Das Problem der Gleichheit

1 *Asian Drama*, Kap. 16, Abschnitt 10 (S. 769 f.); *et passim*

2 Wegen der Bedingungen und Entwicklungen in Südasien siehe *Asian Drama*, Kap. 12, besonders Abschnitte 7–8 (S. 563 ff.); Appendix 14; Kap. 15, Abschnitt 8 (S. 737 f.); Kap. 16, Abschnitte 6–10 (S. 756 ff.);

Kap. 18, besonders Abschnitt 12 (S. 883 ff.); Kap. 19, Abschnitt 7 (S. 926 ff.); Kap. 22, Abschnitt 5 (S. 1052 ff.); Kap. 26, Abschnitte 12–20 (S. 1301 ff.); Kap. 33, Abschnitt 7 (S. 1790 ff.); *et passim*

3 Myrdal, *Beyond the Welfare State* (New Haven: Yale University Press, 1960) Teil I

4 *Asian Drama*, Kap. 16, Abschnitt 3 (S. 745 ff.)

5 *Ibid.*, Kap. 16, Abschnitt 1 (S. 741 ff.)

6 *Ibid.*, Kap. 15, Abschnitt 2 (S. 712 ff.)

7 *Ibid.*, Kap. 16, Abschnitt 2 (S. 743 ff.); *et passim*

8 *Asian Drama*, Appendix 4, Abschnitte 1–2 (S. 2005 ff.)

9 *Ibid.*, Kap. 16, Abschnitt 3 (S. 745 ff.)

10 *Ibid.*, Appendix 2, Abschnitt 21 (S. 1912 ff.)

11 »Recent Social Trends and Developments in Asia«, *Economic Bulletin for Asia and the Far East,* Vol. XIX, No. 1 (Juni 1968), S. 58

12 *Asian Drama*, Kap. 12, Abschnitt 7 (S. 567 f.)

13 *Ibid.*, S. 1806, Fn. 1; *et passim*

14 *Ibid.*, Kap. 3, Abschnitte 5–7 (S. 93 ff.)

15 *Ibid.*, Kap. 16, Abschnitte 1–2 (S. 741 ff.)

16 Wegen der Entwicklung in Südasien siehe *Asian Drama*, Kap. 12, Abschnitte 7–8 (S. 563 ff.); Kap. 16, Abschnitt 6 (S. 756 ff.);*et passim.* Cf. Anmerkung 2 oben.

17 *Ibid.*, Kap. 16, Abschnitt 8 (S. 763 ff.)

18 Siehe zum Beispiel *Asian Drama*, Kap. 16, Abschnitt 6 (S. 756 ff.); Kap. 22, Abschnitt 5 (S. 1052 ff.); *et passim*

19 Siehe zum Beispiel *Asian Drama*, Kap. 26, Abschnitte 18–20 (S. 1334 ff.); cf. »Recent Social Trends and Developments in Asia«, *op. cit.*, besonders S. 49 f.

20 *Asian Drama*, Kap. 16, Abschnitt 9 (S. 765 ff.); *et passim*

21 *Ibid.*, Kap. 16, Abschnitte 7–9 (S. 761 ff., 765 ff.); *et passim*

22 *Ibid.*, Kap. 6

23 *Ibid.*, Kap. 26, Abschnitt 12 (S. 1301 ff.)

24 *Ibid.*, Kap. 7, Abschnitte 4–5 (S. 281 ff.); Kap. 16, Abschnitte 9, 12, 13, 14 (S. 765 ff., 775 ff.)

25 *Ibid.*, Kap. 16, Abschnitt 13 (S. 779 ff.)

26 *Ibid.*, Kap. 4, Abschnitt 12 (S. 169 ff.); Kap. 5, Abschnitt 13 (S. 221 ff.); Kap. 9, Abschnitt 16 (S. 398 ff.)

27 *Ibid.*, Kap. 4, Abschnitte 4, 5, 7, 3 (S. 138 ff., 173 ff.)

28 *Ibid.*, Kap. 7, Abschnitte 3–7 (S. 273 ff.); cf. Kap. 4, Abschnitt 8 (S. 149 ff.); *et passim*

29 *Ibid.*, Kap. 4, Abschnitt 11 (S. 162 ff.); Kap. 5, Abschnitte 11–12 (S. 213 ff.); Kap. 9, Abschnitte 9–10 (S. 373 ff.)

30 *Ibid.*, Kap. 9, Abschnitt 10 (S. 376 ff.)

31 Bronfenbrenner, »The Appeal of Confiscation in Economic Development«, *Economic Development and Social Change*, April 1955

32 *Asian Drama*, Appendix 9, S. 2112 ff.; *et passim*

33 *Newsweek*, 30. Dezember 1968

34 *Asian Drama*, Kap. 17, Abschnitt 9, besonders S. 823, Fn. 4

35 *Ibid.*, Kap. 16, Abschnitte 1, 2, 4, 5 (S. 741 ff., 749 ff.)

36 *Ibid.*, Kap. 16, Abschnitt 6 (S. 756 ff.)

37 *Asian Drama*, Kap. 16, Abschnitt 9 (S. 765 ff.)

Kapitel 4: Die Landwirtschaft

1 Soweit es sich um Südasien handelt, ist der Hintergrund für dieses Kapitel in *Asian Drama*, Kap. 22, 26 zu finden.

2 *Ibid.*, Kap. 10, Abschnitt 2 (S. 417 ff.)

3 Food and Agriculture Organization (FAO), *The State of Food and Agriculture* (Rom, 1968), Fig. III–3, S. 78; *et passim;* Für andere Jahre siehe auch die unter demselben Titel veröffentlichten FAO-Berichte.

4 *Asian Drama*, Kap. 11, Abschnitte 5–6 (S. 546 ff.); Kap. 10, Abschnitte 7–8 (S. 442 ff.); Kap. 17, Abschnitt 3 (S. 808 ff.) *et passim*

6 *Ibid.*, Kap. 26, Abschnitt 2 (S. 1244 ff.)

7 FAO, *The State of Food and Agriculture* (1968), S. 9 ff., *et passim*

8 *Ibid.*, S. 75 ff.

9 *Ibid.*, *et passim*

10 Im Hinblick auf Südasien siehe *Asian Drama*, Kap. 12, Abschnitte 3–4 (S. 538 ff.); Kap. 30, Abschnitt 11 (S. 1602 ff.); *et passim.* Für den Rest der unterentwickelten Welt siehe eine große Anzahl von Publikationen der FAO, neben *The State of Food and Agriculture* insbesondere *Third World Food Survey* (Rom 1963), und die ausgezeichnete amerikanische Untersuchung des President's Science Advisory Committee, *The World Food Problem* (Washington, D. C., 1967). Die zuletzt genannte Quelle war nicht greifbar, als ich *Asian Drama* beendete.

11 *Asian Drama*, Kap. 30, Abschnitte 11–13 (S. 1602 ff.)

12 *Ibid.*, Kap. 3, Abschnitt 5 (S. 93 ff.), und Kap. 30, Abschnitte 11, 13 (S. 1602 ff., 1616 ff.)

13 *The State of Food and Agriculture* (1968), S. 78 ff.; *et passim*

14 Für die Definition der Unterausnutzung der Arbeit und die anderen erwähnten Begriffe siehe *Asian Drama*, Kap. 21, besonders Abschnitt 15 (S. 1012 ff.). Siehe auch *ibid.*, Appendix 6.

15 *Aslun Drama*, Kap. 21 und Appendix 6

16 *Ibid.*, Kap. 22

17 *Ibid.*, Appendix 2, Teile I und II

18 *Ibid.*, Kap. 26, Abschnitt 21 (S. 1356 ff.)

19 *Ibid.*, Kap. 26, Abschnitt 11 und Abschnitte 6–10 (S. 1294 ff., 1261 ff.); *et passim*

20 *Ibid.*, Kap. 24, Abschnitt 1 (S. 1150 ff.)

21 *Ibid.*, Appendix 1

22 *Ibid.*, Kap. 24, Abschnitt 1 (S. 1153 f.); *et passim;* Appendix 6, besonders Abschnitt 10 (S. 2061)

23 *Ibid.*, Kap. 24, Abschnitte 1, 5 (S. 1153 ff., 1172 ff.); *et passim*

24 *Ibid.*, Kap. 24., Abschnitte 5, 10, 11; *et passim*

25 *Ibid., Kap. 24, Abschnitt 6; Kap. 21, Abschnitt 1*

26 *Ibid.*, Kap. 24, Abschnitt 4 (S. 1168 ff.); Kap. 14, Abschnitt 6 (S. 691 ff.)

27 *Ibid.*, Kap. 25, besonders Abschnitte 3, 5–9 (S. 1217 ff., 1225 ff.)

28 *Ibid.*, Kap. 26, Abschnitt 1 (S. 1241 ff.)

29 Kap. 14, Abschnitt 7 (S. 696 ff.); Kap. 26. Abschnitt 3 (S. 1251 ff.); *et passim*

30 *Ibid.*, Kap. 26, Abschnitt 3 (S. 1253 ff.); Kap. 14, Abschnitte 7–8 (S. 696 ff.); *et passim*

31 *Ibid.*, Kap. 22, Abschnitt 4 (S. 1047 ff.); *et passim*

32 *Ibid.*, Kap. 22, besonders Abschnitte 5–11 (S. 1052 ff.)

33 »Recent Social Trends and Developments in Asia«, *Economic Bulletin for Asia and the Far East,* Vol. XIX, No. 1 (Juni 1968), S. 51

34 *Economic Survey of Latin America,* S. 334 ff.

35 *Ibid.*, S. 338

36 *Asian Drama,* Kap. 26, Abschnitte 18–20 (S. 1334 ff.); siehe auch Kap. 18, besonders Abschnitte 12–13 (S. 883 ff.). Cf. »Recent Social Trends and Developments in Asia«, S. 52

37 *Asian Drama,* Kap. 18, besonders Abschnitt 12 (S. 883 ff.); Kap. 26, Abschnitte 18–19 (S. 1334 ff.)

38 *Asian Drama,* Kap. 26, Abschnitt 19 (S. 1339 ff.)

39 *Ibid.*, Kap. 22

40 *Ibid.*, S. 1352, 1382 ff.

41 *Ibid.*, Kap. 26, Abschnitte 22–24 (S. 1366 ff.)

42 *Ibid.*, Kap. 26, Abschnitt 4 (S. 1255 ff.); *et passim*

43 *Ibid.*, Kap. 21 und Appendix 6

44 *Ibid.*, Kap. 21, Abschnitte 12–14 (S. 1001 ff.); Appendix 6, Abschnitte 8–9 (S. 2055 ff.)

45 *Ibid.*, Kap. 21 Abschnitte 12, 14 (S. 1001 ff., 1007 ff.); Appendix 6, Abschnitt 10 (S. 2061)

46 *Ibid.*, Kap. 25, Abschnitt 1 (S. 1210 ff.); Kap. 26, Abschnitt 21 (S. 1356 ff.); *et passim*

47 *Ibid.*, Kap. 26, Abschnitte 22–24 (S. 1356 ff.)

48 *Loc. cit.*

49 »Vordem bedeutete der Verlaß auf Saatgut, das von einzelnen Farmern selektiert worden war, daß die Nachbarfarmen, die dasselbe Getreide anbauten, gewöhnlich zwei oder mehr verschiedene Saatsorten einsäten. Diese Verschiedenartigkeit gewährleistete einen inneren Schutz

gegen weit verbreitete Pflanzenkrankheiten, da nicht alle Sorten in gleichem Maße anfällig sind. Wo jedoch eine einzelne Sorte eingeführt wird, die dann weite aneinandergrenzende Gebiete überzieht, werden die Gefahren einer Empfänglichkeit für Krankheiten multipliziert ... Das Ausbrechen irgendeiner größeren Krankheit, die die Ernten von Tausenden von Farmern vernichtet, ist viel eher den Produzenten und Verbreitern der Wundersaat anzulasten als dem Schicksal. Die landwirtschaftliche Entwicklung könnte um mehrere Jahrzehnte zurückgeworfen werden.« (Clifton R. Whartou, Jr., »The Green Revolution: Cornucopia or Pandora's Box?«, *Foreign Affairs,* April 1969, S. 468 ff.)

50 *The State of Food and Agriculture* (1968), S. 81 ff.

51 Hiroshi Kitamura, »The Economic Situation in Asia«, *Economic Bulletin for Asia and the Far East,* Vol. XIX, No. 1 (Juni 1968), S. 41

52 Agency for International Development, *Primer on Title IX of the United States Foreign Assistance Act* (Washington, D. C., 1968)

53 *The Role of Popular Participation in Development,* veröffentlicht in hektographierter Form von dem Center for International Studies, Massachusetts, Institute of Technology (Cambridge, Massachusetts, November 1968)

54 *Ibid.,* S. 1

Kapitel 5: Die Bevölkerung

1 Siehe *Asian Drama,* Kap. 27 und 28 über Bevölkerungsaussichten und Bevölkerungspolitik.

2 *Asian Drama,* Kap. 11, besonders Abschnitt 1 (S. 474 ff.)

3 *Ibid.,* Kap. 12, Abschnitte 1–2 (S. 529 ff.)

4 *Ibid.,* Kap. 21 und Appendix 6

5 Für ein Beispiel siehe Jan Tinbergen, *The Design of Development* (Baltimore: Johns Hopkins Press, 1958), S. 14.

6 *Population Growth and Economic Development in Low-Income Countries* (Princeton: Princeton University Press, 1958)

7 International Planned Parenthood Federation, *Family Planning in Five Continents* (London: August 1969)

Kapitel 6: Das Erziehungswesen

1 *Asian Drama,* Kap. 29 und 31–33

2 Auf den mehr als 250 Seiten dieser Kapitel entwickelte ich eine neue Analyse der Erziehungsprobleme in Südasien. Sie stellen einen der Teile meiner Untersuchung dar, in denen ich glaubte, tiefer vorgedrungen zu sein, als nur eine »Theorie« dargestellt und eine andere Methode

motiviert zu haben. Ich wäre enttäuscht, wenn sie nicht die Aufmerksamkeit der Erziehungsspezialisten wecken würden, aus dem einfachen Grunde, weil sie im letzten Teil eines Buches enthalten sind, das einen viel allgemeineren Rahmen und Titel hat und das von einem Nationalökonomen geschrieben ist.

3 *Ibid.*, Kap. 10, Abschnitt 9 (S. 454 ff.), *et passim*

4 *Ibid.*, Kap. 11, Abschnitte 1–2 (S. 474–492)

5 In diesem Buch beziehe ich mich stets auf Malaya als den homogeneren Teil der größeren Einheit, die kürzlich erst ins Leben gerufen worden ist: Malaysia.

6 Für Indien siehe Agricultural Economics Research Centre, University of New Delhi, *Primary Education in Rural India: Participation and Wastage*, New Delhi, Mai 1968 (hektographiert).

Kapitel 7: Der »schwache Staat«

1 *Asian Drama*, Kap. 2, Abschnitt 4 (S. 66 f.); Kap. 3, Abschnitt 8 (besonders S. 117 f.); Kap. 16, Abschnitt 13 (S. 779 ff.); Kap. 18, Abschnitt 13 und besonders Abschnitt 14 (S. 895 ff.); Appendix 2, Abschnitt 20 (besonders S. 1908 ff.)

2 *Ibid.*, Appendix 2, Teil 2 (S. 1859 ff.)

3 Ibid., Appendix 2, Abschnitt 6 (besonders S. 1866); *et passim*

4 *Ibid.*, Kap. 18, Abschnitt 5 (S. 859 ff.), Abschnitt 14 (S. 895 ff.); cf. Kap. 22 und 23 (*passim*)

5 *Ibid.*, Kap. 16, Abschnitt 8 (S. 763 ff.); Kap. 7, Abschnitt 5 (S. 292 ff.)

6 *Ibid.*, Kap. 26, Abschnitt 12 (S. 1303 ff.); cf. Kap. 22, Abschnitt 5 (S. 1052 ff.)

7 *Ibid.*, Kap. 26, Abschnitte 12–17 (S. 1301 ff.)

8 *Ibid.*, Appendix 8, Abschnitte 8 und 9 (S. 2096 ff., besonders S. 2098 ff.)

9 *Ibid.*, Kap. 15, Abschnitt 8 (S. 737 f.); Kap. 16, Abschnitte 7–8 (S. 761 ff.); cf. Kap. 26, Abschnitte 12–20 (S. 1301 ff.) und Kap. 18, Abschnitt 12 (S. 883 ff.)

10 *Ibid.*, Kap. 10, Abschnitt 7 (S. 445); Kap. 11, Abschnitt 5 (S. 506 ff.)

11 *Ibid.*, Kap. 11, Abschnitt 9 (S. 521 ff.)

12 Ich unterscheide zwischen *positiven* Kontrollen – oder Anregungen – und *negativen* Kontrollen – oder Beschränkungen und Einschränkungen. Kontrollen können *willkürlich* sein, wenn ihre Anwendung eine individuelle Entscheidung seitens der Verwaltungsbehörden voraussetzt, oder *nicht-willkürlich*, wenn ihre Anwendung automatisch aus der Festlegung einer bestimmten Vorschrift folgt, oder aus induzierten Preisänderungen, nämlich der Einführung von Zöllen oder Verbrauchssteuern, oder aus der Gewährung von Subventionen an einen

besonderen Industriezweig ohne die Möglichkeit der Diskriminierung zugunsten besonderer Firmen. Diese letzte Unterscheidung ist im ganzen identisch mit jener zwischen »direkten« oder »Sach«-Kontrollen und »indirekten« Kontrollen, wie sie in der Literatur beschrieben werden. Siehe *Asian Drama*, Kap. 19, Abschnitt 1 (S. 903 ff.).

13 *Asian Drama*, Kap. 19, Abschnitt 2 (S. 905 ff.)
14 *Ibid.*, Appendix 5 (S. 2031)
15 Siehe auch *ibid.*, Kapitel 13, Abschnitt 17 (S. 669 ff.) und Kap. 24, Abschnitt 2 (S. 1158 f.)
16 *Second Public Services International Asian Regional Conference*, 14. November 1968, hektographiert
17 *Ibid.*, Kap. 20, Abschnitt 6 (S. 955 ff.)
18 *Ibid.*, Kap. 20 (S. 937 f.)
19 *Ibid.*, Kap. 15, Abschnitt 4 (S. 724); Kap. 17, Abschnitt 1 (S. 801 ff.); *et passim*

Kapitel 8: Kein Alibi, sondern eine Herausforderung

1 *Asian Drama*, Kap. 30 (S. 1553 ff.)
2 *Ibid.*, Kap. 24–25 (S. 1149 ff.)
3 *Ibid.*, Appendix 2, Teil II, besonders Abschnitt 5, (S. 1859 ff.) und Abschnitt 7 (S. 1866 ff.)
4 *Ibid.*, Appendix 2, Abschnitt 7 (S. 1868 ff.)
5 *Ibid.*, Kap. 11, Abschnitt 1 (S. 474 ff.)
6 *Ibid.*, Kap. 11, Abschnitte 3–4 (S. 492 ff.)
7 *Ibid.*, Kap. 12, Abschnitt 2 (S. 530 ff.)
8 *Ibid.*, Kap. 11, Abschnitt 1 (S. 482); Appendix 13 (S. 2165 ff.)
9 *Ibid.*, Kap. 27, Abschnitt 1 (S. 1387 ff.)
10 Morgenstern, *On the Accuracy of Economic Observations* (2. Aufl.; Princeton: Princeton University Press, 1963)
11 *Ibid.*, S. 282

Teil 3. Die Verantwortung der entwickelten Länder

Kapitel 9: Handelsbeziehungen und Kapitalbewegungen

1 Die sehr vereinfachte Beweisführung im Text ist stärker in extenso entwickelt in meinem Buch *Economic Theory and Underdeveloped Regions* (London: Duckworth, 1957), in den Vereinigten Staaten veröffentlicht als *Rich Lands and Poor* (New York: Harper & Row, 1958), besonders Kap. 1 (S. 3 ff.) und 11 (S. 147 ff.). Die hier und später angegebenen Seitenzahlen beziehen sich auf die englische Ausgabe.

2 *Economic Theory,* Kap. 10 (S. 135 ff.)

3 *Ibid.,* Kap. 1 und 11

4 *Ibid.,* Kap. 3 (S. 23 ff.)

5 *Asian Drama,* Kap. 5, Abschnitt 4 (S. 188 ff.)

6 *Asian Drama* enthält natürlich speziellere Beobachtungen über dieses Problem, soweit Südasien betroffen ist; siehe insbesondere Kapitel 10, Abschnitte 7–9 (S. 442 ff.).

7 Der Außenhandel der unterentwickelten Länder ist sehr detailliert analysiert worden in den *World Economic Surveys* der Vereinten Nationen, in den *Economic Surveys* der regionalen Economic Commissions, GATT, und in jüngster Zeit im Rahmen vieler Untersuchungen des Sekretariats der UNCTAD.

Exporte und Importe sind Begriffe, die klarer umrissen sind als andere ökonomische Begriffe, wie Volkseinkommen, Sozialprodukt, Sparen etc. Die statistischen Erfassungen sind auch genauer und umfassender. Siehe *Asian Drama,* Kap. 13, Abschnitt 1 (S. 583).

Im Hinblick auf die Entwicklung und die Aussichten des Handels in den südasiatischen Ländern siehe *Asian Drama,* Kap. 13 (S. 581 ff.), besonders Abschnitt 5 (S. 595 ff.) und Abschnitt 12–15 (S. 640 ff.).

8 *Asian Drama,* Kap. 13, Abschnitt 5 (S. 595 ff.); Abschnitt 12 (S. 640 ff.)

9 Siehe z. B. United Nations, *Problems of Policies of Financing,* UNCTAD, Zweite Sitzungsperiode, New Delhi, Vol. IV (New York, 1968), S. 28 ff.

10 United Nations, *The Significance of the Second Session of the United Nations Conference on Trade and Development,* Bericht des Generalsekretärs der UNCTAD (New York, 1968), S. 1

11 Für eine kurze Darstellung des Ergebnisses siehe *ibid.* und Branislav Gosovic, UNCTAD: *North-South Encounter,* International Conciliation, Carnegie Endowment for International Peace (Mai 1968), No. 568, S. 51 ff.

12 *Asian Drama,* Kap. 13, Abschnitt 15 (S. 656 ff.)

13 United Nations, *United Nations Conference on Trade and Development,* Zweite Sitzungsperiode, New Delhi, Vol. I, *Report and Annexes* (New York, 1968), Resolution 23 (II), S. 51

14 *Ibid.,* Resolution 27 (II), S. 38

15 *Ibid.,* Resolution 29 (II), S. 40 ff.

16 *Ibid.,* Resolutionen 30 (II) und 31 (II), S. 42 ff.

17 *Ibid.,* Resolution 32 (II)

18 United Nations, *United Nations Conference on Trade and Development,* Zweite Sitzungsperiode, *op. cit.,* Resolutionen 16 (II), 17 (II), 18 (II), 19 (II), 20 (II), S. 34 ff.

19 *Ibid.,* Resolution 9 (II), S. 30

20 *The Significance of the Second Session of the United Nations Conference*

on Trade and Development, Bericht des Generalsekretärs der UNC-TAD, *op. cit.,* S. 2

21 United Nations, *United Nations Conference on Trade and Development,* Zweite Sitzungsperiode, *op. cit., Resolution 21 (II),* S. 38

Kapitel 10: Opportunistisches Manipulieren der Entwicklungs-hilfe-Statistiken: Die »Kapitalströme«

1 Organisation for Economic Co-operation and Development, *Development Assistance Committee, Statistical Tables for the 1969 Annual Aid Review,* Paris, 17. Juli 1969

2 George D. Woods, *Address before the United Nations Conference on Trade and Development,* 9. Februar 1968, S. 12; cf. *Asian Drama,* Kap. 13, Abschnitt 9 (S. 623 f.)

3 United Nations, *United Nations Conference on Trade and Development,* Zweite Sitzungsperiode, New Delhi, Vol. I, *Report and Annexes* (New York, 1968), Resolution 33 (II), S. 44f.

4 United Nations, *Panel on Foreign Investment in Developing Countries,* Amsterdam, 16.–20. Februar 1969 (New York, 1969)

5 *Panel on Foreign Investment in Developing Countries,* S. 5

6 *Asian Drama,* Kap. 13, Abschnitt 9 (S. 621 ff.)

7 Myrdal, *An International Economy: Problems and Prospects* (New York: Harper & Row, 1956), S. 117

8 Der Gedanke ist kürzlich wieder aufgegriffen worden von Paul Streeton in einem Artikel »Improving the Climate«, *Ceres,* FAO Review, Vol. 2, No. 2 (März–April 1969).

Kapitel 11: Die Entwicklungshilfe

1 Die in diesem Kapitel behandelten Probleme und Stellungnahmen des Autors sind in größter Breite ausgeführt worden in *An International Economy: Problems and Prospects* (New York: Harper & Row, 1956), auf der Basis eines 1954 geschriebenen Textes (als Harper Torchbook 1969 wieder aufgelegt). Siehe S. 111 ff. Siehe auch »Trade and Aid«, *The American Scholar,* Vol. 26, No. 2 (Frühjahr 1957), S. 137 ff.; und *Challenge to Affluence* (New York: Vintage Books, 1965), S. 193 ff.

2 Myrdal, *An International Economy,* Kap. 9 (S. 124 ff.); cf. *Asian Drama,* Kap. 13, Abschnitt 11 (S. 636 f.)

3 *Asian Drama,* Kap. 9, Abschnitt 16 (S. 398 ff.)

4 Berichtet in *Overseas Development* (November 1968) S. 9

5 *Survey of International Development,* Vol. VI, No. 1 (15. Januar 1969)

6 United Nations, *United Nations Conference on Trade and Development,*

Zweite Sitzungsperiode, New Delhi, Vol. I, *Report and Annexes* (New York: United Nations, 1968) Resolution 24 (II), S. 54 f.

7 Internationale Bank für Wiederaufbau und Entwicklung, *1968 Annual Meetings of the Boards of Governors, Summary Proceedings* (Washington, 1968), S. 11

8 J. William Fulbright, *The Arrogance of Power* (New York: Vintage Books, 1966), S. 238 ff.

Teil 4. Die politischen Probleme der Entwicklung

Kapitel 12: Ein überkommenes Mißverständnis

1 *Asian Drama,* Kap. 16, Abschnitt 19 (S. 795 ff.)
2 *Ibid.,* Kap. 16, Abschnitt 13 (S. 780 ff.)

Kapitel 13: Eine verhängnisvolle Entwicklung

1 Erich H. Jacoby führt jetzt von diesem Standpunkt aus eine Untersuchung durch, und zwar beim Institut für internationale ökonomische Forschung der Universität Stockholm. Sie wird veröffentlicht werden von André Deutsch in London mit dem Titel *Man and Land. The Key Issue in Development.* Den lateinamerikanischen Bedingungen soll darin besondere Aufmerksamkeit gewidmet werden.
2 *Ibid.,* Kap. 24, Abschnitt 9 (S. 1196 ff.), *et passim*
3 Myrdal, *The Political Element in the Development of Economic Theory* (Cambridge, Mass.: Harvard University Press, 1965) Kap. 3 (S. 61 ff.)

Kapitel 14: Die politischen Kräfte in Südasien

1 *Asian Drama,* Kap. 7, Abschnitt 3 (S. 273 ff.); Abschnitt 6 (S. 296 ff.)
2 *Ibid.,* Kap. 3, Abschnitt 8 (S. 115 f.); Appendix 2, Abschnitte 18–20 (S. 1897 ff., besonders S. 1910, Fn. 1)
3 *Ibid.,* Kap. 7, Abschnitt 7 (S. 301 ff.); Postscriptum, Abschnitt 1 (S. 1831 ff.)
4 *Ibid.,* Kap. 7, Abschnitte 3–7 (S. 273 ff., besonders S. 295 f.)
5 *Ibid.,* Kap. 9, Abschnitt 11 (S. 381 ff.)
6 *Ibid.,* Kap. 26, Abschnitt 12 (S. 1301 ff.); cf. Abschnitt 14 (S. 1311 ff.)
7 *Ibid.,* Kap. 33, Abschnitt 6 (S. 1787 ff.)

Kapitel 15: Die Verantwortung der Nationalökonomie

1 Myrdal, *Economic Theory and Under-Developed Regions* (London: Duckworth, 1957), S. 120; in den Vereinigten Staaten veröffentlicht unter dem Titel *Rich Lands and Poor* (New York: Harper & Row, 1958)
2 Myrdal, *The Political Element in the Development of Economic Theory* (London: Routledge & Kegan Paul Ltd., 1953; Cambridge, Mass.: Harvard University Press, 1954), Kap. 3 (S. 56 ff., besonders S. 78 f.); cf. *Economic Theory and Underdeveloped Regions,* Teil II (S. 107 ff., besonders S. 114 ff.)
3 *Ibid.,* Prolog, Abschnitt 1 (S. 5 ff.)

Anhang: Das lateinamerikanische Pulverfaß

1 Nelson A. Rockefeller, *Quality of Life in the Americas,* Report of a U.S. Presidential Mission for the Western Hemisphere (Washington, D. C. 1969), hektographiert
2 *Asian Drama,* Appendix 2, Abschnitt 24 (S. 1932 ff.)
3 *U. S. News an World Report,* 14. Juli 1969, S. 68
4 Juan Bosch, *Pentagonism: A Substitute for Imperialism,* übers. von Helen R. Lane (New York: Grove Press, 1969)
5 Richard J. Barnet, *Intervention and Revolution: The United States in the Third World* (New York: The World Publishing Company, 1968), S. 19, Fn. 8
6 *Quality of Life in the Americas* S. 49

Zeittafel

Gunnar Myrdal, geboren am 6. 12. 1899
Studium der Rechts- und Wirtschaftswissenschaften

1933–1950	Professor der Nationalökonomie und Finanzwissenschaft, Universität Stockholm
1935–1938	Reichstagsabgeordneter für die SAP (Sozialdemokratische Partei Schwedens)
1938–1942	USA. Untersuchung über das Negerproblem im Auftrag der Carnegie-Stiftung mit dem Ergebnis: »An American Dilemma« (1944)
1943–1945	Vorsitzender der Nachkriegs-Planungs-Kommission
1945–1947	Handelsminister der Nachkriegsregierung und neuerlich Mitglied des Reichstages
1947–1957	Generalsekretär der UN-Wirtschaftskommission für Europa in Genf
1957–1962	Wissenschaftlicher Leiter einer Untersuchung für ökonomische Probleme Südasiens. (»Asian Drama«, 1968)
1961–1967	Professor für International Economics, Universität Stockholm
1967	Vorsitzender des Vorstandes des Instituts für Friedensforschung (SIPRI – Stockholm International Peace Research Institute)
1969–1970	Gründer und Direktor des Institute for International Economic Studies an der Universität Stockholm
1970	Friedenspreis des Deutschen Buchhandels

Von Gunnar Myrdal
erschienen im Suhrkamp Verlag

Politisches Manifest über die Armut in der Welt. *Ungekürzte Ausgabe 197(*
Aufsätze und Reden. *edition suhrkamp 492 · 1971*
Objektivität in der Sozialforschung. *edition suhrkamp 508 · 1971*

suhrkamp taschenbücher
Die ersten zwanzig Bände

st 1   Samuel Beckett,
Warten auf Godot
256 Seiten

st 2   Max Frisch,
Wilhelm Tell für die Schule.
Erstausgabe. 112 Seiten

st 3   Peter Handke,
Chronik der laufenden Ereignisse.
Erstausgabe. 144 Seiten

st 4   Hans Magnus Enzensberger,
Gedichte 1955–1970
192 Seiten

st 5   Thomas Bernhard,
Gehen
Erzählung. 112 Seiten

st 6   Martin Walser,
Gesammelte Stücke
368 Seiten

st 7   Hermann Hesse,
Lektüre für Minuten
240 Seiten

st 8   Olof Lagercrantz,
China-Report
144 Seiten

st 9   Jürgen Habermas,
Theorie und Praxis
480 Seiten

st 10   Alexander Mitscherlich,
Thesen zur Stadt der Zukunft
176 Seiten